吾爱教学

张楚廷『五I』课程哲学的理论与践行

黎利云◎著

本著作是湖南省教育厅2018年度科学研究项目重点课题『新时代乡村教师专业发展的困境与出路研究』（项目编号：18A331）成果。

中国发展出版社
CHINA DEVELOPMENT PRESS

图书在版编目（CIP）数据

吾爱教学——张楚廷“五I”课程哲学的理论与践行 / 黎利云著.
北京：中国发展出版社，2019. 1
ISBN 978-7-5177-0957-2

Ⅰ.①教… Ⅱ.①黎… Ⅲ.①课程—教学研究 Ⅳ.①G423.04

中国版本图书馆CIP数据核字（2019）第003052号

书　　名：吾爱教学——张楚廷“五I”课程哲学的理论与践行
著作责任者：黎利云
责 任 编 辑：钟紫君
出 版 发 行：中国发展出版社
（北京市西城区百万庄大街16号8层 100037）
标 准 书 号：ISBN 978-7-5177-0957-2
经　销　者：各地新华书店
印　刷　者：河北鑫兆源印刷有限公司
开　　本：720mm × 960mm 1/16
印　　张：29.5
字　　数：400千字
版　　次：2019 年 6 月第 1 版
印　　次：2019 年 6 月第 1 次印刷
定　　价：88. 00元

联 系 电 话：（010）68990535 68990692
购 书 热 线：（010）68990682 68990686
网 络 订 购：http：//zgfzcbs. tmall. com//
网 购 电 话：（010）68990639 88333349
本 社 网 址：http://www. develpress. com. cn
电 子 邮 件：10561295@qq. com

只为真理求真理

黎利云博士是一位执着的研究者，他着力于思辨性的学术研究，这对我们社会学术事业的繁荣发展尤为重要。大学的工作主要在于思辨，黎利云正走在这条大学之路上。

课程概念于1918年首先在美国出现，后来有泰勒和多尔等美国学者做了理论研究，推进了相关学术的发展。但他们的理论存在两个明显的缺陷。一方面，他们只就知识论知识，而未直击人自身；另一方面，他们的论述是单面的，因而未走到哲学。

系统的课程哲学则在我们中国出现。2004年，我本人在继承前人的基础上，做了较为系统的课程哲学研究，出版了《课程与教学哲学》一书。近期，我又写出了《课程哲学》。蒋洪新在就任湖南师范大学校长之后不久，就邀我向全校的中层以上学术人员和行政人员做了一场关于课程建设的学术报告。这表明他深谙课程及其建设对于学校发展的意义。

显然，我们必须克服多尔和泰勒的两个缺点。一方面，我们在论知识的同时必论及人；另一方面，必亦是双面的、多面的，从而是哲学的。

“五I”之“I”只是一个偶然，这个偶然体现了哲学的必然。信息宽于知识，兴趣先于意志，质疑重于聆听，直觉贵于逻辑，智慧高于聪明，这五句话所涵盖的便是在课程上的哲学之思。

课程是教育世界里的“基本粒子”。犹如在物质世界里研究基本粒子特别困难那样，研究课程及其哲学自然也格外困难。学者是为学术困难而生的，没有困难多半与没有多少学术价值有联系。为了提升我们的学术价值，中国学者要有勇气去闯荡。

谢谢许多人对“五I”有兴趣，并且予以践行。像黎利云博士这样深入、这样系统的研究与践行，还是十分罕见的。

我在这里感谢他，也感谢中国发展出版社乐意为他出版这本书。作诗一首表庆祝之意。

周师指点利云士①，
孜孜探索求真谛，
亦与张师相切磋，
课程哲学根和底。

总觉五I有神奇，
反复琢磨横生趣，
洋洋洒洒出大作，
再把神奇详论叙。

东西南北四出击，
走过海疆走西域，
歌声穿过达坂城②，
常在呼吸鲜空气。

---

① 周师，指周庆元教授，黎利云的博士导师。

② 达坂城，新疆地名，代指西北。

只为真理求真理，
心底纯净唯学术，
虔诚在天弃功利，
真真切切一名士。

张楚廷

2019年5月16日

2013年7月，作者与张楚廷教授（右）合影

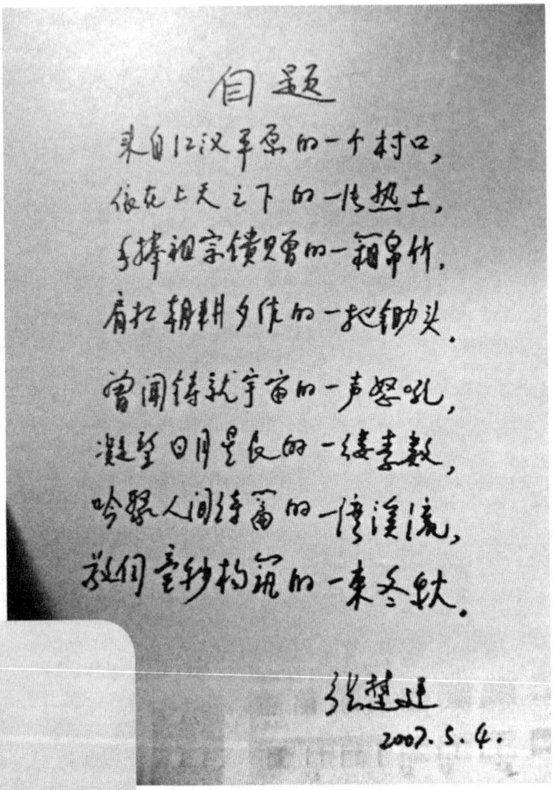

自题

来自江汉平原的一个村口，
依在上天之下的一片热土，
手捧祖宗馈赠的一箱帛竹，
肩扛朝耕夕作的一把锄头。

曾闻铸就宇宙的一声怒吼，
凝望日月星辰的一缕素数，
吟聚人间诗篇的一湾溪流，
敲伺毫秒构筑的一来冬秋。

张楚廷
2007.5.4.

自　题

来自江汉平原的一个村口，
依在上天之下的一片热土，
手捧祖宗馈赠的一箱帛竹，
肩扛朝耕夕作的一把锄头。

曾闻铸就宇宙的一声怒吼，
凝望日月星辰的一缕素数，
吟聚人间诗篇的一湾溪流，
敲伺毫秒构筑的一来冬秋。

摘自《张楚廷教育文集》第1卷
（湖南教育出版社，2007年4月）

悠悠学术事　款款师生情

10年功夫，我前后指导了20位博士生，利云便是其中之一。他是2011年秋天进校的。作为在职学习者，他力求上进，刻苦攻读，克服了“工学矛盾”等诸多困难，好事多磨，几经波折，于2014年12月顺利完成学业，通过博士论文答辩，正所谓“修成正果”“功德圆满”也。

黎利云本科读的湖南师范大学汉语言文学教育专业（1991级），硕士读的是教育经济与管理专业（2001级），博士读的是课程与教学论专业（2011级），可谓多次“华丽转身”，十年磨一剑。博士论文选题时，他本来打算写“语文教学场论”之类的题目，因为他硕士读的不是语文教育，从事的工作也不是语文教育，我担心他难以写好这样的文章，没有同意他的想法。考虑到他曾经两次报考张楚廷先生的博士，对张先生的教育思想有一定了解，其时，黎利云与楚廷校长还是同事，都在湖南涉外经济学院，交流比较方便，故建议他从某个角度去研究张先生的教育思想。

张楚廷先生是我国当代著名教育家，先后担任湖南师范大学校长、湖南涉外经济学院校长，时间长达30年，连续教书近60年，对教育、教学、学校管理有很全面的实践，有很深刻的思考，真正实现了理论与实践的双向建构。他出版了100多部著作（含合著），撰写并发表了1500多篇论文。张校长是我的老领导，对于他的理论造诣、办学业绩、行事风格，我还算比较了解的，我认为张楚廷教育思想是一座值得深入发掘的富矿。于是，黎利云的博士论文题目就确定为《张楚廷五I课程思想研究》。

“五I课程思想”是张先生独创的课程理论，简称“五I”，即信息（Information）、兴趣（Interest）、质疑（Inquiry）、直觉（Intuition）、智慧（Intelligence）。张先生认为：课程应当给学生五I，或者说五I构成课程。黎利云的论文从基本内涵、理论特质、教育价值、生成渊源、国际比较等多个角度对五I理论的形式与实质做了阐释。正式出版时，增加了该理论在应用方面的内容，这也就增强了五I的实践性。

为了弄清楚五I的来源与用途，利云曾经跟随张先生很长时间，在张先生的办公室或汽车里、在张先生演讲的地方或做评委主持答辩的地方、在张先生上课的教室里或出差住的宾馆里，或访谈，或观察，渐渐感受到了五I的神奇性与适用性。难能可贵的是，黎利云不远千里跑到北京大学去听取张先生的硕士、时任北大教育学院院长文东茅教授关于研究张先生教育思想的意见与建议，还不顾舟车劳顿、万里迢迢跑到新疆维吾尔自治区吐鲁番市去调研，走进课堂，走进教育主管机构，与把五I思想引进新疆的陈书国先生等五I的使用者、推广者对话。“西天取证”（唐僧是西天取经）之旅让黎利云感受到了五I在吐鲁番比较广泛的实践效应，提振了他写好论文的信心。

黎利云写作该论文时，实现了多方面创新。他对五I的来源做了深入访谈与分析，他认为，五I源于张先生对人的独特理解、对生命的深切感悟、对教育的深刻认识。他将五I拓展为六I（加上的I即为I，人之意），凸显了五I的人本性。他将五I与泰勒原理、与多尔的3S（Science、Story、Spirit）以及4R（Richness、Recursion、Relation、Rigor）进行比较，得出五I是一个比国外同类思想先进、具有中国气派的课程理论之结论。在使用价值方面，他认为，五I既考虑了课程内容，又考虑了课程实施方法；既是价值观，又是方法论；既可以用于课程资源组织，又可以用于课程实施及效果评价。因此，五I是一个有利于成全自由教育、打造生态课堂、培养全人的课程与教学理论。

黎博士的尝试扮演了一个吃螃蟹者的角色，初步揭示了张楚廷先生五I思想的奥秘。黎博士的研究也让创造这一理论的张先生重新审视与发展了他自己的思想，在黎博士的追问与触动下，张先生后来撰写了《“五I”教学细说》一书，作为《张楚廷教育文集》第25卷（西南师范大学出版社2015年6月出版）。张先生在“前言”中说：

> 眼下这本书命名为《“五I”教学细说》，写作动机很简单。黎利云博士在研究课程论的时候，总觉得我还有很多话未充分说开来；另一方面，有不少地方和学校也在研究和践行“五I”教学理论。于是，我有了进一步做些阐述的想法。

这样，在你来我往之中，实现了作者与作者、读者与读者、作者与读者之间的良性互动，丰富并发展了既有的教育理论。

实践证明，五I可以用于教学、生活等方方面面。我们每个人都是五I人，都或多或少或显或隐的践行着五I。如果能有更多的人研究与实践五I思想，将在更大程度上增强该思想研究的深度与传播的广度，将更有利于提高我们的生活与工作质量。期待能有更多的学者认识到五I思想的魅力，并身体力行加以研究与实践。

黎博士的论文，当然首先是他自己的学术创作。这是毋庸讳言的，然而，其框架及内容也有我们导师组的思考，更有张先生的高见。可以说，他的论文里凝聚着许多人的智慧与辛劳。在修改过程中，我与黎利云有过近乎彻夜的长谈，就遣词造句做过很多次非常细致的讨论，尽可能减少失误。智者千虑必有一失，何况我等并非“智者”。他想以博士论文原题《吾爱教学——张楚廷“五I”课程哲学的理论与践行》为书名出版他修改后的博士论文，我觉得这题目简洁而独特，完全可以做书名。他计划在出书时除了增加部分新的内容外，对前几章打算基本保留博士论文原样，这是尊重历史的做法，我支持他的想法。

我跟利云的交往颇有机缘。我曾经担任过他读本科时的专业课老师和毕业班的班导师，后来我们又成了同事。在我夫人病重住院期间，他主动献血并照顾师母，令人感动不已。我们师生关系之源也远，其流必长。他邀我为其大作的出版写序，我欣然应允。黎利云跟随我读本科、读博士，28年过去，弹指一挥间。蓦然回首，往事历历在目；抚今追昔，令人感慨万千。如今，利云的大作即将付梓，谨以此序，重温我们源远流长的师生情缘，纪念我们风雨同舟的岁月芳华，祝福黎利云博士更上层楼的学术前程。

周庆元

2019年立夏之后

2014年1月20日，作者与周庆元教授（左）在湖南省沅陵县二酉山（“书通二酉 学富五车”成语来源之地）

教学之道　守正求新

在这个信息和思想越来越呈现核裂变式的爆发的时代，身为编辑人员，最大的幸运，就是能够拜读学习成体系的思想成果。在编辑本书的过程中，也使我们对当今社会，被广泛关注的，与我们每个家庭、与整个国家社会的前途有着直接的决定性的关系的教育议题，有了更深入的认识。

谈到教育，就不能回避近20年来，越来越激烈地呈现的争论——发展到了现在的阶段的中国，我们的在校学生们，应该得到什么样的教育？是侧重于基础知识和基本的逻辑、技巧的灌输、训练、选拔呢，还是应追求心灵的自由、饱满与生活的更高价值的追寻？简言之，所谓“教学之道”的核心问题，就是我们的社会，应该有一种什么样的取向，来判定出生于1995年之后的青少年，是否得到了对他们的人生，对我们每一个家庭，对整个国家社会的最好的教育？我们认为，这个问题回答的依据，不应该是出于我们某种良好的意愿，而是要立基于对今天的中国经济社会发展，为他们的个人发展提供的空间。

我们都知道，教育的主要形式，是在各种形态的不同层次的学校中，进行的“普适”性的教与学的互动的活动。所谓的“因材施教”，是在一个大体一致的取向下，分出并强化先后高低的水平而已。而决定各个时期的教育内容、评价筛选体系的教育思想，其实是教育的管理者、实践者——包括教师、学生，以及围绕着他们的家庭、社会——对当时的社会对人的要求，对人才的标准的直观的“普适”的体现。

在农耕文明时代，中国和欧洲的教育，都是精英化的。只有少数人，可以接受精深的系统的，作为统治社会也服务社会的精英的塑造和训练、筛选。这个过程的最终指向，就是以一种伦理的准则，形成整个社会稳定发展的砥柱，而非动力。因为在产出有限的情况下，能维持社会的平稳有序，就是最核心的要求。在这样的要求下，对诸如创造财富、探索未知等活动，都是排斥、否定的倾向。

在这种社会形态下，中国由于需要协调的空间巨大，内在差异复杂，因而更突出地在伦理规范、辩证思维方面着力；而欧洲文明，由于实现广大地域的统一的难度太大，主要的经济活动——农业生产的条件太差，产出极为有限，遂发展出渴望实现突破，又强调硬性的规范的思想体系。在整个农耕文明定型后，中国发展成为最发达最圆融的文明体系，而欧洲则在漫长的渴望光明的黑暗中摸索。

直到地理大发现与欧洲大陆的煤铁资源禀赋实现了历史的共振，欧洲文明在之前的黑暗中的摸索，终于得到了历史的最丰厚的回报。欧洲文明迅速覆盖了远远超过中华帝国的版图的更广大的世界，并在精神上对包括中国人在内的全人类，打下了深刻的烙印。

在文明沦陷的危机下，中国的先进分子，被激发出追求富强的剧烈的渴望，也进行了激烈的思想文化、经济体制、社会制度的探索。终于由简单地排斥西方，到激进地否定自己，再到摸索出两种文明的价值的内在一致性基础上的融合，不足200年的历史，可谓整个文明的心灵的“苦难的历程”。

在40年前，改革开放的大潮初起时，基于对实现赶超，追求社会产品的极大丰富、生活富足的渴望，整个中国社会形成了“学好数理化，走遍天下都不怕”的教育取向。在今天，中国经济发展的巨大成就，已经证明了这种取向的绝对的进步性乃至于正当性。

而在中国社会由被动进入到主动驾驭全球化信息化激荡的潮流，逐步进入新世纪、新时代的背景下，就有越来越多的教育的管理者和实践者，意识到了只进行既有的科技成果的灌输、培训、筛选的教育取向，在这个新的时代面前的种种成就与缺陷，开始进行各种形式的新的探索和实践。本书的内容，就是一个“教育教育者”的事业的实践者、领导者的思考、实践的成果的阐释和总结。

明白了这样的宏观的历史脉络，我们就能够厘清本书的内容的意义所在：我们的现行的教育体系，可以培养出整体素质和竞争力，在全球最强的包括研发人员和一线的劳动者的人力资源体系。这是中国社会经济发展到今天的成就的核心要素。但在今天，面对新的发展的要求，面对原创行为在经济生活中的权重越来越大的现实，既有的、刚刚稳定发展起来的、以掌握已有的成果、追踪前沿成果为核心的教育体系，必须进行再一次的“守正求新”，在打牢知识成果的基础，确保正确的思维方向的前提下，越来越加大激发、选拔、评价受教育者对未知的，也很可能是表面上“无用”的新知的探索、学习、探讨交流，共同进步的兴趣与能力。用一个比较“俗”的说法，就是我们的既有的教育体系，在追求富强的角度，已经取得了最大的成功；而在探索新知的角度，则体现了越来越明显的，可以进一步突破的空间。这个空间，也是我们进一步的追求富强的空间所在。

换言之，能不能实现中国教育的再一次的“守正求新”，决定了受教育者的人生质量和空间，更决定了整个中国社会的发展质量和空间。这是一次必须完成的“教育新长征”。而只有置身其中的管理者、教育者、被教育者，以及所有的主动被动地卷入的家庭，才能体会其中的艰辛与“茫然”。毫不夸张地说，这是当今中国，每一个人都直接间接地卷入的“思想文化大探险”。

“五I”体现了教育中深刻的人本性。“I”既是英文字母，也是一个英文单词“I”，中文意思是“我”。作为第一人称，此“I”集“本我、自我、超我”于一体。“吾爱教学”与“五I教学”谐音，这个标题一语双关，意味深长。张教授提及的信息（Information）、兴趣（Interest）、直觉（Intuition）、质疑（Inquiry）、智慧（Intelligence）构成的“五I教学思想”独立存在又具有互补性。在教育教学中具有广泛的理论意义和实践意义。本书的内容，就是这个大探险中的，体现了很强的操作性和实效的思想和方法的阐释。这就是我们作为业者，在这个大探险中的，具体的现实的一点绵薄之力。我们以最大的至诚，付出自己的心力，既得到新知，也传播新知，更期待着激发更多更大的卓识洞见。

《吾爱教学——张楚廷“五I”课程哲学的理论与践行》即将付梓，恰巧赶上张楚廷老师从教60周年纪念大会暨教育思想研讨会。鄙人仰慕张先生已久，缘于以前有幸远距离聆听他在湖南师范大学语数楼408教室为学生做的哲学报告。这次通过编审书稿，又一次近距离感受了张先生的深邃与大美。作为本书的责任编辑，深感三生有幸，与有荣焉。期待各位的垂顾与思想的激荡！

钟紫君

2019年6月1日

2019年3月本书责任编辑兼序言三作者钟紫君（右一）与张楚廷教授在中国发展出版社一起审稿

遇见·相知·感谢·祝愿

1991年，我进入湖南师范大学中文系读书，从此开始间接或直接聆教于张楚廷校长。

1995年5月，在湖南师大逸夫图书馆，张校长为部分党员毕业生做报告，嘱咐我们“要做光荣的校友”。我们毕业之后的湖南师大在张校长领导下不断成长为自信的大学、知名的大学，成功举办了全国大学生运动会，进入了211行列。作为毕业生，我们为母校的成功而自豪。

2004年，从湖南师大获得管理学硕士学位后，我去湖南涉外经济学院求职，敲开了张校长办公室的门，通过他的直接面试，成为该校的一员。其后，顺利晋升副教授，成为湖南省普通高校青年骨干教师。

2007年、2008年两次报考张校长的博士，由于实力不济，我都名落孙山。虽然考学失败了，但我内心强大了，因为那段时间确实读了很多书，特别是张校长的著作为我打开了一扇“真眼”看世界的别样的窗口。

2011年，我成为了湖南师范大学周庆元教授的博士生。阴差阳错也好，命中注定也好，我与以读书、写书、教书为乐的张校长算是“干”上了。博士论文《张楚廷五I课程思想研究》既是导师周庆元教授指导的，也是准导师张校长指导的。周先生的耳提面命与张先生的醍醐灌顶提升了我的话语与生命境界。

多次蹭张校长的车，多次听张校长的报告，多次到他办公室去求教。来来去去，感情深化。在他被誉为教育家、思想家、校长教育家、哲学家、体育理论家之后，我又送他一个“家”——社会批判家，他欣然接受了。

张校长出版了9本诗集，合计1208首诗，“我”有幸成为其中一首。我于2013年4月去新疆吐鲁番做了五I课程思想的应用情况调查，回来后向张校长汇报了情况，老人家以我的调查报告或者说旅游日记为基本素材写了一首《黎利云》为名的诗歌送给我，后来收录在《张楚廷诗集》第四集中。在诗中，张先生美化了我，把我写得高大上了。在他的爱护、鼓励与帮助下，我按时完成了博士学业。

写博士论文期间，我几乎每个星期都去打扰张校长，向他请教问题，有时除了讨论外，他还用铅笔帮我修改一些地方。我尽可能选择他做午饭的时间，这样不耽误他写作与做饭，还可受他的饮食哲学（他自己做饭，吃的大多是馒头、黄瓜、土豆、西红柿等素食，伴以酸奶、火腿、小鱼，以蒸为主，做饭工具中，没有炒菜锅子，饭菜中不加盐、不加糖、不加香料，绿色、低碳，简单加工）的熏陶。

2015年6月，我“南漂”到了广西，做了梧州学院的一名老师。拜见他的次数就少了，每次打电话，我还只“喂”一声，他就能立马叫出我的名字，然后我们就相关话题聊开去，当然我们有约，每次电话不超过5分钟，面谈不超过15分钟，特殊情况也不超过半个小时。不管是正聊还是闲聊，张校长都会问问我儿子黎佳诚的近况：又长了多高？还练足球吗？还读张爷爷的书吗？俨然，就像是惦记自己的孙子。电话中，我能感受到老人家精神矍铄、文思敏捷、谈锋甚健，让人无比欣慰。

在张校长80周年诞辰前夕，湖南师范大学于2016年5月举办了“张楚廷学术思想研讨会”，来自北京大学、中国人民大学等单位的200余位专家学者及近200位硕士、博士研究生参会。我也抽时间从广西北上回母校参加了这个盛会。在研讨会上，蒋洪新校长发言时指出：“张楚廷教授构建了一个以‘人主义’哲学为核心的，涵盖了哲学、数学、教育学、管理学、体育、美学、文学等领域的学术思想体系。张楚廷先生给我印象最深刻的是，他始终把‘人’‘大写的人’作为其学术研究的核心价值。……张楚廷教授几十年如一日，锲而不舍，不断追求学术真理；同时还爱校如家，竭力推动我校事业发展。这些都值得我们学习与发扬光大。”[①] 蒋校长还对张楚廷先生的教育理论和治校理念进行了深入分析，对张楚廷为湖南师大的建设和发展作出的卓越贡献表示敬意和感谢。蒋校长的话说出了很多湖南师大学子的心声。

2018年10月，湖南师范大学隆重纪念80周年华诞。在回母校参加庆典的多个场合，都听到了很多人对张楚廷先生的高度评价。在这个学期，张校长还为全校相关师生做“哲学十二讲”的报告，每周四下午进行。由于工作繁忙，没时间去现场聆听了，心底默默祝福张先生及各位有幸参加的听众，并祝母校的哲学水平越来越高。

张校长对我个人的影响是多方面的，他为人的气度与温度、知识的广度和深度、思维的高度与强度对我的影响最深。从张校长身上，我发现知识可以美容、雅量可以强身、气度可以安神。有感于张校长对我的关心，在本书出版之际，步《黎利云》韵，斗胆写《张楚廷》诗一首送给我们尊敬的张校长。

永志不忘是三七，
呱呱坠地于印尼。
黄鹤楼前知华夏，
岳麓山下懂高斯。
挥笔湖师写春秋，
引航涉外翔天地，
著书立说千万言，
善美之心释真理。

这首诗中的数字、地名在正文中可以找到解释的依据，在此不赘述。

---

① 蒋洪新. 教育家张楚廷——一位理想与行动兼备的人. 中国大学生在线. [OB/EL]. http：//special.univs. cn/ttzt/fmxy/xct/2016/0623/1138406. shtml2016-06-23.

2016年7月我调回湖南工作，成了衡阳师范学院的老师。不管在长沙，在梧州，还是在衡阳，我都将张校长的论著及交往作为宝贵的精神财富，用它来滋润我如饥似渴的心田，进而通过我去影响我的学生。

本书系衡阳师范学院科研基金项目“基于立德树人视角的教学理论借鉴与创新研究”（课题编号：161212）成果之一。在拙著出版之际，特借以上文字表达我对老校长的敬意和感谢！老骥伏枥，志在千里。衷心祝愿张校长健康长寿，能每天一如既往的“五子登科”，即做赤子、教学子、带孙子、爬格子、挥拍子（打乒乓球），永远做个有智慧的老顽童！

黎利云

2019年4月27日

目录

下编　践行篇

上 编

理 论 篇

是什么？不是什么？什么是？什么不是？为什么是？为什么不是……这是我们面对任何一个事物都想要知道的答案。要识庐山真面目，必须深入此山中。为了弄清“五I”的来龙去脉，笔者深入张楚廷先生的著作、课堂与办公室中，用调查采访与理论思辨相结合的手法，结合阐释学原理，从基本内涵、理论特质、教育价值、生成渊源、国际比较等多个角度对五I课程哲学思想的形式、实质、成因、功用等做了多视角、多层面的分析。“五I”建立在美国泰勒创造的泰勒原理、美国多尔建立的三S与四R等理论之上，它也继承了中国传统文化中“学思行”结合的思想精华。它是兼收并蓄的产物，在一定程度上超越了前人的理论。“五I理论”不排斥人应该占有知识、创造知识的道理，但更关心人自身的智慧与境界，更在乎人的发展状态。“五I”从多个角度表达了课程的应然。“五I”具有未完成性与开放性，它可以与国内外相关理论建立起互补与融合的关系。“五I”体现了课程价值，又涵盖了课程内容，并且考虑了课程实施方法。灵活应用“五I”，有利于成全自由教育、打造生态课堂、实现教育美好。

第一章 绪 论

康德说：世上最使人敬畏的是两样东西，即头上的星空和心中的道德律。而哲学所思的似乎正是两类问题，即我们头上的神秘和我们心中的神秘，以及由此而形成的世界观和人生观。五I课程思想是笔者心中的神秘，因此欲一探究竟。

张楚廷教授于2003年12月出版的专著《课程与教学哲学》第八章即为《“五I”课程构想》。论文《课程的“五I”构想》发表在2003年第11期《课程·教材·教法》上。笔者将张教授的“‘五I’课程构想”或“课程的‘五I’构想”统称为“五I课程思想”，简称为五I。由于该理论是张楚廷创立的，故称“张楚廷五I课程思想”。本书旨在解读张楚廷“五I”课程思想。本章力求交代研究背景、明确研究对象、清楚研究意义、综述研究现状、确定研究方法。

第一节 研究缘起

“一个研究者选择心仪的研究对象，其理由除了来自生命中美好的偶然，还必须有思想及义理上的必然。”[①] 这句话能很好地表达笔者选题的理由。为什么研究五I，得从自己的偶然与必然谈起，从五I的“值得存在”和

① 张文涛. 哲学之诗——柏拉图《王制》卷十义疏[M]. 上海：华东师范大学出版社，2012：前言.

“值得认识”（培根语）说起。

一、缘于对学校课程设置与教学反馈意见的思考

笔者读博士时是一位大学教师，对高校的课程与教学状况、师生关系有一定了解。某高校于2010年12月开展了满意度调查，广泛征求学生对于学校教学、管理、服务等各方面的意见。学生对教学方面的意见有200多条，大部分集中在课程设置与教师水平等方面。该校以素质教育名义、以选修为主要方式，开设了所谓“通识课程”90多门。这些课程中有大量的技巧性、实用性课程，如《涉外工作务实》《顾客满意管理》《资产评估》《资信评估》《项目评估》《秘书工作概论与实务》《公文写作与处理》《经济写作》《公关理论与技巧》《办公室管理概论》《信息检索概论》《企业人际关系研究》《就业学》《广告策略与表现》《食品安全与日常生活》等。这些课程与必修课程、技艺课程差别不大，很多学生对此比较失望。

有学者说：“如果通识教育里充斥着这么多的以技能技巧、实务实用为主要内容的课程，那么，通识教育就成了一个杂货摊，它的目的就被模糊了，甚至偏离了。”①

调查中，学生对教师的意见主要是：教师无激情、不风趣、不幽默、不生动、不深刻、没头绪、知识面窄、照本宣科、搞填鸭式教育、普通话不标准、课堂气氛沉闷、理论不能与实际相结合、感受不到知识的增长和心灵的震荡。②学生希望老师博学、敬业、有激情、有自己的观点、能激发兴趣。

周庆元教授说目前教学问题很多，一些老师“在教学方法上的‘满堂问’‘伪对话’；教具运用上的滥用媒体，照屏（屏幕）宣科；教研活动上的热衷于‘观摩’，醉心于‘展示’。如此种种，不一而足。”③

① 张楚廷教育文集第18卷[M]. 长沙：湖南人民出版社，2012：403.

② 以上引自2010年湖南涉外经济学院学生满意度调查报告. 湖南长沙. 2011-01-22.

③ 周庆元. 中学语文教育要“返璞归真”[J]. 中国教育学刊，2014（1）：70.

石鸥教授指出："教学患上了疾病。"他将教学的"疾病"分为四大类："教学失衡、教学专制、教学偏见、教学阻隔。"①

如何治疗这些疾病？五I是不是一剂治疗该类疾病的好方子？如果老师们能用五I作为理论指导课程与教学，结果会不会是另一种景象？

二、缘于发展教育对先进理论的需求

国家制定了很多教育改革、课程改革的法规、政策，目的在于更好地培养人才，实现国家的强盛和人们的幸福。《国家中长期教育改革和发展规划纲要（2010—2020年）》指出："创新人才培养模式……注重学思结合。倡导启发式、探究式、讨论式、参与式教学，帮助学生学会学习。激发学生的好奇心，培养学生的兴趣爱好，营造独立思考、自由探索、勇于创新的良好环境……注重因材施教。关注学生不同特点和个性差异，发展每一个学生的优势潜能。"②《中共中央关于全面深化改革若干重大问题的决定》提出："要深化教育领域综合改革……"③ 如何从理念、方法和技术层面落实，以上蕴含了"以人为本"价值诉求的教育方针政策，是摆在各级教育工作者及相关人士面前的一个重要、艰巨而光荣的任务。作为一名教师和教育研究人员，希望自己能为政策落实、教育进步做出努力和贡献。

吴康宁教授说："对于一种教育系统来说，无论其被要求承担的职责多么'重要'，所构建的制度多么'合理'，所确立的目标多么'和谐'，所编制的课程多么'科学'，最终都必须过课堂教学这一关。学校教育系统最终所实现的功能在很大程度上取决于课堂教学效果。"④ 可见，课堂教学质量对于整个教育具有巨大的意义。

"教师成长的关键，乃在于个体教育意识的全面觉醒，即个体是否开始

① 石鸥. 教学困惑中的理性追求[M]. 长沙：湖南师范大学出版社，2005：76.

②《国家中长期教育改革和发展规划纲要（2010—2020年）》.

③《中共中央关于全面深化改革若干重大问题的决定》.

④ 吴康宁. 课堂教学社会学[M]. 南京：南京师范大学出版社，1999：2.

拥有了自己独到的对于教育教学实践的理解与觉悟，并把这种觉悟渗透到自己新的教育教学实践之中……”[①] 刘铁芳教授的意思也许在于：要想让教学充满魅力、让课堂充满活力、让生命得到勃发，那就需要教师的教育理念自觉。

用什么理念指导教学会使教育更有效？五I可否成为比较适用的课程与教学理论？教育的可持续发展呼唤先进的教育理论，笔者希望，对五I的研究能为国家教育方针政策的落实、能为教育改革的顺利进行、能为教师的成长、能为学生的发展助一臂之力。

三、基于长期观察或践行五I理论的体验

原理的发现和应用都有其独立的意义，可以分属于不同的人。张楚廷提出了五I理论，这是一个重要贡献。更为可喜的是，他还亲自实践五I，用它来搞管理、搞研究、搞教学，并且成就斐然。张楚廷是一个将理论的创建和应用融为一体的学者。他运用五I等教育理论和思维方式成功提升了湖南师范大学、湖南涉外经济学院的办学水平。如果将张楚廷治学、教学、治校的成就都归因于五I，这是错误的；但如果不将他的成就与五I联系起来，则更是错误的。可以说，张楚廷之所以能取得丰硕的学术成就和显著的办学成绩，是他潜意识或显意识使用“五I”的结果：他能顺应兴趣激发兴趣，他在搜集信息中辨别信息，他在不断质疑中深化学问，他在尊重直觉中引发灵感，他在运用智慧中提升境界。

“如果我们重视内外统一的根本原则，那我们就不得不承认伟大人物曾志其所行，亦曾行其所志。”[②] 张楚廷是基于发展美好教育、培养美好的人的目的而开展教育理论研究的，笔者非常欣赏张楚廷的内外兼修与知行合一，所以选择研究他的理论。

如果没有足够用于做出判断的理由，笔者也不会轻易选择研究五I。自从

① 刘铁芳. 守望教育[M]. 上海：华东师范大学出版社，2007：153.
② [德]黑格尔. 小逻辑[M]. 北京：商务印书馆，2011：294.

2003年接触五I理论后，笔者就将他作为一种工作和生活理念，不断体验着这个理论带来的种种好处，不断感觉到这是一个可以信赖的理论。海德格尔曾说："经受一种语言之体验，就意味着通过接受和服从语言的要求，让我们与此语言的要求相关联……我们说着语言的人，也就会一天天在时间的进程中被这种体验所改变。"① 十多年来，笔者经历了五I作为语词、思想、价值观、方法论的重重体验。十年后的今天，笔者已经与五I融为一体。五I丰富了笔者，笔者也丰富了五I。

多年来，笔者自觉的将五I运用到教学中，实现了与学生的共同成长。不管上什么课，笔者均与学生约定：打造五I课堂，提醒自己和学生：紧紧抓住一个目标——教育就是培养智慧，就是达成对人生和世界更深刻的理解；除了充分利用教材所提供的信息外，还要学会搜集相关资料，尽量占有广博的资讯；用生动的故事、用幽默的语言、睿智的思想激发兴趣；课堂上，提倡广泛的质疑——挑战书本、同学、老师、自我的说法与想法、敢于剖析"成见"；鼓励学生利用直觉发表看法、生成观点。

因为五I的指导，笔者与学生总能充满激情、迸发灵感，所以教学效果比较理想。笔者走进中小学听课，将五I思想渗透于评课之中，评课意见也深受老师欢迎。

不仅在教学上，而且在生活中，五I同样给了笔者很大的帮助。当家庭成员间有矛盾时，彼此提醒自己或对方：我五I了吗？你五I了吗？我们五I了吗？做出判断的信息全面吗？质疑充分吗？问题的处理体现出了我们的智慧吗？直觉可靠吗？完全忽略直觉或完全相信直觉可行吗？问题出在哪里？如何改进？通过这种方式，家庭矛盾往往消失于萌芽状态或得到比较妥当的解决。

"如果我喜欢一个思想，多半是因为这个思想在我的切身体验中得到了

① [德]海德格尔. 人，诗意的安居：海德格尔语要[M]. 郜元宝译. 桂林：广西师范大学出版社，2002：50.

印证，而不是因为它的这些逻辑附着物。"[①] 五I是笔者切身体验后觉得有用的思想，因而认为它值得进一步研究与推广应用。

第二节　关键词界定

本文是教育理论、课程理论研究、个人思想研究，涉及较多领域，本处侧重选择张楚廷、课程、五I课程思想等几个语词予以阐释。

1. 张楚廷

张楚廷（1937—），男，湖北沔阳人，出生于印度尼西亚，在湖北度过了儿童和少年时代，并开始青年时期的生活。毕业于湖南师范大学数学专业，数学教授，教育学教授，是湖南师范大学高等教育学、课程与教学论专业博士生导师。他在湖南师范大学任校长、书记18年，在民办的湖南涉外经济学院任校长8年、名誉校长4年，共计30年。[②] 他将湖南师范大学这所普通省属师范学院办成了国家"211工程"重点大学，将湖南涉外经济学院办成了位居全国前列的知名民办高校。在大学工作的50多年中，他既做管理，又持续从事教学及研究工作。

他讲授过23门不同的课程，出版著作近100部，其中独著70多部（见第八章：张楚廷的五I实践）。撰写论文1100多篇，在全国200多所大学和科研机构作过400多场学术报告。其重要著作有《课程与教学哲学》《高等教育哲学》《教育哲学》《教学论纲》等。其中，《课程与教学哲学》填补了我国乃至世界课程哲学空白。第一套《张楚廷教育文集》（第1～10卷）于2007年由湖南教育出版社出版，第二套《张楚廷教育文集》（第11～20卷）于2012年由湖南出版社出版。论著文字总计逾3000万字。

他论著中的高频词、关键词集中在：哲学、人、个性、自我、大学、教育、教育学、高等教育、自由、文化、理论、理念、校长、学识、人格、素

① 周国平. 无用之学[M]. 南京：译林出版社，2011：10.
② 张楚廷诗集（三）[M]. 北京：民主与建设出版社，2014：170.

质、素质教育、教育目的、教学、大学品位、主隐文化、全面发展、可持续发展等方面。

张楚廷从教学技术、教学细则、教学艺术、教学原则、教育公理、教学哲学、教育哲学等多个角度考察过教育，构建了一个以“人主义”为核心的教育理论体系。他重新解读了马克思的全面发展学说，认为全面发展实际上是个性发展、自由发展、和谐发展。张楚廷提出了“人的课程”、五I课程构想等概念，创建了人的教育、结构改造主义、人文引领的和谐课程观等教育理论，提出了“使人像人，让人更高大”是“教育的第一使命”的命题与主张。

2. 课程

“课程具有多义性、流动性、可释性，皆与进入课程的人有关。人们是带着自己已有的观念情感等进入文本的。”[①]不同个体对课程的理解有别。关于课程有各种各样的说法，如：课程科目说、课程内容说、课程生活说、课程过程说。课程即学科科目，或课程即学科课程；课程是个体修习的科目；课程是学校就某项专业做出的计划或进程；课程是学校就某个学科提供的科目；课程是学校提供的某种科目体系（科目体系亦即科目的某种集合，将课程作为科目的组合来理解）；课程是学校为学生提供的一切文化（文化成了课程的上位概念）；课程是学生在学校可习得的一切文化。

与此相关，在课程观的发展史上，涌现了知识或学术理性主义课程观、经验或自我实现课程观、生活经验重构或批判课程观等好几种典型课程观。

“学校里的学风、校风也是文化，学校里主流观念中的信仰，乃至校园环境中所能渗透出来的种种信息或气息，也在文化之列，从而也就在课程之列了。”[②]“在广义的课程概念之下，连学校观念环境的建设、文化环境的建设、生态环境的建设也构成了课程的内容……”[③]张楚廷认为，一所大学应

① 张楚廷教育文集第17卷[M]. 长沙：湖南人民出版社，2012：263.

② 张楚廷. 课程是什么[J]. 当代教育论坛，2011（02）：1. 卷首语.

③ 张楚廷. 教育基本原理——一种基于公理的教育学[M]. 长沙：湖南师范大学出版社，2009：250—251.

是一部经典的教科书，一部学生爱不释手的教科书。这部教科书里写的就是文化。张楚廷将课程视为学生可习得的一切文化的总和，而学生实际上是在这种泛文化意义下的课程实施中，习得知识和技能并获得成长的。

张楚廷持多义课程内涵观并侧重于课程文化说有其积极作用，如：有利于学校各类工作人员在不同意义上向学生提供课程，有利于将学校的所有工作都落在课程上，有利于教师在智慧化身与文化使者的高度上把握课程的实施。

一所学校里，几乎没有与课程无关的事物。"课程编制、课程组织、课程实施、课程评价……一切皆课程！学校的方方面面，一砖一瓦、一草一木……都是课程：课程皆一切！……财务处的人也在课程中，他们直接影响学生的利益。"① 张楚廷对课程地位的重视体现了他作为教师、学者和校长对学校职责、功能、工作重点的清醒认识。

"课程概念的重建是一个无止境的历史过程。放眼国际，课程的'再概念化'涉及诸多广泛的问题，不同国家、不同民族、不同的社会发展水平会'重建'出不同的课程本质。"② 靳玉乐教授言之有理，看到了课程问题的复杂性。

本研究持广义的课程观，即将课程视为学生在学校应习得的文化及其习得文化的过程，包含了传统意义上课程与教学的双重含义，即学校应教给学生什么和怎么教的问题（意即说课程时，也可能包含了教学，这需要看具体的语境），也涉及学生应学什么和怎么学的问题。

3."五I"课程思想

"五I"课程构想是张楚廷教授创造的课程理论之一。他在著作中说："我们特指的构想，是一个'五I'方案：信息（Information）、兴趣（Interest）、质疑（Inquiry）、智慧（Intelligence）、直觉（Intuition）。显然，每一项都需要进一步的解释，进一步的讨论。课程应当给学生'五I'，

① 张楚廷. 课程的地位，湖南涉外经济学院演讲，2013-03-22.

② 靳玉乐，李殿森. 课程研究在中国大陆[J]. 教育学报，2005（3）：12-13.

或者说‘五I’构成课程。”①

他在论文中说：“‘五I 构想’是一种中介性课程方案或课程构想。其中，信息的地位体现了教学的本体性，信息的选用、处理、加工，构成了课程开发的基本任务之一；对兴趣的关注反映了课程观念的变化，质疑应在多方面伴随着课程开发的全过程……课程智慧不仅应给学生智性智慧，还应给学生以理性智慧，道德智慧。”②

张楚廷持续关注五I，他写了多篇关于五I的论文，在多个地方就此做过演讲。《2012年演讲提纲实录》中收录了在吐鲁番演讲《“五I”课程思想》的提纲。他与彭道林合作发表了《“五I”课程观再释读》（《课程·教材·教法》2013年第9期），于2013年完稿的著作《思想的流淌》第99节探讨的是“五I课程观”。这期间，有一些学者研究了“五I”课程思想。新疆吐鲁番等地的一些中小学教师实践了这一理论，并取得了一定成效。从现有研究与实践分析，笔者认为五I既是面向课程建设的理念，也是面向课程实施即教学的理念，一言以蔽之，它是一种教育哲学。

第三节 研究内容

古德莱德将包罗万象的课程论研究对象划分为三个部分：第一，是实质性的（substantive）研究，是对目标、学科内容、教材等任何课程的共同要素（commonplace）的本质和价值之探究。第二，是政治、社会层面的（political-soical）研究。第三，是技术、专业层面的（technical-professional）研究。课程探究的对象在于，团体或者个人如何设计策划、后勤保障以及评价反馈，从而改进、落实或者替换课程。③ 这是一个很细腻、

① 张楚廷. 课程与教学哲学[M]. 北京：人民教育出版社，2003：136.

② 张楚廷. 课程的“五I”构想[J]. 课程·教材·教法，2003（11）：5.

③ 古德莱德. 课程研究领域[A]. 王磊，译. 胡森，等. 简明国际教育百科全书·课程[Z]. 江山野编译. 北京：教育科学出版社，1991. 58—61.

独特且富有启发性的观点。

按照"产物过程"说，课程论研究对象及其关系可以相互转化。①本研究不是一般意义上的宽泛的研究课程是什么、课程论是什么，而是在更具体层面上研究张楚廷的五I课程思想是什么、可以用来干什么。本书将研究范围约定在以下方面：

（1）对五I的基本内涵、理论特质、教育价值、课程原理属性等开展研究，从而比较全面阐述五I的形式与实质。

（2）从哲学基础、教育情感、生命情怀等方面分析五I的生成渊源，从而理顺一种教育理论的产生与其所处的教育现实、与创作者个人的成长史、与古今中外教育理论之间等多方面的关系。

（3）把中国人创造的课程理论与国外经典的同类理论作比较，阐述五I的中国气派，为弘扬有中国气派的本土化教育理论、为中国教育理论走向世界奠定基础，也为各理论之间取长补短共存共荣寻找依据。

（4）从理论能否转化为生产力的视角，以夹叙夹议的方式（更侧重于叙事）探讨五I思想在张楚廷、陈书国、黎利云等人实践中的价值。

第四节　研究意义

充分阐述一篇学术论著的意义是有局限的，尤其是它的外显意义、实践意义、长远意义等，是更难以确切描述的。对于本研究的意义权且做两方面陈述。

一、理论意义

总结提炼张楚廷五I课程理论之特色，丰富、完善我国课程理论。

1. 使五I的基本内涵得到细化

研究五I，一个重要目的就是想探讨张楚廷理论背后的潜台词，这些潜台

① 冯生尧. 再论课程论研究对象与学科体系[J]. 课程·教材·教法，2006（3）：10.

词及其蕴含的思想是不是人类共有的精神财富？如果通过本研究能使五I更显豁，使教育理论更多彩，那就是意义与贡献所在。

张楚廷为什么能创造五I？为什么要创造五I？认真去探究其生成过程，产生一个故事，总结一种精神，算是笔者对这个概念、这个事件、这个世界的一种回应。五I到底是怎么来的？到底有何价值？为揭秘它们，笔者将走进张楚廷和他的教育世界，借此丰盈自己的人生，也从理论上去丰富教育世界。

笔者将尽力透过文本的表层去洞察深藏的思想内涵，依据其内在的逻辑运动特点做出深层次的、创造性的解读，用一家之言实现笔者作为阐释者与阐释对象之间的视域融合。

“要想为知识的进步和发展奠定基础，唯一的方法就是坚持结果的真理性。”① 笔者将坚持五I的真理性，竭尽所能阐述它的特征及价值，意在为课程理论的丰富和教育的发展添砖加瓦。

有人主张：“通过课程行动研究，创造民族化研究成果并形成‘个体理论’与‘既有理论’之间的良性循环，就可能实现我国课程研究本土化、民族化的持续发展。”② 将“个体理论”纳入“既有理论”轨道，这个工作要有人去做，因为这是课程研究本土化、民族化、国际化的必由之路。

五I强调兴趣、质疑、直觉，着眼于学生全面、自由、个性发展和智慧的形成。对五I做充分的阐释，将五I在更大范围内、更强力度下纳入“既有理论”当中，将有助于五I理论走向经典，同时为我国教育的可持续发展贡献力量，还可以为我国的课程理论研究的本土化、民族化做出示范，也有可能为我国理论在世界理论之林中占得一席之地创造条件。

2. 发扬光大本土教育理论

有学者指出：“用西方发达的‘智’（即‘道问学’）的教育学传统来弥

① [德]黑格尔. 小逻辑[M]. 贺麟译. 北京：商务印书馆，2011：200.

② 李臣之等著. 西方课程思潮研究[M]. 北京：人民教育出版社，2012：415.

补中国当下发达的‘仁’（即‘尊德性’）的教育学传统……这样一来，中国的教育学就能‘上上下下’，健行不已。”[①] 其实，中国教育学传统中“智、仁”兼备的理论并不少，当务之急是对这些本土理论的发现、发掘和推广。

世界教育史上出现过各种各样的课程与教学理论。在中国，孔子有启发式教育思想、有公平教育理念，只是后人没有对其做出系统的理论表述。近现代及当代的教育家蔡元培、梅贻琦、叶圣陶、陶行知、段力佩、于漪、魏书生、叶澜、朱永新、李镇西等有自己的教育理论，并在某种程度上得到了研究和传播。

郭华博士认为：“如果中国的课程与教学论研究者对自己‘后院’的好东西没有感觉，没有自信，更没有用它们引导实践发展之良心的话，中国课程与教学论不可能在世界上‘发声’，不可能得到他人的尊重，更不可能与别人交流。”[②]郭先生用心良苦，情真意切的言辞表达了建立有中国特色、中国气派课程理论的急切心情，意识到了“总结、提升”身边优秀实践的重要性。这是非常好的意见。

正是因为对自己“后院”的东西有些感觉，笔者才殚精竭虑探讨五I的方方面面。笔者研究五I，就是对“身边的优秀的实践的总结、提升”使命的积极承担，意在使我们的教育工作有可以借鉴的理论、意在将本有中国气派的理论发扬光大。

二、实践意义

就五I做博士论文，特别希望在以下方面有所作为：促进课程实践的良性发展、通过解释别人来成全自我。

1. 促进课程实践良性发展

有效的教学问题直接涉及观念问题，本书既讨论观念问题，也讨论观念

---

① [美]肖恩·加拉格尔. 解释学与教育[M]. 张光陆译. 上海：华东师范大学出版社，2009：主编寄语.

② 蒋建华. 与北京师大教育学院郭华博士谈：中国教育研究需要中国气派[N]. 中国教育报，2004-05-15.

的实践问题。有学者将“教学信息所辐射和作用的时空称为教学场”，并认为这种教学场具有“开放性、目的性、整体性、流动性”等特征。①在这个场中，尽管只有教师、学生、教材、教具及环境等因素，但作用机制却是很复杂的。因为这个场是由可见又不可见的心理场、活动场、文化场等构成的。活动于其中的每个人都有自己的历史，都有自己的眼光，他们所感知的东西、能表达的东西是不一样的。有没有一种理念能概括教学的这种复杂特点或指导这种复杂活动的进行？五I是不是一种不错的选择？对于五I理论特质、教育价值等的讨论，会不会有利于读者增加对课程哲学、教学哲学的兴趣？笔者存疑，拟试探性回答以上问题，这也反映了本论文的价值取向。

课程有始终不变的东西吗？课程实施可以有千秋万代相传的思想吗？课程活动区别于别的活动的关键是什么？这些重大的问题虽然不是本书所能完全解答的，但是多少可以涉及的。

教育公理、课程原理、教学原则等思想，从宏观、微观角度都可能影响到教师的理论兴趣和课堂实践，从而在适切理论的指导下“让课堂焕发出生命的活力”。② 对某一个教育家的某一个教育思想之来龙去脉做深度挖掘与展示，设法揭开理论的神秘面纱，也许能激发一些读者的理论好奇心，从而增强理论探究的热情和信心，进而帮助他们提升教育思辨与实践能力。

“一个人是否具有创造力，是一流人才和三流人才的分水岭。”③这是美国哈佛大学校长普西教授的重要观点。“为什么我们的学校总是培养不出杰出人才？”这是钱学森之问的核心内容。从有效课程、生命课堂等角度阐释五I、利用五I，促进活力课堂的生成，也许能为创造性人才的培养、杰出人才的培养提供一条可能路径。笔者期待对五I的研究不但能使五I自身获得澄明性，而且希望能推动课程实践的深入开展。

① 吴小鸥. 教学场论[M]. 长沙：湖南师范大学出版社，2007：32-35.

② 叶澜. 让课堂焕发出生命活力——论中小学教学改革的深化[J]. 教育研究，1997（9）：3.

③ 郅庭瑾. 为思维而教[M]. 北京：教育科学出版社，2007：242.

2. 通过阐释他者来成全自我

"首先，对于一个事物，首先可认识其事实、现象、外表；然后，可透过这些现象去考察它是如何存在、变化和发展的，这一类的知识，多由原理、条文、定律来表示；最后，是对这些原理、观念和思想进行再考察，以形成关于观念的观念、思想的思想、原理的原理。这是三个不同层次、不同类别的知识，我们可以分别称之为形而下、形而中和形而上的知识。"[①]笔者阐释五I，是研究思想的思想，所以是形而上的。

五I带给笔者的惊奇首先是它的形式，然后是它对课程解释的普适性与通透性。笔者对五I的解释尽可能以自我理解的方式，以对美好教育、美好人生强烈向往或憧憬的情绪去诉说，争取做一个能看见洞穴之外太阳光的人（柏拉图的著名隐喻），从而使自己不断走向智慧的境界，因而获得超越于动物式生存的所谓人生之高尚意义。

张楚廷在创立教育理论时也是在创建人生。笔者解释张楚廷的理论，也都是朝向生命的可能性，并建立可能性的生活。

"马克思强调，我们不仅要解释世界，更重要的是要改造世界。这一观念或立场的本意在于：人必须通过解释与理解并最终达成对世界的改造。"[②]为什么要去解释五I? 既是为了更好的构建自己的精神世界，也是为了能用这一理论帮助"改造世界"，从而造福更多的人。

笔者希望对五I所做的具有某种"创造性"的言说能帮助自己和他人形成正确的观念，解除自己和他人对课程的认知困惑，确立合适的课程理念，从而推动对教育、对课程、对学生的比较恰切的理解，进而以自己的创造性活动"证实"自我的存在和生命的价值。

---

① 张楚廷. 思想的流淌[M]. 重庆：西南师范大学出版社，2015：332.

② 李咏吟. 解释与真理[M]. 上海：上海译文出版社，2004：3.

第五节　研究综述

前车之鉴，后事之师。他山之石，可以攻玉。感谢有人对张楚廷及其五I等做了一些研究，为笔者的继续阐释奠定了较好的基础。

一、对张楚廷思想的传播与研究

百度词条“张楚廷”，对他的专题介绍有1600多字，涉及他的网页有190,000个。通过百度“张楚廷、教育”两个词，有181,000多个网页。以“张楚廷”作为第一作者在中国知网上查询文章发表情况，截至2019年5月14日，有384篇论文被收录。

很多学者对张楚廷治学、治校做出了较高的评价。如北京大学喻岳青教授等，把张楚廷与匡亚明、朱九思、曲钦岳列为“当代中国最优秀的大学校长。眭依凡教授说：“……张楚廷校长集教育理论著作于一身，成为影响极广的教育家。”① 张应强教授认为：“中国教育界真正能够称得上教育思想家的，我认为张校长就是其中非常有名的一位。能够把‘校长’‘学者’‘教育思想家’这样一些称号集于一身的人，更是凤毛麟角，但张教授是，且当之无愧。”②

张楚廷的很多文章被大量下载或引用。截至2019年5月14日，以“张楚廷”为“全文”语词在中国知网查询，有9400篇文章涉及他的事迹或思想。以张楚廷为“篇名”中语词查询，直接研究张楚廷的文章有487篇，这些文章除极少数是学术活动报道或述评外，绝大部分是研究他各方面思想的。

燕良轼、刘宇文主编的《张楚廷教育思想研究》（2009年出版）是研究张楚廷思想的“集大成”之作，有46篇文章从不同角度探讨了张楚廷的教育思想。文集中很多文章将理性和感性融合，有温度、有深度。“张教授是一个质朴和蔼、尊师爱生、非常自信的智者。”这是常思亮教授在《我的导

① 百度张楚廷[OB/EL]. http：//baike. baidu. com/view/585831. html.

② 燕良轼，刘宇文主编. 张楚廷教育思想研究[M]. 长沙：湖南大学出版社，2009：4.

师——张楚廷校长》中表达的观点。周庆元教授在《感悟张楚廷校长》中说："'张楚廷研究'正在慢慢的成为一种'热'，而且似乎方兴未艾。"① 周教授从人本理念、民族情怀、战略眼光、学术习惯、草根做派等五个方面谈了对张楚廷的看法。

学者们对张楚廷的研究主要体现在理论与实践两个方面。

1. 理论探索方面

张楚廷一些新颖独特的观点引发了一些学者进一步探讨的兴趣。

有人探讨他的人本教育哲学思想。谭伟平在《吹沙见金，穷理求本——张楚廷人本教育思想探析》（2007）中认为，"教育的根本在发展人的可发展性"是张楚廷人本教育思想最重要、最核心的观点。刘徐湘在《张楚廷教育哲学思想探析》（2009）中认为，张楚廷构建的"教育公理"是对教育为何发生、如何发展的最基本的哲学思考。

有人探讨他的教育产业思想。李碧红在《论张楚廷的教育产业思想》（2009）中认为，张楚廷"教育私营化的回归是教育本性的回归，人的回归"思想是从哲学高度肯定了私立教育和教育产业。

有人探讨他的美育思想。王鹏在《关于美的几点断想——读张楚廷教育哲学》（2015）中认为，塑造完美人格、培养创新型人才、培养超越精神、促进德育和体育发展等是张楚廷的美育思想重心之所在。美育思想是张教授教育思想的重要组成部分，他为我国美育理论科学体系建立做出了突出贡献。这是杨云萍博士在《张楚廷美育思想对当代美育理论的贡献》（2007）中表达的重要观点。

有人探讨他的课程思想。李学在《元结构视角中的人本课程建构——张楚廷课程思想初探》（2008）中认为，张楚廷作为人本课程论者，追求的是现实条件下正在发展中的人的更好发展，他主张课程目的是生成的而非预设的。

---

① 燕良轼，刘宇文主编. 张楚廷教育思想研究[C]. 长沙：湖南大学出版社，2009：246-258.

有人比较他与其他教育思想家对高等教育认识的根本区别。沈小姣在《布鲁贝克和张楚廷高等教育哲学观的比较》（2010）中指出：张先生的高等教育哲学是从“人”的本体论角度论述的，是生命论高等教育哲学，迥异于布鲁贝克等的政治论、认识论高等教育哲学。

还有钟一平（2009）等人探讨了他的素质教育思想，邓小华（2015）等人探讨了他的教育公理。

2. 学校管理方面

张楚廷先后主持湖南师范大学和湖南涉外经济学院工作，前后长达30年，使两所学校都发生了重大变化。他于1994年出版了《校长学概论》，于2000年出版了《学校管理学》，对学校管理做了深入的理论思考。对管理的另一面——“不管”，他从心理学等角度做了探讨，并提出了“学会不管”的主张，提倡建设隐性文化、开展隐性管理、创办自信的学校。一些学者认为，张楚廷办学成功源于他先进的管理理念，源于他独特的人格魅力。

刘铁芳、段慧兰在《校长何以作为大学事理的体现者——从张楚廷先生的大学实践看校长人格范式的建构》（2012）一文中，从人格范式建构的角度阐述了一个好校长与一所好学校的关系，并指明了张先生的人格构建之路。

姚晓峰在《张楚廷的治校之道》（2010）《张楚廷大学管理理念研究》（2006）等文章中，从制度管理、文化管理、人本管理、冲突管理、柔性管理等方面探讨张楚廷的治校思想。文章认为，张楚廷强调以人为本、坚决摒弃“官本位”思想、提倡“政从正出”“才从财来”是湖南师范大学能取得骄人业绩的重要原因。

王国祥在《创造良好人文环境，培养跨世纪师资队伍——访湖南师范大学校长张楚廷》（1997）中指出：为了湖南师大的发展，张楚廷积极创造各种条件，引进大量优秀博士和知名教授，这些举措提高了师资队伍的质量和办学水平。

张楚廷大学管理理念的核心是以人为本。这是龚常在其硕士论文《张楚廷大学管理理念研究》（2009）中提出的重要看法。

二、对五I课程思想的研究与应用

从被研究和应用的角度看，截至2014年9月18日，中国知网有《张楚廷五I课程观研究》等7篇文章是与五I直接相关的。

有人比较全面地探讨了五I课程观。黄军山在其硕士论文《张楚廷五I课程观研究》（2007）中认为，五I课程观实质上是以"人观"思想为基石构建的。"我们认为5I课程观是和谐、自由、超越、智慧的课程观，实乃生命课程观，是重视个体生命自由、和谐、个性化超越式发展的生命课程观。"①该文提出了一些新观点，但不足之处也是多方面的，如对五I的来龙去脉基本上没做研究。

有人专门探讨五I课程方案的特点。黎利云在《张楚廷之"五Ⅰ课程方案"特点浅析》（2012）中指出："五Ⅰ课程方案"具有逻辑严密、针对性强等特点……具有深远的理论价值与广泛的实践意义。②该作者在后来的进一步研究中认为：五I课程观具有集生成路径的批判性与创新性、文化特质的民族性与国际性于一体等理论特征。③

有人探讨了五I对于课程设置的指导意义。刘宇贤在其硕士论文中对我国教育学专业课程设置进行了应然分析，对利用"五I理念开展我国教育学硕士研究生课程设置的可行性分析"做了论证。④他从信息、兴趣、质疑、智慧和直觉等五个方面分别对课程目标、课程体系、课程内容和课程评价提出了一些建议。该作者高度欣赏五I的人本内涵和方法论意义。

有人探讨了五I对于课程实施的价值。周琦勋在《基于"五I"课程观的

---

① 黄军山. 张楚廷5I课程观研究[D]. 湖南师范大学硕士论文，2007：44.
② 黎利云. 张楚廷之"五Ⅰ课程方案"特点浅析[J]. 当代教育论坛，2012（5）：77.
③ 黎利云. 张楚廷"五I"课程观的理论特征与实践价值[J]. 云梦学刊，2014（1）：114.
④ 刘宇贤. 基于"五I"理念的我国教育学硕士研究生课程设置研究[D]. 广西师范学院硕士论文. 2013：39.

中学英语社团活动探索》（2013）中指出：运用五I理论开展英语社团活动，目的在于帮助学生提升智慧。在五I课程观的指导下，发动学生广泛搜集信息、利用多种手段激发学生兴趣、不断质疑活动过程和方法的可行性，鼓励利用稍纵即逝的直觉，从而集思广益，使活动开展得有声有色。①

何晓斓、刘明东等学者认为五I这一理念“有助于大学英语教师对自身角色的认识和提升，在一定程度上能引导教师从单一知识的教学者成为发展学生智慧的教育者。”②

有人从国际比较角度阐释五I的独特性、民族性。彭道林等在《“五I”课程观再释读》中认为：后现代课程观是一个进步，但四R并没有走出现代主义。通过比较后，作者得出如下结论：“五I课程观……是我们较之一些西方学者更为深刻的教育思想，更有我们民族特色的课程观念。”③

有人探讨了五I的创造途径。李学博士认为，五I课程观是一个以内容为主、妥善处理多方辩证关系的课程观，是张先生用超结构眼光分析课程内容得到的理论成果。

据笔者了解，以张楚廷思想作为科研课题或硕士论文、博士论文选题的越来越多。课题方面，有段慧兰主持的湖南省教育科学“十二五”规划重点资助项目“张楚廷教育思想研究”，有蒋已兰主持的湖南省“十二五”教育科学规划课题“张楚廷大学人文教育思想研究”。

论文方面，已经完成的博士论文有文兰芳的《大学之道——张楚廷高等教育思想研究》、刘阳科的《人的课程——张楚廷五I课程思想研究》、蒋已兰的《张楚廷教育智慧研究》、段慧兰的《走向人的自觉——张楚廷教育思想历程研究》。已经完成的硕士论文有彭莹的《张楚廷体育思想研究》、赵

① 周琦勋. 基于“五I”课程观的中学英语社团活动探索[J]. 科教文汇，2013（08）：122.

② 何晓斓、刘明东. 从知识教学到智慧教育——“五I”视阈下的大学英语教师角色及其实现[J]. 江西师范大学学报（哲学社会科学版），2014（03）：132.

③ 彭道林，张楚廷. “五I”课程观再释读[J]. 课程·教材·教法，2013（9）：15.

彩霞的《张楚廷校长领导特质研究》、王娴贤的《张楚廷校长的大学教师观及其实践研究》、张咪的《走向人的美好——张楚廷教学思想研究》、李晓红的《张楚廷高等教育哲学思想探析》、刘海燕的《张楚廷学生观研究》、姚敏的《张楚廷大学管理思想研究》、谢姣娣的《张楚廷教育美学思想初探》、龚常的《张楚廷大学管理理念研究》、黄军山的《张楚廷五I课程观研究》、姚晓锋的《张楚廷大学理念研究》。

这些课题和论文的完成将进一步丰富张楚廷思想和我国的教育理论。笔者将在此基础上深化对五I的研究，为我国学术繁荣、教育发展做出自己的贡献。

第六节　研究方法

"形而上学，整个哲学，是概括在方法里面的。"[①] 可见方法对于哲学研究、对于理论创作的重要性。每种方法都有其价值和魅力，本研究将综合使用文献法、演绎法、归纳法、调查法、阐释学等方法。布雷岑卡（Brezinka，W.）指出："各种教育理论，都可以成为描述性研究、批判性研究和规范性研究的对象。"[②]笔者拟在研究中尽量将描述、批判与规范有机结合起来。

一是文献法。搜集文献是本研究的重要基础，笔者将广泛阅读并研究张楚廷的论著，延伸阅读国内外课程论、教学论、教育学、心理学、教育哲学等相关方面文献，从整体上把握张楚廷教育理论及五I思想的内容与特点。

二是演绎法。首先假定五I是一个正确的课程准则、规范，然后以此来衡量课程行为，或考察课程中的人在多大程度上可以运用这个准则、规范，从而判断课程中人的行为是否有价值，或者有多大的价值。这与哲学中从一个正确的前提出发，推演、判断另一个结论是否正确是一致的。在探讨五I的教育价值时将主要运用这种方法。

① 马克思恩格斯选集[M]. 第1卷，北京：人民出版社，1995：137.

② 转引自《元教育学》[M]. 唐莹. 北京：人民教育出版社，2007：542.

三是归纳法。归纳总结、由此及彼、去伪存真、去粗存精，是自然科学的研究方法，也是社会科学的研究方法。[①]五I思想是怎么产生的？与张楚廷其他教育理论的关系何在？在探讨五I的生成渊源时，将主要运用归纳法。

四是调查法。五I有人使用吗？使用的效果如果？一种理论要变为生产力，需要通过实践，笔者深入吐鲁番等地，了解五I的使用情况，以此来证明五I的适用性。

五是阐释学。“理解不是一个抽象的思维活动，而是一个语言事件。语言在对世界的理解中起到了核心的作用。”[②]怎么去研究五I？这是一个语言应用问题。本研究的意义隐含在对方法的选择之中。相对而言，本文运用更多的是以思辨为主的阐释学或解释学。

阐释学，被认为是“对于文本之意义的理解和解释的理论或哲学”[③]。“hermeneia”为希腊术语，音译为赫尔默，有翻译、解释或分析之意。“施莱尔马赫和弗里德里希·施莱格尔指出，所有的理解原本就是解释。”[④]杜特认为：“不单是理解和解释，而且还有运用、自我理解，都是解释学活动的组成部分。”[⑤]

张楚廷非常看重阐释，他将阐释能力与生命活力联系在一起。“阐释学体现对每个个体的尊重……在这种哲学下，人的意义，人的价值，生命的意义和价值，以其对阐释的把握联系在一起。”[⑥]

如何研究五I？笔者将追随真理的脚步，“瞻望赫尔默飞翔的背影”[⑦]，尽力承担好理解和阐释的职责，对五I所包含的意蕴予以充分挖掘与发挥。

---

① 陈剑旄. 蔡元培伦理思想研究[M]. 北京：北京大学出版社，2009：54.

② [美]肖恩·加拉格尔. 解释学与教育[M]. 张光陆译. 上海：华东师范大学出版社，2009：8.

③ 冯契. 哲学大辞典[M]. 上海：上海辞书出版社，1992：1654.

④ [德]伽达默尔，杜特. 解释学美学实践哲学——伽达默尔与杜特对谈录[M]. 金慧敏译. 北京：商务印书馆，2007：3.

⑤ [德]伽达默尔，杜特. 解释学美学实践哲学——伽达默尔与杜特对谈录[M]. 金慧敏译. 北京：商务印书馆，2007：4.

⑥ 张楚廷. 对阐释学的阐释[J]. 现代大学教育，2013（2）：41 + 46.

⑦ 李咏吟. 解释与真理[M]. 上海：上海译文出版社，2004：序诗（局部）.

第二章　五I的基本内涵

五I最早出现于2003年，有著作和刊物两种。张楚廷《课程与教学哲学》第八章为“‘五I’课程构想”，全文约10000字。2003年发表在《课程·教材·教法》上的《课程的“五I”构想》是著作的缩略本。承载五I的论文和著作是“原论”或“本论”，是开展本研究的基本依据。为方便读者了解，也为了方便开展研究，本章将五I的基本内涵做概括性呈现。

在原论中，张楚廷从经常被忽视、本应被重视的一些方面，对每个I提出了一些要点，如信息的泛知识性、泛结构性、泛文本性，兴趣的自身相关性、美学相关性、创造相关性，质疑的相伴性、本体性、开放性，智慧的尚知性、尚思性、尚智性，直觉的和谐性、广意性、广延性。张楚廷还认为，兴趣先于意志、信息宽于知识、直觉重于逻辑、质疑甚于聆听、智慧高于聪明，从而表明对兴趣等范畴的辩证理解。针对课程目的、教育目的被狭化和工具化的现状，张楚廷指出，课程目的应该有多种形式，给学生信息、培养兴趣、获得智慧就是课程目的，目的在过程中，过程影响目的。

第一节　五I的具体所指

一、信息（Information）

泛知识性、泛结构性、泛文本性是我们理解信息的三个要点。①

信息的地位与教学的地位息息相关。“信息的地位体现了教学的本体性。若没有本体作为基础，一切美好的课程观念、教学观念都会悬置，一切课程设计都难以展开……② 张楚廷不无遗憾地指出，现实的课程或教学的问题“往往出在只停留在本体上”。③

张楚廷在多个地方使用了“本体”一词。“本体”是一个比较难以解释的哲学概念，我们在使用“本体”时往往取其隐喻或暗喻意义。

《辞海》解释说：本体，同“现象”相对，指只能用理性才能理解的本质。在康德哲学中，本体与现象构成一对范畴，本体即“物自体”或“自在之物”，是不能为认识所达到、但能为信仰所揭示的东西。④ 这样看来，本体似乎具有一定的神秘性。

本体论“是哲学中研究世界的本原或本性问题的理论……马克思主义哲学一般不使用本体论一词，但有时把它当做是关于存在发展的最一般规律的学说的同义词来加以使用”。⑤ 望文生义也许有助于理解本体：本有之体，本身之体。“本体”是“本”和“体”两个汉字组成的复合词，基本含义是事物的主体或自身，事物的来源或根源。因此“本体”的另一种合理解释是“机器、工程等的主要部分”。⑥

依此理解，在张楚廷心中，“信息”是体现教学意义、课程意义的根本

① 张楚廷. 课程与教学哲学[M]. 北京：人民教育出版社，2003：136–137.
② 张楚廷. 课程与教学哲学[M]. 北京：人民教育出版社，2003：136.
③ 张楚廷. 课程与教学哲学[M]. 北京：人民教育出版社，2003：136. .
④ 辞海编辑委员会. 辞海[M]. 上海：上海辞书出版社，1999：126.
⑤ 辞海编辑委员会. 辞海[M]. 上海：上海辞书出版社，1999：126.
⑥ 中国社会科学院语言研究所词典编辑室. 现代汉语词典[M]. 北京：商务印书馆，2012：62.

实体、主要部分。

1. 信息的泛知识性

“知识是信息，信息不一定具有知识形态。有时，信息工具也成为信息的组成部分。……情意、期待、态度、信念亦可作为信息在课程中传递……”[①]对此，张楚廷将其称为信息的泛知识性。在笔者眼中，一切所见所闻所思所想都是信息。

2. 信息的超结构性

信息是有结构的。“信息结构的意义不亚于信息本身，这里所说的结构并非布鲁纳所言之学科结构……”[②] 张楚廷认为，结构是课程信息的重要组成部分。不过，要理解这句话的含义，必须引入原结构、视角结构、超结构等概念。“结构优化像课程优化一样可以被接受，虽然那不是课程优化的全部。这是一种泛结构观念，由于信息自身的性质，应当用这种观念来看待信息。”[③] 对此，张楚廷将其称为信息的泛结构性或超结构性。

3. 信息的泛文本性

“信息可以等同于文本（广义的文本），但不等同于书本（除非书本被广义化）。不仅信息及其载体，而且，信息传递与处理技术也含于其中；它既容纳概念，也负荷事实；既有命题，又有运作；既有描述性的，又有程序性的；既阐述确定性，又陈述可能性；既有文字符号的，又有非符号的（如存在于隐喻之中、故事之外的）；既可以有局部线性的（这是无法完全避免的），又可以是非线性的……”[④]张楚廷用六个“既……又……”构成的排比句以排山倒海之势阐述了信息存在的广泛性和表现形式的多样性。

对此，张楚廷将其称为“信息的泛文本性或广域性”。

---

① 张楚廷. 课程与教学哲学[M]. 北京：人民教育出版社，2003：136.
② 张楚廷. 课程与教学哲学[M]. 北京：人民教育出版社，2003：136.
③ 张楚廷. 课程与教学哲学[M]. 北京：人民教育出版社，2003：136.
④ 张楚廷. 课程与教学哲学[M]. 北京：人民教育出版社，2003：137.

在论述中，张楚廷强调了“信息的选用、处理、加工，也就成了课程开发的基本任务之一”[①]，强调情意、期待、态度、信念作为信息的重要性，强调了信息结构也是信息的重要组成部分，我们宜用“超结构”的眼光来看待信息（应该看到基本概念、基本原理周围的成分以及周围成分中的文化、精神、历史等超成分或超元素[②]），强调了信息对狭义上文本的超越。这是对信息的一种创新性解释，对在教学中提高对信息的重视程度很有帮助。

二、兴趣（Interest）

张楚廷对兴趣做了三点诠释性说明，“自身相关性、美学相关性和创造相关性是我们对兴趣所阐释的三要点”。[③]

1．兴趣的自身相关性

“兴趣不应当只被看做是课程开发中的一个辅助物，它应当是课程的组成部分……我们希望兴趣是情趣，是志趣，是与健康和美好连在一起的兴趣……文本本身的兴趣和读者自身的兴趣需要融合考虑；兴趣的生成性与发展性亦需融合考虑。”[④]

对此，张楚廷将其称为兴趣的自身相关性。言下之意，他强调兴趣不只是课程或教学的条件，而是学习中的应有之义。不能简单地以有用或无用去评价课程，而要高度重视兴趣本身的“有用性”。

他批判：“课程的现实是，它在很多情况下，兴趣连辅助物的地位亦无。”他例举了“非人的教育”的一些症状，并简要剖析了形成原因：“人们说，有绞杀直觉的教育，有绞杀个性的教育，有不得不被称为教育的教育，那种教育大半是从绞杀兴趣开始的。”[⑤]言下之意，好的教育应是尊重直觉、发展个性、激发兴趣的教育。

① 张楚廷. 课程的“五I”构想[J]. 课程・教材・教法，2003（11）：6.
② 张楚廷. 课程的“五I”构想[J]. 课程・教材・教法，2003（11）：6.
③ 张楚廷. 课程与教学哲学[M]. 北京：人民教育出版社，2003：139–140.
④ 张楚廷. 课程与教学哲学[M]. 北京：人民教育出版社，2003：138.
⑤ 张楚廷. 课程与教学哲学[M]. 北京：人民教育出版社，2003：138.

2. 兴趣的美学相关性

张楚廷非常赞同马克思的观点：人是按美的规律构造的。他还提出了"人是美的存在"论点，并以此为命题写了专著《人是美的存在》。为了满足人对美的需求，在课程中唤起学生的兴趣就顺理成章成了应然的任务。

"兴趣是应当从课程的编制到课程的实施中均予以实实在在考虑的……故事为何被强调？从深层看，便是美学因素，史学的因素……故事也便于容纳隐喻，它大半是美好或美妙的。"①

张楚廷认为，课程有义务去开发简洁美、奇异美、和谐美、对称美（非匀称美可视为其一端）。这都应是课程中的自然存在物。"这种存在是人通向自然、通向社会的最明亮的窗口，是兴趣乃至人生意义的基本源头之一；这种存在是人的存在的基本内涵之一，美学开发将更有效地体现课程的内在性。"②

他觉得：美育一般不是单独的一个科目，但它应普遍地以各种不同形态（它本是千姿百态的）进入课程。"美学进入课程与兴趣进入课程虽然不是一回事，但是两者的关联却是最值得关注的。美学因素是引导喜爱与兴趣的最基本的牵引力。"③

对此，张楚廷将其称为兴趣的美学相关性。

张楚廷欣喜的指出：1999年，在我们的教育方针中，在时隔近40年之后恢复了"美育"的字样。但他仍不无忧虑和痛心地说："这看似寻常，却可由历史告诉我们它十分不寻常。一向关注和看重教育方针的中国教育，尚没有在这一不寻常事件面前表现普通的热情，这也表明了历史的沉重。"④看来，实实在在加强美育是当务之急，且任重道远。

---

① 张楚廷. 课程与教学哲学[M]. 北京：人民教育出版社，2003：138.
② 张楚廷. 课程与教学哲学[M]. 北京：人民教育出版社，2003：138.
③ 张楚廷. 课程与教学哲学[M]. 北京：人民教育出版社，2003：138-139.
④ 张楚廷. 课程与教学哲学[M]. 北京：人民教育出版社，2003：139.

在此，我们得出结论：在课程中关注美、关注美学、关注美育，就能自然地引发学生的兴趣。进一步推理出的结论是：要在课程中提升学生兴趣，就理所当然应该重视美学、重视美育。

3. 兴趣的创造相关性

“科学史说明，教育经验表明，心理学的研究亦阐明，兴趣对动机有决定性影响以及兴趣在创造中拥有特殊的地位……在我们强调创造教育的时候，不深入到课程上去考虑是不可想象的；在强调创造教育的时候，忽视兴趣在课程中的应有分量是难以置信的；强调创造而忽视兴趣，那就像踢足球不准备跑动一样，或者就像投篮而没有看见篮筐一样。”① 张楚廷用排比、比喻等修辞手法说明了兴趣之于创造的重要性。对此，他将其称为兴趣的创造相关性。

他还指出：漠视甚至打击“为了兴趣而读书”的做法是让人“愕然”“凄然”的错误做法。“‘为了兴趣’会使不少的现今的教育工作者愕然。如果教育工作者中的课程工作者亦如是，那也让人凄然。”② 为了学生的兴趣，应该是教育中的应有追求。在应试教育的影响下，兴趣往往被压制，往往被迫在指定的学习任务面前做出让步，甚至一让再往。

为了在兴趣中实现创造，要充分认识课程编制和实施中要激发兴趣和保持兴趣的意义，寻找积极的办法。张楚廷说：“只要我们意识到，所谓创造，不只是在创造结果，也是在创造过程；不只在创造思想，也在创造动机，也在创造兴趣；而被创造的兴趣将进一步引导创造。这样，我们就会很乐意在课程开发中迎向可能的困难，迎来比我们预想的课程还珍贵的课程。”③ 在此，张楚廷一再强调兴趣与创造关系的紧密性、课程中激发兴趣的异常重要性。

① 张楚廷. 课程与教学哲学[M]. 北京：人民教育出版社，2003：139.
② 张楚廷. 课程与教学哲学[M]. 北京：人民教育出版社，2003：139.
③ 张楚廷. 课程与教学哲学[M]. 北京：人民教育出版社，2003：139.

张楚廷主要从教育学、附带从心理学角度对兴趣做了三点诠释，让我们认识到了课程中的兴趣不是可有可无的东西，也不是不可实现的东西，而是很重要并且可以实现的东西。

三、质疑（Inquiry）

张楚廷为“质疑”归纳出了相伴性、本体性、开放性三个要点。

1．质疑的相伴性

课程的目的不只是确信，质疑也是课程的实质内容。经历过质疑的确信才是真正的确信。张楚廷对质疑与确信的关系做了深入阐释：“把确信视为课程的实质，不仅是只注意到了结果的表现，而且对结果的看法也有了片面性。课程的一个方面，从某种意义看是更重要的方面，便是质疑。没有质疑的不可能有真正的确信……”①

言外之意是：如果确信与质疑的相关关系越来越紧密，知识就可能以更快的速度增长。或者说，因为知识系统内泥沙俱下良莠不齐，在貌似知识的东西越来越多时，为了获得真知灼见，就更需要质疑。

“确信与质疑应是形影不离、相伴而行的，质疑应当相伴着课程实施的整个过程，或称为全程相伴。”② 对此，张楚廷将其称为质疑的相伴性。

2．质疑的本体性

张楚廷将质疑视作“使课程获得开放性的空气、土壤、水”。③

他认为，质疑不只是获得学问的一种方式，而且是学问本身。学问，有名词和动词两种含义，张楚廷用打引号的“学问”表示其动词意义。

“学问是在‘学问’中获得的，‘学问’，即学着询问，学着质问，学着反问，更基本的前提是：学着发现问题。……‘学问’本在学问之中，质

① 转引自孙正聿《哲学通论》[M]. 沈阳：辽宁人民出版社，1998：85.
② 张楚廷. 课程与教学哲学[M]. 北京：人民教育出版社，2003：140.
③ 张楚廷. 课程与教学哲学[M]. 北京：人民教育出版社，2003：142.

疑不只是伙伴。”[①]对此，张楚廷将其命名为质疑的本体性。

他还指出，质疑与原创性创造的关系密切。“一切创造，尤其是原创性创造，并不是一开始就进入分析和解答的，所分析的问题从何而来？没有进一步的问题发现，分析又如何深入下去？”[②]

由此看来，为了使学生有更强的原创能力，很有必要教学生“学问”，即学着提问。“不仅学问需要学，‘学问’也需要学，可能更需要学，也更难学，自然也更难教。”[③]

这种思想也就暗合了古人的观点：授人以鱼，不如授人以渔。对于教学生怎么学，怎么问，需要有“明知山有虎，偏向虎山行”迎难而上的勇气，需要有“车到山前必有路”的信心，需要有“打破砂锅问到底”的毅力。

3. 质疑的开放性

张楚廷认为质疑是后人超越前人、人类增长知识、发展生产力的重要途径。他充分肯定了庞卡莱、洛伦兹、爱因斯坦等人的质疑对突破牛顿力学、发展非欧几何、相对论的积极贡献。

“欧氏几何亦被认为穷尽了世间一切形式关系，欧氏几何被封闭了，幸亏有了罗巴切夫斯基、鲍耶、高斯的质疑，不然，也打不开这个‘封闭’。”[④]

张楚廷主张全方位质疑，质疑无禁区。让学生思考的不仅是“这是什么”“那是什么”，而且应当还有“可能是什么”……问题多样性是开放性的生命之花。[⑤]

对此，张楚廷称其为质疑的开放性。

张楚廷希望课程界改变一些做法，期待教科书编写者、教师、学生等各

① 张楚廷. 课程与教学哲学[M]. 北京：人民教育出版社，2003：140–141.
② 张楚廷. 课程与教学哲学[M]. 北京：人民教育出版社，2003：140.
③ 张楚廷. 课程与教学哲学[M]. 北京：人民教育出版社，2003：141.
④ 张楚廷. 课程与教学哲学[M]. 北京：人民教育出版社，2003：141.
⑤ 张楚廷. 课程与教学哲学[M]. 北京：人民教育出版社，2003：142.

个环节的人承担好各自"质疑"的责任，教科书、教师把好质疑关是至关重要的，除此之外，学生也要学会"自救"。"教科书不能只满足于留下练习题。万一教科书留下的只有遗憾，那么，作为课程权力的拥有者之一的教师，应当担负起责任，让紧锁的打开，让封闭的启封；万一教师也没有承担责任，作为课程权力的更大拥有者学生，要奋起，不要让自己封闭起来。"①

同时，张楚廷非常担心：学生在如何奋起打破封闭方面"他们多半是太孤单无援"。②

他认为：课程的真谛，教育的真谛，是使学生处在质疑之中。他对质疑的高度重视，有很强的现实针对性，是切中肯綮的。张楚廷注意到了一些传统理论以及一些现当代课程理论工作者以及教师所持有的课程观对确定性、逻辑性、绝对性的过分依赖及其由此所带来的消极影响，包括这些影响所生成的排他性，例如，对质疑的排斥。他想通过自己的思考与实践对此加以呐喊、拯救。

四、智慧（Intelligence）

张楚廷认为：优秀的课程就是使学生获得智慧的课程，或者说，课程本身应是智慧的。他没有直接回答何为优秀、何为智慧，但指出了优秀的课程、智慧的课程应该具有的一些特点，如"优秀的课程应当是确信与质疑的统一，精确与模糊的统一，继承与批判的统一，质朴与异常的统一，严谨与趣味的统一（或共存，或共生，或由连续性克服二元对立）"。③

张楚廷痛心疾首于我们的教育在后一方面（即模糊、批判、异常、趣味）的缺失，也就是说，我们的很多课程并没有带给学生真正的智慧。"这种缺乏让我们附带还失去得更多，就像一个完整的家庭变成单亲之家时，失

① 张楚廷. 课程与教学哲学[M]. 北京：人民教育出版社，2003：141.
② 张楚廷. 课程与教学哲学[M]. 北京：人民教育出版社，2003：141.
③ 张楚廷. 课程与教学哲学[M]. 北京：人民教育出版社，2003：142.

去的决不仅仅是父亲（或母亲）一样。”[①] 张楚廷用“单亲家庭”这个比方使我们对“后一面”缺失所造成的后果感到实实在在，也感到心惊肉跳：失去一半几乎失去全部，后果是不堪设想的。

他希望“课程不仅应当给学生以智慧，它本身应当是智慧的，这样，课程开发者更应是智慧的”。[②]在这里，张楚廷提及了课程开发者应具备的素质——智慧。他就智慧问题提出了尚知性等三个要点。

1. 智慧的尚知性

“智慧既不会是在知识贫瘠的土壤里可以开放的花朵，也不是在知识浇灌的土壤里必然结出的果实……教给学生智慧与只教给学生知识，这是两种迥然相异的教学。教给学生智慧的教学必定教给了学生知识……”[③] 在此，张楚廷强调智慧的第一个要点是尚知性。他意在表明：知识是智慧的基础，智慧崇尚知识，智慧是知识树上生长出来的花果。知识转化为智慧需要智慧的头脑将知识重新排列组合融会贯通。

2. 智慧的尚思性

张楚廷批判了东方教育，更具体点说是中国教育严重存在的“基础主义”的做法，主张教育中自始至终需要重视论证与思辨。

“论证是一种智慧……论证在科学课程和人文课程中的地位和性质是有明显差别的，后者并非截然排斥论证的，但前者更需要论证（通过思辨的或实证的不同的途径）……智慧与思维关系最密切，然而，智慧是超思维的。”[④] 对此，张楚廷称之为尚思性。不是说智慧与思维无关，而是说智慧是崇尚思维的，并且智慧在思维之上。如果说智慧是目的，那思维就是手段或工具。

① 张楚廷. 课程与教学哲学[M]. 北京：人民教育出版社，2003：142.
② 张楚廷. 课程与教学哲学[M]. 北京：人民教育出版社，2003：143.
③ 张楚廷. 课程与教学哲学[M]. 北京：人民教育出版社，2003：143.
④ 张楚廷. 课程与教学哲学[M]. 北京：人民教育出版社，2003：143-144.

对于如何实现智慧的尚思性，如何获得高质量的思维，张楚廷强调了直觉和隐喻的重要性。"需要改善直觉的地位，改善隐喻的地位……隐喻为直觉开辟宽阔的空间，过强的逻辑则窒息直觉。"[①] 某种意义上讲，尊重直觉之下的天马行空胡思乱想是有利于获得智慧的。

张楚廷举例说明了后现代主义和现代主义都有很多人看重隐喻和直觉地位的历史事实。持后现代主义课程观的多尔认为："隐喻是生产性的，帮助我们看到我们所没有看到的。"[②]现代主义始祖笛卡尔曾说："逻辑仅在交流我们已知的东西时有用。"[③]还有人说："逻辑只是一种健身法。"[④] 这就意味着，只重视逻辑不重视直觉是难以获得大智大慧的。

3. 智慧的尚智性

张楚廷将教育智慧或课程智慧细分为智性智慧、理性智慧和道德智慧。

"教育智慧（或称得上智慧的教育）给学生的不应当仅仅是智性智慧，还应当有理性智慧、道德智慧，如果后者不在课程的视野下，那也还称不上课程智慧、教育智慧，或者叫做残缺不全的课程智慧。"[⑤]

张楚廷将课程智慧与真善美紧密联系，并将课程智慧延伸到了大自然和整个人类。"大智大慧者与善和美关系甚密之程度超乎一般的理解，大智大慧离不开理性智慧，离不开道德智慧。善和美使智慧更美好、更完善……课程需要引导善和美……"[⑥]他主张教育要"衍生出大智大慧"，并认为"这才是课程智慧的要义"。[⑦]

就如何实现课程的大智大慧问题，他认为应该将思维、认知、体验、情

---

① 张楚廷. 课程与教学哲学[M]. 北京：人民教育出版社，2003：143.
② 小威廉姆·E. 多尔. 后现代课程观[M]. 王红宇译. 北京：教育科学出版社，2000：2.
③ J. N. Kapur，数学家谈数学本质[M]. 王庆人译，北京：北京大学出版社，1989：322.
④ J. N. Kapur，数学家谈数学本质[M]. 王庆人译，北京：北京大学出版社，1989：331.
⑤ 张楚廷. 课程与教学哲学[M]. 北京：人民教育出版社，2003：145.
⑥ 张楚廷. 课程与教学哲学[M]. 北京：人民教育出版社，2003：145.
⑦ 张楚廷. 课程与教学哲学[M]. 北京：人民教育出版社，2003：146.

感、态度、信念等结合起来。

“智性智慧是需要全面启动思维、启动认知的，但加之以理性智慧，就还需要体验，需要情意、态度、信念的共同启动……课程引导学生体验，体验引导学生去追求，追求崇高，追求美好，追求就又引导学生完善自我，超越自我。”①

为了帮助学生获得大智大慧，张楚廷主张合理安排课程、科学实施课程。“如何正确地看待和处置人文、社会、自然三大类课程应有的紧密关系，恰是教育智慧的一大课题，而其主要的功夫就应花在课程实施中，从而可构成课程理论的一大景观。”②

课程智慧是真善美的统一，是人内心的自在自由。张楚廷的结论是：“课程应当引导善和美，课程应当引导理性智慧和道德智慧。当课程指向大智大慧时，课程自己才算把自己全部的使命承担起来了。”③

概括性越强的语词越有带来歧义和贫乏的危险，因此，关注词语背后的实体更重要。这是张楚廷将形式和实质统一起来看问题的基本态度。用“尚智性”来描述“智慧”是否是同义反复？是否让人费解？为了得到词语背后更确切的实体，笔者于2014年9月3日，再次与张先生面对面讨论了这三个要点的表述思路。我们比较一致的结论是：尚知性、尚思性、尚智性这三个要点是对人的三个层次或者三种境界的描述，分别对应有知识的人、有知识且做出了思考的人、有知识会思考并且思考得比较透彻的人。更简洁一点说，我们的教育可以培养出三种人：知识人、思维人、智慧人；或者实现人的三种不同状态：增长知识的状态、学会思维的状态、获得智慧的状态。如果说这三种状态都是智慧的状态，那可以分别对应小智慧、中智慧、大智慧。这番解释对“智慧”层次或形成机制言简意赅的描述，也许能让读者豁然

① 张楚廷. 课程与教学哲学[M]. 北京：人民教育出版社，2003：145-146.

② 张楚廷. 课程与教学哲学[M]. 北京：人民教育出版社，2003：144-145.

③ 张楚廷. 课程的“五I”构想[J]. 课程 · 教材 · 教法，2003（11）：9.

开朗。

五、直觉（Intuition）

张楚廷将直觉看做是一种独特的智慧，并对它常被忽视表示遗憾。“智慧是一个无限的海洋，直觉是海洋无尽的波涛……我们并不认为直觉是完全独立或平行于智慧的单列事项，但它确系独特的智慧。”[①]

张楚廷归纳出直觉有突发性、内省性、非逻辑性、待证性等特性。[②] 他认为直觉的特点是难以命名的，因为它的确“具有神奇色彩，而这正是人本身的神奇的基本表现之一”。[③] 他指出：“课程是否关注直觉，应当是一个分量很重的问题。”[④] 他对直觉提出了和谐性等三个要点。

1. 直觉与逻辑的和谐性

在《课程与教学哲学》著作中，张楚廷对“直觉”给予了特别关注。他批判了将人“简化”的人论、课程论、教学论，建立了让人有尊严、让“直觉”等理念有地位的人论、课程论、教学论。

他反思：“不人性化的年代让人的神秘感、神圣感丧失殆尽……再进一步考虑课程实施、教学方法时，可以看到对直觉的极端轻视乃至歧视，除了标准答案的绝对权威外，由直觉产生的应答通常就被视为不严谨、不合逻辑乃至不能被容忍……神秘感因直觉的丧失而失去了很多。”[⑤]

他觉得：“虽然人的认识能力、逻辑能力亦令人惊异不已，但更神秘的还在直觉；逻辑能力、记忆能力只有跟随着直觉，人才开天辟地，才创造了如此灿烂的文明。这大约是我们再三地念及直觉的原因之根本所在。”[⑥]

他呼吁：“直觉是需要呵护、需要开发的，因此，直觉应郑重地纳入教

① 张楚廷. 课程与教学哲学[M]. 北京：人民教育出版社，2003：146.
② 张楚廷. 课程与教学哲学[M]. 北京：人民教育出版社，2003：34.
③ 张楚廷. 课程的“五I”构想[J]. 课程·教材·教法，2003（11）：8.
④ 张楚廷. 课程的“五I”构想[J]. 课程·教材·教法，2003（11）：8.
⑤ 张楚廷. 课程与教学哲学[M]. 北京：人民教育出版社，2003：193.
⑥ 张楚廷. 课程与教学哲学[M]. 北京：人民教育出版社，2003：193.

学实施之中，应想方设法发展学生的直觉能力。”①

他觉得逻辑与直觉的作用及其获得的难易程度是不一样的。“直觉与逻辑是科学（广义的科学）的两翼，这种说法并不是要把直觉主义与逻辑主义调和起来……逻辑是后天容易培植的，直觉是后天容易泯灭的。”②

他希望逻辑与直觉能和谐相生。“从消极方面说，从现状那里看到的是不协调性；从积极方面说，我们所期待的是和谐性。我们权且以和谐性作为直觉的第一个要点。这不是直觉的特性，而是在对其所宜采取的态度中提出一个要点。”③

2．直觉的广意性

张楚廷举例说明了一些数学家、物理学家、生物学家对直觉的重视。他评价说：“如果因为直觉在数学和自然科学的研究与教学中特别容易被忽视而特别予以强调，那是适当的，如果以为直觉仅仅是这些领域的教师和科学值得关注的，那就有所不当了。”④言下之意，直觉值得在更广泛的领域被更多的人所关注。

要高度重视直觉的重要原因之一是：“直觉是人文的强项，直觉又是智慧的强项。……人文课程其所以在某些理工科大学的课程计划中被高度重视，原因之一亦在此。”⑤

张楚廷不但侧重强调了直觉在人文课程方面的意义，而且希望直觉有更广阔的舞台。“我们不想也不愿意停在侧重上，而愿意特别提请对直觉的广泛意义的重视。”⑥ 对此，他称其为直觉的广意性。这也是一种对待直觉的态度。

① 张楚廷. 课程与教学哲学[M]. 北京：人民教育出版社，2003：193.
② 张楚廷. 课程与教学哲学[M]. 北京：人民教育出版社，2003：147.
③ 张楚廷. 课程与教学哲学[M]. 北京：人民教育出版社，2003：147.
④ 张楚廷. 课程与教学哲学[M]. 北京：人民教育出版社，2003：147.
⑤ 张楚廷. 课程与教学哲学[M]. 北京：人民教育出版社，2003：148.
⑥ 张楚廷. 课程与教学哲学[M]. 北京：人民教育出版社，2003：148.

3. 直觉的广延性

广延性是张楚廷从直觉的实现角度阐述的，侧重讨论了直觉、隐喻各自不同的作用及其关系问题。张楚廷比较欣赏多尔对隐喻的重视。"一个好的故事，一个伟大的故事，诱发、鼓励、鞭策读者去阐释，与文本进行对话。好的故事应具有足够的不确定性以诱使读者参与到对话中来。"①

张楚廷认为："游戈性、不确定性连同隐喻一起给学生留下了更大的思考空间、对话空间，给直觉的生成带来了更多的机会。"②

张楚廷对隐喻的重要性做了条分缕析的解释。"按照通常的解释，隐喻（metaphor）是'一种修辞手法，用某种名称或词汇去描写人或物的比喻手法'。③'人生是趟旅行'，这是隐喻；'人生好比是趟旅行'，这是明喻。隐喻'较之明喻更加精练，对思维活动的要求更为间接和复杂，在情感表达方面更趋于深厚'。④对间接性、丰富性的重视，使得后现代课程观有理由更看重隐喻。当然，由于情感因素更便于随着隐喻进入心灵，隐喻对体验的生成也十分重要。"⑤

张楚廷还对直觉、联想、隐喻的地位及其与智慧之间的关系做了阐释。

"直觉需要联想，隐喻常能提供联想；直觉往往与形象的关系密切，隐喻有时也提供形象。然而，有更宽敞的道路通向直觉，顿悟、幻觉、莫名的归纳、比比喻毫不逊色的类比和联想，如此等等。看来，隐喻是导向智慧的手法，而直觉是通向智慧的更宽阔的道路……人文课程可以直接依靠比喻（包括隐喻），依靠形象，而科学课程则更多依靠的是类比与归纳，这都可以是引导直觉的，但后者较难是隐喻的，这也表明直觉具有更大的容量。"⑥

---

① 小威廉姆·E. 多尔. 后现代课程观[M]. 王红宇译. 北京：教育科学出版社，2000：240–241.
② 张楚廷. 课程与教学哲学[M]. 北京：人民教育出版社，2003：148.
③ 朱智贤主编. 心理学大词典[M]. 北京：北京师范大学出版社，1989：872.
④ 朱智贤主编. 心理学大词典[M]. 北京：北京师范大学出版社，1989：872.
⑤ 张楚廷. 课程与教学哲学[M]. 北京：人民教育出版社，2003：148.
⑥ 张楚廷. 课程与教学哲学[M]. 北京：人民教育出版社，2003：149.

对于在数学等课程中如何发挥直觉的作用，张楚廷也提出了自己的看法。“数学、物理课程也可以容纳故事，但凝结在狭义文本（教科书）上的机会较少，这就需要教师、学生更多的配合，才可以让广义的课程在这些领域有故事的更大存在空间。”①

在张楚廷心中，发展隐喻和直觉都有其必要性，但隐喻和直觉的作用是不同的，隐喻和故事是为了发展直觉。“直觉不只是一种手法，它将成为学生智慧的一部分，而且是格外重要的一部分。隐喻的一个很重要的作用也就在发展学生的直觉。因此，我们不是在强调直觉的时候抛弃隐喻，而是主张还是围绕着发展学生直觉来做文章。也许应当在发展直觉的目标下特别地重视隐喻和故事。”② 张楚廷希望通过直觉、隐喻等多种方式达成智慧。对此观点，他将其简称为广延性。

对直觉应有什么态度，张楚廷的结论是：“我们期待直觉地位上升并与逻辑和谐相处；我们期待在各类课程中直觉作用的发挥；我们期待运用包括隐喻、故事在内的各种有效形式来充分发展直觉，这就是我们以和谐性、广意性、广延性的名义概括的三要点。”③

至此，张楚廷对五个“I”都分别陈述了三个要点，即：信息的泛知识性、超结构性（或泛结构性）、广域性（或泛文本性）；兴趣的自身相关性、美学相关性、创造相关性；质疑的相伴性、本体性、开放性；智慧的尚知性、尚思性、尚智性；直觉的和谐性、广意性、广延性。张楚廷借助这个“5×3阵式”对五I课程构想的基本内涵做了阐释。对于“5×3阵式”的来源，与其说是预设的，不如说是生成的，或者说是张楚廷在不断的思考与阐释中水到渠成的。

---

① 张楚廷. 课程与教学哲学[M]. 北京：人民教育出版社，2003：149.

② 张楚廷. 课程与教学哲学[M]. 北京：人民教育出版社，2003：149.

③ 张楚廷. 课程与教学哲学[M]. 北京：人民教育出版社，2003：150.

第二节 从范畴看五I

张楚廷特别看重信息、兴趣、质疑、直觉、智慧。实际上，他并不是孤立的、片面地看待这些要素的，而是放在范畴中、从一对对关系中看待它们的特殊重要性。他并没有只顾一点不及其余，排斥范畴中的另一端或者另一种状态。为此，他在2003年所做基本阐述的基础上，于2013年发文，就"信息与知识等谁轻谁重"的问题做了进一步解释。他的基本观点是：不是不要知识、逻辑、意志、聆听、聪明，它们是通向更高境界的基础；而是更需要比它们更有利于促进人的发展、更能表明人高层次发展状态的信息、直觉、兴趣、质疑、智慧。

一、信息宽于知识

信息包含了知识，但信息不只是知识。课程编制者们和教师们的态度、倾向、情感、信仰之类也是信息，却并不是知识形态的内容。"所以，就更广泛的内容来说，我们传递给学生的是信息而不只是知识。"①

二、兴趣先于意志

有道是：兴趣是最好的老师。为了提高学习效果，课程实施者总是希望课程学习者能对所学习的课程感兴趣。因为学习的过程可能有曲折、有困难，所以还需要毅力、需要意志的支撑。"支撑下来、成功之时还会有新的兴趣滋生，从而引领自己进一步深入下去。"② 因而，兴趣有优先于意志的地位。

三、直觉重于逻辑

直觉，相对于逻辑作用更大。创造需要直觉思维与逻辑思维。相对于分析问题、解决问题来说，发现问题、提出问题具有更重要的意义，而发现问题所依靠的更多的是直觉。"直觉具有开拓性，重大的创意来源于直觉；逻

---

① 彭道林，张楚廷．"五I"课程观再释读[J]. 课程·教材·教法，2013（9）：13.

② 彭道林，张楚廷．"五I"课程观再释读[J]. 课程·教材·教法，2013（9）：13.

辑的作用主要在整理、修饰，是相对而言的小生意、小买卖。”①

四、质疑甚于聆听

伴随着问题与对设问、提问、探问等技巧和态度相关训练的课程才是好的课程。因此，质疑是课程精神中的必要且重要的成分。“倾听是基础，虚心地聆听是必要的前提。但对课程深入的把握不能止于聆听。② 张楚廷认为：学问，是在询问、疑问中才能真正获得的。对任何一句话或一个命题，如果不提出几个问题并加以思考，就很难不流于肤浅。因此，反问、辨问、不耻下问，是深入的必经之路。

五、智慧高于聪明

从词性来看，“聪明”可以说是一个中性词，因为聪明包含了小聪明、中聪明、大聪明。而大聪明可以用智慧指代，可见“智慧”一词是褒义的。

“智慧，通常可能包含了形而上的思考。这种思考导致人的智慧，同时，智慧也反映在具有这种更深层的思考上。一般也认为，这不是小聪明可以达到的。”③ 故而，张楚廷觉得：“达到智慧可能也是课程的一种至高追求。”④

说到智慧与信息等的关系时，张楚廷说：“智慧是偏重于从结果来看的，这与前面的几个方面都有联系。拥有更大的信息量，保持自己的好奇心和兴趣，又习惯于询问、质疑和批判，珍惜和培养直觉能力，这都是有利于智慧生成的。”⑤

第三节　五I中的教育目的

我们的教育方针中，通常会涉及人才培养方向和规格等问题，如《中华人民共和国教育法》第五条即为“教育必须为社会主义现代化建设服务，必

① 彭道林，张楚廷．“五I”课程观再释读[J]. 课程·教材·教法，2013（9）：13.
② 彭道林，张楚廷．“五I”课程观再释读[J]. 课程·教材·教法，2013（9）：13.
③ 彭道林，张楚廷．“五I”课程观再释读[J]. 课程·教材·教法，2013（9）：14.
④ 彭道林，张楚廷．“五I”课程观再释读[J]. 课程·教材·教法，2013（9）：14.
⑤ 彭道林，张楚廷．“五I”课程观再释读[J]. 课程·教材·教法，2013（9）：14.

须与生产劳动相结合，培养德、智、体等方面全面发展的社会主义事业的建设者和接班人。"这种表达做为国家层面的顶层设计是非常必需的。

很多教育管理者、教育工作者经常喜欢谈论教育目的、课程目的，喜欢开门见山的提出目的。五I当然不能代替教育方针和教育法律，但是否可以成为法律、方针的一种补充？再进一步设想，如果将用五I作为教育目的、课程目的，是不是也能有助于培养出有先进思想、有创造能力、有鲜明个性的人才？

课程目的、教育目的其实就包含在五I中，或者说五I就是目的。这不是五I的弦外之音，而是它的本有之意。

一、帮助学生获得智慧就是目的

"给学生以智慧（包括智性智慧、理性智慧、道德智慧）算不算目的？给学生以信息算不算目的？乃至，培植学生的兴趣算不算目的？如果算，那就不能说没有提及目的；如果不算，离开了这些怎么去讨论目的？"① 这种追问暗含的答案是明显的：教育教学的目的不止一种，不能是一家之言。

二、目的可以有多种表现形式

针对社会现实中的弊端，张楚廷不断反问："为什么想来想去，说来说去，就只能有一个目的（或只有一个目的就算目的，即社会目的）？即令是社会目的，也会不会有多样的表现形式？"② 言下之意，培养学生的信息、直觉、智慧也应是、必须是教育目的的表现形式。

三、过程影响目的

不能说不能存在任何外在的目的，但是外在目的不能够脱离内在的基础。"所谓先验性，很大程度上就表现为对这种基础的忽视，对目的形成过程的忽视，总以为目的影响过程，其实，更值得关注的是过程影响目的。"③

① 张楚廷. 课程与教学哲学[M]. 北京：人民教育出版社，2003：151.
② 张楚廷. 课程与教学哲学[M]. 北京：人民教育出版社，2003：151.
③ 张楚廷. 课程与教学哲学[M]. 北京：人民教育出版社，2003：151.

张楚廷并没有否定预设目的的重要性，但更强调过程对目的的作用。他用打比方的方式使“过程影响目的”甚至决定目的的观点得到更好的阐释。“一系列的课程活动下来（学生学习某一阶段的结束），各色各样的目的才更真实的显现，就像一艘航船那样，先有一个目标是重要的，但是那个不断旋转舵盘的过程也是重要的。至于人生航船，其目标究竟是进入哪个港口，比已接到指令的船长要模糊得多，因为，后者已知一个港湾，而前者还在搜索自己的目标，它在航行之中搜索。”①课程与教学，事关人性，事关人生，比按指令开船要复杂得多，所以在活动过程中得到好老师的及时指教与开展积极的自我探索都是非常重要的。

四、目的论不应滑向工具论

我们的教育，是直截了当地面向纯粹个体的人、有个性的人？还是面向加上了长长的定语、涂上了各种颜色的人？张楚廷最担心的是人被工具化、被灌输很多意识形态的东西，最期待和希冀的是人的自由、人的个性被充分保护。因此他反问：“目的论的嬗变，最不当的去向就是工具论，是不是这样呢？”②

至此，我们可以这样说，五I可以成为课程与教学的目的。我们还可以更具体、更直接、更大胆地说：五I本身就是目的，如果五I还要有个什么目的的话，那就是人的存在、人的发展、人的幸福。

通过了解张楚廷对五I的基本论述，我们既明白了信息等要素在课程中的意义，也知晓了在教学中应该着重把握重要的事项，可谓条分缕析、纲举目张。

① 张楚廷. 课程与教学哲学[M]. 北京：人民教育出版社，2003：151.

② 张楚廷. 课程与教学哲学[M]. 北京：人民教育出版社，2003：151.

第三章　五I的理论特质

五I是关涉课程或教学的五个语词。五个语词都可以活用，也应该活用，它们都具有名词、动词、形容词特点，既表示事物，又表示动作，还表示特点，词性可以约定、可以转化。在教育理论及日常生活中，这几个语词随处可见，但作为整体、集体亮相却独此一家。其魅力、魔力正在于它们以群体形象出现。

“不应当让事物停留在它的直接性里，而须指出它是以别的事物为中介或根据的。事物的直接存在，依此来说，就好像是一个表皮或一个帷幕，在这里面或后面，还蕴藏着本质。”①现象和本质既是合一的，但也是有区别的。只有通过不断的思索，才可能达到已认识的东西的背后，才可能发现超出字面的意义，才可能认识到所研究的理论世界的奇妙与精彩。本质是一个难以言说的概念，在此，我用尽可能特质代替本质。五I的特质是见仁见智的问题，仔细分析，笔者认为五I具有文化渊源上的多元性、内容设计上的多维性、价值取向上的人本性等理论特质。

① [德]黑格尔. 小逻辑[M]. 贺麟译. 北京：商务印书馆，2011：243.

第一节　文化渊源上的多元性

“五”是一个汉字，也是一个数词。在汉语里。五，是数，又不只是数。“I”是一个英语字母，也是一个英语单词。中西结合的形式体现的是五I在文化基因上的多元性。

一、张楚廷的“五”字情结

有一次，笔者请教张先生：“为什么用五I，而不用5I？是不是为了刻意体现中西结合？”他说：“我是个中国人，我是在用汉语创作，汉字是主体。所以能用汉字的地方我尽量不用阿拉伯数字或英文字母、罗马字母。五I中夹杂了一个英语字母，那是避不开的。不是刻意中西结合，而是不知不觉走到了中西结合，或者说生成了中西结合。”看来，张楚廷用“五”还是用“5”，不只是个数字问题，还有一个文字情感问题。这使笔者想起了他《自题》诗中“手捧祖宗馈赠的一箱帛竹”所蕴含的意思——继承好祖宗创造、留传下来的文化遗产。

如果用“5”代替“五”，也不影响“5I”对“五I”基本意思的表达，但“5”明显的就只有数量意义了。为体现文字更丰富的意义，张楚廷坚定地使用了汉字“五”。他将泰勒原理命名为“四环套”，将多尔的课程标准由4R变为“四R”，此外使用“三R”“三S”指称“3R”“3S”。文字之变就是思想之变。

五I所具有的民族性之内涵，远不止运用了一个汉字，而是体现了一个中国人骨子里的民族情怀和尽可能显示出的中国情思。

张楚廷在多种场合说：“汉字是中华民族的伟大发明，是汉民族的文化基因，它承载了我们几千年的精神啊！它也是人类的伟大遗产！我作为一个中国人，能用汉字的地方我尽量不用其他文字！”。

“汉语是我们的语言，我特别喜欢我们民族的语言，特别热爱自己民族的语言。如果说到情感，我的民族情感之中即饱含对我们民族语言的情感。我通过语言而与自己的民族融合在一起。”[①]

---

① 张楚廷. 思想的流淌[M]. 重庆：西南师范大学出版社，2015：14.

张楚廷与“五”有不解之缘，他的很多理论都有“五”字。他把人的特性归纳为：自反性、自增性、自语性、自群性、自美性等五个方面。他提出了五条教育公理（潜在公理、动因公理、反身公理、美学公理、中介公理），将“人力”划分智力、心力、体力三个组成部分，其中智力又有五种表现形态，如观察力、注意力、思维力、想象力、操作力；心力也有五个方面，如情动力、注意力、意志力、自评力、调控力；其中注意力由兼容力、专注力、配置力、转移力、交换力等五个方面构成；体力由外动力、脑体力、视力、听力、揉合力等体现。①这些与“五”相关的理论，不是为“五”而“五”，而是恰好走到了“五”。

许慎说：五，会意。从二，从乂。“二”代表天地，“乂”表示互相交错。本义：交午，纵横交错。“五，五行也。阴阳在天地之间交午也。”②五I中的五，既是数字意义的“五”，又是人乃天地所孕育（交午）、人的生命可在天地间驰骋之“五”，还可以是人的思维能通天达地的关涉人之力量意义上的“五”。

二、五I语词源自传统文化

五I的民族性除了一个汉字“五”外，更为重要的是该概念中的信息、兴趣、质疑、直觉、智慧等几个语词都不是舶来品，它们在中国的文化语境里早已存在，因此是中国传统语词。

比如信息。唐代李中在《暮春怀故人》中说：“梦断美人沉信息，目穿长路倚楼台。”③

宋代陈亮在《梅花》诗中说：“欲传春信息，不怕雪埋藏。”《水浒传》第四四回：“宋江大喜，说道：‘只有贤弟去得快，旬日便知信息。’”巴金《家》三一：“二表哥的事情怎样了？为什么连信息也不给我一个？”

① 张楚廷教育文集第1卷[M]. 长沙：湖南人民出版社，2012：477.
② 许慎. 说文解字（附检字）[M]. 徐铉校定. 北京：中华书局影印，2010：307.
③ 辞海[M]. 上海：上海辞书出版社，2003：2383.

比如兴趣。重在“趣”，有奔赴、趋向之意，引申为归趣、旨趣、志趣、趣味。这个词汇与伯牙、钟子期还有关系，《列子·汤问》说：“伯牙善鼓琴，钟子期善听……每奏曲，钟子期辄穷其趣。”①《史记》中说：“若不趣降汉，汉今虏若，若非汉敌也。”

兴趣的基本解释是：“注意与探究某种事物或从事某种活动的积极态度与倾向，在社会实践中发生与发展。”②唐杜甫《西枝村寻置草堂地》诗之二：“从来支许游，兴趣江湖迥。”兴趣与兴味、兴致是同义词。宋朝的蔡襄在《漳州白莲僧宗要见遗纸扇》诗中说：“直应携去林泉好，转觉林泉兴味长。”严羽在《沧浪诗话·诗辩》中说：且其作多务使事，不问兴致。”在同一篇文章中，严羽还说：“诗者，吟咏情性也。盛唐诸人惟在兴趣，羚羊挂角，无迹可求。”辛文房在《唐才子传·张志和》中说：“自撰渔歌，便复画之，兴趣高远，人不能及。”《二刻拍案惊奇》卷十二：“大觥连饮，兴趣愈高。”说来说去，兴趣、兴味、兴致的基本意思是差不多的，都是对某事某物的在乎或在意。

比如质疑，使用者众多。质疑原有请人解答疑难之意，现在亦指提出疑难的问题，相当于质疑问难。《汉书·陈遵传》：“竦居贫，无宾客，时有好事者从之质疑问事，论道经书而已。”③《管子·七臣七主》：“芒主通人情以质疑，故臣下无信，尽自治其事。”《南史·儒林传·顾越》：“弱冠游学都下，通儒硕学，必造门质疑，讨论无倦。”《明史·文苑传四·焦竑》：“从督学御史耿定向学，复质疑于罗汝芳。”朱光潜《克罗齐哲学述评》第七章：“现在所要说的只是个人读克罗齐所遇到的一些疑难，分条陈述，聊当质疑。”④

---

① 胡培俊编. 常用字字源字典[M]. 武汉：崇文书局，2012：494.

② 辞海[M]. 上海：上海辞书出版社，2003：2396.

③ 辞海[M]. 上海：上海辞书出版社，2003：2752.

④ 百度百科：质疑[DB/OL]. http：//baike. baidu. com/view/757958. htm.

比如直觉。相对其他几个词汇，这是一个比较新的词，但依然可以在我国的作品中见到。鲁迅《花边文学·算账》：“但我直觉的感到，这恐怕是折了本，比用庚子赔款来养成几位有限的学者，亏累得多了。”老舍《四世同堂》第二部四一：“他们直觉的感到，这两家子不仅是邻居，而也必是侦探。”巴金《春天里的秋天》七：“这是我的直觉。我是知其然而不知其所以然。”茅盾《昙》二：“女性特有的敏感，使她直觉到兰女士和何若华中间似乎已经有一些事瞒着她在进行。”①

比如智慧，它的基本意思是：对事物能正确认识、辨析、判断处理和发明创造的能力，犹言才智、智谋，较早见于《孟子·公孙丑上》中的“虽有智慧，不如乘势”。②《墨子·尚贤中》说：“若此之使治国家，则此使不智慧者治国家也，国家之乱，既可得而知已。”

“智慧”与“智惠”常通用。三国魏嵇康在《大师箴》中说：“下逮德衰，大道沉沦，智惠日用，渐私其亲。”宋代梅尧臣的《桃花源》诗曰：“英雄灭尽有石阙，智惠屏去无年华。”袁鹰在《篝火之歌·为家乡画图样》中说：“用双手把图样变成现实，靠你，靠我，靠人民的智慧和力量。”颜之推在《颜氏家训·归心》中说：“万行归空，千门入善，辩才智惠，岂徒七经、百氏之博哉？”《敦煌变文集·维摩诘经讲经文》曰：“神通能动于十方，智惠广弘于沙界。”③

佛教将智慧视为超越世俗虚幻的认识达到把握真理的能力。智慧在梵语中被称为“般若”。《大智度论》卷四三云：“般若者，一切诸智慧中最为第一，无上无比无等，更无胜者，穷尽到边。”

综上所述，五I中的五个语词就存于中华文化中。张楚廷是继续在使用它们，并将它们集中起来表达一种教育观念。

---

① 360百科：直觉[DB/OL]. http：//baike. so. com/doc/4995842. html.

② 辞海编辑委员会. 辞海[M]. 上海：上海辞书出版社，2003：2755.

③ 360百科：智慧[DB/OL]. http：//baike. so. com/doc/2549897. html.

三、“I”有多重意义

在五I具有民族文化内核的同时，张楚廷似乎是想通过字母I为其披上了一件国际化的外衣。实际上，当五个中文语词对应五个英文单词时，这五个单词也不只是外形上的一张“皮”，它们同样是有精气神的“骨与肉”。I，既是字母，也是单词；I者，“我”也；I者，谐音“爱”也；五I，谐音吾爱、我爱。这种音义转换、这种杂交组合、这种中西交融，正好表明世界文化所具有的共通性、人类思维所具有的灵活性。

五I具有中西结合的国际化特色，从发生机制来说，这是张楚廷头脑中多种文化并存、力图创造新概念的产物。在考虑五I的表达形式时，张楚廷借鉴了国外一些理论的表达形式。在信息化时代，在全球一体化时代，这种理论创作方式也是中国课程理论国际化的一条路径、一种尝试。

“五I”课程构想最早出现在《课程与教学哲学》第八章，是在探讨《课程模式问题》(第七章)之后提出的。在第七章中，张楚廷介绍并评析了三R、四R等课程模式的不足。他认为，课程理论应体现如下四性：生成性（目标）、多样性（形式）、非线性（编制）、丰富性（内容）。在此基础上，他创立了自认为具有这“四性”的五I。

由此看来，立足中国、面向世界，在批判与借鉴中创新，是张楚廷创造五I所持的基本理念与做法。

五I中西结合，兼具民族语和外来语的基因，体现了作者浓厚的母语情结和宽广的国际视野。张楚廷在五I名称上用了英文字母，并不是崇洋媚外，而是便于与国际接轨，便于与多尔、泰勒等开展国际对话。同时，这也表明中国人所具有的思考力、表达力、创造力。

无独有偶，武汉大学肖永平教授根据学习、研究、教学的经验和心得，把学习法律的方法概括为“五I学习法”，并以“吾爱学习法”“快乐学习法”相称。“它取自五个英文单词的第一个字母，即Identification、Interpretation、Investigation、Inquest和Idea。”其基本内涵分别是：正确识别法律问题（Identification of the legal issues）、准确解释法律规则（Interpretation of the rules of law）、善于确定关键的事实（Investigation of the key facts）、养成不断追问的习惯（Inquest again and again）、得出自己的结论（Idea concluded by yourself）。①

肖永平教授创造于2011年的五I是否受过张楚廷教授于2003年创作的五I的影响？这是谜团一个。不管有无渊源关系，它们都是很有创意和实用价值的理论。无巧不成书，这两个五I都有"质疑"的身影。可见"质疑"对于课程与教学具有"英雄所见略同"的普遍意义。

第二节　内容关涉上的多维性

有道是：孤掌难鸣，独木难撑。如果张楚廷提出的是一I，哪怕这一I就是"智慧"，也难引人注目、也难令人深思。单一的概念或命题很难构成意义世界，概念或命题只有系统化才可能构成意义世界。五I涉及信息、智慧等五个方面。五I是课程内容，也是课程过程。我们可以将五I从内容论转化为过程论、从价值论转化为方法论，最终实现育人的课程目的，这是对五I多维内涵、复杂关系的简要概括。

一、五I的丰富内涵

如前一章所述，张楚廷对五个"I"都分别陈述了三个特点或要点。这个"5×3阵式"除了提醒在课程工作中要注意这些事项外，还可用来表明："五I构想并不是由五个纯粹的点构成的"，②它还有更深厚的基础、更丰富的养料。

五I的多维性与丰富性是显而易见的，它涉及了课程的五个方面，起码可以建立四个维度。如基础维度，课程以"信息"为基础；手段维度，课程以"质疑、直觉"为手段；动力维度，课程以"兴趣"为核心动力；目标维

① 肖永平．"五 I 学习法"：学习法律的有效方法[J]. 中国大学教学，2008（2）：26.

② 张楚廷. 课程的"五I"构想[J]. 课程 · 教材 · 教法，2003（11）：6.

度，课程以“智慧”生成为最高目标。五I是从课程的内在元素、心理条件入手探讨课程内涵的。

“信息”，从内容论的范畴扩充了课程的知识内涵，不仅将知识作为课程的基础，也将情意、态度、信念、期待等作为课程的内容。

“兴趣”，从过程论、动力学的视角揭示了兴趣的重要性，意在强调文本兴趣和读者兴趣以及兴趣生成性和发展性的统一对学生成长的意义与价值。

“质疑”和“兴趣”联合，则从课程方法论的层面阐述了课程活动从信息提供到兴趣培养并最终促使学生智慧生成的过程。

“直觉”，体现了人的思维独特性，通过“逻辑”和“直觉”的有机结合，从而使课程目的实现进一步具备了方法论保障。

“智慧”则揭示了课程的目的论。课程最终的指向就是培养学生的智慧，促进学生智性智慧、理性智慧、道德智慧和实践智慧等的全面发展。对于课程本身来说，也需要具备培养学生智慧的特质，换言之，课程本身应是智性智慧、理性智慧、实践智慧和道德智慧等的统一。

五I所体现的，既有课程所依托的精神和指向的目的，又有课程内容，还有课程方法，所以内容是相当丰富的。

其实，五I不只是五个方面，而是五个范畴。结合范畴考察，五I的多维性更加清晰可见。在五I中，一方面认为“信息宽于知识、兴趣先于意志、直觉重于逻辑、质疑贵于聆听、智慧高于聪明”①，另一方面是把“信息与知识、兴趣与意志、直觉与逻辑、质疑与聆听、智慧与聪明”作为一些哲学范畴来讨论它们的辩证关系。要增长知识，而且是更广阔的知识；要培养理性，更要发展兴趣；要重视逻辑，但更应珍惜直觉，还需要发展直觉能力；要注意聆听，但更宝贵的是学会质疑；要学会聪明，但更需要比聪明还聪明

① 彭道林，张楚廷. “五I”课程观再释读[J]. 课程・教材・教法，2013（9）：13-14.

的智慧。强调五I，在偏爱它们的同时，必须对一些关系（一对对的范畴）做出正确处理。

张楚廷于2013年写了《“五I”诗》。诗曰（原为一句一行，两句一节）：

逻辑很庄重，直觉无限美。聆听静悄悄，质疑无喧闹。意志诚可贵，兴趣是先导。知识似海洋，信息满寰宇。聪明人俱有，朝着智慧走。①

诗歌形象地说明了五I各范畴之间的关系，体现了张楚廷对直觉、兴趣、智慧等五I内容的无限热爱。

二、结构改造主义下五I的多维性

张楚廷认识到，从泰勒的课程原理到多尔（E. Doll）的后现代课程方案，凡讨论课程问题者，皆有意无意地接触到与结构有关的内容。这一事实反映了结构概念的普遍性。五I内容的多维性可以通过对其结构的进一步剖析得到体现。在张楚廷的结构改造主义视角下，五I的多维特性更加明显。

1．张楚廷的结构改造主义

结构主义看事物时重视结构的稳定性，后结构主义看事物时则重视结构的变化性。结构主义重共时性，后结构主义则重历时性。同一事物，换个时间看，结果不一样，此时看来是这样，彼时看来却是那样。同一文本，即使是同一人阅读，第二次所看到的情景很可能不是第一次所看到的那样。与结构主义相反，后结构主义强调文本的多义性，并不认为文本是一个稳定的整体。后结构主义更加在意和关注发散与游离、开放与流动。在后结构主义观念下，文本的读者也是文本的作者。

张楚廷认为：“后结构主义也并不是完全否定结构，而是实质上认为应当从不同于结构主义的视角去看待结构。亦即，两者是主义之间的对立，而非结构存在与否的观念对立。”②

他指出：“如果想使阐释学在教学中能够走得更宽、更远一些，具有更

① 张楚廷诗集（一）[M]. 北京：民主与建设出版社，2014：84.
② 张楚廷. 课程与教学哲学[M]. 北京：人民教育出版社，2003：48.

大可容性一些，它可能要与以超结构作为核心概念的元结构联系。”[①] 元结构、超结构是张楚廷在探讨结构时引入或创造的概念。针对结构主义和后结构主义各执一端之不足，张楚廷对结构做了“元结构”探讨，提出或完善了母结构、亚结构或子结构、硬结构或软结构、近结构、超结构、视角结构等概念，为建立其“结构改造主义”（不同于结构主义和后结构主义，是对它们的扬弃）奠定了基础，这样就形成了张楚廷的结构概念系统。

亚结构、超结构、近结构、软结构概念的提出，是张楚廷对“结构”这一事物进行分析的结果，也是结构视角转换的结果。这种分析并非一种纯思辨的表现，它们也具有实践品性。对结构做结构分析，有利于我们更好地看清事物真相。

参照张楚廷的“结构改造主义”，我们认为“人”也是一种结构性存在：刚从娘肚子里出来的婴儿是母结构；身体各系统各器官不断发育形成各自的子结构或亚结构；不断成长成熟衰老而形成的不同时期的状态是近结构；作为肉体的人是人的硬结构；拥有思想文化观念的人是人的软结构；在白天黑夜春夏秋冬的不同时间内、从前后左右不同方位、从衣食住行言语容貌等不同范围看人是人的视角结构；把人放到小家庭、大家庭以及社会中看人看到的是人的超结构。

从超结构来看，人是一种关系性、文化性存在。为了使人有基本的文化，就需要学习一些基本的知识。语文、数学、外语显得特别重要，是因为语数外是基本的文化，是基本的语言。用超结构观点看，语言不只是思维的工具，语言就是人本身的构造物。

在元结构下，结构不再是凝固的。亚结构与近结构概念一起，使得结构不被看作一成不变的东西。在结构主义视野下，文化可能被忽视。但如果有超结构的存在，文化被忽视的状况可以得到避免。当以超结构的眼光去看待

① 张楚廷. 课程与教学哲学[M]. 北京：人民教育出版社，2003：116

事物时，将使事物的结构变得丰富多彩。传统的结构方法是高度重视拆解与分析的，但超结构伴随的是一种“超分析”，是一种对事物特质的多角度感知和整体感悟，最不可忽视的是其所蕴含的文化和精神。

超结构、软结构概念的使用使结构思想更具普适性，使结构的历时性与共时性都能同时得到体现。对结构视角的结构分析可以让我们看到事物更多的内涵和价值。事物本有的丰富性在“结构改造主义”思想下可能得到最充分的体现。

张楚廷身体力行利用“结构改造主义”和五I理念去剖析课程结构，竟然发现课程是一片波澜壮阔的大海、是一座可用于登高望远极目万里的大山。他得出了课程划分的制定权视角、内涵视角、成分视角、学科视角、存式视角、目标视角、选择权视角、地位视角、关联视角、时间视角、体量视角、过程视角、陈述视角等十多个“视角结构”结论①。

从微观去考察时，视角本身又可以变得繁复起来。横看成岭侧成峰，远近高低各不同。不同视角看课程的意义就在于可以丰富对课程复杂性的认识。

张楚廷从很多角度对课程进行分类。他曾说：“课程结构问题也是个课程分类问题。课程分类也是一个大学问，有很多分法……”②

如果在近结构、超结构等概念下继续分析课程，得到的将是一桌关于课程的饕餮大餐、满汉全席。视角不一样，结果不一样。每一种分析都基于独特的价值取向，都会产生独特的实践引领作用。

一千张照片叠加在一起并不能得到一个行走、思维、有意志的人，一千张照片叠加在一起，也难以把行走着的、思维着的、千姿百态的课程充分显现出来。弄得不好，可能每一张“照片”都只是对课程的一个“肢解或切割”。“可是，如果真的有一千张、一万张‘照片’摆出来，你也不能把

① 张楚廷. 课程与教学哲学[M]. 北京：人民教育出版社，2003：84–98.

② 张楚廷. 课程的地位[Z]. 湖南涉外经济学院演讲，2013–03–22.

一千张当作一张去看、把一万张当作一张去看；如果想多少获得个究竟，那恐怕还是要经历一张张看的过程，哪怕是粗略地看看……”[①]这段话说明了数量通往质量、众木构成森林的关系，说明了张楚廷对数量的高度重视。当然，这种数量本身也是一种质量。

一方面要解剖课程或曰分析课程，另一方面要综合课程或曰融合课程，多种多样的课程应该实现有机融合，从而培养更高大的人。这是张楚廷对课程分类与综合的基本结论。

2．五I的结构分析

在张楚廷的“结构改造主义”下，五I内容的多样性、丰富性犹如一座宏伟的冰山浮出水面。

五I母结构即五I本身。

五I亚结构或子结构即各个I的结构。

五I的硬结构与载体有关、物质有关，作为思想观念，五I的硬结构不明显，最“硬”的是几个汉字或英文字母组成可见的语词。

五I的软结构即五I、各I的概念结构、命题结构、文本结构。

五I的近结构即在五I中增减成分或改变顺序时所形成的结构，或者说是与五I近似的三I、四I或六I、七I之类的概念。

张楚廷起初认为，有了信息、兴趣、质疑就可以生成智慧了，所以在《课程与教学哲学》中第八章前四节依次探讨的是以上四个方面问题。如果到此为止，就是四I。非常重视“直觉”的张楚廷把“直觉”看成了一种特别的智慧，所以在该书第五节专门探讨直觉——作为智慧之补充。这种从四I到五I之变，就是结构之变。五I是四I的近结构，四I也是五I的近结构。

在他后来发表的论文《课程的“五I”构想》中，张楚廷将直觉看成了生成智慧的一个条件，故形成了与著作上不一样的排列顺序，著作中为：信

① 张楚廷. 课程与教学哲学[M]. 北京：人民教育出版社，2003：95-96.

息、兴趣、质疑、智慧、直觉；论文中为：信息、兴趣、质疑、直觉、智慧。故论文和著作上五I结构的细微变化也可以说是一种特殊的近结构。

五I并不是一种线性的表达，相比泰勒原理的串联，五I是并联。其实并联、串联这些科学性的或科学主义的语词都不足以表达五I的神韵以及各I之间复杂的共生关系。五I属于神秘且混沌、可意会重于可言传的人文科学以及人文思想，五I是定量的，更是定性的。

如果不借用“结构改造主义”，是很难言说五I的结构的，因为传统的结构思想舍弃了很多“超结构”的东西——文化、精神、气质。

五I可以发展出多种“近结构”，这意味着五I是开放的。

按照张楚廷的结构改造主义理论，五I是原初的五I，具有母结构性质，这种拓展后的结构是一种“近结构”。“近结构是一种生成性结构。在结构A中增加（或减少）成分时所形成的结构A+（或A-）是特别值得关注的。当我们明白自己是在A中还是在A＋、A-中考察时，许多结论往往发生改变……A、A＋、A-等结构之结构（含A、A＋、A-、A++、A--等）的研究，使我们也有了更宽的视野。”[①]

这种基于母结构拓展出来的近结构有它的优点，使相关要素更丰富。如果用近结构思想来探讨课程，将帮助我们知道课程工作不是一件简单的事。

五I作为原创概念，它有母结构的意义，但也是可以被丰富、被完善的，这也是张楚廷的态度。他在吐鲁番等地演讲时，明确提出欢迎大家发展和完善五I。在张楚廷的理论创作中，五I是发育基本成熟的理论，但他自己和读者在解读时可以常读常新，为此他后来还写了《“五I”教学细说》专著。在作者、读者心中，五I还行走在成长的路上，可以被赋予更多新的内涵。

超结构是张楚廷在探讨结构时提出的一个重要概念。五I的“超结构”即

① 张楚廷. 课程与教学哲学[M]. 北京：人民教育出版社，2003：53-54.

环绕着五I的文化、哲学、精神，或者说它所承载的教育理想：为了人、发展人。

古人言："只在此山中，云深不知处。"如果跳出"此山"，站在"他山"，仔细分辨，"此山"状况多多、妙处多多。换个角度看问题，就能看到不一样的风景。

五I的"视角结构"即不同的人、在不同的时间、不同的场合，以不同的眼光所看到的关于五I的意蕴和景象，有的人可能认为它是课程原理，有的人可能认为它是课程公理，有的人可能认为它是课程模式，有的人可能认为它是课程方法，有的人可能认为它是课程技巧，有的人可能认为它是课程内容，有的人还可能会认为它是教育哲学，还有的人可能会认为它基于教育又超越教育的为人处世哲学。

"结构改造主义"充分体现了事物稳定性与流动性、共时性与历时性辩证存在的特点。"有时候是事物的丰富让我们看到了结构，有时候是结构让我们看到了事物的丰富。"[①] 我们可以说，五I本就丰富，通过对其结构的剖析进一步看到了它的丰富。在此，我们也感觉到了用于指导思维活动的概念的重要性。没有结构改造主义，没有近结构、超结构等概念的帮助，我们对五I的分析不可能走那么远。

三、突出核心——五I的侧重性考量

为搞好教育，搞好课程与教学工作，只使用五I是不够的，张楚廷因此也肯定了情感、耐力、毅力、意志力等的作用。"特别是认识过程出现阻碍，有了困难，或者虽不困难，但过程相对持久，或者既持久又艰难，此时，往往仅靠兴趣就难以为继了。认识过程一直很顺当，也许只要兴趣就可以了。但不太可能总是顺当的，所以还需要耐力、毅力、意志力。"[②] 古人求学问"头悬梁，锥刺股"所体现的就主要不是兴趣，而是毅力和意志。

---

① 张楚廷. 课程与教学哲学[M]. 北京：人民教育出版社，2003：59.

② 张楚廷. 教学不只是一个认识过程[J]. 当代教育论坛，2011（8）：卷首语.

张楚廷认识到兴趣等与其他很多因素有千丝万缕的联系，肯定了兴趣和情感的基础作用。“兴趣和情感又是坚强的意志和明确的信念的重要支撑点，对国家和人民的义务感则是坚实的基础。这些重要的心理要素的培养与得体的教学方法也是有密切关系的。着迷是兴趣和注意发展的至高阶段，是科学家成功的宝贵心理因素。”①

要有效解决课程问题，看来还需要五I以外的东西，诸如信念、情感等的帮助。仔细分析，五个I基本构成了一个比较完整的课程与教学理念体系。它犹如一块巨大的磁铁，能吸附情感、责任、关爱、期待、鼓励、意志等因素；五I是主干，能生长出繁枝。故没有必要将与五I相关的内容都用文字一一呈现出来，在实际工作中对情感等因素加以考虑就行了。这样，既避免了表达形式上的臃肿，又突出了内容上的重点。

在探讨质变量变时，黑格尔说：“这种看起来好像不相干的量的增减也有其限度，只要最后一达到这极点，则继续再加一粒麦就可以形成一堆麦，继续再拔一根毛，就可产生一秃的马尾……”②不能说五I增之一分则太多，减之一分则太短，但减多了，就难以体现课程的应有内涵及其复杂性；增多了，就会主次不分，让人眼花缭乱。

激发学生兴趣、唤起学生情感是课程实施的重要职责。五I中虽然没有单独提出情感要素，但在张楚廷的语境里，情感是课程信息的一种形态、一个部分、一种类型。

课程工作，诚然要考虑方方面面，但作为课程理论，不可能眉毛胡子一把抓。五I侧重考虑了五个方面，其中的兴趣、质疑、直觉是非常重要的却常常被很多人所忽视的。这就是重点论思维下的“缺什么补什么”。

五I是相对而言的，是求得对一些关系的正确处理。五I意在强调五个方面的特殊重要性。张楚廷在探讨“科学课程的改造”等问题时认为，科学课

① 张楚廷. 试论课堂教学的深入浅出原则[J]. 湖南师范大学社会科学学报，1992（3）：100-101.
② 黑格尔. 小逻辑[M]. 北京：商务印书馆，2011：237.

程更直接生活在科学主义的阴影下，也深受社本主义的影响，所以对其改造很有必要，科学应在“人文的巨大光环下闪耀”。[①] 为此，他针对科学课程存在的问题，提出了从六个方面改造的基本思路：质疑重于聆听，反思高于理解，超越高于适应，直觉重于逻辑，体验高于经验，自由高于创造。[②] 在他的著作中，张楚廷对质疑、直觉等要素在对比之中所能呈现出的意义做了充分阐述。

五I是针对我国课程理论与实践中一些重要因素的缺失情况而提出来的，意在对这些因素引起特别的重视。在张楚廷的考量中，直觉与逻辑等是成对出现的语词，侧重信息、兴趣、直觉、质疑、智慧，并不等于忽视知识、意志、逻辑、聆听、聪明。“这五个方面又可概括为一个意思：更关注那些更能体现人性的一面，更关注那些使人获得更好发展的一面，同时，亦非忽视另一面。”[③]

心理学把人的心理分为认知心理和非认知心理，逻辑和直觉属于认知心理，动机、兴趣、情感、意志、性格等属于非认知心理。心理学研究表明，成就动机、求知欲望、学习热情、自信心、自尊心、好胜心、责任感、义务感、荣誉感、自制性、坚持性、独立性等非认知心理对成功有很大的影响。直觉是与非认知心理最容易汇合的认知心理，或者说是认知心理与非认知心理的过渡地带、联接纽带，是一种全身心的思维或认知活动。如果忽视非认知心理活动的特殊作用，认知心理就不能得到充分的发展，也就不会获得大智大慧。五I的独特之处在于明确强调对非认知心理如“兴趣”等的关注，而不仅仅是关注认知心理的发展。

五I中包含了智慧，看重智慧的五I是引领人走向智慧的“哲学”。“哲学是智慧之学……哲学不只是让人聪明，而且使人智慧。哲学既是由智慧生

① 张楚廷. 课程与教学哲学[M]. 北京：人民教育出版社，2003：356.

② 张楚廷. 课程与教学哲学[M]. 北京：人民教育出版社，2003：356–367.

③ 张楚廷教育文集第17卷[M]. 长沙：湖南人民出版社，2012：311.

产出来的，在产出之后又生产智慧。”[①] 五I是由智慧孕育出来的，其面世之后可以帮助人获得更多的、更新的智慧。

智慧是产生智慧的条件，智慧也是在获得信息、不断质疑后所获得的能力。五I是课程建设与实施从目的、内容、方法、过程等角度必须落实的五个关键词或五个重要方面，特别强调了兴趣、质疑、直觉等心理因素在实施中的重要作用。五I的侧重性在于唤醒人们重视那些可能被忽略了而实际上很重要的因素，在于提请教育实践者对课程核心内容的正确把握。

我们在思考以上问题时，重点论与两点论甚至三点论应该并驾齐驱，这样才能把握事物的完整性、事理的深刻性。因此，强调五I，是为了在全面性中把握重点，是为了更好地分析和体现全面性。

第三节　价值取向上的人本性

“对教育最好的解释就是从人本身获得的，从人性去解释教育特性，而这几乎就等同于从教育来解释教育。”[②]课程的目的是什么？怎么开展？必须从人本身、从人性去获得答案。五I的核心内涵是“人”，“为了人”“为了和谐的人”是五I的逻辑起点，并伴随始终。五I的显著特点是对人在教育中具有的崇高地位的充分肯定，对人的需要的高度重视，对培养什么样的人之目标的清醒认识。

一、由聪明到智慧——五I的人本视角

教育是人的教育，也就是人性的教育。一方面，教育要像马克思所希望的那样防止人的异化，使人像人；另一方面，也还要像马克思所盼望的那样使人成为个性自由发展的人，使人更像人。这是张楚廷人本教育思想的基本内容，也是创造五I的目的所在。

如果要探讨五I属于哪一门学问，那很难简单地说是教育学或者心理学，

---

① 张楚廷. 思想的流淌[M]. 重庆：西南师范大学出版社，2015：336.

② 张楚廷教育文集第17卷[M]. 长沙：湖南人民出版社，2012：4.

我们可以说它属于人学。张楚廷意识到了教育对于发展人的重要性，所以从课程建设角度高度重视兴趣、直觉等的作用，并提出了以人为本的五I。

张楚廷对教育与人的心理发展之关系、对心理学的重要性、对教师学习心理学的必要性有清醒的认识。

“为什么有了教育呢？就因为人有心灵，有心理，它要通过教育来发展心理水平，通过教育来美化心灵，通过教育来达到无限与永恒。一切的教育，从根本上说都是心理教育。否则便可以说偏离了教育，甚至就不是教育了。因而，心理学对于教育的意义，是怎么估计也不为过的……不知道心理，就很难真正懂得学生，很难真正读懂教育，进一步说，很难真正知晓发展中的人是怎样发展的。”①

五I的哲学基础不是认识论的，更不是政治论的，而是生命论的。人乃本位，人及其心理是五I存在的基石。

五I中，信息是关于人或人类世界的信息（情感亦可归于信息之列）、兴趣是人的兴趣、质疑是人在质疑、直觉是人的直觉、智慧是人的智慧。信息、兴趣、质疑、直觉、智慧都是属于人的，都是为人的，都是体现人的心理状况的。看重人的独特性、主动性、创造性是五I的应有之义。可以说，五I合奏的是一曲闪烁人性光辉的乐章。

五I抓住了人的发展的基本方面：知识、智慧、情趣的融合发展。

张楚廷希望通过五I培养心灵高雅的人。五I把培养智慧人、大智大慧的人作为目标。张楚廷对智慧和聪明做了约定，认为“智慧高于聪明”。这种约定不是想当然，而是有其充分的文字学根据的，是能被广大读者所接受的。

有关词典对聪明、智慧做过多种解释。在汉字的造字方法中，聪的繁体字为聰，形声字。耳表意，表示听觉是耳朵的功能。悤，表声，有迅速义，表示耳朵能迅速听到声音。② 明，会意字，从日、从月，表示如日月

---

① 张楚廷教育文集第17卷[M]. 长沙：湖南人民出版社，2012：438.

② 顾建平. 汉字图解字典[M]. 上海：东方出版中心，2012：589.

般明亮。本意是光亮。[①] 耳朵听得见声音为"聪"，眼睛看得清日月星辰为"明"。"聪明"重在"眼耳鼻舌身"等人体器官基本功能的具备和发挥。而"智慧"就不一样了，重在"心"、重在"意"，重在对佛家所言"法"、俗家所言之"规律"的体悟与探索。从造词法看，智，从知，从日，知兼表声，表示有知识、明事理为智，本意是智慧。慧，形声字。心表意，表示心里充满智慧。彗表声，彗的上下部分像扫帚和手（右手），意为扫除愚昧变聪慧。[②] 综上所述，"智慧"明显高于"聪明"，高就高在由身体走向了心灵、由感官走向了精神。

国外一些学者对"聪明"与"智慧"也是区别看待的。美国学者贾尼斯·萨博把培养"聪明的孩子"还是培养"智慧的学生"做为两种教育。如表3-1所示。

表3-1　聪明的孩子与智慧的学生[③]

	聪明的孩子	智慧的学生
1	能够知道答案	能够提出问题
2	带着兴趣去听	表达有力的观点
3	能理解他人的意图	能抽象概括
4	能抓住要领	能演绎推理
5	完成作业	寻找课题
6	乐于接受	长于出击
7	吸收知识	运用知识
8	善于操作	善于发明
9	长于记忆	长于猜想
10	喜欢自己学习	善于反思

① 顾建平. 汉字图解字典[M]. 上海：东方出版中心，2012：37.
② 顾建平. 汉字图解字典[M]. 上海：东方出版中心，2012：589.
③ 严育洪. 把学生教聪明[M]. 南京：江苏教育出版社，2012：序3.

这个表中的表述及对应性的思想不一定完全科学，但从对比中我们可以看出，智慧高于聪明。可见，中外思想有相似性和共通性。五I是指向心灵的，重在将信息转变为智慧，中间要通过质疑直觉等的助力。

五I中，信息是基础，智慧是目标，兴趣、质疑、直觉是知识到智慧的转化途径。赋予学生“知识”，这基本上是一个外在性的工作；赋予理性智慧则不只是大脑信息贮存量的变化，而且是大脑加工信息功能的变化；让学生变得更高尚即获得道德智慧则是向更深处的发展，是心灵上的积极变化，是更具根本性质的内在性变化。五I关注人的发展，关注人的精神提升，关注人的大智大慧，人本性是其根本特质之一。

字母 I 是一个英文单词，有“我”之意。Itself基本意思是：它自己，它本身，自身，本身。五I中的五个单词都以 I 开头，I（我）就在五I中。这意味着五I是从 I （我）出发的。亦可以这样说：五 I 起点是 I （我），目的或终点是 I （我），过程还是 I （我）。九九归一，五I即I。这应该不是一种过度解读。

“在人的思维活动中，既有图式化解释，又有词语性解释。这两种解释都可以看作是符号化解释方式。人类的解释学成就在于：不仅能够将图式化的解释‘话语化’，而且能将词语化解释‘图式化’。人们以各种不同的符号化解释方式创造着人类的各种不同的思维成果。”① 伽达默尔非常重视语言在解释中的作用，他认为“语言是作为解释性体验的中介”②。也许，语言比图式能给人更丰富的想象空间。某种程度上，语言与图示是可以互译的，也是可以互补的。在五I中，我们看到了高大上的人，看到了人的高大上，这就实现了语言与图示的双向构建。

二、由I到五I再到I——五I的实质在于I

“为了实现充分的‘知道’，我们可以采取补充语境、形象辅助、诗性

① 李咏吟. 解释与真理[M]. 上海：上海译文出版社，2004：58.

② 伽达默尔. 真理与方法（修订本）[M]. 洪汉鼎译. 北京：商务印书馆，2007：345.

类比、运算模拟等非直接言述的方式使人通达道的真知。"[①]受此启发，笔者通过图示来辅助理解五I的人本性。读者可以对五I做多种图式化解读，图3-1只是其中的一种。语言与图示相得益彰，它们的同时出现也许更能帮助读者理解事物的丰富内涵。

将隐藏而又实际包含的I提取出来，就有六个I了。六个I相互支撑，可以构图为一个中文"大"字。如图3-1所示。

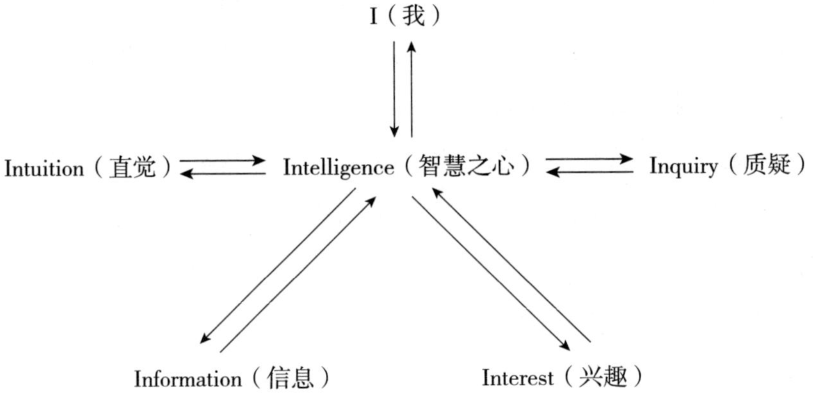

图3-1　六I之"大"字结构图示

"大"者，正面的"人"也。I为首：课程的动力与终极目标——成就人；Intelligence（智慧）是其心：心是人的下位概念，可以代指人，智慧是课程相对具体的目标所在；Intuition（直觉）、Inquiry（质疑）是人之两臂，它们助力智慧的达成；Information（信息）、Interest（兴趣）为两足：这是课程开展的基础。这样的构图酷似一个张开双臂问天问地问自己的"大"写的"人"。

五 I 图示，可以引发读者多方面的联想和想象：五I中，处处见人，人的神圣、人的神奇、人的本有、人的可有、人的需要、人的发展，都在其中，

① 陈越骅. 言不尽意的知识论解释[M]. 中国社会科学文摘，2013（7）：42.

“I”为首，“人”第一，这是五I的实质。

真理需要被理解才能被掌握，所以，探讨和交流就很有必要。

在笔者与张先生的交流中，丰富了对五I的认识。笔者向他求证说：“您的五I是从I（我）出发的吧？五I中，I（人、我）为首呢！”张楚廷充分肯定了笔者的这个“揭秘”工作。他说：“我原意中虽然也有这个意思，但没有明确说出来。你的这一提炼使五I中心更明确，深化了五I的意境！”在这种交流中，我们克服了遮蔽，在互补性阐释中接近了对真理的正确认知。

后来，张楚廷在他的论文中说：“黎利云有一个很重要的论述，他认为‘五I’首先是从‘I’出发的，也就是从人自身出发的（‘I’即英文中的第一人称），‘五I’是由‘I’、由“人”演绎出来的。并且，他认为，由‘五I’还可以衍生出其他的一些丰富内容来，例如，通过‘五I’，人可以发展想象力（Imagine），可以有更大的包容性（Inclusiveness）。”[①]张楚廷记住了笔者的观点并将其放到文章中，这是对笔者劳动成果的一种肯定。

五I是张楚廷对课程所做的独特理解。五I是从I出发的，教育所做的一切都是为了成全I。这是笔者对五I的深度理解。

人本性是五I深刻性的重要表现。上图或可隐喻：要培养顶天立地的人，要实现人的全面自由发展，就必须“五I”俱全。

1000个读者有1000个哈姆雷特。应该承认：文本有其独立的生命，能超出作者的意图。读者之间，也可互相超越。对于生活在语言世界的人来说，阐释是有必要的，也是很有魅力的。我们还可以用另一个构图来阐释五I。

因为兴趣、直觉等是人的下位概念，人与信息、兴趣等不是并列关系，是人演绎了整个心灵世界，故可将上图改造为一个被“信息”包围的“人”字，如图3-2所示。

① 彭道林，张楚廷. “五I”课程观再释读[J]. 课程·教材·教法，2013（9）：15.

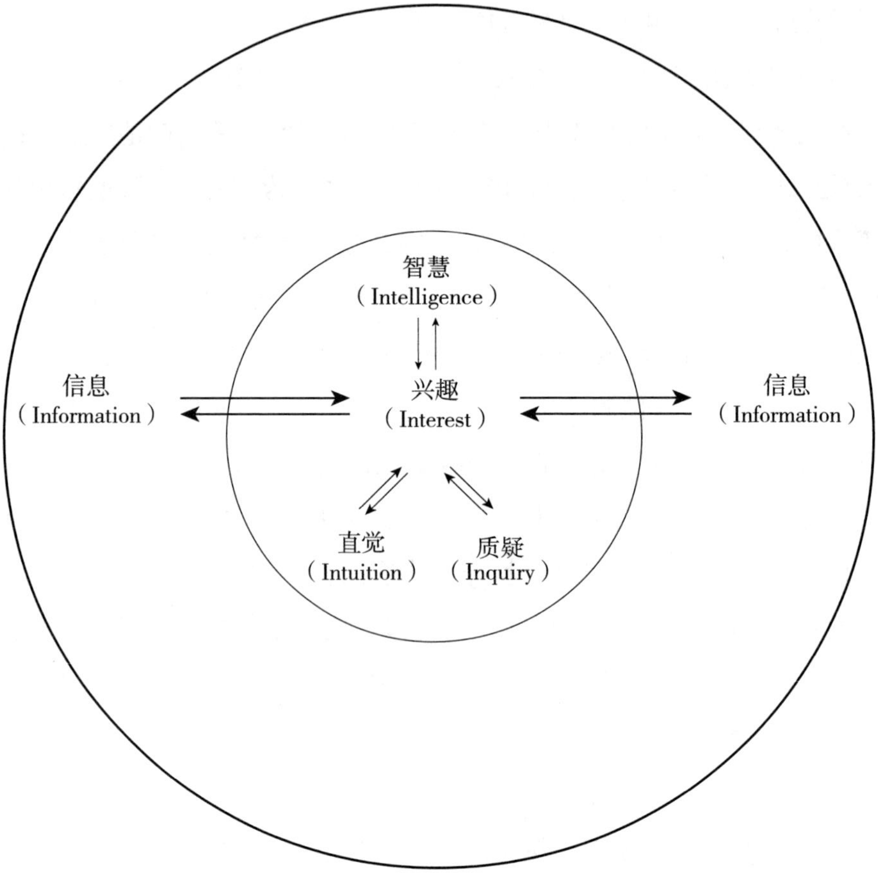

图3-2　五I之球形构图

“信息”是人所处的环境与土壤，围绕在人周围，与人融为一体；其余4I中，兴趣是发动机（心胸），智慧是最高目标（头脑），直觉与质疑为双轮驱动器（双脚）。它们有机协作成在大地上“诗意的栖居”的人（I）。

在后来的教学中，衡阳师范学院六年制初中起点免费师范生李坤同学（2016级学生）沿用“大”字的基本框架，将五I的标注调整为：智慧为脑、兴趣为心、直觉与质疑为两翼、信息为两足。如图3-3所示。

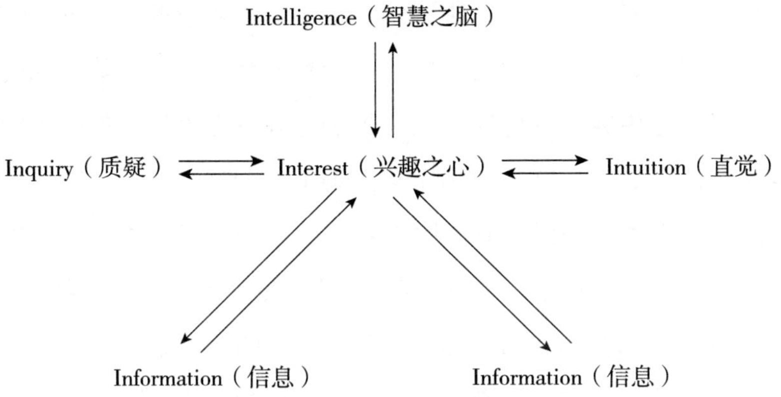

图3-3　李坤的五I“大”字构图

这一构图使五I的人本性、形象性更为鲜明。一个十五六岁孩子的创意超越了笔者原有的设想，不能不让笔者发出后生可畏的感叹。

以上图示，都可以帮助我理解并记住五I，也有利于在实践中落实五I精神：培养思维着并行动着的大写的“人”。

第四节　作用方式上的融合性

五I中的五个语词在表述上有先有后，这是否意味着有无轻重主次？到底谁最重要？这是个不好简单回答的问题。就像自己的五个子女或一栋大厦的五根柱子，不能说哪个主要，哪个次要，哪个重要，哪个一般。“德智体美，美虽然列在第四，但是，列在最后的并不是最不重要的……离开了美育的德智体，其效果都必定要大打折扣的。”[①] 同理，五I少了谁，它的作用就大打折扣。就像左右手的五个指头，五I是五指连心的一个整体。

一、五I是相对分工中的绝对互补关系

“教学有没有智慧，不在于自己有多少知识……而在于能不能以自己的知识催生出学生的知识，以自己的聪慧引发出学生的聪慧。自己的魅力就在

① 张楚廷教育文集第17卷[M]. 长沙：湖南人民出版社，2012：383-384.

于这样的催生和引发……”[①] 这段话说明了一个重要道理：教师的催生和引发对于学生的成长是不可或缺的。但这句话有一个严重的缺陷：忽视了教师知识量对教学智慧生成的基础性作用。正确的观点应该是：教师既要在乎自己知识与聪慧，又要在乎能否催生出学生的知识与聪慧。

相比之下，下面这句话更有说服力：“从某种意义上讲，教室里的教育活动是否有趣，取决于教师的知识与艺术。”[②]要使课程有趣，要让学生感兴趣，就要做有知识和有趣味的老师。这既是老师的一种基本素质，也是一种课程智慧、教学智慧。这句话同时说明：学生的智慧与教师的知识、趣味以及水平是息息相关的。

张楚廷认为：“信息、兴趣、质疑是可以导致智慧的，但它们尚不是智慧本身，无论它们如何靠近智慧。”[③] 这说明，既然信息是信息，智慧是智慧，那它们确实有自己不同的内涵。五I涉及到五种因素，就意味着多种因素的分工与合作，这就体现了五I的互补性和化合性。

五I中各个要素间、单个要素与多个要素间是相互补充相互依靠彼此成全的关系。我们可以把各个I都看成条件，也看成结果。张楚廷在著作或论文中对五I的那种线性的排列（出场有先后，排序不可避免）并不代表它们之间关系的线性性。文字表述时的那样线性排列是一种无可奈何的做法，是没有选择的选择。现有的排列也许是一种相对理想的排序。文本中更多的内涵和复杂的关系还需要作者与读者充分的交流与阐释。

五I的五个方面紧密关联、环环相扣。提供信息、激发兴趣、培养质疑精神、重视直觉能力、提升智慧等都是目的，也都是内容和方法。I（人）在五I之中，五个I搂抱发展成就人；I（人）与五I虽然没有明确涵盖却又本来在相关的要素里，如情感、意志等，它们相辅相成成就人。

① 李政涛. 做有生命感的教育者[M]. 北京：北京师范大学出版社，2010：67.
② [美]内尔・诺丁斯大. 幸福与教育[M]. 龙宝新译. 北京：教育科学出版社，2009：244.
③ 张楚廷. 课程与教学哲学[M]. 北京：人民教育出版社，2003：143.

我们可以借助木桶原理来进一步阐述五I各要素的互补与融合关系。木桶原理是由美国管理学家彼得提出来的。我们将五I比喻为一个木桶，五个I都是构造木桶的木板。木桶里盛的是思想与实践的果实。一只木桶盛水的多少，并不取决于最高的那块木块，而恰恰取决于最短的那块。根据这一核心内容，木桶理论还有两个推论：其一，只有桶壁上的所有木板都足够高、都一样高，木桶才能盛更多的水、满桶的水。其二，只要这个木桶里有一块不够高度，木桶里的水就不可能是满的。木桶原理告诉我们，五I中各个“木板”是数量和质量的统一体，信息、兴趣等要素紧密合作才能获得最大的、最佳的育人效果。育人效果与五I的数量质量可以构成正比例关系。

二、五I重在交互作用

五I在内容选择上，既讲究侧重性以及各I的独立性、互补性，又讲究要素之间的融合性。五I要素之间是相容的，要素之间的关联是有机的。五I的每个I既是元素、又是子系统，每个I都缺一不可；五I是大系统，I与I独立存在又难舍难分、融为一体。

知识与智慧的关系是复杂的，知识应该有智慧的属性，智慧也应该有知识的属性，但两者并不是一回事。如果知识是智慧的基础的话，也许它们不是正比例关系，知识越多不一定智慧越高，这里有一个知识质量及其如何转化的问题。

“辩证法看重联系却也看重区别，而且区别是联系的前提，联系是相区别的事物之间的联系，并且，这种区别还不一定只是量的区别、部分与整体的区别。”[①]五I中各I因为信息是信息、兴趣是兴趣，质疑是质疑，所以它们是个性各异的个体，各自承担了不同的使命。这为其联合“作战”创造了条件。当我们依其“天生”的形式将五I分为五个部分时，并不会因为分解、分析、分别而削弱其结构的整体性，五I彼此间如何关联成为关注的重点，关联

① 张楚廷. 课程与教学哲学[M]. 北京：人民教育出版社，2003：66.

的前提是搞清关联的要素各自是什么、各自有什么，因此，对五I各自自身的结构即亚结构进行分析也是非常必要的，深层结构始终是值得注意的。如果各I结构的丰富性被我们充分认识到了，那它们与其他I关联的丰富性也就更便于被揭示出来。

张楚廷从亚结构角度归纳了信息等要素的几个特点或要点。如信息具有泛知识性、超结构性和泛文本性特征。五I，是五个I的合称，首先是因为每个I都是自己、有区别、有个性，所以为它们的合作打下了基础——各有所长、取长补短。

“要使知识转化为智慧，就必须使之精神化、内向化，让它成为我们自己的东西而得以运用自如。知识是掌握过来的东西，而智慧是发散出去的东西，二者的这种区别就是由精神化、内在化决定的。”[①] 日本学者中村雄二郎由知转智的说法很有道理：获得的、输入的是知识，展示的、输出的是智慧，它们的转化需要“精神”做媒介。

“智慧是一种综合地运用知识、明智地判断和选择的能力。在教学过程中，知识是教学价值生成的基础，智慧是教学价值生成的条件，而智慧本身也是教学价值的一种表现形式。”[②] 这不失为一种知识与智慧关系的独到见解。

学习效果是各种因素复合作用的结果。各种因素协同配合构成的“教学事件”会影响学生的学习兴趣。作为闻道在先、教书育人的教师，在课堂中应该让五I各因素高质量在场。

张楚廷认为，对“知识就是力量”这样简洁的哲理语言要用哲学的头脑去看待，否则，将不是走向深刻而是走向肤浅。知识之所以成为力量、成为智慧，至少与如下一些因素有关：知识或信息的结构；外在知识之变为内在知识的过程与效果；知识与其他非知识性心理变化融合的状况；知识被拓展

① [日]中村雄二郎. 活着思考知识——明天的哲学[M.]魏常海译. 沈阳：辽宁大学出版社，1991：9.
② 黎琼锋. 教学价值与美好生活[M]. 北京：人民教育出版社，2012：189.

的另一些可能性因素。[①]其实，这也间接说明了信息或知识转化为力量或智慧是需要条件的。

五I重在智慧生成，也为其如何生成准备了非常有用的“催化剂”或者说“中介”，如兴趣、质疑、直觉。五I的方法论意义是明确的：由信息到智慧，需要经过兴趣、质疑、直觉等的化合作用，它们相当于酿造醇酒的酵母。

怀特海指出：“智慧是掌握知识的方式。它涉及知识的处理，确定有关问题时知识的选择，以及运用知识使我们的直觉经验更有价值。”[②] 在怀特海看来，智慧是掌握知识的方式，或者说基础，知识与直觉是有关联的。这也是五I的应有之意。他还进一步就转知成智提出了自己的看法。“通往智慧的唯一的道路是在知识面前享有自由。”[③] 这种思想与五I殊途同归。因自由而质疑，因质疑而更自由，可以说，自由与质疑是个体精神生活的最高状态。

从图3-3的图形我们可以知道，五I在作用方式上集互补性与化合性于一体。我们还可以做一个简易图来表示它们之间的化合关系，如图3-4所示。

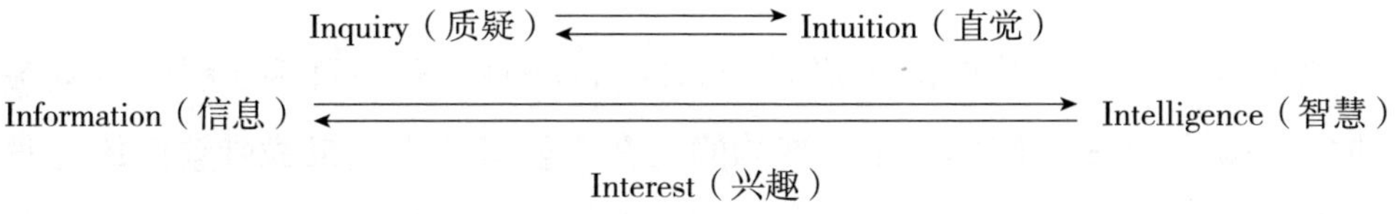

图3-4　五I之间的互补与转化

① 张楚廷. 课程与教学哲学[M]. 北京：人民教育出版社，2003：143.
② [英]怀特海. 教育的目的[M]. 徐汝舟译. 北京：生活·读书·新知三联书店，2002：54.
③ [英]怀特海. 教育的目的[M]. 徐汝舟译. 北京：生活·读书·新知三联书店，2002：54.

由图3-4表明，将信息转化为智慧是教育的目的，其中需要兴趣等心理因素的作用，而质疑、直觉等心理因素之间又是相互影响的。

由于智慧本身也是形成智慧的重要条件，我们也可将智慧之I与其余四I在并列的基础上融合，使它们联合起来赋予生命以精彩。我们还可以“智慧”为中心构建五I的化合关系图。如图3-5所示。

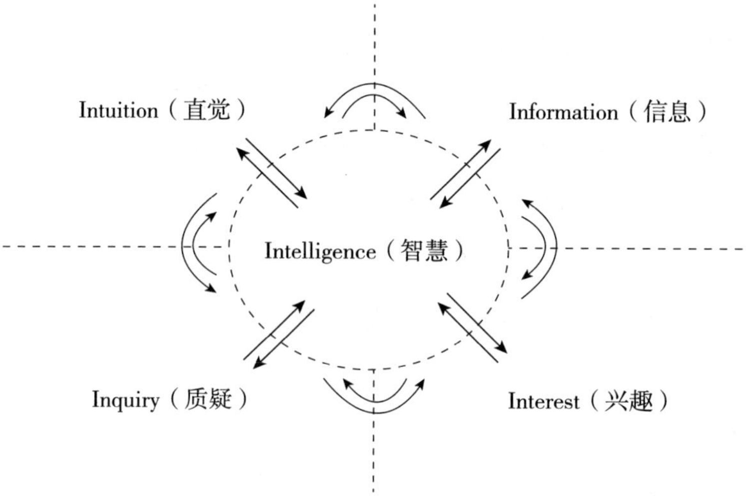

图3-5　五I化合图

图3-5中，各个要素是相互作用的关系，没有用箭头直接连线的直觉与兴趣、质疑与信息，同样是相互影响的。各个要素的高质量成就整体的高质量。同理，某个要素出现问题，必然导致整体质量的滑坡。五I之间的实际关系比以上图示更为复杂，甚至是不可言说的。我们可以将平面图想象为立体的球形，智慧为核心，其他要素为环绕在周围的辅助手段。

如果用I表示人，用另一个i表示信息等五个因素，我们可以有：I1=i5。这是一个很神奇、很神秘的公式：化整为零、化零为整、团结就是力量。这个公式还可表明：成就一个人（I），不是信息等因素的简单相加，而是各种因素复杂的乘积、融合、化合。笔者想借上述公式表明一个道理：人的成长水平与五I各要素是一损俱损、一荣俱荣的正相关关系。

以上“公式”的产生就是运用五I后的结果，虽有做文字游戏之嫌，但不可否定它对说明事物状态、启迪思维的作用。

加涅把学习条件分为必要性条件和支持性条件。不同类型的学习条件既有相同点，也有不同点。他所主张的智慧技能、言语信息、认知策略、态度、动作技能既是对学习结果的分类，也是对学习的必要性条件和支持性条件的分类。①

五I所主张的信息、智慧等，亦如加涅等所思所想：它们既是学习的目标，也是学习的条件，它们互为条件，可以实现转化。虽然国别不一样、时空不一样，但加涅与张楚廷的思想却遥相呼应。加涅与张楚廷，以不同的形式丰富了教育理论。

用传播学和生态学的观点看，教学是一个涉及信源、信宿、信道、噪音的复合体，是由教师、学生、内容、环境等要素构成的生态圈。② 在教学中，师、生都是自变量、互为因变量，互为因果。由于每个人的个性、经历、素质等不一样，与人交流后受到的影响也就不可能相同，每个人影响别人的能力也不一样。师生是思想和行为的连续共同体，关系错综复杂，五I作用的路线难以公式化、模型化。正如雅斯贝尔斯所说：教育的力量，本质上是不可计算的。

在肯定亚里士多德“求知是人类的本性”时，为了不让人仅仅沾沾自喜于知识层面，为了给人更明确的指引，在五I的启示下，我们对亚氏思想加以改造并大胆的说出如下观点：追寻智慧是人的本性。

用以下公式描述人力或智慧，如：人力或创造力=信息×兴趣×质疑×直觉×智慧（相当于上面提出的I1=i5），或：智慧=信息×兴趣×质疑×直

① 皮连生主编. 学与教的心理学（第三版）[M]. 上海：华东师范大学出版社，2003：274.

② 钟启泉等主编. 为了中华民族的复兴，为了每位学生的发展——《基础教育课程改革纲要（试行）》解读[M]. 上海：华东师范大学出版社，2001：429.

觉（可用代号表示为：I1=i4）。这些公式性的表达都有其优点和缺陷，但有一点可以肯定：个体内部I与I之间的作用是化合的，师生之间的五I也是化合的，你中有我，我中有你，优质的I能激发优质的I，优质的五I能成就优质的五I，从而实现教学相长、实现“交以为师”（柳宗元语）。

第五节　审美体验上的愉悦性

最能代表人的生命意义的因素，主要不在生理方面，而在心理方面。心理方面又主要是一种或愉悦、或痛苦的体验。任何课程都应该通过“质疑”“直觉”等条件帮助人实现生命的巅峰体验。五I的表述简洁，内涵丰富，意境高远，引人入胜，而这正是五I的生命意义、审美价值之所在。人类基本相同的人性基础，可以保证审美共通感的建立，从而使主体间性交流成为可能。五I能引人产生多方面的愉悦性，其基础在于揭示事理的真、体现伦理的善、令人快乐的美。不管是张楚廷还是笔者，还是其他读者，因为我们都有共同的人性——对真的追求、对善的热爱、对美的向往，所以我们能走到一块，能认可和感受到基于“真”的五I的“善”与“美”。

雕塑大师罗丹说：“所谓大师，就是这样的人，他们用自己的眼睛去看别人见过的东西，在别人司空见惯的东西上能够发现出美来。”[①] 笔者有自知之明，当然明白自己不是什么大师，但却敢于说自己发现了五I的美：形式的美、内容的美。

一、五I美在形式

从形式上看，五I犹如张开的五指，犹如盛开的或含苞待放的五朵花。

五I是通过其特殊性而达至愉悦性的。有人说，艺术家和哲学家走着不同方向的道路，艺术家永远在寻求特殊性，即通过“一”来寻求“多”，通过“多”来丰富“一”。哲学家则永远在寻求确定性与抽象性，关注世界的本

---

① 张鹏. 校园视觉文化中隐性价值的研究[M]，北京：人民教育出版社，2008：51.

质构造，即“从多中寻求一”，通过“一”来解释“多”。五I就是这样一种哲学表达，它能帮助人们从多种多样的课程建构形态来寻求“一”，通过这个“一”来解释课程具体实施中的“多”。

通过五I，我们看到了张楚廷的哲学家素质——通过个别归纳出一般，用一般去指导个别。同时五I的表达又是很有特殊性和个性化的，所以张楚廷亦具备了艺术家的素养。张楚廷说过：在山脚下，艺术、科学、哲学各是一家，到了山顶上，他们就是一家了。张楚廷的五I理论将科学、艺术与哲学在某种程度上做了充分的融合。

对于观众或听众，永远需要新异的刺激，这种刺激可能来自新的概念、新的命题、新的审美形式。五I因为“长相”奇特，让笔者有一种陌生感，因陌生而更想亲近。通过交流，通过聆听张楚廷条分缕析的解释，燃起了笔者重新理解课程、理解教学、理解教育的欲望。陌生感与亲切感都使五I对笔者产生了特别的刺激。因其陌生，故而显得新奇神秘。在人的审美感官中，新奇的东西总能产生特别的刺激和特别的愉悦。

“形式是重要的，由形式而引起兴趣的基本要素还是形式中的美学成分；更重要的是内涵，但内涵对兴趣的影响依然在美学上，这是更深沉的美，使兴趣持续存在和发展的美。”[①] 这句话道出了引起美感的原因的复杂性。没有形式美，难以“一见钟情”；没有内容美，难以持久守望“白头到老”。五I是否兼具形式美和内容美？这还有一个前提性问题是：是否可以区分形式和内容？形式、内容可以二分吗？我们对以上问题的回答是肯定的。

通过多元解读与图式化阐释之后，笔者觉得五I更美了。五I中五个要素可以智慧为中心，四周分列信息、兴趣、质疑、直觉，这样产生一种轮式的闭合美。被图式化的五I可以是一个“大”字，造型简洁，给人一种舒展美。“大”字是一个很有中国传统文化特色的字，本意就指人的一种状态：张开

---

① 张楚廷. 教学不只是一个认识过程[J]. 当代教育论坛，2011（8）：卷首语.

双手的人、大写的人。

五I谐音为“吾爱”，意为“我爱”，亦可拓展为：爱我，爱生命，爱智慧，爱生活，相当有意味。这种愉悦感是出自内心的，非常自然贴切。

艺术创作中的主体性理论极力张扬创造者的独创性与个别性。唯有通过独创才能真正发掘概念或命题或文艺作品的美学价值，才能真正产生审美交流的新异性和开放性。五I不是艺术作品，能引起笔者注意的一个重要因素是它形式上的新异性。而新异性能引发愉悦性的个人经验促进笔者进一步去阐释它，笔者作为五I的继续创作者，与原创者张楚廷一道，帮助自己和读者实现真正自由的愉悦体验。

张楚廷在对很多理论的批判中使用了让很多读者感到陌生的东西，或者说他将我们曾经熟悉的东西变得陌生，比如，他认为“本质”概念欠科学，认为万事万物无本质。不是他故意陌生化，而是因为曾经的东西本就半生不熟，甚至是胡说八道。唯其感觉陌生，才使张楚廷用好奇心去亲近它；唯其亲近，才唤起他生动而深刻的再阐释，才能激起读者与他的强烈共鸣。

从上面几节讨论所推出的图示、公式以及文字描述看，五I是一种让人眼前一亮、让人有些陌生感的“有意味的形式”。英国文艺批评家克莱夫·贝尔（Clifve Bell，1881-1964）于1913年在《艺术》一书中提出了“有意味的形式”这一理论。[①] 它本指在不同作品中那些能激起人们的审美感情的线条、色彩以及特殊方式组成的形式或形式间的关系。贝尔否定叙述性的艺术品的审美价值，他认为这类作品只具有历史方面的价值，不能从审美上感动人。而笔者却认为，只要用心构造，叙述性的艺术品和各种理论作品都可以具备“有意味的形式”。五I形式之有意味，更在于是该形式后面隐藏着终极的实在的本身，或曰实体——属人、为人、树人、立人。

我很喜欢类似五I的概念。能提出这些概念，是作者概括力、创造力强大

① 王向峰，王世德，王善忠，刘万泉等主编. 文艺美学词典[M]. 沈阳：辽宁大学出版社，1987.

的表现。如营销史上，曾有4P理论，即产品（Product）、价格（Price）、促销（Promotion）、渠道（Place）四要素。后来发展为12P。营销中还有4C理论，即消费者（Customer）、成本（Cost）、便利（Convenience）和沟通（Communication）。营销中亦有4R理论，即关系（Relationship）、反应（Reaction）、关联（Relevancy）和报酬（Rewards）。长虹电视公司创造了3C理论，即为消费者创造“Clever（聪明）、Comfortable（舒适）、Cool（酷）的生活体验”。汽车售后服务领域里的4S店更是很多人耳熟能详。4S店是以“四位一体”为核心的汽车特许经营模式，包括整车销售（Sale）、零配件（Sparepart）、售后服务（Service）、信息反馈等（Survey）。①

教育领域也不乏这种理论。如小威廉姆 E. 多尔除提出了四R外，他还提出了5C课程标准。5C即旅程性（Currere）、复杂性（Complexity）、宇观性（Cosmology）、会话性（Conversation）、社区性（Community）。② 20世纪末，美国教育界和外语界颁布了《21世纪的外语学习目标》，基础外语教育的学习标准为5C：Communication（交际）、Culture（文化）、Connections（联系）、Comparisons（比较）、Communities（社团）。将其拓展为句子则是：外语学习以交际为中心，充分理解文化差异，注重学科之间的联系，注意母语与外语的比较，参加社团或社区活动以便学以致用。

钟启泉先生说：“课程管理者要强调真实的、创意的、解放的学习，包含‘五C’的结构，即创造的（Created）、关怀的（Care）、批判的（Critical）、缜密的（Careful）和合作的（Cooperation）。教师要结合教学想象和教学智慧，设计有创意的课程……”③ 该5C是否为钟先生创立，不得而知，但其独特性、新颖性是显而易见的。

几年前，湖南省醴陵市检察系统创造了“五S工作法”，这也让人耳目一

① 百度4S店：http：//baike. so. com/doc/5438978. html.

② [美]小威廉姆·E. 多尔著. 王红宇译：后现代课程观〔M]. 北京：教育科学出版社，2000：307.

③ 钟启泉主编. 课程论[M]. 北京：教育科学出版社，2011：260.

新。有报道说："为适应刑事诉讼法扩大检察机关对受理控告申诉范围的需求，实现新刑诉法无缝对接，醴陵市检察院积极探索控告检察工作新思路，推行了以'微笑（Smile）、真诚（Sincere）、标准化（Standard）、快速（Speed）、满意（Satisfy）'为主题的'五S工作法'，成功化解了两起影响较大的矛盾纠纷，如：邓某对两级院驳回其申诉请求决定不服的十年上访案件、喻某在是否足额领取征收款问题上与相关部门存在的矛盾分歧，取得了良好的社会效果和法律效果。"①

这些概念和理论像五I一样，简洁、醒目、适用，不只美在形式，而且美在内容，都是人类的巧妙创造。

二、五I美在内容

五I有形式美，更有内涵美，它蕴含了深刻的道理，能帮助人成为智慧人，帮助人实现美好的发展。从实质上探究，运用五I，能让人深入五彩缤纷的教育世界和充满酸甜苦辣的人生。

张楚廷只用五个极为朴素的语词就揭示出了课程的目的和方法：通过信息、兴趣、质疑、直觉等，培养有智慧的人。总而言之，五I对课程的目的与方法给予了高度哲学化的概括。

五I是为实现教育人的生命意义而创设的。张楚廷在五I中给了"质疑"等一席之地，意在通过质疑、兴趣、直觉等的作用一道生发出许许多多问题，焕发学生的生命活力、帮助学生获得愉悦、快意、成功的高峰体验。

自我对象化，对象自我化，这就是反身性。这也是人与动物的根本区别。人是用什么来打量自己和完善自己的呢？最基本的因素就是美学。人在衣食住行学等所有领域追求美，也按照美的规律来构造自己。人追求自身的美丽，也追求产品的美丽。在自我对象化和对象自我化的过程中，美学都起到基本的作用。

---

① 醴陵检察院运用"五S工作法"积极应对检察信访工作. 湖南在线http：//ms. hnol. net/article. asp?articleid=69888，2012-11-30.

中看又中用的理论是美的理论，是能产生愉悦感的理论，五I作为课程实践哲学，就是这样一种理论。

五I的审美不但在形式与思辨层面能给人带来快感，而且在应用到课程实践中时，能让师生在获得进步时都产生愉快的心情。

颜桂花这样描述张楚廷的教学："课堂时间是非常有限的，而学生被引发的思考是无限的。所以张教授的课后会有一道独特的风景：学生们纷纷围在他的身旁，或是就某一问题提出质疑，或是就某一理论进行交流，即便是站在一旁的学生也是如此虔诚和专注地听着，以期获得某种启发和灵感……"① 杨莉君教授这样总结张楚廷的教学特点："教学本质：生命的交融；……教学目的：生命的完整；……教学方式：生命的对话；……教学过程：生命的体验；……教学的追求：自由创造。"②

笔者听过张楚廷多次演讲。他的演讲中有很多问句，有的自问自答，有的与听众一起探讨。他的演讲能充分体现五I理念：提供充足的信息，通过插入故事让听众兴趣横生，用质疑层层推进，尊重自己和听众的直觉，展示自己的智慧提升听众智慧。张先生用看似自问自答的方式引领着听众放飞思想的野马，遨游于智慧的海洋。

2013年10月11日，笔者在株洲市景弘中学听了张楚廷关于《教育公理与"五I"课程观》演讲。该演讲持续2个小时，笔者帮他将录音整理成文后统计出这样几个数字：总共28000字，每分钟233个字。有提问299处，引发笑声或掌声76次。平等的态度、探究的语气、广博的知识、连环的问题、频繁的互动、水到渠成的启示使老师们如沐春风、如饮甘露，享受了一顿精神大餐。这种以自由教育为追求的演讲，在五I的助力下，让读者产生了"我心飞翔"的灵动感觉。

张楚廷认为课程应当为疑问的产生和运动留下更大的地盘，教师的教学

① 燕良轼，刘宇文主编. 张楚廷教育思想研究[C]. 长沙：湖南大学出版社，2009：140.
② 燕良轼，刘宇文主编. 张楚廷教育思想研究[C]. 长沙：湖南大学出版社，2009：98-102.

也应努力促进和推进这一进程。他不喜欢讲书上已有而学生容易看懂的东西，主张多讲学生不易懂、不易想到的东西；着重讲自己是怎样考虑的，如何理解的，有什么设计、猜想，亦即讲自己的思路，把对问题的思考过程展现在学生面前，以此来引发学生的思考。在他的课堂上，每次都会围绕一个主题层层追问，仔细探究。他很少会给出一个现成的答案或结论，学生听到的常是他多方位、多角度的分析和描述。学生的大脑也会随着他的分析和描述不断的运转。长此以往，学生的思维就能得到训练，思维品质就能得到改善。

也许，我们可以将张楚廷的教学、演讲、著述风格命名为：张氏风格或五I风格。

美国著名教育家杰尔姆·布鲁纳说："一个有效的理论完全是一种奇迹，它把我们在不同情况下观察到的世界简约为一种易于记忆的理念形式，从而允许我们把一些杂乱无章和特殊的东西看成某种一般现象的例子。"五I言简意赅，是对复杂的教育世界、复杂的课程事件的简约表述，既是价值观，也是方法论，是一种教育哲学和处世哲学，因此，可以说五I"完全是一种奇迹"。

五I的愉悦性不仅在于表达形式之美，而且在于内涵之美，能产生作用之美。总之，五I不但有个好面子，而且有个好里子；五I不但好看，而且好用。

当代著名哲学家路德维希·维特根斯坦说："洞见或透识隐藏于深处的棘手问题是艰难的……必须把它'连根拔起'，使它彻底地暴露出来，这就要求我们开始以一种新的方式来思考……"[①] 五I的特质何在？这个答案不是完全能看出来的，而要靠抽象思维将其"彻底暴露"出来。笔者将五I"暴露"得怎样？是否言之有理？是否过犹不及？见仁见智，读者自有评说。

---

① 皮埃尔·布迪尔，华康德. 实践与反思——反思社会学导引[M]. 北京：中央编译出版社，1998：1–2.

第四章　五I的教育价值

五I从目的、内容、方法、过程等角度强调了课程与教学应该注意的五个重要方面，特别强调了兴趣、质疑、直觉等心理因素在实施中的重要作用。它所体现的，既有课程内容，又有课程方法；既可以用于课程资源组织，又可以用于课程实施及效果评价。

五I立足于中国课程的历史和现实境遇，立足于对美好教育生活、美好人生的强烈向往，因而具有教育现实批判性和教育实践指导性。它的教育价值在上文已有所提及，还可以有多种表达形式和结果，笔者在此将其价值系统性归纳为有利于丰富课程和教学理论等四个方面。

第一节　有利于丰富课程与教学理论

五I具有独特的形式和内涵，它可以被定性为一种课程范式、一组课程原理。它的出现，可以丰富和完善课程与教学理论。

“真理就是思想的内容与其自身的吻合。”[①] 五I是由I（人）、基于人所演绎出来的，它的真理性在于它表达的内容与教育自身、与人自身是吻合的。五I表达了课程应该面向人的发展的基本诉求，有利于教育目标之实现，有利于维护师生对自由的追求和对真美善精神生命的向往，所以它是具有真

① [德]黑格尔. 小逻辑[M]. 贺麟译. 北京：商务印书馆，2011：86.

理属性的课程理论。

黑格尔在讨论形式与内容、形式与名气的关系时说：“《伊利亚特》之所以成为有名的史诗，是由于它的诗的形式，而它的内容是遵照这形式塑造或陶铸出来的。”① 黑格尔非常看重形式，有他自己的价值取向。但要将内容和形式区分开来是很难自圆其说的。“形式”决定《伊利亚特》有名，这种说法是偏激的。五I已经被人关注，并可能因其有用而成为被广泛知晓和使用的理论，不单是由于它中西结合的表现形式，更重要的是由于它的有用性，由于它的实质内容，由于它与课程的密切关系，由于它与人的紧密联系。逻辑手段和实验实践，都能证明五I能够丰富和完善我国课程与教学理论。

一、五I是一种课程范式

作为专门术语，“范式”是美国科学史家托马斯·塞缪尔·库恩（Thomas Sammual Kuhn）在1959年出版的《必要的张力》一书中首次提出的。他在1962年出版的经典著作《科学革命的结构》中有21次使用范式。后来“范式”一词被广泛传播和普遍接受。五I作为课程范式，即是思考、解决课程问题的一种方式、一个框架，是课程实践的一种指导思想。

1. 范式、模型或模式

“所谓范式，是指从事同一个特殊研究领域的学者所持有的共同信念、传统、理论和方法。范式代表了一种近乎固定的问题和解题方法。”②笔者认为，范式是理论，而且能演绎出新的理论。

范式与模型、模式的含义具有相似性，都是指事物的标准样式或形式。模型有多重含义，“依照实物的形状和结构按比例制成的物品，多用于展览或实验，如建筑模型……指用数学公式或图形等显示事物的抽象结构或系

① [德]黑格尔. 小逻辑[M]. 贺麟译. 北京：商务印书馆，2011：280.

② 靳玉乐. 现代课程论[M]. 重庆：西南师范大学出版社，1995：29.

统，如数学模型，语言生成模型”。[1]

出生于美国的苏联学者瓦托夫斯基（M. W. Wartofsky）在《模型——表象和科学的理解》一书中写道：“我不把模型狭隘的理解为仅仅是对现有事物的模仿或某个未来事物的雏形，我把模型的含义加以扩展，认为它不仅仅是一个实体，更重要的是一种行为方式，它不仅提出未来的某个学科目的，而且说明达到此目的的手段。”[2]在这种意义上，模型不仅是物质或观念的再现和反映，而是根据实践需要和科学原理设计出来的新观念、新事物、新行为。

英国学者丹尼斯·麦奎尔（Denis McQuail）和瑞典学者斯文·温德尔（Sven Windahl）从传播学角度将模式看作是“用图像形式对某一事项或实体进行的一种有意简化的描述。一个模式试图表明任何结构或过程的主要组成部分以及这些部分之间的相互关系”。[3]这个对模式的描述或定义解释了模式的两个主要特征，即理论的简约性和对现实过程（结构）的再现性。

据此，我们可以这样认为，范式、模式、模型是对应然的概括化、抽象化和简约化的描述。范式、模型、模式是理论，也包含了理论通往实践的路径。

学科结构派的代表人物——美国课程论专家约瑟夫·施瓦布（Joseph Schwab，1909–1988）曾猛烈批判过以美国学者吉诺克斯（Giroux，H. A）为首形成的“新概念主义（Reconceptualism）”课程研究学派。“施瓦布指出，当前的课程研究出现了一种脱离实际的倾向，其第一个表现是，研究者不是从分析实际的课程问题出发，而是借助于抽象的方法来建立模式或理论，把对原理和方法的运用变成谈论这些原理和方法……这种状况如果持续

① 中国社会科学院语言研究所词典编辑室. 现代汉语词典[M]. 北京：商务印书馆，2012：913.

② 罗慧生. 现代科学哲学的“历史学派”[J]. 哲学研究，1981（11）：

③ [英]丹尼斯·麦奎尔、[瑞典]斯文·温德尔. 大众传播模式论[M]. 祝建华等译. 上海：上海译文出版社，1987：2–3.

下去，课程研究就会在危机中走向死亡。”①

施瓦布的观点虽振聋发聩，但不无偏颇。如果没有人去探讨原理和方法，别人又拿什么去“谈论这些原理和方法”，“借助抽象的原理和方法来建立模式或理论”难道没有实际价值吗？施瓦布似乎认为理论的追求不适合于课程领域。当然，施瓦布的说法也给笔者提了个醒：课程研究必须注意结合实际问题，不能崇尚空谈。

我们可以将范式或模型、模式看作是“观念的东西转化为实在的东西”的中介，范式属于理论范畴。范式，既是共同信念，又是行为方式。因此，范式，有其存在的必要性。

2．将五I作为课程范式的基本诉求

加拿大学者马克斯·范梅南（Max van Manen）说：“教育学就是迷恋他人成长的学问。”② 迷恋，是一种态度，也是一种境界。为了他人成长而产生的学问是教育学，有利于他人成长的学问就是教育学，这种说法朴实、生动而亲切。五I就是迷恋他人成长的学问，它是对课程适切理解的真知灼见，包含了对教育的爱、责任、目标和方法。

如果将五I作为一种课程范式或模型，可以理解为它是张楚廷对课程做出的一种创造性构想。这个范式或模型表明了课程应该思考的重点、所要达成的目的，而且也说明了达到此目的的手段。五I把课程中很重要而常常被忽视的五个要素或命题明确下来，完全可以成为一种课程思维范式和课程模型。

五I作为一种思维范式或模型的特性与意义在于：五I是一种简约的理论，是对课程的应然结果以及实现过程做出的概括和再现。

五I是课程目的、课程方法等抽象观念的感性形式，又是具体展开课程工作的理性表达。也就是说，五I是理性中的感性结构，是思想中的形象模拟，

① 靳玉乐. 现代课程论[M]. 重庆：西南师范大学出版社，1995：16.

② [加拿大]马克斯·范梅南. 教学机智——教育智慧的意蕴[M]. 李树英译. 北京：教育科学出版社，2001：18

是概念中的创造想象，是具象和抽象、有形和无形的融合体。

面对课程问题，如果从文本建设到教学组织、教学实施、教学评价等各个环节都能考虑学生智慧的培养，都能考虑信息的适切性，考虑学生兴趣与质疑以及直觉的浓度、广度、深度，也就是说，将课程问题装进五I笼子里”，那么培养什么样的人与如何培养人的问题也就有了基本的理论保障。

笔者将五I作为一种课程范式，是想发挥它对课程建设的指导作用。

五I作为课程范式，着重回答了课程目的即培养学生智慧的问题；回答了用什么样的理念帮助学生将知识转化成为智慧的问题；回答了用什么样的心理活动让学生把理性思考和价值感悟结合起来形成大智大慧的问题；回答了用什么样的教育活动过程让学生把认识、价值和实践结合起来并养成创新意识和培养实践能力的问题。

五I可以与课程、教学组合，变为固定语词：五I课程、五I教学。也可以在与其上位的概念教育相结合，变为五I教育。

在五I教育中，兴趣、直觉、质疑直接登堂入室，使之享有崇高的地位。五I教育的基本特点是：打造和谐温馨师生关系的教育，让学生在老师的轻言细语平声静气春风化雨中获得教益的教育，提高师生质疑水平思辨能力智慧层次的教育，帮助学生实现美好人生的教育。

因为五I是从I（“我”）出发的，五I的谐音是“吾爱”，五I将“爱”的方法也包含其中了，所以我们可以将五I推而广之，将五I与很多的活动或事项结合，拓展为五I家庭、五I工厂、五I学校、五I管理、五I生活、五I人生……

五I具有深刻的伦理意蕴。用之于教育，五I就是一种包含爱的教育学。五I关注人是什么、教育或课程目的是什么、如何实现教育或课程目的，这涉及到人与教育的一种价值关系。

李臣之教授认为，我们应从多尔、杜威等所代表的理解本位课程思潮中获得对于中国课程改革的多方面启示，比如，“师生关系，从权威、独白走向对话、平等；课程本质，从静态走向动态；课程目标，从预设走向生成；课程内容，从封闭走向开放；课程实施，从灌输走向对话；课程评价，从注重甄别走向促进发展"。[①]这种"启示"应该变为我们课程人的自觉追求。

五I是一种超越"理解本位课程思潮"的课程范式。具有浓厚人本特性的五I理论比理解本位课程思想更能给教育改革、课程改革、教学改革更多的启示与帮助：教育的万丈高楼，起于平地，信息为基，集思广益；目标多元，智慧第一；重在过程，兴趣助力；质疑直觉，齐飞比翼。

五I与知识、情感等有广泛的联系，它具有较大的容量和自由度。五I既有对课程目标的思索，又有对课程内容的考量，还有对课程实施方法的设计，因此是一个辐射面非常大的理论。

五I是一种课程理念，是对课程目的、课程过程、课程内容的一种别致而精当的表达。有了五I，可以让我们对课程产生一些与众不同的理解：原来课程就是体现智慧等几个关键词，这几个关键词就是对课程要求提纲挈领的概括，这几个关键词包含了爱、责任与方法。

五I是一种思想，是一种对话方式，是一种工作与生活理念。换句话说，它是一个教人"有关家国书常读，无益身心事莫为"的思维范式和为人处世的隐喻。一个国家的教育发展是需要一些高水平的范式或理论模型作为指导的。已经有学者提出了"强化课程论教材建设的本土实践意识"的主张[②]，希望国家鼓励教材"以著代编"。为了发展好我国各级各类教育，笔者期待五I作为本土课程论中较高水平的范式和理论模型能被广泛关注和充分利用。

二、五I是一组课程原理

在课程活动中，信息是基础是原料，满足学生基本的认知需求需要信息。兴趣、质疑、直觉是条件，是天赋权利，是通往智慧的催化剂。智慧是

① 李臣之等著. 西方课程思潮研究[M]. 北京：人民教育出版社，2012：361-363.

② 孙宽宁，徐继存. 我国课程论教材建设90年：反思与展望[J]. 课程·教材·教法，2012（11）：10-11.

人通过自由思想探索规律、发现并建构真善美的能力，是课程的目的。

“教学固然需要一定的技巧，但同时更重要的是它的内在意蕴，这种内在意蕴便是，教学是一个道德的努力，由此，如果过度的强调技术与方法，将使它与有价值的目的分离，使它的道德意义失落。”① 五I面向智慧提升，是高于课程技术的课程理念，是反对课程技术化的课程理念，重在目标的多元性、过程的生成性、评价的灵活性，涉及师生丰富多彩的情感、情绪、情思、理智、理性、理解。比起形而下的课程技术、课程技巧，五I是更靠近形而中或形而上的课程原理。

1. 五I的原理性描述

原理重在描述，原则重在祈使和命令。原理说的“是什么”，原则说的“应该做什么”。前者在说“是这样”，后者在说“必须这样”。笔者主要采用描述的方式阐述五I的课程原理属性。

（1）信息原理。课程是一种信息性存在。或者说，课程是以知识、情感、价值观等为主要信息内容的沟通活动，适宜适量的相关信息是课程存在的基本条件。

（2）兴趣原理。良好的课程活动以激发兴趣、引导喜好为基础。或者说，课程以兴趣引领作为动力来对未知开展探究，师生都有兴趣才能保障课程成功。

（3）质疑原理。质疑是人的权利，质疑是实现课程使命的必由之路，成功的课程基于多方面、多领域、多层次、多人次的质疑。

（4）直觉原理。天赋人的直觉能力，尊重直觉是课程的重要使命，是培养创造性人才的重要方法。或者说，面向个性化、创造性人才培养的课程要以师生的灵感、顿悟、直觉为桥梁。

（5）智慧原理。智慧是人的高级需求，是人之为人的表现。培养智慧是

① 周建平. 追寻教学道德——当代中国教学道德价值问题研究[M]. 北京：教育科学出版社，2006：42.

教育的核心目标，课程是以智慧激发智慧、以智慧生成智慧为目的的活动。

以上描述是实然性的，不是下命令的应然。我们可将该五I课程原理概括为：课程是师生以智慧生成为目标，以知识、情感、价值观等信息交流为主要内容，以兴趣、质疑、直觉等为重要心理条件而开展的对未知的探究活动。这也可以说是对课程特质的一种认识，亦是尝试为课程下的一个定义。

信息原理、兴趣原理、质疑原理、直觉原理和智慧原理构成了认识课程的原理体系。建立课程原理，既是基于课程的逻辑起点，又是为了体现课程的逻辑终点，那就是人的成长。课程原理来源于对已有的为何教、如何教等课程知识领域很多理念和规律的筛选与比较，是集体思考后获得的智慧结晶。"课程原理"作为开展课程活动的基本理念，提供了一个考察课程活动是否合理、是否有效的独特视角和一套相对规范的概念语言。

2. 五I作为课程原理的基本特征

笔者认为，五I作为课程原理，具有相容性、独立性、课程针对性等特征，是一组原理，是一个课程原理体系。

（1）相容性。信息原理构成了课程发生的基础和内容；兴趣原理、质疑原理、直觉原理是从不同角度关注课程与教学的心理机制；智慧原理关注的是课程的目标所在。这种原理间的分工与合作表明了这五者之间的关联与相容。也许有人会质疑五I课程原理角度太多，既有目标，又有方法，还有内容，甚至涉及到了过程，每条原理似乎不是在一个角度上或逻辑起点上说话。其实，这种广泛的包容性、相容性正是该原理系统的独特之处。

（2）独立性。五条原理之间有相互依靠相互影响的关系，但彼此亦能独立存在。并且，其独立存在是能相互依存的前提。提供信息、激发兴趣、培养质疑精神、重视直觉能力、提升智慧，可以说都是目的，也都是内容和方法，但各有其侧重的内涵和存在的价值，故是可以独立存在的。

（3）专门性。对于课程原理来说，还应该具备解释课程现象、指导课程行为的作用，我们称它为课程专门性。五I作为课程原理就是人的成长原理，一切基于人的可发展性、一切为了人的发展，当然也能指导课程的实际开展和检讨课程的实际表现。

一组原理的确定，在某种意义上说可以是任意的，甚至是偶然的。如果它们能满足相容性（或一致性、协调性）、独立性等要求的话，这种任意性或偶然性也体现了一种智慧。“从经验科学的角度上看，则无论从原理的确定还是原理系统的证明，都不是一个单纯的逻辑问题。”①也就是说，一套原理系统或原理方法是直觉与逻辑、历史与现实、理论与实践交感互渗形成的有机统一体。

将五I确立为课程原理，似乎是在为课程理论寻求一个确定性的甚至是唯一的基础。而笔者并非寻求唯一，而是想抛砖引玉，或者像当年建立深圳等经济特区一样做些先行先试的工作。

“一个正确的教育命题所表达的就是规律。原理也就可以被认为是规律，而且是基本规律。它并非穷尽了所有的规律，但若它是个好的有生命力的体系，则它将关联所有的规律，乃至蕴含了这一切。”② 笔者借用这段话想表达的意思是：五I课程原理就是一种教育规律。然而，笔者并不认为，由五条课程原理所构成的体系能把课程的一切谜底都打开。事实上，原理是一种符号化、语言性存在，公说公有理，婆说婆有理，是最被公认的理论体系，其目的也不在于终结真理，也不可能终结真理，更重要的意义也许是激发思考、不断发现更多的真理。

课程原理是探讨课程的地基打在何处、路往哪里走、力往哪里使，它不是课程本身。人是自然界最伟大的创造之一，自然界创造了“人”这样一种最富于创造的生灵。自然界通过创造人类（因为创造而自由、因为自由而创造）——从而才真正创造了自然界自己。“自然界的这一伟大创举也使它更

① 陶理. 论公理方法在科学认识中的作用[J]. 东北师范大学学报（自然科学版），1993（4）：105.

② 张楚廷. 教育哲学[M]. 北京：教育科学出版社，2006：180.

伟大。"[①]"我们保存着对人的神秘感，因而保存着对教育的神秘感。我们寻求一种解释的时候是企图去窥视这种神秘，而不是企图去消灭这种神秘，正像包括卡西尔在内的无数学问家在不断探讨人的神秘的时候依然虔诚地站在神秘面前。在我们建立这个原理系统时，也是这样一种心情。"[②]课程的神秘与神圣来源于人的神秘与神圣，五I 作为课程原理，一方面窥探了或揭示了课程的神秘与神圣，另一方面又体现了、丰富了为了人的课程及人为的课程的神秘和神圣。

3. 五I课程原理与张楚廷其他理论的关系

五I作为课程原理与张楚廷其他教育理论存在千丝万缕的联系。

张楚廷在1993年出版的《教学原则今论》上阐述了六条教学原则：智力培养与心力发展相结合、知识传授与能力培养相结合、思维训练与操作训练相结合、收敛思维训练与发散思维训练相结合、深入与浅出相结合、教师主导作用与学生主体作用相结合。

张楚廷在1995年出版的《人力学引论》一书中，从教育学角度提出了"人力"概念和"人力"的三大构成，即智力、心力与体力。

张楚廷在1999年出版的《教学细则一百讲》中，探讨了教与学、直觉与逻辑等100对关系。

张楚廷于1999年出版的《教学论纲》上，将教学细则浓缩为分析与综合、归纳与演绎、学识与素质等51条，并对1993年提出的六条教学原则做了修正表述。

张楚廷在2002年出版的《大学教学学》中，提出了六条大学教学原则：知识综合构成、讲述思路为主、增强学生参与、结合研究学习、指导自由选择、心理协调发展。

---

① 张楚廷. 教育哲学[M]. 北京：教育科学出版社，2006：226.

② 张楚廷. 教育基本原理——一种教育公理的教育学[M]. 长沙：湖南师范大学出版社，2009：22.

张楚廷在2006年出版的《教育哲学》中，把人的特性归纳为：自反性、自增性、自语性、自群性、审美性。

张楚廷于2006年发表了论文《试论教育公理》，又于2009年以“公理”为关键词之一出版了《教育基本原理——一种基于公理的教育学》专著。这使他的教育公理思想更为系统、完备。

“教育理论是由存在公理（潜在公理）、能动公理（动因公理）、反身公理（自反公理）、美学公理（需要公理）和中介公理（环境公理）所构成的公理体系。”①张楚廷把五条公理串成了一句话：“人的潜在才智，以天赋欲望为引擎，通过自反心理作用，按照美学追求并依美的规律，并不可避免地在一定中介的作用和影响下，来不断发展自己，构造自己。”② 这个公理系统简要回答了教育起源、教育特性、教育目的、教育过程等问题。

这些理论从宏观到中观到微观，从形而上（教育公理）到形而中（课程原理、教学原则）到形而下（教学细则、教学方法）、从抽象到具体等各个层面构成了张楚廷比较完整而深刻的教育思想体系。张楚廷提出五I时，虽然没有用“课程原理”去表述它的属性，但它却发挥着原理的实质作用。在张楚廷已有形而上的教育公理、形而下的教学细则的情况下，笔者将五I定性或定位为课程原理，正好使其发挥形而中的承上启下的作用，从而使张楚廷教育思想更为有机、更为完善。

人的特性、人力、教育公理、课程原理、教学原则、教学细则、教学方法、教学艺术等概念的提出与应用。

张楚廷提出的教育概念与理论颇多，它们之间是有机联系的，是相辅相成的。比如教育公理中有反身公理，怎么来反身？就是用五I课程原理中的质疑、直觉等来反身。反推也一样能成立，质疑、兴趣等课程原理是建立在动因公理、反身公理等教育公理之上的。教育公理又是建立在“人的特性”之

① 张楚廷. 试论教育公理[J]. 北京：高等教育研究，2006（05）：1.

② 张楚廷. 教育哲学[M]. 北京：教育科学出版社，2006：171.

上的，而"人的特性"却在一定程度上是天赋的，或者是与"天赋"有密切关系的。教育的目的是为了开发"人力"。"人力"为何要开发？这又回到了原点："人"天赋好奇心、"人"是演绎一切的基础。

4. 五I作为课程原理的作用

公理—原理—原则—技术（方法）—工艺—产品，是理论与实践联系的一般路径（倒过来看，是实践通往理论的一般路径）。五I具有公理、原理与技术的复合特性，是理论与实践双向互动、双向实现、双向成全的桥梁。"原理—原则—技术，这是一条自觉行走之路，倒过来，从技术那里开始，也可能获得某种成功，但那会是自觉的反面——盲目。盲目与自觉，也是状态的两端，都可能成功，巨大的差异则在于成功率与成本。就好比在黑暗和光明中行走，也许都可能达到彼岸，然而，在黑暗中行走迷失的危险大百倍。"①所以，有原理的指导就可以减少盲目性、危险性，减少时间等资源的消耗和浪费。

一个原理之下可能有、也可以有十个原则、百个细则、千万个技术。原理教人"必然"，原则教人"必须"，技术教人"可能"。将五I定性为课程原理，意在确定课程"本是那样的"，而不是强行说"必须是那样的"。"本是那样的"意味着不能"忘本"，意味着应该按"本"办事。按"本"办事，就可能增强课程行为的自觉性、提高成果的可靠性。

定性为课程原理的五I包含兴趣、质疑、直觉等心理因素，是以人的天赋权利为基础、以人的需要为目标的。五I课程原理是与教学心理学所阐明的原理紧密结合的，是建立在科学性较强的心理学基础之上的。五I课程原理与自由教育、命题教学特别是或然性命题教学的关系不可分割，它们都指向答案的多样、学生的个性、生命的自由。

现实中，很多课堂存在信息过少或过多、提供的信息与学生年龄特点或

① 张楚廷. 高等教育哲学[M]. 长沙：湖南教育出版社，2004：64.

学科特点不匹配、兴趣被打压、质疑缺失、直觉被忽视或受压抑、智慧难以生成等状况。如果运用五I课程原理指导课程活动，这些不良状况也许可以得到某种程度的弱化或减轻。原理，具有与公德类似的意义，相当于伦理，遵守或违反原理，既是知识层面的事，也是道德层面的事。如果将五I定位为课程原理，我们在组织课程资源、备课、上课或评课时，心中可以有一把达摩克利斯之剑：遵守了课程原理的课，很可能会成为好课；违反课程原理，肯定不会是好课。我们可以假设：如果连课程原理都违反了，那可能造成或轻或重的不良教学后果。

五I课程原理的应用能增强师生全面且深刻认识事物的能力，因而能更好地帮助基础教育落实“知识与技能、过程与方法、情感态度和价值观”等三维目标。离开这五条原理，课程何以进行？约定五I为原理，是不是课程就有了明确的方向？其实，有效的教育是体现了这五条原理精神的，不管教者是否知道五I课程原理这个概念。

如果能将五I作为基本的课程理论推而广之，如果自觉运用五I于教学，就可能打造这样的课堂：一种既能够让学生体验过程又能享受更多学习乐趣的课堂；一种老师不那么霸道，学生不那么怯懦的课堂；一种既能掌握必要的基础知识，又能让学生获得更多智慧和能力的课堂。

如果将五I作为课程原理，能帮助教师做什么呢？可能的作用是提醒老师将学生在孩童时代就本有的直觉能力和质疑精神保护好、把兴趣激发好，一方面使它们不丢失；另一方面，如果丢失了就帮助他们找回来。目前我国教育的危险之一就在于兴趣被漠视、质疑被忽视、直觉被轻视。落实五I课程原理，意在打造让生命在场的课堂。将五I作为课程原理来探讨，使之发挥更大的作用，这正是拯救之力生长的地方。

课程论是科学，也是学科。对一门学科来说，原理方法是能促进和推动该学科理论创立的重要方法，课程原理可以帮助演绎出更多有效的课程理论，能使课程理论更加丰富多彩。

课程原理以人的发展为逻辑起点，以发展人的智慧为目标。将五I定性为课程原理，意在找出具有普遍适应性的课程根基，有利于全面、正确认识课程特质，有助于实现课程的终极价值。如果我们对课程原理的认识越深入，课程活动的开展也就可能更加有效。

第二节　有利于发展自由教育

教育意义的生成是以价值观的养成、自由知识的获得为表征的。美国价值澄清学派代表人物路易斯·拉思斯（Louis Raths）认为，价值观的获得需要一个过程。"对任何个体来说，价值观并不是一成不变的真理，因为它们是在一系列环境中锤炼成某种生活方式的结果。在充分的锤炼之后，常常会形成某种评价和行为方式，某种事物被视为是正确的、值得向往的，抑或是有价值的。这些事物就成为我们的价值观。"①五I中有质疑之主张，质疑过程其实就是一种价值澄清过程、自由知识的获得过程。教师在这一过程中的主要作用是：避免灌输，提供、提示、讨论出多种可能的选择，引导学生以智慧为目标、在质疑的基础上做出自己喜欢的选择，并乐于承担相应选择可能带来的后果。

自由教育是针对知识属性或种类而言的，以自由知识为追求的教育就是自由教育。康德（Kant，1724−1804）曾说过：教育就在于引导人"在各方面得到完全的自由"、"指导他善于应用其自由"，"正确的应用他的自由"，指导他"如何过自由人的生活"。② 如果认可康德的教育理念，那也就能认可五I理论，因为它们殊途同归，都在于人的自由发展。

一、自由与自由教育

顾名思义，自由教育是给人自由的教育。自由教育是相对于知识教育、技能教育而言的，是一种对世界、对事件原理、原因、缘故开展探寻的教

① [美]路易斯·拉思斯. 价值与教学[M]. 谭松贤译. 杭州：浙江教育出版社，2003：25.
② [德]康德. 论教育世界名著通览[M]. 任钟印译. 武汉：湖北教育出版社，1990：509.

育。自由教育、知识教育、技能教育是从教育内容上做的分类。自由教育相当于理论教育，而这种是理论是理论中高深的、到底的部分。

自由教育不等于自由，但与自由相关。在张楚廷的教育理念中，自由是他的强烈向往和坚定主张，自由也是一个被他在教学和科研中淋漓尽致发挥的概念。《课程与教学哲学》中就有305次使用了“自由”一词。《教育哲学》649次使用了“自由”，第七章即为“自由教育”。

人与自由的是不可分割的关系，这是由人的特性所决定的。“由于人的天性而赋予了教育以同样的天性，因人本自由，而可称教育本自由。所以最初的教育是自由的教育。”① 张楚廷赞赏马克思人本自由的观点：“文化上的每一进步，都是迈向自由的一步。”② 人在不断创造文化的同时，也创造着自由。人因为自由而创造，人又因为创造而更自由。他认为，“人本自由包括两方面的含义，人本享有自由的权利，人本应有扩展自由的机会（亦权利）。人的解放即人通向扩展自由的道路”。③

自由与学科的关联、自由与知识的关联可以追溯到亚里士多德。亚里士多德认为：教育问题的实质就是“什么知识使人更自由”。④ 古希腊的“七艺”就有自由内涵，“七艺”其实就是七种追求自由的艺术。亚里士多德说的“求知是人类的本性”是正确的，我们说“求知是人类获得自由的重要途径”亦能成立。智慧给人更多的自由，智慧本身就包含自由，智慧某种程度上等于自由。

自由与智慧、自由与自由知识、自由与自由教育是相似性、关联性非常强的概念。“越是具体、越是个别的经验知识，就越远离自由知识；相反，越是普遍、越接近哲学的知识，就越靠近自由知识。”这是张楚廷从亚里士

① 张楚廷. 教育哲学[M]. 北京：教育科学出版社，2006. 252.
② 马克思恩格斯选集（第3卷）[M]. 北京：人民出版社，1995：456.
③ 张楚廷. 教育哲学[M]. 北京：教育科学出版社，2006：226.
④ 张楚廷. 高等教育哲学[M]. 长沙：湖南教育出版社，2004：118.

多德、纽曼、赫钦斯、布鲁贝克等思想家的论述中得到的一个结论。

在张楚廷看来，教育对人的自由负有重要责任，教育包含自由教育，目标应该是自由教育。"理论知识的目的在于真理，实用知识的目的则在于功用。"[①]亚里士多德这句话中的"理论知识"即自由知识。亚里士多德认为哲学是唯一的自由学术："只因人本自由……所以我们认取哲学为唯一的自由学术而深加探索。"[②]"所有其他学术，较之哲学确为更切实用，但任何学术均不比哲学为更佳。"[③]在亚里士多德时代，哲学包含了心理学、物理学等很宽广的内容，几乎所有关于原理性的知识、关于原因的知识都在哲学之列。现在，许多原理性知识从哲学母体里分离出来，使之成为了独立的学科。但是，这些原理性知识连同哲学仍然被很多人称为自由知识或自由学术。

自由教育是建基于自由知识的，反过来说亦能成立。"自由知识是有关原因、原故、原理的知识，它并不讲究直接的实用……自由教育是相对于实用教育而言的……特别看重这种知识（关于原因、原故、原理）的教育就称为自由教育了。所以说，自由教育确实与自由有关……"[④]

张楚廷认为，自由教育着眼于根本，即直接为了人的自由、人的发展。"这种直接从人出发的教育观念，最终是有利于科学、技术乃至整个经济文化发展的。相反的也有，仅从技术和物质上考虑，或直接就事论事来对待社会发展时，经济、科学技术发展得并不那么理想，因为它未着眼于根本。"[⑤]这段话在某种程度上可以成为解释经济发达的德国、美国等先进国家为什么高度重视哲学、高度重视自由教育的原因。

人本自由，人要自由，教育帮助人实现自由、拓展自由。

---

① [古希腊]亚里士多德. 形而上学[M]. 吴寿彭译. 北京：商务印书馆，1959：34.
② [古希腊]亚里士多德. 形而上学[M]. 吴寿彭译. 北京：商务印书馆，1959：5.
③ [古希腊]亚里士多德. 形而上学[M]. 吴寿彭译. 北京：商务印书馆，1959：6.
④ 张楚廷. 何谓自由教育[J]. 当代教育论坛，2011（9）：卷首语.
⑤ 张楚廷. 教育哲学[M]. 北京：教育科学出版社，2006. 247.

二、五I成全自由教育

不同的命题对自由教育的贡献不一样。实然性命题回答的是事物实是什么，更多的是涉及事物的因和故，因而大多具有自由知识的性质。或然性命题是提出疑问、疑惑或质疑，人们在回答或然性命题的时候，首先可能得到的是实然性命题。因此，或然性命题极有可能导向自由知识。或然性命题对于智慧的开发、自由的实现，无疑具有重要作用。而寻求这种作用的发生，又正是自由教育的目标。所以，无论是从自由教育所特别看重的知识，还是从其所特别期待实现的目标来看，在课程中对或然性命题和实然性命题给予更多的重视，都是理所当然的事。提倡质疑、讲究直觉的五I是达至自由的重要理念。

五I中，信息是基础，智慧是目标，其中一个很重要的内涵是人的自由。如何通往自由，就是尊重兴趣、尊重质疑、尊重直觉。相对形而上的“自由”，五I是形而下的方法；相对实现自由的更具体的手段，五I是与自由相伴的形而上的理念。而五I中的兴趣、质疑、直觉就是直接指向自由的。打破砂锅问到底，质疑越充分，越可能找到那个“底”，而那个底就是自由知识——哲学。广泛使用、大胆使用、自觉使用五I，就可能防止自由的自我丢失。

张楚廷之所以针对课程问题提出五I，之所以让兴趣、质疑、直觉在五I中占有三席之地，就是为了实现人的自由——自由的思考、自由的表达、自由的创造、自由的生存。课程实施中提倡质疑、尊重直觉，就可能实现人的解放与自由。

五I中的兴趣通往自由、质疑通往自由、直觉通往自由，有了智慧就有了自由。真正的智慧之学就是自由之学。

用教师的五I激发学生的五I，用或然性命题培养学生良好的思维品质和对自由知识的热爱之情，是五I理论的重要追求。创造五I理论的张楚廷不反对使用应然性命题，但更喜欢使用或然性命题，让自己在或然的多元选择中找到应然、走向实然。

"我们可以看出，五I课程理论中所列举的五对范畴之中，五I课程观是侧重于信息、兴趣、直觉、质疑和智慧的，这与自由教育的思想是相吻合的，这种课程观既注重了自由知识或自由学术的传递，又关注了人的自由发展，而对于人的自由发展，是包括马克思在内的许多思想家特别关心的。"[①]信仰、信心、兴趣、兴致、质疑、质问、疑问、疑惑、直觉、觉悟，这样的过程对于自由知识的获得很重要。五I，强调质疑甚于聆听，也就是说，五I课堂是允许并欢迎各抒己见的课堂、是可以个性化表达观点的课堂、是可以充分辩论的课堂。就命题类型而言，五I必然更加重视或然性命题，也就更能实现自由教育。

直觉重于逻辑。逻辑是结果，是确定的。直觉指向新颖、指向创造，五I更看重直觉，直觉可能具有模糊性、不确定性，经历模糊与不确定再获得确定性的逻辑结果，这才是更重要的。这个过程是自由思想的过程。

五I强调兴趣先于毅力、意志、理性。很明显，在实然、应然、或然等三类不同命题中，相对而言最不容易引起学生兴趣的是应然性命题，而较易引起兴趣的是或然性命题。而或然性命题给予了更广阔的思维空间，连接的末端是自由与真理。

张楚廷认真践行了"自由教育"的思想。他曾就"素质教育"提出了101个问题，就"学会关心"提出了54个问题。回答好这些问题就能获得自由知识，就能实现自由教育，也能启发他人开展自由教育。

张楚廷的演讲与教学的一个重要特点就是于抛出很多问题，不断引导学生或读者自由思考，从而获得对生命、对世界的自我理解。

"在教学中，我也形成了一些对自己的基本要求。可以分成几个要点来讲。第一，提供尽可能大的语言量，即信息量；第二，多运用或然性语句，

① 彭道林，张楚廷."五I"课程观再释读[J].课程·教材·教法，2013（9）：14.

少一些理所当然，少一些斩钉截铁，少一些断然的结论；第三，多运用联想、比喻、隐喻，并尽可能在其中蕴藏幽默、诙谐和故事；第四，作为结果，就是既给学生留下知识，也留下问题，留下故事，留下可继续品味的菜肴……”[①]张楚廷说这段话时就运用了五I理念，这段话充分体现了他的五I精神。持之以恒这样做，当然就可能实现自由教育。

五I与自由教育之间有密切的关系。五I主张质疑、尊重直觉和兴趣，主张多问是什么、什么是、为什么、对不对、好不好、够不够，主张为真理而真理、为学术而学术，思考到底，这是实现自由教育的有效途径。五I的目标中有智慧，而智慧是自由教育所期待的结果。因此，自由教育离不开五I，五I是开展自由教育的重要理念和手段。

第三节　有利于建设生态课堂

一些学者认为：课堂生活质量决定教育质量，研究者应将视角放在课堂中，关注师生在课堂中过什么样的生活。刘要悟教授指出：“课堂是课程和教学的落脚点，也是教师生活的落脚点，研究者应避免片面化的理解课堂生活，应从多角度理解课堂生活。”[②]他希望有一个能将教学生活中的知识显现出来并且融合起来、能将基础、源泉、核心的课堂生活串联起来的主轴。五I中的智慧可否成为课堂生活的“主轴”？五I理念能否帮助教师打造生态课堂？从逻辑推理和实验实践上看，这是完全可能的。

生态课堂是相对传统的沉默型、机械型课堂而言的，侧重关注的是课堂中的生命状态。打造生态课堂意味着对传统课堂中的行为主义、机械主义、认识论等所包含之不足的改造，是对教学过程的重新审视与建构。

---

① 张楚廷. 语言与人生[J]. 现代大学教育，2013（3）：33.

② 徐冰鸥. 哲学分析·实践反思·历史考察——“全国课程与教学哲学学术论坛”综述[J]. 当代教育与文化，2011（4）：115.

一、传统课堂对教学过程的"简约"

传统课堂并非一无是处。这里的传统课堂约定为人性受压抑、教师一言堂、以知识传授为目的的课堂。很长时间以来，人们把教学过程视为一个认识过程，或者说它是一个特殊的认识过程。后来有学者补充了看法，认为教学过程也是一个特殊的实践过程。从认识论的角度去看教学或教学实践，至少是自凯洛夫以来一直流传下来且大体未变的一种状况。

张楚廷批判说："传统哲学告诉我们的是：哲学基本问题乃思维与存在的关系，认识与实践的关系……认识是什么呢？认识是客观事物在人脑中的映像，是复写。这样，人就被双重'简约'了。把人归结为一个认识体；认识也就只是映像或复写。"①

为什么传统课程编制及实施中机械主义、灌输主义、说教主义盛行？为什么很多人信奉谆谆教导、诲人不倦、讲深讲透的力量？为什么我们的教育中流行做"思想"工作？这与对人、对认识的"简约"理论有关，他们唯恐学生不主动、不配合、不聪明、不忠诚，唯恐他们走向老师们预设之外的"歪门邪道"。

如果从认识论的角度看，教师和学生都是各自认识活动的主体。"可是，我们连学生是主体（或者学生是他自己认识活动的主体）这一点的认可都那样困难。"②然而，更应考虑的是：仅仅认可学生是认识的主体是严重不够的。他们还是情感的主体，自我命运的主体。将人及教学过程"简约"理解之后，课程设计、教学设计的简单化是无法避免的。

而实际情况是：人并不只是一个认识体，人是由知识、情感、意志、行动等构成的复杂有机体。认识也不只是映像和复写，还伴随有辛勤的脑力劳动、艰苦的思维活动、灵光乍现的直觉顿悟。鉴于这种认识，我们对课堂的设计应该充满开放性、期待更多的生成性。

---

① 张楚廷. 课程与教学哲学[M]. 北京：人民教育出版社，2003：191.

② 张楚廷. 课程与教学哲学[M]. 北京：人民教育出版社，2003：191.

二、用五I建设新型课堂

在教育为实现“国富民强”提供人才的工具理性指导下，很长一段时间以来，我们的课堂内容充斥着社本主义和科学主义的影响。要使教学成为主客体融合的活动、成为对学生个体负责的活动，可以利用五I思想对传统课堂中的不足进行改造，包括对教学内容、教学过程、教师角色和教学方法等多个方面的改造。

从信息即内容的选择角度看，要凸显人本性，要处理好人文课程、社会课程、自然课程（或曰科学课程）之间的关系。其基本的指导思想是：以人文课程为引领，在社会课程、科学课程中都要渗透人文精神。

在教学过程上，不能忽视兴趣、直觉的作用，应关注学生认知心理和非认知心理等整个心理品质的和谐发展。教学过程不仅要让学生认识，而且还要让学生感受与体验。只有感受到、体验到的东西才能真正进入心灵，才能内化为素质与气质。利用五I，通过其中的兴趣、质疑、直觉，可以帮助学生将认识、感受、体验融为一体。

在教师角色上，现代教学反对教师的一言堂与教师的唯我独尊，主张教师要避免角色意识过强，教师不能靠“一字为师，终身为父”的传统理念去“塑造”学生的灵魂。张楚廷对“教师是人类灵魂的工程师”之说做过深刻批判，认为这是一种教师角色过强、忽视学生个体差异的专制理念、工程理念、机械理念。吾爱吾师，吾更爱真理。提倡质疑、以智慧为追求的五I，不排斥师道尊严，但力求真理至上。在五I理念所营造的平等氛围下，学生在教师的引导下自己构建自己的灵魂，自己培育自己的心灵，自己把自己培养成为想要成为的人。

在对教学方法的改造上，五I不丢弃传统教学所重视的预设、演绎、综合、形式和结果，但更重视它们的另一面，即生成、归纳、分析、内容与过程。归纳、直觉、疑问才是更重要的东西，因为它们更有利于学生掌握知识、发现知识、创造知识、发展智慧。因此，在教学方法上，五I强调让学生去发现、去询问、去批判、去欣赏。“把讲授原理（或传授知识）与讲述故事结合起来；把逻辑与直觉结合起来；把明晰与隐喻结合起来；把严谨与诙谐、幽默结合起来。”① 这几个结合就是为了让学生真正处于主客体相融合的状态，使知识教育和情感教育更有效果，使观察力等认知心理和兴趣等非认知心理都得到协调发展。

三、五I生态课堂的主要特点

生态课堂是一种隐喻，主要取生态系统中的活力、和谐、平衡、共同发展之意。自然生态中万事万物在各得其所各安其位时有竞争、有伤害、有淘汰。我们主张的生态课堂不奢谈竞争，也不讳谈淘汰，但更希望的是各得其所和平共处。用五I理念打造的生态课堂具有以下特点。

1. 学生生命的充分自主性

“当教育成为一种艺术的时候，它会是主客体的高度融合，是教育者与受教育者的浑然一体。教育是交谈，不是唠叨；教育是亲近，不是摆布；教育是权利，不是恩赐；教育是启迪，不是外加；教育是欣赏，不是耳提面命；教育是平等者的对话，不是独角戏；教育是心与心的照映，不是单口相声。”② 这段话意味着师生的生命自主与教育的生机勃勃。

运用五I打造的课堂，提倡激发兴趣、广泛质疑、尊重直觉，人的生命特性，如自增性、自语性、反身性等有可能得到充分显现，人的个性、自主性和独特性有可能得到充分发展，师生之间、生生之间的交往活动有可能顺利展开，在此基础上，师生的生命潜能将得到充分挖掘和彰显。

2. 师生关系的民主平等性

五I有助于建设课堂民主。民主是生态课堂应有之义，生态课堂也应该是民主课堂，民主课堂是师生关系融洽的课堂，实际上也是一种师生按自己节奏生长的个性化课堂。

---

① 张楚廷. 素质教育是特别关注主客体融合的教育[J]. 中国教育学刊，2007（8）：1–4.

② 张楚廷. 为什么最好少说“教育”二字[J]. 大学教育科学，2010（4）：110.

有学者认为："民主、平等与合作的课堂才能形成一个自由宽松的学习空间，使师生在相互撞击中产生与众不同的疑问、猜测、想象和联想……使教与学成为一个双向、互动的有机系统。"① 打造生态课堂是焕发学生生命活力的需要，这正是五I中的质疑、兴趣、直觉等观念的价值与功能之所在。

刘旭教授评价张楚廷的教学时说："作为教育者，他的课堂是交流，是沟通，而不是教授、讲解。此时的教师和学生处在良好的主客体融合的状态，此时教育者与受教育者的心灵之间是一个零距离……"② 这种师生零距离状态的课堂就是一种百花齐放各抒己见的生态课堂。

"张楚廷先生建议，在教育过程中，教育者应淡化自己过强的角色意识……应少一些居高临下的说教，多提供一些人性化的环境和条件，让学生自己去询问、去发现、去欣赏，在询问、发现、欣赏的过程中去感受和体验，从而获得自我教育与自我完善。"③ 辛继湘教授的这一番话所体现的思想与五I精神是吻合的、是对张楚廷自己运用五I于课堂教学所做的阐释。尊重生命，创设人本环境，为人的和谐发展提供条件，是科学利用五I的基本要求，也是教育者的责任所在。

3. 信息滋生的迅速性与流动的广泛性

五I强调质疑：师生之间的质疑，同学之间的质疑，自己对自己质疑。在质疑的课堂中，没有预设的权威和标准答案，有的只是头脑风暴和自我表达。所以，信息的滋生与传播是迅速的。

具体运用五I时，提问法、讨论法、辩论法的地位将远远高于讲授法。五I课堂中，师生都是信源、也是信道和信宿，彼此间传播信息，也接收信息，创造信息，他们互通有无，互相丰富对方。所有的信息（包括知识、情感、行为甚至沉默的表情与安静或喧闹的时空），在相互交换中可以形成良性循

① 吴小鸥. 教学场论[M]. 长沙：湖南师范大学出版社，2007：130.

② 燕良轼，刘宇文主编. 张楚廷教育思想研究[C]. 长沙：湖南大学出版社，2009：242.

③ 辛继湘. 为了人的教育——张楚廷先生人本教育思想探析[J]. 高等教育研究，2007（8）：28.

环。信息的这种广泛流动性能在满足学生发展的同时，实现教师对教学成功感和生命价值感的满足。

4. 师生自由合作的充分性

一枝独秀不是春，万紫千红春满园。通过五I引领，可以在课堂内构筑主体间平等分享的对话语境，实现师生之间在教学中的相互支撑、相互依存，形成生动活泼的交往合作局面。有五I理念指导的课堂，教师不以权威自居，师生之间、学生之间广泛的交往和有效的合作随时可以发生，彼此尊重各自的知识视界、情感体验及价值追求，达到互帮互助、共创共享、教学相长。

5. 学生之间竞争的非损害性

生态系统中存在食物链、弱肉强食等问题。课堂教学是一个人造系统，是一个为了人类更好地生活的人造系统，师生在着眼于在实现生态系统欣欣向荣等美好状态的同时，要尽力摒弃以大欺小、以强凌弱、以小博大（细菌等分解大动物尸体或小动植物寄生于大动植物）等所谓不足（但在自然界是必须的，即所谓食物链）的一面。以五I理念打造的生态课堂也存在竞争，但这种竞争以提高自我和群体素质以及师生共同福祉为前提和目标，力求各取所需，力求无损他人。

五I课堂中，教师视学生、学生视教师、同学视同学为生命中的"重要他人"（significant others）。"重要他人"是美国社会学家米尔斯（C. W. Mills）提出的一个重要概念。"所谓重要他人，是指对个体的社会化过程具有重要影响的具体人物。"[①] 教师的重要性在于通过有目的、有计划的教学与学生直接接触，影响学生的身心，有意识的引导学生健康成长。在好的课堂中，教师可以从学生的反馈中、学生也可以从同学的反馈中获得很多信息，从而调整教或学的行为，促进师生群体的良性发展。所以，希望借助五I构建的课堂生态能努力克服自然生态系统的种种"不足"，比自然生态系统

① 吴康宁. 教育社会学[M]. 北京：人民教育出版社，1998：244.

更多理性、更加温馨。

语言总是苍白的，其实，大自然，这个“自组织”系统的食物链是真正有序而温馨的，因为物种间“懂得”调适和自我满足，不会像人类一样欲壑难填、囤积居奇、投机取巧、投机倒把、待价而沽。笔者用“生态”一词于课堂建设的心情是纠结的，是小心翼翼的。因为，既想避开生态中弱肉强食或强肉弱食（如细菌能分解大的动植物体）之“残酷”的一面，又希望体现生机盎然、各得其所、各安其位的一面。换句话说，笔者希望，用五I打造的生态课堂力求是和谐共生的课堂，是增长知识的课堂，是提升智慧的课堂，是升华德性的课堂，是增长才干的课堂，是皆大欢喜的课堂。

如果要与传统课堂做比较，五I生态课堂来自于对传统课堂的三个转变：将教育目标从传统的社会本位变为现代的学生个体本位、教学内容以知识传授为主变为以智慧与德性的培养为主、教学评估以书面测试等单一结果为主变为师生交流与过程观察等多元评价为主。有了这样的课堂，就能“让师生过一种幸福完整的教育生活。即让课堂更关注课堂生态环境因素与课堂主体之间的交互作用，更关注师生的生命成长”。[①]

如果没能体现上述生态课堂特点中的一条或几条，那就是非生态的课堂或者反生态的课堂。很多非生态课堂往往是被某种力量一直主导或霸占，破坏了平衡，压制了活力。笔者在听课过程中就遇到过五I意识缺失的非生态课堂（案例见第九章）。要减少课堂的非生态现象，或者减少非生态课堂，有必要树立五I精神：开门见山为智慧，信息率兴趣共舞，质疑与直觉齐飞。

第四节　有利于培养智慧人

人是“超结构性”即精神性的存在，有追求智慧和实现美好发展的欲望。对于如何实现人的美好发展，五I也许是一个不错的观念或方法，不是课

---

① 黄大龙. 关于生态课堂的再思考（上）[J]. 人民教育，2010（18）：52.

程实践本身，但能指导课程实践。它不仅指明了课程应然的结果，而且道出了实现应然的方法。

一、培养智慧人：五I的目的论意义

智慧，是五I的重要组成部分。培养智慧人，是五I的终极目的。

培养智慧人，这是一个超阶级性的目标。如果从阶级视野去看教育，贵族教育重在培养贵族的接班人，资产阶级教育重在培养资产阶级的接班人，社会主义教育重在培养无产阶级的接班人。这些从阶级视角出发的教育，充满了意识形态特征。这些教育目标还不能说是培养绝对意义上的人，充其量是培养社会人，是一种穿了某种色彩外衣的人。这种种的人，当然是社会需要的，但绝对不是所有人愿意接受的，所以也不应该成为所有人的唯一标签。

教育价值、课程价值是多方面的，而更基础的价值是人的发展。人的发展价值是课程价值的根，高于阶级价值、社会价值、经济价值。课程目标不只是使学生更富有知识，而且还应使他们更聪明，更智慧，更高尚。换句话说，教育要培养有辨别力的智慧人。通过教育培养的学生不只是为某一阶级或集团服务，而应以普通人所共有的利益、正当的利益为根本诉求。

五I是张楚廷为课程"尽可能人性化"而建构的观念，它把人的兴趣、直觉等特性及其对智慧的追求作为构建课程内容的根本依据。五I包含了目标，它也是目标之下的内容。五I课程观坚持一个中心，这个中心就是培养"人"，也就是培养"智慧人"。

"我们可以用经验和反思去认识真理。反思的方式是用思想的关系来规定真理。"反思之下，我们觉得，五I涉及多种课程内容，多种要素关系，它们组合起来实现对课程"为何、如何"的真理性认知。

虽然五I只是课程思想的一种表达方式，但就其内涵来说，却有真理的价值。它的真理性，不只因为它对狭义上的课堂教学有指导作用，而且对于广义的教育和广泛的人生都具有灯塔和航标的作用——做人就做智慧人。

“教育所传递的是知情意，而知情意的统一与和谐才构成一个完整的人。课程的根本在于人，在于人的健全发展和自由成长。因而，课程应当是人的课程。‘五I’课程观所体现的正是这一理念。”①

五I以培养智慧人为目的，注重的是学生个体生命状态，意在人的美好发展。在获取“智慧”这个目标的引领下，通过不断质疑、发展直觉和利用直觉，一定能助力个体内部的和谐、人与人之间以及群己之间的和谐，从而使自然性生命之美与精神性生命之美在较高层面得到有机统一。

五I是从心理学角度构建的一种课程理论、教育理论，是对历史上已有教育心理学成果的借鉴与超越。五I中兴趣、质疑、直觉就是立足于心理学而应用的概念，本身就是心理学的重要内容。

教育者角色过强不利于培养和谐的人。科学主义的课程观、社本主义的课程观、教师权威主义的课程观，都是教育者角色过强的课程观。这些课程观往往忽视了个体生命对于个体自身所具有的重大意义，将学生当工具，这必然会对人的自由发展、个性大众、和谐发展、美好发展造成阻碍。

教学智慧是“对生命完整性的呵护；是对生命独特性、多样性的尊重；是对生命能动性的充分信赖”。②教师们利用五I开展工作，可以培养自己的教学智慧或课程智慧，从而使学生的生命和自己的生命焕发活力。

人是具有双重生命的生命体，一种是自然的生命，即与动物共通的种生命；一种是“精神的生命、智慧的生命和价值的生命”③，是与动物相区别的类生命。关注学生生命的完整是课程与教学的应有之意。在张楚廷的思想中，知识取向、政治取向、社会取向都不能成为教育的根本取向。人本为本，教育天然的应以人为本、以生命为本、以人的美好发展为本。五I重视质疑和直觉等的地位和作用，而质疑与直觉就是生命的本能所在，尊重本能就

① 张楚廷，彭道林. 关于课程理论的若干问题[J]. 大学教育科学，2013（2）：126.

② 辛继湘. 教育智慧是一种生命智慧[J]. 湖南教育（上）2011（4）：53-55.

③ 冯建军. 生命与教育[M]. 北京：教育科学出版社，2004.

是尊重生命对"力与美"的追求。

张楚廷批判说："由于社本主义的强大支撑，被人唾弃的'填鸭式'曾以另一种名义'灌输'堂而皇之地在教学领域里大摇大摆，然而在其背后还存在另一些理论支柱，如认识决定论或认知主义，这种主义好像把教育的一切问题都说穿了，说透了，其实是使课程与教学及其理论贫困化了。"五I是对社本主义下"认知决定论、演绎主义，灌输主义"的挑战，是向"人主义"的回归，是对学生权利的尊重。

人的发展，既是一个生理问题，又是一个心理问题；与其说是生理问题，不如说是心理问题。如何实现人的发展，是一个见仁见智甚至是大相径庭的问题。笔者认为，五I是实现人美好发展的途径，因为它在重视基础知识学习的同时，非常看重兴趣等非认知心理能力的作用。信息的搜集、分析，智慧的形成，需要记忆力等认知能力，也需要兴趣、情感、意志、直觉等所产生的非认知能力。五I中强调兴趣、直觉，恰好将认知心理能力和非认知心理能力融为一体。

关于认知能力，人们常常更多关注演绎、逻辑、收敛等思维能力，而对归纳、直觉、发散等能力有所忽视。科学实验证明，后者在人们的学习和工作中所起的作用并不比前者小。

关于教育过程，张楚廷的一个重要观点是：教育过程不只是一个认识过程，而是人的认知心理和非认知心理共同作用的过程。因为人不只是认知体，人是包括认知、情绪、情感、态度、意志、信念、价值观等在内的完整的生命体。

人的美好发展与人的高素质发展是一个问题的两种说法。素质的生成无疑是需要知识的，但知识本身并不等同于素质。利用五I中的兴趣、质疑、直觉等因素，将知识内化为自身心理结构的一部分，知识就可能转化为素质，就可能让人体会生命的美好。

美好的教育以成全学生的情感、灵性、天赋为追求，让学生自己去询问、去发现、去欣赏。这就必然要将传授知识与尊重学生的质疑、兴趣与直觉相关联，而质疑、兴趣、直觉正是五I的核心要素，智慧作为一种与这个世界相处的能力，也是直接指向心理的。五I隐含了这样的命题：五I构成教学，教学应该给学生五I。所以，抓住了“智慧”核心的五I，可以成为人实现美好发展的思想利器。

二、如何培养智慧人：五I的方法论意义

“科学概念不仅是思维的内涵、真理的存在形态，而且是思维的形式，是借以获取真理的前提手段……”五I完全符合“科学概念”所应满足的一些要求，如具有思维的内涵、是思维的形式、是获取真理的前提手段，因而能有效的指导课程实践。

五I指导课程实践的功能在于对如何培养智慧人之途径做出了正确回答，那就是五I本身广泛占有并充分甄别信息、激发兴趣、大胆质疑、尊重直觉，达至智慧。

美国著名教育家约翰·加纳德有一个重要比喻，他严厉批评某些教师和教练：只给学生看知识园地里摘下来的缤纷花朵，而不给学生看那束出现在眼前芬芳魅力的花朵的种植、除草、施肥和修剪的整个过程。五I提倡质疑，尊重直觉，让学生不仅要学习，而且还要自主的学习，不仅要知其然，还要知其所以然，所以五I过程是一个师生共同掌握知识和探索真理的过程，是一个走向课程艺术、实现教育美好的过程，是成就智慧人生的过程。

张楚廷认为：带着问题的课，是好课；引发出学生问题的课，是更好的课；老师被引出的问题所问倒的课，是最好的课。常问者，是好学生；常问且会问者，是更好的学生；会问且问得很刁钻者，是最好的学生。教师应带着喜悦和热爱、自信与兴奋、智慧和良心、丰富的知识和一袋子的问题进入课堂。这段关于如何教与学的文字是对好课的一种描述，是一种充满五I意味的独特表达。

尊重兴趣、质疑、直觉，能使人进入智慧的境界。从根本上说，每个人的思维是属于每个人自己的，如何把握自己思想的主动权就显得十分重要。有更强的自我意识、有更大的思想空间、能由自己来做出判断，这是每个人潜意识或显意识中所强烈希望的。人都不愿意只在某种指令下去思考，更不愿意被别人控制行动的决定权。所以，顺应兴趣、利用质疑和直觉就成了正常需求和正端追求。本应常态化的质疑、直觉曾被封杀、被漠视。张楚廷在课程理论中给它们正名并旗帜鲜明地亮出了它们，而且以集体形式出场，意在纠偏，意在拯救，意在回归。

张楚廷之所以重视质疑、重视直觉，就是因为他不轻易相信书本上的说法和他人的观点，就是因为他也不愿意将自己一时的观点作为一辈子的答案，就是因为他不愿意对人下命令、提要求或做指示，他更愿意描述事实真相，更愿意和学生或听众一起探究事物的多种可能性。他较少或很少使用应然性命题，较多使用实然性命题，使用最多的是或然性命题，这样能为自己和他人留下更多思考的空间。尽量运用或然性语句，在接二连三的发问中，为了找到可能的、相对满意的答案，学生精力会比较集中，思维会比较活跃，收获也会更大，就可能以较快的速度成为智慧人。

先进的观念能帮助师生"化腐朽为神奇"。即使所使用的文本或者说教材不太好，在五I等先进的课程理念的帮助下，重视能动性发挥的师生也可能将知识、故事与精神等通过质疑、直觉等贯通起来、融合起来，通过大脑之炉的冶炼，从而获得自由、提升智慧、实现美好。

第五章　五I的生成渊源

一个人的学术史反映他的人生史，一个人的人生史包含或影响他的学术史。探讨张楚廷五I等课程理论的成因，从更宽广的背景入手，离不开分析他的民族情怀、文化自觉、文化自信乃至所追求的文化自强。

"思维之超出感官世界，思维之由有限提高到无限，思维之打破感官事物的锁链而进到超感官界的飞跃，凡此一切的过渡都是思维自身造成的，而且也只是思维自身的活动。"[①]黑格尔的说法多少道出了五I的来由——它是张楚廷不断思考、超越感官而达至飞跃所获得的理论成果。除了思维外，五I与张楚廷的工作岗位、生活经历、价值取向等都有紧密的关系，它是张楚廷在从事学校管理与教学实践及科学研究的过程中，寻求理论与实践有机结合的产物。

第一节　心系教育孕育五I

自从1959年到现在，除在"文化大革命"中有两年多、在担任行政职务之初有三年多未讲课外，张楚廷一直都在做老师，已经从教50多年了。教数学时，主要是给本科生讲课。讲教育学、教育哲学和哲学时，主要对象是硕士研究生。自招收博士生之后，就主要是为博士们开高等教育哲学课。在担

---

① [德]黑格尔. 小逻辑[M]. 北京：商务印书馆，2011：136.

任行政工作期间，他基本上未停止上课。他喜欢上课甚于喜欢搞行政管理。是他对教育、对教学的情感和兴趣支持了他的锲而不舍、精益求精。

五I是张楚廷在对课程现实做充分考察、对课堂应然做仔细推想中产生的，是他在几十年的教学与学校管理的体验中创造的。亲历，是生命创造与理论创造之源，亲在性生命体验和高昂的理论创作热情是五I产生的根本保证。

一、特殊经历熔铸赤子之心

张楚廷于1937年出生在印度尼西亚的一个华侨家庭。他的父母为了谋生，于1927年远走南洋。经过十年的拼搏，他的家境越来越好。1937年抗日战争爆发，由于通讯落后，家人并不知道这种情况。1937年底，全家回到了湖北省沔阳长埫口。随即而来的战火打碎了他们回国过安稳日子、做一等公民的梦想，打碎了与亲人团聚的短暂温馨。

他母亲曾给他多次讲过同一个故事。“有一次，日本鬼子来了，我一边夹着一个包，一边夹着你，慌慌忙忙中，跑啊，跑啊，不顾一切地跑。日本鬼子从后面一枪打来，打掉了一边。跑到一个湾，藏下来，才来得及看看打掉了什么。结果还好，打掉的是那个包……”就这个故事，让他永远把自己的生命与自己的民族连在一起。死里逃生的事件，通过父母的描述，在张楚廷幼小的心田里播下了热爱和平、憎恨侵略、为国争光的种子。“深深的民族之情在幼年的张楚廷的心灵里生长出来了，伴随了他一生，成了生命的一部分，并永远未曾丧失。”①

在张楚廷心中，对父母的感情与对民族的感情是紧密联系在一起的。他说：“由于深切地体悟到父辈的恩惠，所以，我比较容易从父辈想到祖辈，想到祖先，想到上天，想到我们民族的根。在这样一个巨幅历史画面下，我更能冷静思考，更能顽强奋斗，也更能忍辱负重，更能拿得起放得下。”②

① 赵雄辉，古舍. 张楚廷和他的教育人生[J]. 当代教育论坛，2007（03）：125.

② 张楚廷. 思想的流淌[M]. 重庆：西南师范大学出版社，2015：27.

对于如何感恩自己的父母、自己的家乡，他有自己的想法与做法。他说："最好的孝顺是做一番事业，或者叫做不枉父母的养育之恩，或者说是光宗耀祖。总之是想对得起父母，应该堂堂正正做人，好好生生做事。"①

张楚廷之所以干一行就能干好一行，之所以笔耕不辍，就在于他的一种民族情怀。诚如周庆元教授所说："我总觉得，他所有这一切，无一不是建立在他挚爱民族、挚爱祖国的深厚的民族情怀之上的。"②

张楚廷19岁时（1959年）加入中国共产党。由于"特殊"的出身和当时特殊的政治环境，有独特个性的他不断受到批判。从1957年起，他一直是被点名批判的对象，并于1969年、1975年两次被下放到湘西接受所谓再教育。张楚廷的两次湘西行和一次湘南行让他切切实实地感受到了人民的贫穷和苦难，这使他更懂得了同情和关注，更懂得了满足和舍弃，更懂得了要为自己民族的真正解放而努力奋斗。他确信只有融入自己的民族，只有与民族的命运连在一起的时候，才可能是有力量的。张楚廷强烈期盼中国发生根本的积极变化。"数次的湘西、湘南行，也深深地教育了我，让我懂得了什么叫做贫穷，什么叫做落后，什么叫做国情。这也深深地影响了我，让我不能忘记我们民族还是一个什么样的处境，让我决心努力奋斗。"③

张楚廷异常向往与珍惜思想自由、言论自由、学术自由的环境。他在《课程与教学哲学》序言中情真意切地写道："不会忘了我的祖国已进入到了一个最美好的世纪这一历史对这部著作的决定性影响。"④

他希望通过自己所从事的工作为社会的正常运行、为祖国的不断强大、为人们的日益幸福贡献自己的力量。

他这样反问和回答自己："我期盼我们国家的学术繁荣，期盼我们民族

---

① 张楚廷. 思想的流淌[M]. 重庆：西南师范大学出版社，2015：255.
② 周庆元. 感悟张楚廷校长[J]. 当代教育论坛，2007（4）118–119.
③ 张楚廷. 思想的流淌[M]. 重庆：西南师范大学出版社：2015：209.
④ 张楚廷. 课程与教学哲学[M]. 北京：人民教育出版社，2003：前言.

有更强的创造力。我们拿什么贡献给自己的民族和国家？拿什么贡献给自己的爹娘和祖宗？拿什么去贡献给这个世界？真正的学者，首先是以真正的学术奉献给它们。”①

到目前，张楚廷写作了2000多万字的学术著作，涉及教育学、管理学、心理学、哲学等领域。他所有著作、论文都把剖析中国教育现实、解决教育面临的具体问题、实现民族的繁荣昌盛当作自己的使命。比如2006年出版的《教育哲学》就表现出了“强烈的现实关怀与本土关怀”。②

王策三教授这样评价胡克英先生：“他对国家民族前途命运有着强烈的使命感和责任感，忧国忧民……他写的文章，都是他心声的表达，都是真情实感……他撰写的《“人”的呼唤》等几篇文章，曾经惹来麻烦……他的两只脚是牢牢地站在中国这块土地上的。他的文章生动、泼辣，语言地道，具有中国气派。”③

张楚廷也做着胡克英类似的事情，都为中国的教育竭尽所能。有一点不同的是胡克英工作在中小学，而张楚廷工作在大学。

有一颗赤子之心的张楚廷既小心翼翼，也敢说敢当。曾因在文章中因“敢说”而给自己和别人带来了麻烦。他的论文《学术自由的自我丢失》从既有观念方面、心理方面、方法论方面、社会与学校体制方面分析了学术自由丢失的原因。“许多的毛病与体制有关，与对大学过多过死的管理有关……但是，大学该主要问责于自己。大学让自己的行政权力漫无边际地延伸到了何种程度，难道自己不负主要责任吗？谁叫你这样蔓延的？……”④张楚廷的言论体现了一个学者、一位高校领导思想的敏锐性与强烈的归责意识。心底无私天地宽，怀着赤子之心的他、执着追求真善美的他，继续“以

① 张楚廷. 思想的流淌[M]. 重庆：西南师范大学出版社：2015：223.

② 刘铁芳. 一种科学：人文主义的教育学路径——张楚廷教授的教育学视界[J]. 大学教育科学2007（4）：8.

③ 王策三. 一份宝贵的教育学遗产[J]. 教育研究，2003（7）：14.

④ 张楚廷. 学术自由的自我丢失[J]. 高等教育研究，2005（1）：5.

我手写我心”的他，用更多的著述、更深刻的思想去实践“我写故我在”，并以此体现自己的价值、回报自己的爹娘、民族和祖国。

二、孜孜不倦于教学与科研

张楚廷一直从事教学工作，绝大多数时候是学校管理、教学、科研一肩挑。他上过20多门课，很多时候是自己写书自己讲课。他说：“如果没有科研，我不可能讲授20多门课程；如果我没有讲授那么多课程，也不可能有那么多研究，那么多新想法、新观念，那么多选题，那么多的灵动和机会。我的教学与科研好像是很融洽的。”[①]张楚廷的理论创造是他对生命经验的美好回忆、还原、反省与重构。他的理论创作过程就是总结经验教训并就尝试发现教育规律的过程。

身处教育现象中的张楚廷迷恋于学生更好的成长，不断思考教育的前因后果与成败得失。他曾说：“前一个二十年我操练着、欣赏着教学，后一个二十年，我琢磨着、探索着教学。近年来，则情不自禁地走到了教学哲学。”[②] 这一叙述，既体现了他思想发展的基本历程，也体现了他对教学美好矢志不渝的追求精神。操练，是一种具体实践，而欣赏则是一种对教学美好的体验。张楚廷欣赏性地操练着教学，这使他处于情理交融之中，这是他的教学由感性走向理性的重要条件。

为了使学校各方面的水平能提高、使学生能发展得更好，张楚廷身体力行开展教育科研，并从思想情感、政策机制、物力财力等方面支持全校的教育科研工作。周庆元教授回忆说：“1988年底，全校的学科教学论的老师们自发地开了一个座谈会，希望联合起来，共同进行学术研究，并由我执笔向楚廷校长写了一份报告，要求成立‘湖南师范大学学科教学论研究中心’。报告很快得到了批准，在全国范围内较早地实现了全校学科教学论的横向联

① 张楚廷. 思想的流淌[M]. 重庆：西南师范大学出版社，2015：287.

② 张楚廷. 课程与教学哲学[M]. 北京：人民教育出版社，2003：前言

合……很快在全国同行中产生了影响。"①

该研究中心于1996年改建为"湖南师范大学学科教育学研究所"。张楚廷在20世纪80年代后期开始转向研究教学论乃至教育学，一度成为该研究所的一名重要成员乃至领军人物。由他领衔申报的《学科教学论的教学建设》于1997年获得省级教学成果一等奖、国家级二等奖；2001年的《"课程与教学论"的学科整合建设》教学成果获得省级一等奖、国家级一等奖。经过8年积极准备，张楚廷领衔的课程与教学论专业于2000年获得了博士学位授予权。这是湖南师范大学乃至于整个湖南省教育学门类博士点零的突破。2000年4月，张楚廷不再担任湖南师范大学校长，被教育科学院聘任为课程与教学论研究所所长。这样，张楚廷就成为了湖南师范大学教育科学学院的专职教授，主要为硕士生、博士生讲授课程与教学论、课程与教学哲学、高等教育学等课程。

作为校长与教师的张楚廷对教育理论、教育科研一往情深，他很愿意将体验变为理论，用理论去优化实践，在新的实践中实现更美好的生命体验，从而造福师生。

几十年的校长、教师经历，让张楚廷有机会从多角度、多层面去审视我国乃至国外既有教育理论的是是非非，并提出自己的理论主张。湖南师范大学党委书记张国骥教授说："我认为张楚廷是一个名副其实的教育家。特别是张校长的教育思想，他不是仅仅站在湖南师范大学这个层面来看待教育，而是站在更高的角度，即以历史发展的眼光来看待教育。从这个角度看，他的教育思想跨越了湖南师范大学，跨越了湖南省，在全国产生了巨大的影响。"②

张楚廷头衔与职务很多，他做过教师、数学系系主任、副校长、校长、党委书记、省委委员、省政协常委、全国素质教育指导委员会副主任委员。

① 周庆元. 感悟张楚廷校长[M]. 当代教育论坛，2007（4）：116.

② 燕良轼，刘宇文主编. 张楚廷教育思想研究[C]. 长沙：湖南大学出版社，2009：序1.

他不断变化的是职位，不变的是做一位好教师的心愿。“一可借口行政繁忙而停教几学期、几年；二可借口科研繁忙而不教学；三可借口年老了，只搞搞讲座、搞搞研究；四可，开个书目，如有些人带博士那样，让他们自己去念。但我确实没有找过借口，没停止过讲课。”①

对于为什么要坚持教书、坚持做真正的教师，他有自己的理由。“原因之一：喜欢，我不好为人师，但好与人交往。原因之二：扩展自己，每次讲，即使重复的，也求新，故总有收获。原因之三：挑战自己，看我到底能教多少门。”②

中央有关部门于1986年11月派人找他谈话，要他去做副省长。但因为不能满足他在做副省长的同时继续做教师的心愿而婉拒了组织的一番好意。“更大的权益诱惑也有过，要我去做‘高官’。我明明白白地拒绝了纯行政，清清楚楚地选择了教书。”③对此，文东茅教授评价说：“先生因为明确了要以个性发展和自我价值的实现为本，先生才会在各种权威和诱惑面前坚守自我，明辨是非，活出了真正的人生。”④

张楚廷对教育满腔热情，甚至到了痴情的地步。他特别希望为发展“人本”的教育、“人本”的发展教育贡献自己的力量。

长期的教学与学校管理经历，使他拥有了丰富的体验。“这种学术与管理相结合的学术道路使一位睿智的高等教育实践家的教育智慧得以理论化。”⑤ 于源溟博士的说法揭示了张楚廷教育理论的一个重要特点——实践品格。实干家是张楚廷成为理论家的基础，当真正进入理论创作时，他就反思实践，即将以往的体验与理论思辨结合起来，去发现真理、去探索生命存在的意义。

---

① 张楚廷教育文集第17卷[M]. 长沙：湖南人民出版，2012：515.

② 张楚廷教育文集第17卷[M]. 长沙：湖南人民出版，2012：515.

③ 张楚廷教育文集第17卷[M]. 长沙：湖南人民出版，2012：516.

④ 文东茅. 人本自由——张楚廷先生治学和为人之道[J]. 学园，2008（2）：16.

⑤ 燕良轼，刘宇文主编. 张楚廷教育思想研究[C]. 长沙：湖南大学出版社，2009：31-32.

张楚廷的教学与论著之所以比较受欢迎，正在于他对为师之道、从教之道的真正理解——他除了具有“广博、深刻的知识和成熟的经验”①（杜威语）外，还有一颗对人非常尊重的心和一种对教育非常热爱的情。

五I等理论是张楚廷热衷于教学与科研、“在丰富性体验之基础上对生命本身的反思性体察与自由想象”② 的结果。他通过体验去探究真理，通过概念的创造去表现真理，通过反思性体验（继续实践）去确证真理能存在的理由，通过沉思和理论表达去体现生命的神圣与教育的美好。

三、渴望教育观念的现代化

张楚廷通过长期观察与思考发现：在教育活动中，常将学生作为客体看待，教育者角色与受教育者角色泾渭分明。教育者在教导学生时，在向他们进行各种指点时，经常使用“你们要”“你们应当”“你们必须”之类的提示语。这些口头禅都是指向“你们”的，而从不说“我们”。说话的人从不思考这些祈使语言、应然语言甚至可能是暴力语言对学生个性所具有的“杀伤力”。

张楚廷说：这些只有应然性命题、而没有实然性与或然性命题的地位的教育，是窒息人的教育。家长意识过强、官本位意识过强、教训他人的角色过强是一种严重的教育疾病，其严重性表现为一种通病。这种疾病不仅是教育领域里的流行病，而且扩散到了日常生活中。

“假如我们用哲学的视域研究课程，从总体上看，全部的课程就可以被厘定为三个取向的范畴：以知识为取向的课程；以学生为取向的课程；以社会为取向的课程。”③ 我国课程观的哲学基础并不深厚、人本色彩较浓的学生取向课程观相当弱势。知识取向盛行，难见智慧取向身影；认识论或政治

① [美]约翰·杜威. 我们怎样思维：经验与教育[M]. 姜文闵译. 人民教育出版社，2005：223.

② 李咏吟. 解释与真理[M]. 上海：上海译文出版社，2004：330.

③ 冯永刚，张茂聪. 哲学是课程研究与发展的基础——再论课程与哲学的关系[J]. 西北师范大学学报（社会科学版）2007（6）：84.

论取向盛行，难见生命论取向的影子。这确实是我国很长时间以来课程理论的积弊。

张楚廷曾不无遗憾地指出："我们的教学很少关注学生的神情、神思、神智、神态……更少关注他们的神奇、神妙、神姿、神采……尤其不能容纳他们的神气、神异、神怪以及他们的神乎其神……"[①] "太多的从定义出发，太少的从事实分析入手……"[②] 这些颇有"神韵"的文字道出了张楚廷对我国课程理念和实施现状的极度忧虑。

"我们教本的千篇一律的演绎面孔和教师对演绎几近盲目的崇尚，使得我们失去了想像的自由，失去了突破的胆量，失去了对前提质疑（即反思）的勇气，失去了对美感的强烈向往，失去了异想天开的活泼……"[③] 张楚廷连续用四个"失去"句式构成的排比句，能让人警惕"演绎"至上所造成的危害吗?

"我们的课程、我们的教学可否唤起学生情感的投入？……我们的课程、我们的教学能否引发学生的兴趣？……我们的课程、我们的教学会否提供给学生丰富的美学养料？……我们的课程、我们的教学是否应成为一种艺术？"[④] 由"我们的教学、我们的课程"句式构成的气势如虹的排比句，一定程度上揭示了教育疾病之所在，表达了张楚廷对先进教学与课程理论、对美好教育现实的强烈期盼之情。

张楚廷这样描述大学师生的集体"失语"状态："中国大学普遍的沉闷状态是令人忧郁的，课堂本是一个应激起大脑风暴的地方，但是它寂静得令人可怕……"[⑤]

张楚廷也认可课程体系及教学内容的改革是教学改革的基础。但是，他

① 张楚廷. 课程与教学哲学[M]. 北京：人民教育出版社，2003：193–194.

② 张楚廷. 发现学习与发现教学[J]. 中国教育学刊，2000（6）：44.

③ 张楚廷. 课程与教学哲学[M]. 北京：人民教育出版社，2003：279.

④ 张楚廷教育文集第17卷[M]. 长沙：湖南人民出版社，2012：12–124.

⑤ 张楚廷. 大学里，什么是一堂好课[J]. 高等教育研究，2007（3）：75:

更坚定地认为：如果没有相应的教学方法的改革，这个基础所能发挥出来的实效是有限的。所以，加大教学方法的改革不容忽视。

张楚廷之所以要创造出五I等具有实践哲学特性的课程观，一个很重要原因是：他耳闻目睹了很多教育之怪现状，希望用新的理论去改造、去改善教育实践。

"在哲学里，事实、理论、各种选择以及理想要一起被研究权衡。它的天赋便是洞察力和预察力，以及一种对生活的价值感。"① 可以说，五I是张楚廷长期"望闻问切"教学疾患并发现症结所在后为之开出的处方，是追求教育观念现代化的一个具体成果。

现代化不是一个时间概念，而是一种思想境界。几百年前的格雷哥利·那齐恩曾（Gregory Nazianzen）说："教育人是艺术中的艺术，因为人是一切生物之中最复杂的和最神秘的。"② 这就是一个现代化的观念。这句话是夸美纽斯喜欢引用的，也是张楚廷非常欣赏的。令人遗憾的是，我们的教育很长时间将"最复杂和最神秘"的人看扁了、看偏了、看片面了。

就中国而言，听见现代化微弱的呼喊不过百年左右，而实际地走进我们还是改革开放后三十多年来的事。而就世界范围而言，现代化进程已是二三百年的事了。面对差距，是灰心丧气还是奋起直追？答案自然是选择后者。张楚廷创建五I课程构想等理论，就是为了实现课程观念的现代化，为了缩小与发达国家的差距。他在《课程与教学哲学》第八章即《课程的"五I"构想》中说："作为本章的一个结语，我们再度回到现代化、后现代化的主题上来。"③ 实现"力求使我们的教育，我们的课程成为让人类更有活力、更为幸福的活动的一部分"④ 的目的，是"我们对于结构主义课程观、现代

① 怀特海. 观念的冒险[M]. 周邦宪译. 贵阳：贵州人民出版社，2000：114.
② [捷克]夸美纽斯. 大教学论[M]. 北京：教育科学出版社，2006：致意读者之2.
③ 张楚廷. 课程与教学哲学[M]. 北京：人民教育出版社，2003：150.
④ 张楚廷. 课程与教学哲学[M]. 北京：人民教育出版社，2003：151.

主义课程观保持更清醒的视察并加以改造”[①]的重要原因。“客观地说，中国教育需要改革的方面还很多，教育思想的落后，课程理论的落后，并不是都被充分意识到了的，实在需要深刻的变革……”[②]

对于需要做深刻改革的具体方面，他做了很多阐述。“教育如何能让自己的民族、国家乃至大自然、大人类（具有普世价值的全人类）成为学生爱不释手的文本？教育智慧不能不面对这一大课题，此乃课程与教育之神圣，我们如何去面对神圣？课程智慧如何去面对？”[③]这段文字以反问的方式讨论了教育的责任所在——引导人具有宽广的胸怀：爱自己，爱同胞，爱自然，悲天悯人。张楚廷所强烈期待的是：教育不仅要有这种责任感，更要有承担这种责任的理念、方法、技术、能力。

“我们知道了人的需要包括些什么，在教学方法的考虑上就可能不会因为只知人的单一需要而简单化；知道了人有许多权利，在教学活动中就会很注意尊重学生、爱护学生；知道了人的发展不只是外在的要求，也是人的一种天赋权利，在教学活动中就不会过多地依赖灌输而更多关注学生的心灵……”[④]这个排比句在某种程度上表明：好的“学生权利观”是建立好的“教学观”的前提，深化对人的认识是深化教学改革的理论基础。这个排比句还可说明：张楚廷对教育观念现代化的渴求是真诚而浓烈的、对如何承担教学责任之途径是有清醒认识的。

四、强烈的文化自觉意识

有学者批判目前中国存在的课程理论怪象、乱象，也批评了基础教育课程改革理论准备的不足、不妥。当今，很多学者或崇洋媚外，习惯于玩西方舶来的概念。一些学者避重就轻避难就易，反复讨论些不关痛痒的问题。这

① 张楚廷. 课程与教学哲学[M]. 北京：人民教育出版社，2003：151.

② 张楚廷教育文集第17卷[M]. 长沙：湖南人民出版社，2012：138.

③ 张楚廷. 课程与教学哲学[M]. 北京：人民教育出版社，2003：145.

④ 张楚廷. 教学方法与教育观念[J]. 课程・教材・教法，2005（7）：29.

也说明当今我国课程与教学论学术理性的薄弱。这种情况不是文化自觉的产物。东西方文化本要交融，舶来一些概念未必是坏事，关键是要让那些概念入乡随俗，也就是说要从文化自觉视角看待文化的引进与输出。

著名人类学家费孝通认为，文化自觉是指生活在一定文化中的人对其文化有"自知之明"，明白它的来历、形成过程、所具有的特色和发展的趋向，不是要"文化回归"，不是要"复旧"，也不"全盘西化"或"全盘他化"。换言之，"文化自觉"就是文化的自我觉醒、自我反省、自我创建。"各美其美，美人之美，美美与共，天下大同"，是费孝通 1990 年在他80岁寿辰时提出来的，他后来把这16个字当作"文化自觉历程的概括"。[①]

文化自觉是一种理念，具有价值观和方法论的双重属性，可以作为开展个体间、民族间、国家间理论比较研究、发展文化的重要理论工具。

张楚廷的理论创作缘自生命意识和文化自觉。他的很多创作都与他生命状态有关，跟他的人生观有关，与他对中国和世界文化的认知有关。张楚廷热爱中华文化中的优秀教育思想，但也十分注重借鉴国外理论并有机融入到自己的教育研究与实践之中。总之，他喜欢在文化自觉理念下从事理论创作，并在实践中实现理论的本土化。

张楚廷有极强的文化自觉性：热爱自己的种族、热爱中华文明，不崇洋媚外、也不数典忘祖，热爱真理，敢于追问，寻求终极意义。因此。我们可以用"文化自觉"理论来诠释发生在他身上的很多事情。

张楚廷在多种场合和文献中表达了创造属于自己的、创造具有中国气派的课程理论的想法。"我们更深切地期待，在这个领域里，有我们中国人，而且有真正属于我们中国人自己的哲学。"[②] 他于2012年5月在吐鲁番演讲时说："我认为，美国人做课程理论，我们中国学者也可以做，并且，也需要有我们中国自己的课程理论。另外，我也觉得我可以提出更好的课程理论

① 鲁谆. 费孝通的文化自觉论[J]. 华夏文化，2012（6）：25.

② 张楚廷. 课程与教学哲学[M]. 北京：人民教育出版社，2003：前言

来。”事实上，他深入开展课程实践，结合课程实施过程中的实际问题，提出了五I及其他众多教育理论。他的理论产生于实践中，这样也增加理论的解释力及原创性。

张楚廷不仅仅是“文化拿来”，而且通过创造五I等概念开展“文化输出”，实现国际对话。他立足于本土真实的课程问题，构建本土的理论框架，同时他仔细研究国外同类理论所处的社会历史背景和所蕴含的价值观，在尊重差异、尊重他者、尊重创造的过程中实现了“各美其美”。

如果从《课程与教学哲学》著作中抽取出第八章即《五I课程构想》单独分析，我们会觉得张楚廷对中国课程中哲学基础薄弱、忽视学生兴趣、质疑、直觉等问题了如指掌，把问题刻画得入木三分。这充分体现了他对自己行业、自己国家问题的关切。如果将第八章重新放入全书中，联系上下文去分析，再阅读他评析其他国家课程理论的第七章即《课程模式问题》，我们就会觉得五I的文化自觉程度更加明显、五I的历史厚重感随之增加，因为它是基于国际比较、为解决中国乃至世界课程问题而创设的理论。

有“文化自觉”意识的侯怀银教授曾说：20世纪我国教学论经历了初建、新建、停滞、重建和成型等五个阶段。他希望我国教学论学科朝着以下五个方面努力：如何提高教学论的学科品位，对我国传统教学思想精华的继承和国外教学思想的借鉴问题，教学论的时代性问题，如何深度参与教学实践，形成中国教学论学派的问题。[①]这是非常专业而精辟的思想。侯教授提出的问题，张楚廷在一定程度上做了呼应和回答。

张楚廷为什么要创造五I？为什么能创造五I？靳玉乐教授的这段话也许能对这个问题做出解释：“最终目标和根本价值诉求，乃是在扎实深广的知识学基础上，建立起自己的话语系统和解释系统，并最终形成独特的学术理论体系，以更加切合本土经验实际的态势形成其自身学术的自主性和神圣

① 徐冰鸥. 哲学分析·实践反思·历史考察——“全国课程与教学哲学学术论坛”综述[J]. 当代教育与文化，2011（4）：116.

性。只有这样，才能彰显课程理论的文化个性，不会造成文化迷失，使其有自己的根基，在自觉中生存。”①

五I的产生历程可以给理论工作者一些启示：树立文化自觉精神，以本土意识和民族情怀为前提，适当开展国际比较，广泛积累知识，认真思考问题，从文化自信走向文化自强。

第二节　用“人哲学”奠基教育

课程不仅需要认识论作支撑，更需要在真善美和谐统一的大前提下，使本体论、价值论、审美论、方法论等都能成为课程的哲学基础，而这“四论”应统一于生命论，统一于生命哲学。生命哲学开端于德国，以叔本华和尼采的“生存意志”为价值标准，狄尔泰正式使用了“生命哲学”一词②。好的教育哲学、好的课程哲学，都应以关注生命本身的审美意义为天职。用生命哲学作为课程的哲学基础，是张楚廷课程思想的鲜明特色之一。张楚廷认为，教育理论更基本的前提与哲学要探讨的更根本的问题相同，即都是对“人是什么”的回答。“马克思的社会理想，其核心就在人，在追寻一个怎样的社会更有利于人，其核心就在人的发展，人的个性，人的自由，人的尊严，人的解放，人的幸福，人不再被异化。”③ 他觉得：“哲学不应当只是问世界是什么、社会是什么，还应该问人是什么，生命是什么，而且更应该问人是什么，这才是哲学更根本的问题。”④ 教育的价值、课程理论的价值也要从对哲学是什么、人是什么、人的特性是什么等基本问题的考察开始。

一、张楚廷深厚的哲学情结

哲学情结其实就是一种求新求异、求真求善求美、求深求透穷根究底的

① 靳玉乐，罗生全. 课程理论的文化自觉[J]. 教育研究，2008（6）：43.
② 冯契主编. 哲学大辞典[M]. 上海：上海辞书出版社，1992：391.
③ 张楚廷. 高等教育哲学[M]. 长沙：湖南教育出版社，2004：29.
④ 张楚廷. 高等教育哲学[M]. 长沙：湖南教育出版社，2004：27.

思想。在课程或教育哲学领域，别人没有的，张楚廷尽可能去做了；别人已做过的，他力求做得与众不同。张楚廷知道课程哲学、高等教育哲学在中国尚属空白，而教育哲学则已不是空白，所以他先补空白，于2003年出版了《课程与教学哲学》。该书的中心思想是：为人而设置课程、为全面发展的人而科学设置课程、为实现课程育人的有效性而科学实施课程。

张传燧教授认为《课程与教学哲学》的主要特点是"批判性、创新性、人本性"①。徐继存教授说："张先生的《课程与教学哲学》是他关于课程与教学哲学的思考……更是他对自己乃至国内课程与教学论研究的种种超越。……先生尽管用了很大的篇幅畅谈了西方学者的论点，实际上这仅仅是先生课程与教学哲学的导论或序言，该著的后半部分才真正反映了先生对课程与教学的哲学思考。对于那些似乎为人熟知未必真知却又流行以致歪曲和误导课程与教学现实的思想和观点，如课程与教学领域中的科学主义、人本主义和社本主义，先生不仅给予了批判性的分析和澄清，同时也提供了基于现实的我国课程与教学设计的可行性思路……在评析科学主义、人本主义、社本主义以及马克思主义课程观基础上提出的'人文引领的和谐课程观'，都具有原创价值；创新性还表现在该书的结构体系以及概念范畴等方面。"②这个评价可以说明：张楚廷是个坚定的文化自觉者，对西方文化采取拿来主义的积极态度，能做到知己知彼，能立足中国、放眼世界，对他人的观点勇于大胆批评，对自己的观点敢于大胆建设。

赵雄辉教授指出："2003年，在人民教育出版社出版了国内第一部课程哲学专著《课程与教学哲学》，引起强烈反响，获得了第14届中国图书奖……从结构主义落笔，以哲学与历史学的眼光考察现代、后现代课程观、

① 张传燧. 课程哲学：课堂生活里自然流淌着的生命——读张楚廷教授新作《课程与教学哲学》有感[J]. 当代教育论坛，2005（03）：128.

② 徐继存. 走向哲学的课程与教学研究——读张先生的《课程与教学哲学》[J]. 当代教育论坛，2004（11）：47-48.

教学观，对长期以来教育界一直习焉不察的许多观念发出了深刻的追问，洋溢着浓厚的人本主义思想。"①

刘铁芳教授认为："《课程与教学哲学》是先生寻求突破——不仅是个人的突破，同时也是课程与教学理论研究的突破的精心之作。在这本洋洋洒洒40万言的著作中，可以明显看出先生对前期研究的超越。这种超越主要表现为两个方面：一是从大处着手，一开始就抓住了当代西方课程与教学哲学巨擘布鲁纳的结构原理与皮亚杰的后结构主义，再论及后现代课程观，后面主要围绕科学主义、人本主义、社本主义等当代教育中的重大问题，最后归结为人文引领的和谐课程观，给课程与教学哲学领域开辟了一种崭新的气象；二是从前期的注重逻辑推究转向哲学悟思，大大提高了先生教育思考的整体性与人文性，对课程与教学理论问题的探究向着纵深处拓展……基于历史与现实的思考，先生提出了自己的'五I'课程构想，书的最后集中阐述了其人文引领的和谐课程观，实际上也就是这本书的核心精神。他相信：'完'与'全'使人更像人，而和谐更能体现生命的特征，并使人更具生命力、更高大，因而，课程的未来将是和谐的走势。"②

胡旭阳博士从美好人生、美好教育、美好课程、美好哲学角度探讨了该书的理论与实践价值。"树立美好教育思想，确立美好教育方向，让课程、教学等诸要素和环节走向美好，就必须在一些基本问题上从哲学层面看清楚、说清楚，也给美好教育思想一个正确可依的理论基础，这正是《课程与教学哲学》所做出的成功努力……这些都告诉我们，教育的发展，必须依赖教育理论的进步；教育理论的进步，必先在哲学上取得进步。这正是课程和教学需要走向哲学的意义所在，正是《课程与教学哲学》的价值所系。"③

---

① 赵雄辉，古舍. 张楚廷和他的教育人生[J]. 当代教育论坛，2007，03：

② 刘铁芳. 一种科学：人文主义的教育学路径——张楚廷教授的教育学视界[J]. 大学教育科学，2007（04）：6.

③ 胡绪阳. 美好：一种崇高的教育期待与追求——张楚廷《课程与教学哲学》读评[J]. 当代教育论坛，2007（7）：106.

黄耀红博士说："每次打开《课程与教学哲学》，心中就会涌起一种强烈的感受。似乎不管多么复杂的教育理论和思想，只要到了张教授的笔下，它们立马就变得简洁、清晰、明快。现代课程观、后现代课程观早被各路专家阐述得玄而又玄，神乎其神，张教授却从课程模式建构的视角出发，仅在一章中用两节，即《从三R到三S》和《从四环套到四R》，就清晰地揭示出课程模式发展中的承续与创新问题。在对结构主义、后结构主义的探讨中，布鲁纳的结构原理、皮亚杰的结构思想，都被张楚廷教授梳理成几个清晰的要目与问题。而在对结构主义改造的理论探讨中，作者又充满智慧地引入亚结构、软结构、近结构、超结构与视角结构等概念，不但丰富和发展了结构主义的思想内涵，更重要的是，大大增强了这一哲学思想的现实阐释力。"①

遗憾的是，张楚廷呕心沥血创作的中国课程与教学哲学之开山之作，却被某些学者简单甚至武断地评价为"主要是对国外教学论或教学哲学流派的介绍"②的作品。

尽管社会上已有了"教育哲学"方面著作，有强烈创新与超越意识的张楚廷又于2006年出版了以"问答"为主要表达形式的《教育哲学》，比如，第一章即为"从哪里开始考察教育"。这是一本从形式到内容都别具一格的著作。

"高等教育哲学，美国人有了著作，中国人能不能有？需要勇气！课程哲学，美国人无书，中国人能不能有？更需要勇气！2003年，我出版了课程哲学的书，2004年，我出版了高等教育哲学的书。美国人有的，我们有了。美国人没有的，我们也有了，这就是超越。"③

---

① 黄耀红. 特立独行的智者言说——试说张楚廷教育思想的言说方式[J]. 当代教育论坛，2007（7）：

② 张立昌，郝文武. 教学哲学[M]. 北京：中国社会科学出版社，2011：23.

③ 张楚廷教育文集第17卷[M]. 长沙：湖南人民出版社，2012：466.

张楚廷深厚的哲学情结主要体现在对人是什么、教育是什么、生命的意义何在等问题的深入思考与认真回答。他喜欢教育，热爱教书。因为他非常重视如何把课上好，所以就认真研究上课。他写过教育哲学、高等教育哲学方面的著作，也写过关于教学方法、课程原理的著作，介于方法和原则之间，他还研究教学细则。五I等理论是他根据自己对教育的情感、兴趣，通过体悟、沉思而创造出来的课程哲学理论。

张楚廷不仅希望自己能亲近哲学，做出成绩，也希望我国有更多的人能与哲学为伍，让哲学繁荣，使教育、使我们的生活能建立在更宽广、更人本的理论基础之上。

他用不同的语言形式反复表达了自己的哲学情结。

"实践兴趣、感性兴趣是要有的，但是，理论兴趣、哲学兴趣，对于一个民族的事业尤为重要，甚至于这是更为重要的，是一个民族走向全面繁荣所绝对必需的。因此，我们的哲学兴趣需要大大增强，同时，那种过于崇尚感性的哲学应当予以变革。"①

"我希望有更多的中国人做高等教育哲学、课程哲学……唯有更多的人来做，我们的哲学才可能更繁荣。"②

"我有我的哲学。我并不需要在现存流派中选择一个而后置于其中，我是立足于我自己的哲学，我是作为一个中国人思考我们自己的哲学。"③

"我盼望我们国家走向繁荣兴旺，这其中就包含了盼望我们国家出现普遍兴起的寻根究底的精神，出现思想的更大解放，出现哲学以及哲学所包含的那种追询气势。"④

具有教师、校长等多重身份的张楚廷在开展教学与学校管理等工作基础

① 张楚廷. 思想的流淌[M]. 重庆：西南师范大学出版社，2015：262.
② 张楚廷. 思想的流淌[M]. 重庆：西南师范大学出版社，2015：283.
③ 张楚廷. 思想的流淌[M]. 重庆：西南师范大学出版社，2015：322.
④ 张楚廷. 思想的流淌[M]. 重庆：西南师范大学出版社，2015：348.

上，探索着具有普世价值的教育理论，进而上升到哲学高度，从而为我国哲学进步、教育发展贡献了自己的智慧。

张楚廷一直致力于建设中国人自己的哲学，他对哲学的热情透射着一名学者对自己祖国和民族的赤子之情。“先生哲学之途的‘情不自禁’集中表现为民族之情。世界的，首先是民族的。先生的哲学亦堪称我们中国人自己的哲学。”①

张楚廷十分欣赏柏拉图关于“教育的最高形式是哲学”的观点，他指出：“教育的贫乏源于哲学的贫乏、哲学的贫乏与教育的贫乏几乎同时存在。”②“一个民族要想登上科学的高峰，究竟是不能离开理论思维的。”这是他十分推崇的恩格斯的著名论断。他在演讲和著述中无数次阐述哲学对于一个人、一所大学、一个民族的重要性。他不无动情甚至颇为羡慕地谈起德国哲学的繁荣状况以及这种状况对于德意志民族乃至全人类的意义。他在论文《哲学对于大学意味着什么》中说：“哲学必定是世界顶尖大学上空悬挂的一颗巨星。”③

在英语里，博士的全称是Doctor of Philosophy，缩写为Ph. D，字面意思就是“哲学博士”。看来，博士是结缘于哲学的，或者说是起源于哲学的。上世纪90年代初，博士的价值还没被很多人认识清楚，因而“销路”不畅。但张楚廷意识到了博士与哲学的关系、认识到了哲学对于大学的重要性。在他的主导下，湖南师范大学从北京大学、中国人民大学、武汉大学等高校引进了一批哲学博士，在这一所省属院校率先办起了哲学专业，建立了哲学系。这不仅使湖南师范大学的哲学水平大幅度提高，而且全面提升了该校作为大学的品位，此举还影响了长沙市乃至湖南省多所大学对哲学的态度。

① 沈又红．“我们中国人自己的哲学”——张楚廷教育哲学旨趣五解[M]．大学教育科学，2007（6）：14.

② 张楚廷．新世纪：教育与人[J]．高等教育研究，2001，（1）：23—24.

③ 张楚廷．哲学对于大学意味着什么[J]．高等教育研究，2006（2）：13.

"真正的课程研究，总是会思考呈现在人们面前的各种课程观，思考它的合理性和局限性……对于任何自觉的课程与教学实际，这些形而上的思考是有深远影响的，并且，越是自觉的、先进的教学活动，越需要这种形而上，也越容易走向形而上。至于课程理论工作者，就更需要自觉的形而上思维。"① 张楚廷正是为满足教育实践的需要而创造了人主义、教育公理、结构改造主义、人的教育、人的课程、五I课程构想、人文引领的和谐课程观等形而上的概念或命题，构建了一个博大精深的课程理论、教育理论体系，出版了《课程与教学哲学》《教育哲学》《高等教育哲学导论》等一大批理论成果，在一定程度上影响了他曾经主导的湖南师范大学、湖南涉外经济学院两所高校乃至一些兄弟院校的教育实践。

从某种意义上讲，哲学情结就是理论情结。张楚廷的理论情结体现在他对哲学的强烈向往与热爱之情，在于他真诚而浓厚的问题意识、本土意识与实践意识。"所谓本土意识，是相对于全球意识或普遍意识而言的，基于自身地域、历史、文化传统及其思维方式之特性的理性自觉。"② 张楚廷认为中国历史上的很多社会问题都是因为对实践反思不足、对理论准备不足造成的。他认为只有虚实结合甚至要"虚"在前才能"实"得起来。

理论研究不等于空谈，重视理论研究更不会误校、误国、误人生。张楚廷将历史、现实与未来相结合，将虚与实相结合，既坐而论道，又起而行事，既重结果，又重过程。"务实，才能站得更稳；务虚，才能看得更远。虚是对长远最重要的东西，一旦长远，也就会比较虚；只讲实，就很容易近视。我们需要放眼长远，所以需要务虚。我们一方面要扎扎实实、切切实实、实实在在地干，同时，确实需要一些虚的东西来帮助自己。"③ 正是为了看得更远，所以他极其重视理论研究。正是因为他的虚实结合，才成就了

① 张楚廷. 课程与哲学[J]. 当代教育论坛，2012，01：126-128.
② 刘家访. 我国课程理论本土建设研究[M]. 长春：东北师范大学出版社，2009：121.
③ 张楚廷教育文集第20卷[M]. 长沙：湖南人民出版社 2012：56.

他主政的两所高校的蓬勃发展，才使他身边很多人的事业与人生受益于他的理论与行动。

二、创建“人主义哲学”

张楚廷自称是“人主义”者，他言说的人是上天之下的人，具有绝对性。他对“人是什么”做过深入细致的思考，他的著作、论文构筑的是一个“人”的世界。一部《课程与教学哲学》，3765次提到“人”，有177次提到“生命”，有30次出现“生命哲学”。《教育哲学》一书中，“人”字出现了3100多次。可见人、生命、生命哲学及其所代表的意义在张楚廷心中具有特别重要的地位。

20余万字的《论我》收录于《张楚廷教育文集》第14卷。他的长诗《人颂》有128行、1190个字。他尽妙笔之所能，放声歌颂人。用诗歌写人，是张楚廷对人的认识的高度浓缩和集中表现。该诗第一节（原诗一句一行，四句一节）为：

人是神圣的思想者，
人是神奇的缔造者，
人是神通广大的呼唤者，
人是千神万圣的创立者。①

《人颂》不仅形式美，而且内容美，读来荡气回肠，能让读者对“人”的看法产生积极变化。

黄耀红博士对张楚廷的人学思想做了非常精炼的概括：“张先生的人学思想与人本立场表现在他深刻的‘人论’中，表现在他对‘自由教育’的深切呼唤中，表现在他对‘教育公理’的提炼与阐释中，表现在他对马克思、恩格斯关于人的全面发展学说的原典解读中，表现在他的‘五I’即信息（Information）、兴趣（Interest）、质疑（Inquiry）、智慧（Information）

① 张楚廷诗集（一）[M]. 北京：民主与建设出版社，2014：4.

与直觉（Intuition）课程构想中，表现在他对人文引领的和谐课程观的建构中，表现在他对科学主义、社本主义的理性批判中，表现在他对人文与科学、艺术与科学的关系思辨中……”①

在思考高等教育的哲学基础时，张楚廷比较赞同杜威、康德等理论家崇尚的基于生命论的教育哲学。他批判布鲁贝克认可的两种高等教育哲学：“对于高等教育哲学，不能仅仅归结为政治论和认识论那两种基础之上。”②推而广之，对于教育、对于课程、对于教学，认识论和政治论都不是它们最恰切的哲学根基，而应该奠基于更温馨、更切实、更彻底的生命论哲学。

张楚廷从理论角度看到了对人“窄化”的原因。他用一个图形，如图5-1，说明了人是怎么被窄化的。③

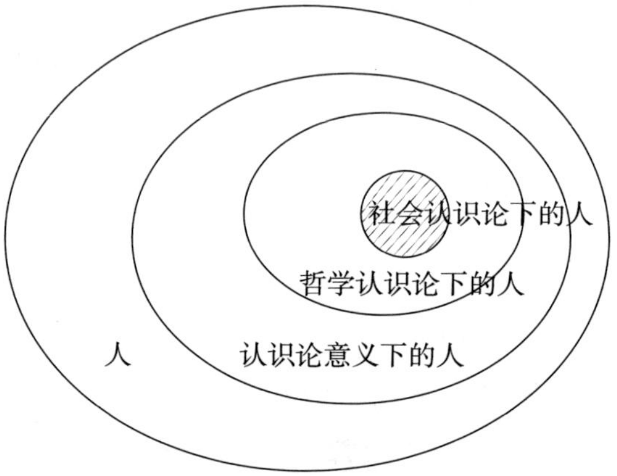

图5-1　“人”的地位窄化图示

张楚廷对该图做了如下解释：“最大的那个圈代表人，本来的、完整的人；稍小一点的圈便是作为认识体的人，人本有的许多东西被略去了（例如

① 黄耀红. 特立独行的智者言说——试说张楚廷教育思想的言说方式[J]. 当代教育论坛，2007（7）. 108.

② 张楚廷. 高等教育哲学[M]. 长沙：湖南教育出版社，2004：28.

③ 张楚廷. 课程与教学哲学[M]. 长沙：人民教育出版社，2003：236.

情意），这是认知主义下的人，是已经缩小了的人；认识论不只属于哲学，有许多的学科研究认识论，仅在与实践相对的范畴内研究的哲学认识论是其中之一部分，因而，如果局限于此，人再一次被缩小，那是用第三个小圈表示的；图中最小的那个圈即由阴影线条标示的那个圈表示社会认识论或政治认识论下的人，人再度缩小了。而我们的教学论看到的是在那个最小圈子里的那个人。由此，我们可以掂量一下自己的教学论能有多大分量。”[①] 如果“人”小了，教育能不小吗？课程有必要仔仔细细地看看：人是如何变小了的？是认识决定论、认知主义让人变小了。张楚廷热切地希望：我们的课程论、教学论能看到、能反映绝对意义下的人、不加修饰词汇的人、无边无际的人（如果把张楚廷上图中最外围的圈去掉，则意味更加深长——人是天底下可以思接千载、视通万里、特立独行的智慧动物）。

立足于人，这是张楚廷教育理论的哲学基石。人本美、人本善，通过教育使之更美、更善。这是张楚廷教育理论想要实现的基本目标。

张楚廷发表了《与人俱进》《上天之下的人本》《自由是人的同义词》《人的固有性、可能性和现实性——兼论教育目的》《教育学与人学》《教育因培养独特的人而独特》《人的意义》《与人本相对的东西是什么》《人主义谓何》《创造——人的天性》《以人为本与教育学改造》《教学改革与人本思想》《新世纪：教育与人》等30多篇专论“人”的文章。《课程与教学哲学》第十三章第二节即为“人论”，有12页，近10000字。

“人论在这最后一章的地位无论怎样估价也不为过，其所以在‘人论’这一节花了特别多的功夫，是因为这种功夫可为人文引领的和谐课程观的立论奠定最必需的基础。”[②]

张楚廷认为弄清“人是什么”是回答“社会是什么”“教育是什么”“课程是什么”的重要前提。他说：“假若教育不思考‘人是什么’，

① 张楚廷. 课程与教学哲学[M]. 北京：人民教育出版社，2003：236.

② 张楚廷. 课程与教学哲学[M]. 北京：人民教育出版社，2003：10.

那就像律师不思考法是什么，就像医生不思考生理、病因、病理一样……如果对'人是什么'的问题不感兴趣，那就是对教育没有兴趣；如果对'人是什么'知之甚少，那就是对教育知之不多；如果对'人是什么'知之有偏，那就不太可能使教育行驶在正轨。很可惜，这些假定之下的情形都存在，大量地存在；教学中存在，课程中存在，可悲地存在着，课程如盲人骑瞎马般地行走着。"[①]

他认为，在我们国家，很多人对"人是什么""社会是什么"的理解停留在肤浅阶段。他用几个反问句回答了其危害性："没有人的尊严，何以有社会的尊严？没有人的发展，何以有社会的发展？人的地位不高，社会的地位从何高起？"[②]

先进的教育观、课程观、教学观取决于先进的"人观"。"先进的社会观必定是以先进的人观为基础的。使人类丧失自由的社会决无先进可言，不知人之珍贵的社会观决无先进可言。当然，不深切关注人及其本性而奢谈社会之崇高的教育观、课程观、教学观亦决无先进可言。对于尊严的渴望，对于自由的渴望，对于美的渴望，都是人的需要，都是人的本性之所在。"[③]

基于这样的认识，他得出如下结论："人通过自己的意识作用于自己，人通过自己的意志作用于自己，并且，在作用之中构造了自己新的生命。教育如果清楚地看到了这一点，也就大体看清了自己的使命。"[④]

对于"人是什么"，张楚廷从肯定人性美的积极意义上引经据典开列了一个长长的清单[⑤]：

（1）人是唯一有自我意识的生命体，人成为它自己意志和意识的对象。

---

① 张楚廷. 课程与教学哲学[M]. 北京：人民教育出版社，2003：329.
② 张楚廷. 课程与教学哲学[M]. 北京：人民教育出版社，2003：332.
③ 张楚廷. 课程与教学哲学[M]. 北京：人民教育出版社，2003：332.
④ 张楚廷. 教育哲学[M]. 北京：教育科学出版社，2006：107.
⑤ 张楚廷. 课程与教学哲学[M]. 北京：人民教育出版社，2003：336–338.

（2）人是可以自己赋予自己新的生命的生命，人在发展中发展自己，成为它自己。

（3）人是唯一对尊严、思想自由……保持需要并以此为特性的生命体。

（4）人是能够使用工具并且能够制造工具，并在此中发展自己的生命体。

（5）人是唯一拥有系统语言并以语言作为自己存在方式的生命体。

（6）人是唯一肩负使自己更像自己（“人要像人”）使命并按美的规律塑造自己的生命体。

（7）人是唯一能够自己要求自己做什么、自己要求自己不做什么的生命体。

（8）人是能够红脸的动物，在任何事变面前都不红脸的人可能只是生理学意义上的人或植物人，人是唯一可以（通过体验）使自己走进自己心灵的生命。

（9）人是万物之灵。人是知情意的某种统一体，它不只是思维着，而且是感动着、体验着的生命。

（10）“人，作为人类历史的经常前提，也是人类历史的经常的产物和结果，而人只有作为自己本身的产物和结果才成为前提。”[①]简言之，人是自己历史的前提，人又是自己历史的结果。

（11）“人学做人”“人要像人”“把人当人”……此中所有的人都属于人而不容置换。

（12）从法律学的角度看，人是政治权利的等同物，被宣判为“剥夺政治权利终身”者，即在法律意义上失去人的资格，也许其肉体仍有存在的权利或资格。

① 马克思恩格斯全集第26卷[M]. 北京：人民出版社，545.

（13）从分子生物学的角度看，人是几万个基因的特殊组合，稍有变更，人将非人。

（14）在作家、诗人眼里，人是永恒的主题，人是写不完、颂不尽的赞歌。

（15）在音乐家眼里，人不只是颤动的琴弦，人更是最美丽的音符。

（16）人是画家笔下不竭的源泉，人是能够透过万千世界看出异彩纷呈的“眼睛”。

（17）人是唯一拥有自己的历史并自己创造自己的历史、写下了自己历史并为宇宙书写历史的生命。

（18）人是神的创立者，有时又成为神的奴仆或使自己成为神。

（19）人，“在其现实性上，它是一切社会关系的总和”（我们熟知的马克思语）。

（20）人与天与地一起成为所有学问家共同思考的对象，人因此成为唯一与天地并列的对象。万千学问面对着许多奇特的存在，而人“是最奇特的存在”①。

（21）人是“地球上生命有机体发展的最高形式”②。

（22）人是“在劳动基础上形成的社会化的高级动物”。

（23）人是“社会历史活动的主体”。

（24）“人在自然界永恒发展的一定历史阶段上出现，由古猿进化而成”。

张楚廷并没止步于开出一个清单。开列清单意在批判教育中“无人”的做法、意在为建立先进的教育理论奠定基础，意在为通过好的教育“让人更像人”寻找理论根据。

“在陈述了这么多答案（这肯定还不是一种穷尽）之后，我们不禁要

① 孙正聿. 哲学通论[M]. 沈阳：辽宁人民出版社，1998：281.

② 21-24，均引自冯契主编之《哲学大辞典》[M]. 上海：上海辞书出版社，1992：16.

问：在教育学那里，人是什么？在课程论专家看来，人是什么？在教学中，人是怎样的？在教师眼里，人是怎样的？教学对于人的神奇感消失了吗？人的高大、尊严还在吗？人作为一种最奇特的存在而存在于我们身边吗？人作为一种可以获得新的生命的生命，因为我们的课程而更好地获得了吗？人在按美的规律塑造自己之时得到了我们的辅助吗？这个颂不完的主题、这个美不胜收的音符为我们每日所思所想了吗？我们曾为之并继续为之而感动吗？问得再质朴一些：我们'把人当人'了吗？我们让'人更像人'了吗？……以为课程理论的前提是某种哲学，然而，更基本的前提是对'人是什么'的回答。试设想，如果没有对此之回答，课程理论、教学理论将往哪里走？如果说'人是什么'就是一个最基本的哲学问题，那么，它作为前提的资格还会受到质疑吗？"[①] 这个由近十个反问句构成的语段以排山倒海之势催人反省、催人觉悟、催人奋进。

张楚廷遗憾且痛心于一些重要的工具书对"人"的严重忽视。"在《中国大百科全书》心理学卷（中国大百科全书出版社，1991年版）中连'人'这个条目也不见了。'人'到哪里去了？"[②] 他真诚而急切地希望我们的教育哲学能体现人本、回归人道、富有人性。

张楚廷将自己的哲学定义为"人主义"哲学或人哲学，以此与人文主义和人本主义相区分。对此，他有自己严谨细致的解释。

"在我的论文中，大量出现了关于人的论述，乃至于我感到自己已走在人学的道路上。后来，当有人问我：'你的哲学也叫做什么主义吗？'初次面对这个问题时，还有点茫然，但促进了我对自己哲学的思考。再遇此类问题时，我回答：'我的哲学是人主义哲学，或干脆就叫做人哲学。'"[③]

张楚廷之所以用人主义、人哲学称呼自己的哲学，是为了强调"人"的

---

① 张楚廷. 课程与教学哲学[M]. 北京：人民教育出版社，2003：338.

② 张楚廷. 课程与教学哲学[M]. 北京：人民教育出版社，2003：338-339.

③ 张楚廷. 思想的流淌[M]. 重庆：西南师范大学出版社，2015：110.

独一无二、"人"的至高无上，强调人在"上天之下、社会之中的本位"。

"我的人主义，与人本主义、人文主义是有所不同的。人本主义出自上世纪80年代的中国学术界，人文主义则出自文艺复兴时期的欧洲。人相对于大自然并不处在本位，即使在大自然之中，人相对于那些小河、小鸟、小草也不能说是本末关系。概括地说，我的人主义是人在上天之下、社会之中的本位，人本是与皇本、神本、官本、物本（金钱本位）相对的。在欧洲兴起的人文主义，主要是把人从神的统治下解放出来。实质上是完成了一项资产阶级革命的重要使命。但我的人文主义不只是相对于神本位的，不只具有反封建的性质。我曾写过一篇文章，题目是：《人是如何被'人民'所淹没的》。我的人概念与'人民'这一概念有根本区别。'人民'是一个政治概念，'人'是一个至高无上的生命概念。"① "我的人主义既与人文主义有别，又与人本主义有别。所以，干脆用'人哲学'来表达更好。"②

"我的人主义，与神本相对，与皇本相对，与官本相对，与物本相对。在我的人的头顶上只有大自然，只有上天，所以，我称我的人哲学为上天之下的人本。"③

通过这些文字，张楚廷从多个角度充分阐述他的"人哲学"来源及其特点，意在提醒自己和他人不要将人简单化、不要将人相对化，不要在课程与教学乃至广义的教育和广泛的生活中低估了人的地位、看扁了人的价值。

三、主张为"人的教育"而建设"人的课程"

张楚廷认为："一个学科的生命力就在于不断地提出新概念、新命题，以及存在于这些概念和命题之中的新观念、新思想不断涌现出来。"④ 课程与教学论、课程与教学哲学，作为发展中的学科，当然有对新概念、新命题

① 张楚廷. 思想的流淌[M]. 重庆：西南师范大学出版社，2015：279.
② 张楚廷. 思想的流淌[M]. 重庆：西南师范大学出版社，2015：322.
③ 张楚廷. 思想的流淌[M]. 重庆：西南师范大学出版社，2015：360
④ 张楚廷. 高等教育学导论[M]. 北京：人民教育出版社，2010：前言.

的需求，需要有人提出新概念、新命题以及有人对这些概念和命题加以研究。提出新概念、新命题既是学科发展的需要，又是教育发展的需要，更是人的发展需要。

“我现在从事教育哲学和哲学的研究。我喜欢从事这种研究，因为我喜欢寻根究底；我能接近和做出哲学来，因为我能比较有效地寻根究底了。对于教育，我几乎是自然地走到了寻根究底的地步。”[①] 此处，张楚廷连用三个“寻根究底”，这是他通往哲学之境的方法论。五I课程观、教育五公理等理论的建立，就是他寻根究底得到的。

张楚廷认为“人的特性”在于自反性、自增性、自语性、自育性、自群性和审美性，而自反性乃人的根本特性。[②]他追问：人为什么需要教呢？因为人是需要发展的。人为什么需要发展呢？因为人是可发展的。人为什么可发展呢？因为人能反身自己。人为什么能反身呢？因为人有美学追求。人是在何种条件下发展的呢？人具有群居性，人总是在一定的中介或环境中发展的。在他看来，以上五个方面说的就是基于最基本的问题，对于它们的回答就构成了根底，他称之为五条公理：潜在公理、能动公理、反身公理、美学公理、中介公理。从这一组公理出发，他展开了对其他教育学命题的研究和阐述，并形成了著作《教育基本原理——一种基于公理的教育学》。

张楚廷之所以热心于、潜心于、醉心于五I课程思想及教育五公理等教育理论研究，就是因为他对人、对教育、对哲学有一种痴迷与虔诚，希望自己能解释教育、推进教育，从而使自己活得更有价值，也帮助教育中的人活得更有意义。

张楚廷对人的充分认识和对教育公理的阐述有助于理解教育为何存在、教育如何存在、课程为何建设、课程如何建设等问题。

张楚廷是在积极意义下理解与界定人性的。教育的使命就在于发展人

① 张楚廷. 思想的流淌[M]. 重庆：西南师范大学出版社，2015：348.

② 张楚廷. 教育哲学[M]. 北京：教育科学出版社，2006：20.

性、弘扬人性、陶冶人性。课程的使命就在于“化人”，通过课程将“人”大写。这是张楚廷对教育与课程功能的基本界定。课程价值在某种意义上等同于教育价值，他为此创作了这样一个示意图：

人 ⟶ 课程 ⟶ 人

图5–2　课程与人的关系

“这是个简单的表达式，却也包含着值得人们凝望的内涵：课程通过让人获得新生活、创造新生活而成为新人，成为新生活的创造者。教育使人回归，更使人发展……那后一个‘人’字就是大写了的。”①这个简单的示意图蕴含张楚廷对教育为人、课程发展人的浓厚的“人本”期望。

由于教育的异化并不是罕见的现象，由于教育中的工具理性、器物理性比较普遍，张楚廷觉得有必要从理论上对教育的为人、属人等特性加以明确，为此，他创建了自己的“人主义”教育哲学、“人主义”课程哲学。

为了强调教育就是教育、教育应是“人的教育”，他发表了《人的教育需要人的课程来支撑》《课程是什么》等文章专门探讨教育与人、课程与人的关系，提出了“人的教育”“人的课程”等概念。“人的课程应成为一个更基本的概念，人的课程的建设应成为学校的一个更基本的任务。……教育本是因人而生的，因而它本该应人而长，而发展壮大。果真如此，这就是人的教育。然而，它必须落脚到所有的课程上去，让课程本身为人而生、应人而长。”②

“人的课程”这样类似画蛇添足的概念为何应运而生？“没有非人的教育，人的教育的概念也就没有意义；没有非人的课程，人的课程的概念也没有意义。”③“人的教育，可以进一步解释为从人出发的教育，以人本身的发

① 张楚廷教育文集第17卷[M]. 长沙：湖南人民出版社，2012：9.
② 张楚廷教育文集第17卷[M]. 长沙：湖南人民出版社，2012：306–307.
③ 张楚廷教育文集第17卷[M]. 长沙：湖南人民出版社，2012：149.

展为目的的教育，同时又依据人的特性（表现为个性）展开的教育，以最适于人的成长的知识并采用最适合人的方式实施的教育。人的教育当然也关注人对社会和自然的了解与尊重，然而，这是辅助性的，其根本还在于让人得到更好的发展。”①“人的课程”这一概念及其实践的崇高使命是帮助人实现从自然人到更高大、更高尚的社会人的过渡，从无知到智慧的过渡，从缺陷到完善的过渡。

对“人的课程”之论述散见于张楚廷的很多著作中。在一些人做着“非人教育”的背景下，在“课程”前面加“人的”二字绝非画蛇添足，而是匡扶教育的矫枉必须“过正”之法。人的教育、人的课程等概念的提出，“是对现行的一些教育观念的批判和矫正，以及对未来教育发展的殷切希望和期待”。②这些概念的提出，既有批判的诉求，更有建构的愿望。

“人的课程”所表示的是不仅是人在课程中，更重要的是课程在人中。对于“人的课程”的实施，张楚廷也提出了自己明确的意见：人的课程的精神实质不仅应体现在课程编制过程之中，更应体现在经由教师的进一步实施之中。无论多么好的教科书，也还需要教师让它活起来；即使不太活的教科书，好的教师也能让它生机勃勃，充满人气。文本的先进在于思想的先进，更在于执掌文本的人的先进。

五I课程观具有鲜明的人本内涵。以信息为基础，以兴趣为桥梁，以质疑、直觉为方法，将学生变为智慧人，将教师变为智慧引领者，这是五I的方法论功能之所在。五I是立足于先进的“人观”的理念，是将“人的教育”、“人的课程”具体化的理念。

四、为了人的美好发展

对美好的追求是人的一种永恒愿望。马克思说：“人是按美的规律的

① 张楚廷. 人的教育需要人的课程来支撑[J]. 课程·教材·教法，2009（3）：3.

② 周德义. 人的教育与教育人的深层思考——张楚廷《教育哲学》述评[J]. 湖南广播电视大学学报，2007（2）：83.

构造”的。张楚廷认为，人是美的存在。他的一本专著就叫《人是美的存在》。

张楚廷考察了孔子、苏格拉底、柏拉图、亚里士多德、席勒、蔡元培等很多人的观点后得出一个结论：“一切优秀的思想家、哲学家、教育家无不特别看重人的发展，尤其倾注着对人的完整、全面、完全、和谐发展的无限珍爱，他们对社会的美好憧憬无不基于对人的发展的美好愿望。人的全面而和谐的发展成了自古至今连绵不绝的论题，永恒的论题。”①

在《课程与教学哲学》一书脱稿后，张楚廷回头问自己的第一个问题是：“这部书表达的愿望是什么？”他自己回答说：“所直接表达的是，切望我们的教学更美好，我们的课程更美好；所间接表达的则是，盼望接受过教育的人们确实因教育而变得更美好。”② 该书378次提到“美”或“美好”。由此可见，“美”在张楚廷心中有极高的地位，它是一种观念、一种信仰、一种理想。

张楚廷在阅读与思考中悟出了自己对教育使命的独特理解：“教育是最具人类良心的事业，最纯洁、最壮美的事业，就因为她始终不忘记自己的第一使命：使人像人，让人更高大。她在防止使人异化的过程中实现这一使命，她在让人不断熟悉原本意义下的人的过程中实现这一使命；她在保持人的权利、尊严并使人更加高大的过程中实现这一使命。”③ 所谓原本意义的人，笔者的理解是：从娘肚子里出生的本我，是对世界充满疑惑与惊奇的自我，是天之下、地之上的绝对个体，与家庭的贫富无关、与父母的地位无关，与阶级、集团的归属无关。

张楚廷重视人的美好发展，既体现了他的教育情怀，也体现了他所愿意承担的教育责任。“把教育的目标放在培养‘美好的人’，则应该是去除一

---

① 张楚廷. 课程与教学哲学[M]. 北京：人民教育出版社，2003：290–292.

② 张楚廷. 课程与教学哲学[M]. 北京：人民教育出版社，2003：前言.

③ 张楚廷. 教育哲学[M]. 北京：教育科学出版社，2006：290.

切社会、阶级、集团色彩，是人类历时与共时应有的共通目标……只有当把‘美好的人’的培养作为终极价值，这才是一种哲学视角。”[①]张楚廷正是站在这样一个哲学高度上来思考教育使命的，他将提升生命质量作为对教育的一种哲学式终极观照。

人，不只是经济意义、物质意义上的，更是精神意义上；人，不只是肉体意义上的，更是文化意义上。一言以蔽之，人是“超结构”的。

人的美好发展是人的一种面向精神的“超结构”状态，但它又有一般意义下的“结构”可寻，比如，要实现生理和心理两方面都健全发展（就是马克思注重的体力和脑力、肉体和精神的健全发展）；在心理方面，要实现认知心理与非认知心理的协调发展；在认知心理方面，要实现知识与能力的协调发展、直觉与逻辑的协调发展；在非认知心理方面，要实现情感、意志以及态度、信念等多方面协调发展。

张楚廷认为，马克思的全面发展实质是个性发展、自由发展、和谐发展。“从发展的内容看，我们注目于个性；从发展的结构看，我们着重于和谐；从发展的条件看，我们更珍视自由。只有自由，才能保证和谐；只有自由与和谐，个性才能充分展示；只有自由和谐的个性发展，才导致全面发展。假若我们不把对全面的理解停留在量上看待，不停留在表层看待，无疑会更关注自由发展、和谐发展、个性发展。”[②]

张楚廷关于人的“个性、自由、和谐”发展的思想实质上可以归纳为一种“美好发展”思想，是与马克思全面发展的学说是一脉相承的，是一种精神的两种表达。在某种意义上，张楚廷对于全面发展即个性发展、自由发展、和谐发展的阐释是对马克思全面发展学说的深化和细化。五I就是“个性、自由、和谐”发展的途径，亦是全面发展的路径：在智慧取向下，注重

① 胡绪阳. 美好：一种崇高的教育期待与追求——张楚廷《课程与教学哲学》读评[J]. 当代教育论坛，2007（7）：105.

② 张楚廷. 课程与教学哲学[M]. 北京：人民教育出版社，2003：315.

激发兴趣科学地处理信息，有利于实现心灵的“和谐”；在智慧目标下，注重质疑，有利于实现每个人的“个性化”发展；在智慧理想下，注重直觉，鼓励天马行空无拘无束的思想，有利于实现人的灵魂的绝对“自由”。

第三节　五I生长于传统文化中

这里所言的传统文化是广义的，换句话说，传统的即过去的，既包含了中国的，也包含了外国的，当然，这里主要是指国内的。五I，成长于传统文化当中，意即成长于概念史、思想史中。

伽达默尔非常重视概念史的分析，他说：“概念史的分析不仅在于对概念整体的阐明，而且还在于对那些隐蔽含义的揭示和对歪曲的瓦解。从这个角度讲，概念史的分析具有‘治疗’的作用。”[①] 概念史的分析实质上就是开展阐释学的工作。对五I的来龙去脉做深入了解很重要，进行语言特别是其中的主要概念或曰关键词的历史“倒查”是很有意义的。

“人的理解从来自于其特殊生存处境的前理解中取得方向，而这种前理解划出了论题框架和对每种解释起限定作用的因素。”[②]这是德国神学家鲁道夫·布尔特曼（Rudolf Bultmann，1884–1976）给所谓理解的“前结构”下的一个定义。这个定义表明：一个人以前的思想和经历影响后面的所思所想，回到历史中去是解释现在的一个必要手段。

“阅读经典原著也就是同思想家直接‘交谈’，我们只有想尽办法还原思想家的‘运思过程’，才能真正体悟到其语言表层下面的丰富、深刻的内涵。对伽达默尔同样如此。”[③]为探寻五I的来源，这些掷地有声的话语鼓励笔者穿越到五I产生的历史中，了解五I与创始人的重重关系，梳理五I与中西

① 伽达默尔. 概念史与哲学语言载《伽达默尔集》[M]. 严平编选. 上海：上海远东出版社，1997：1997：158–159.

② [加拿大]让·格朗丹. 哲学解释学导论[M]. 何卫平译. 北京：商务印书馆 2009：151.

③ 何卫平. 解释学之唯一问题与研究[M]. 北京：人民出版社，2009：64.

传统文化的种种关系。

一、博览群书集思广益

创造一个新的理论、研究一种新创立的理论，如何对待历史上已有的理论成果是一个不能回避的问题。黑格尔道出了新人与旧人之间、新理论与旧理论之间“剪不断、理还乱”的关系。“我们近代的人，通过我们整个文化教养，已经被许多具有丰富深邃内容的观念所熏陶，要想超出其笼罩，是极其困难的。”①

张楚廷创立了很多理论，其前提是学习了、继承了古今中外很多前人的思想。他很喜欢恩格斯的这句话：达成哲思的最好方法就是学习前人的哲学。他非常珍惜人类创造的文化遗产，长期的任教经历和博览群书为他的思辨打下了坚实的基础。他的理论成果是站在巨人肩膀上不断瞭望、不断取舍的结果，是对前人成果的继承和发展。如他的“人主义”，既来自善良的天性，也来自对古圣先贤思想的借鉴，而他所经历的那些“非人”的历史却从反面强化了他的“人主义”。

张楚廷处于“阅读—教学—研究”的良性循环之中。他一方面尽可能吸收国内外学者的研究成果，一方面自己也在不停地思考和探索。他读了哪些著作，这是一个无法列出清单的问题。从《课程与教学哲学》的参考文献就可以在一定程度上看出他阅读面之广、数量之大。该著作直接或间接参考过的文献有182种之多，其中：辞书类11种，教育哲学与教育原理类42种，比较教育、教育史和高等教育学类16种，课程与教学论类59种，哲学类34种，人文科学、社会科学类及其他22种。涉及孔子、孟子、蔡元培、苏格拉底、柏拉图、康德、黑格尔、尼采等152个人物的思想。

透过《课程与教学哲学》一书，我们可以感受到张楚廷视野的宽广、学术功底的深厚，也可以看出他的好学、乐学、勤学。他一方面认认真真地研

① 黑格尔. 小逻辑[M]. 贺麟译. 北京：商务印书馆，2011：100.

读马克思的著作，一方面又积极思考当代西方哲学新思想。他不仅批判性的分析和澄清了当下课程领域中流行的科学主义、人本主义和社本主义，同时也开掘了基于我国现实需要的课程建设可行性路径。可以说，张楚廷继承与发展同在、批判与建设并存，条分缕析中充盈着逻辑的缜密、直觉的灵动。

对于为什么要读书、如何读书，张楚廷有自己的理由：“广泛地阅读，为广泛地教书还是起了基础作用的。为了求甚解，为了读得深入，为了真正读懂，有些书需要反复读，有些还只能慢慢读。例如，亚里士多德的《形而上学》，黑格尔的《小逻辑》，马克思、恩格斯的《德意志意识形态》，卡西尔的《人论》。《人论》并不难懂，可特别值得回味。这些书，常放在心中，常放在案头。”①

张楚廷对教育学的系统了解是从阅读一些教育学经典著作开始的。湖北教育出版社出版的《世界教育名著通览》正合他的需要，那是一套395万字、1700多页的大部头，那是他曾经认真阅读过的教育学主要蓝本之一。

此外，他还阅读了更多古今中外的著作，包括一些心理学、哲学著作。正是这些阅读大大增强了他的底气，并让他有了走上教育科学研究道路的信心。他说：“这种勇气和信心，甚至超过了当年走进数学之门时的感觉……在初步读了一些教育学、心理学方面的著作之后，只是有了一点点底气。让我这种勇气变得更足一点的是实际的教学活动。”②

张楚廷通过追慕先贤提升自我。他说：“在学术界，也有我敬佩的人，如陈寅恪、顾准……还有康德那样的大人物。政治家与学问家相比，我更敬佩的是学问家。在我心目中，最高大的是柏拉图、亚里士多德、康德、黑格尔。”③

① 张楚廷. 思想的流淌[M]. 重庆：西南师范大学出版社，2015：217.
② 张楚廷. 思想的流淌[M]. 重庆：西南师范大学出版社，2015：233.
③ 张楚廷. 思想的流淌[M]. 重庆：西南师范大学出版社，2015：366.

张楚廷的阅读涉及很多学科、很多领域。他以扬弃为理念，通过消化吸收前人思想，发展了自己的思想。

怀特海曾说："通向智慧的唯一道路是面对知识的自由。"[①]这是张楚廷非常喜爱的名言。他读书就是自由地读，读得多、悟得更多。他连《辞海》《哲学大词典》《教育学大词典》《心理学大词典》等工具书也经常翻阅，并"翻"出了不一样的滋味。下面两段文字出自张楚廷的同事笔下，它道出了张楚廷好学、善学过程中鲜为人知的一面。

"只见书中夹满了各种便签、纸条，书页上写满了眉批、脚注、旁解和各色笔迹的记号，这些工具书大多已经翻得脱页了。一些俄文、英文的数学著作，也是如此……他翻开《共产党宣言》，从密密麻麻的读书记号、眉批、脚批、旁批中探询着那些关于人、关于自由、关于全面发展的论述。在《马列著作选读》（三卷本）和《马克思恩格斯选集》（四卷本）中，我们看到的同样是密密麻麻的记录，其中有的旁注竟然细致到标明了其中的一些句子与其他译本的不同之处：'见《马克思恩格斯选集》第×卷第××页，译法有所不同。'如此严谨的读书精神，令我感到无比惊异，也无比惭愧。"[②]

该作者继续写道："《现代汉语词典》这样普通的工具书，张校长有新旧不同的版本，用以探究某些词义的变迁。他说，过去的词典对一些社会学方面的语词的阐释虽然存在着很明显的意识形态的痕迹，但并不表明它在其他方面也是一无是处的，有些词语的解释甚至比后来出版的词典更深刻，更全面。他举'史前'一词为例，证明早年出版的《现代汉语词典》就比后来出版的《辞海》注释得更准确。"[③]

---

① [英国]阿尔弗雷德·诺斯·怀特海（1967），教育的目的[M]. 纽约：自由出版社（首次出版于1929年：第30页）.

② 鞠晨曦. 素朴无欲始见真——张楚廷校长之待人、治学与治校 [OB/EL]. http://blog. sina. com.cn/s/blog_48337a4601000a4k.html.

③ 燕良轼，刘宇文主编. 张楚廷教育思想研究[C]. 长沙：湖南大学出版社，2009：43-44.

这两段文字能让读者感受到张楚廷实事求是精益求精、不畏艰辛、力求甚解的治学精神。

关于为何读书、读什么书、如何读书，张楚廷有自己独特的想法和做法。他曾在一次演讲中说：

“书对我有多重要？我是通过书与古人对话的，古人都不在了，我能够通过书与他们对话呢。也跟他人对话，跟中国人对话，跟老外也对话。通过书，与古人对话，与他人交流，与世界沟通。通过书，明事理，长见识，增智慧。通过书，达到这样一些我所希望达到的境界吧。我有14种工具书……使用频率最高的是《现代汉语词典》……我所知道的汉字数是91251个，我认识不到6000个，我只认识汉字的1/18，所以对不起祖宗啊！

我建议大家读读这两本书，一本是德国哲学家雅斯贝尔斯的《什么是教育》。第二本书也是德国哲学家写的，卡西尔写的《人论》。两本书，一个在讲教育是什么，一个在讲人是什么。这种书是可以反复去读的。我相信大家也会读得懂。

有些书是一辈子要看的。你们有一辈子看的书吗？我有一辈子看的书，比如亚里士多德的《形而上学》。这是经典，真是经典的东西。还有黑格尔的《小逻辑》，一直就放在我的书桌上，这是要精读的，而且是一辈子要读的东西……黑格尔的《小逻辑》是比较难读的，它有些话也是慢慢可以琢磨的，比如说他讲‘后天的事实’，‘后天的事实’是什么呢？事实就是事实吗？还有个后天的事实。什么意思呢？事实、现象，这是一个意思。然后关于事实，还产生一些理论。对于理论，黑格尔把它叫做后天的事实。然后这个理论上面还可以有理论，就是理论的理论，它就要用另一个名词来表达，我给它的名词就是：大后天的事实，这就是哲学。所以对这些名词，你慢慢搞，你就通了啦！”①

---

① 张楚廷. 我们和读书[Z]. 笔者根据录音整理：在长沙市砂子塘教育集团的演讲，2013-08-26.

张楚廷如数家珍、和风细雨的演讲让人茅塞顿开：读书，让低俗变得高雅，让聪明走向智慧，让思维变得美丽。阅读和思考是五I课程观产生的“前结构”所在，正是阅读和思考开阔了张楚廷的视野、充实了他的心胸，从而厚积薄发，创造出了五I等一大批理论成果。

二、五I的雏形在老庄孔孟思想中

张楚廷出生在印尼，不到一岁就随父母回国了。他在武昌养真小学、武汉三中等传统文化底蕴深厚的学校接受了基础教育。虽是归国华侨，虽然成长于烽火连天的抗日战争时期，由于父母的重视和当地文化的熏陶，他还是打下了比较深厚的中国传统文化根基。

他这样回忆崇德小学对他的影响。“我记得最清楚的是学校有四扇窗，窗户都不是玻璃而是木板做的，四块木板上写着四个大字：礼义廉耻。当时，‘礼义’二字当然都是繁体字，很庄重，很漂亮。这大概是从此一辈子刻在我心头的四个大字。小镇虽不大，小学虽简陋，但大中华的文化如同闪亮的光芒一样耀眼。我深深的怀念那所传承我们民族文化的小学堂。”①

回忆在武汉三中的生活时，张楚廷说：“有父亲的教导，有好同学中的榜样，使得我学会了宽容，学会了忍让。三中不仅让我学习了知识，还让我学习了与人相处。这是我走上独立生活道路上的重要经历。”②

在这些有较好国学传统的学校里，张楚廷受到了中华传统文化的熏陶。他有相当浓厚的文化自觉、自信、自强意识，对自己民族的文化珍爱有加，他认为中国人有不亚于其他国家的灿烂文化和智慧。“古代中国人一点也不亚于古希腊人，中国也有自己灿烂的古代哲学，也有给人以智慧的科学。”③

当专门从事教育工作后，他认为孔子是伟大的教育家、哲学家。他专门写《致孔子》诗歌赞美孔子，其中说到“孔圣离世两千年，而今仍在人群

① 张楚廷. 思想的流淌[M]. 重庆：西南师范大学出版社，2015：8.

② 张楚廷. 思想的流淌[M]. 重庆：西南师范大学出版社，2015：11.

③ 张楚廷. 论道德智慧[J]. 当代教育论坛，2004（11）：21–22.

里……孔圣之灵可安息，精神永恒留大地。"[①] 他在《课程与教学哲学》一书中7次提到孔子。

当知道许多中国科学家说是唐诗、宋词、四书、五经给了他们智慧和力量时，当明白西方的大学者们也要从孔子那里寻找智慧时，张楚廷就更加深信以古典文化为基本内容的人文课程对于现代教育的深远意义是巨大的。

"至今，人们还不忘从孔子那里，从苏格拉底那里去寻找教育智慧。"[②] 张楚廷喜欢穿越时空与孔子、亚里士多德、苏格拉底、黑格尔、马克思、杜威、蔡元培等大思想家对话，从他们的著述里寻找智慧。他认为孔子、苏格拉底等人的思想是属于全人类的，不只是"为统治阶级服务的"。

细究之下，我们发现，五I的雏形就在孔子的教育思想中，在对于"为何教""如何教"等问题解答之上，张楚廷的教育思想与孔子的教育思想是一脉相承声气相求的。

从"为何教"看，孔子的思想在多方面是体现为为"智慧"而教的。张楚廷五I中的"智慧"就相当于孔子话语中的立志、克己、力行等。对于"立志"，孔子主张："君子不器。"（《论语·为政》）"苟志于仁矣，无恶也。"（《论语·里仁》）"三军可夺帅也，匹夫不可夺志也。"（《论语·子罕》）对于"克己"，孔子认为："克己复礼为仁。"（《论语·颜渊》）"君子求诸己，小人求诸人。"（《论语·卫灵公》）"躬自厚而薄责于人。"（《论语·卫灵公》）对于如"力行"，孔子喜欢"言必行，行必果。"（《论语·子路》）"今吾于人也，听其言而观其行。"（《论语·公治长》）

从"教什么"看，孔子的思想包含了多方面"信息"，如整理了"六经"做为教材；认为言教不如身教，所以开展"示范"，所以带领学生"游学"。

从教学原则或教学方法来看，孔子强调因材施教、知行统一、预习复习

① 张楚廷诗集（一）[M]. 北京：民主与建设出版社，2014：178–179.

② 张楚廷. 课程与教学哲学[M]. 北京：人民教育出版社，2003：250.

结合“学而时习之，不亦说乎”（《论语·学而》），也非常重视兴趣、质疑和直觉。

对于“兴趣”，“知之者不如好之者，好之者不如乐之者”。（《论语·雍也》）

对于“质疑”，“学而不思则罔，思维不学则殆”。（《论语·为政》）“不愤不启，不悱不发，举一隅不以三隅反，则不复也。”（《论语·述而》）

对于“直觉”，主要体现在他的率性上。他对“仁”的多元化解释就与他的直觉有关。“孔子对仁的种种解说，皆因人而设，随机呈现，所以孔子的‘仁’意蕴弘丰而恍惚不定，主旨明确而界域不清，给人一种‘瞻之在前，忽焉在后，仰之弥高，钻之弥深’之感，这就为后人留下了广阔的解释空间。”①

老子更是“直觉”的高手。老子主张闭目塞听、绝圣弃智、涤除玄鉴、心斋坐忘、顺乎自然、绝督为经。尤其值得一提的是他的“涤除玄鉴”思想。“所谓涤除玄鉴，是指要人们把内心打扫得干干净净，不受一点外来干扰，像一面最清澈幽深的镜子，一尘不染，以通过内心直觉把握玄之又玄的‘道’。他还认为，人们内心要清净虚寂到极点，牢固地守住这个清净虚寂的心，静观天地万物变化之‘常理’，即‘道’，否则，妄自作为，会干尽坏事，遭到祸殃。”②

综上所述，孔子、老子等的教育思想中，五I各要素一应俱全。热爱中华传统文化的张楚廷用自己的语言对老祖宗的教育思想、处事观念做了提炼、总结和发挥，创造了别具一格的五I理论。

五I与《礼记·中庸》中的“博学、审问、慎思、明辨、笃行”等思想也

① 颜炳罡. 仁·直觉·生活态度——梁漱溟对孔子哲学的创造性诠释[J]. 东岳论丛，2004（5）：88.

② 丁念金. 人性的力量[M]. 福州：福建教育出版社，2011：134.

有几分相似性。《中庸》第二十章十九条云："博学之，审问之，慎思之，明辨之，笃行之。"这里说的就是为学的几个层次，或者说是为学的几个递进阶段。五I中的兴趣、信息与《中庸》中的博学相关，五I中的质疑与《中庸》中的审问、慎思、明辨基本对应，五I中的智慧与《中庸》中的笃行暗合。五I与"博学审问"等思想同心同德。

关于学习过程，中国传统的教学理论精彩纷呈。孔子提出了"学—思—习—行"（四段论），《中庸》提出了"博学—审问—慎思—明辨—笃行"（五段论），朱熹把《中庸》五段论与孔子的"温故"与"时习"等思想相结合，提出了"博学—审问—慎思—明辨—时习—笃行"的六环节模式（六段论）。"六段论"几乎是中国传统学习过程理论的经典模式。张传燧教授将古今中外的几种学习过程模式做了比较分析，并制做了关系图，如图5-3所示。[①]

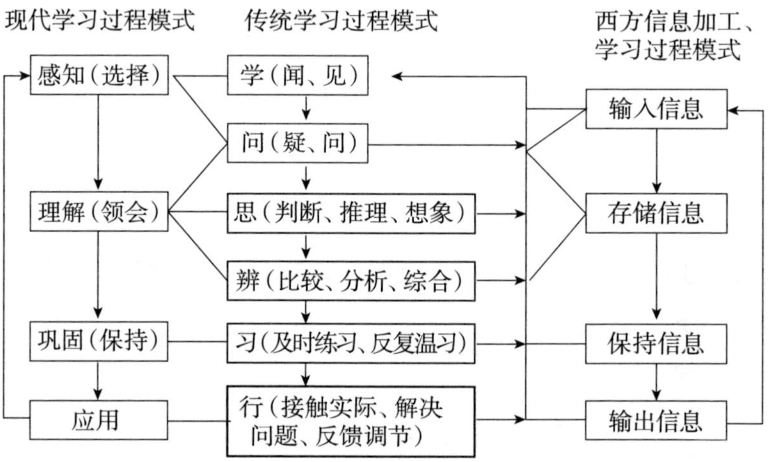

图 5-3　学习过程模式图解

张传燧教授将中国传统的学习过程理论总结为"志—学—问—思—辨—习—行"七环节。其中，"志"代表动力系统，"学、习、行"代表行为操

① 张传燧. 中国传统学习理论浅论[J]. 教育理论与实践，1994（5）：9.

作系统，“问、思、辨”代表思维加工系统。这一过程模式是比较符合人的学习规律的，或者说是体现了人的学习规律的。

张楚廷将课程目标及实施过程等问题概括为：激发兴趣、占有信息、充分质疑、尊重直觉、培养智慧等五个方面，即五I。五I的鲜明特点是：更加注重教学过程中心理因素的介入。五I其实是对传统学习理论的化用、提升。可以看出，五I思想与中国传统的教育理论之间是血脉相连血浓于水的关系。

对于为何学、如何学、学什么等教学问题的回答，张楚廷与子思、朱熹等遥相呼应、心有灵犀。可以说，张楚廷能创造出五I等理论，与他受到了《论语》《中庸》等经典著作所承载的中华文化的熏陶是息息相关的。

某种意义上讲，是以孔子、子思（据传为《中庸》作者）等为代表的中华哲学思想、教育思想孕育了五I。张楚廷化用了孔子等人的思想，形成了新颖独特的五I。追根溯源，我们发现，五I身上流淌着源远流长的中华血脉。五I，在继承中华传统教育思想精华的基础上实现了某种超越——放眼世界，中西结合。

三、五I博采西方教育理论之长

张楚廷为何如此重视兴趣、直觉等理念在教学中的地位？这与他对教学的理解有关，与博览群书、集思广益有关，与有条件的借鉴西方理论有关。除学习中国的孔子、朱熹等人的思想之外，张楚廷对马克思、布鲁纳等西方很多重要人物的思想都有比较充分的关注。在《课程与教学哲学》中，156次提到布鲁纳，93次提到皮亚杰，52次提到多尔，37次提到泰勒，34次提到冯契，30次提到杜威，多次提高笛卡尔、柏格森等人。这种关注不管是褒是贬，都丰富了他对教育的看法。这种关注不是一种随意性的低层次的兴趣，而是一种将兴趣变为志趣的深度关注，即研究性关注。张楚廷在采得百花后酿成了自己的蜜。本处从兴趣等四个方面探讨五I与国外一些教育理论之间的关系。

1. 与杜威等对话"兴趣"

张楚廷很欣赏加拿大著名教育家马克斯·范梅南的这句话："我们从一位伟大的老师那里所获得的与其说是一个具体的知识体系或一组技巧，还不如说是这位体现和代表知识的老师的行为方式——他或她的生活热情、严于律己、献身精神、人格力量、强烈的责任等。"[①]马克思·范梅南用独特的方式对教师的作用、对教育学的定义、对兴趣含义做了新颖的解释。

以英语为母语的马克斯·范梅南对"兴趣"从"文字学"角度做了"望文生义"而又合情合理的解释，从词语结构看，"兴趣倒是可以用来描述人在这个世界上的存在方式的一个词。对什么东西感兴趣就是置身于（inter esse）某事、参与、对某事持一种关心的态度。感兴趣就是热烈地投入到某事或某人当中去"。[②]因为interest有利息的意思，所以他还说："兴趣（interest）这个词的概念还有一种意义，表示你在某方面有投资。这是'兴趣'（利息）的更物质更经济的意义——对某事有法律上的所有权。在这个意义上，对某事'有兴趣'意味着对其有法律上的优先权，对其有一定的支配权。"[③]这种解释有利于我们进一步认识兴趣：兴趣是我们的存在方式，是一种生命状态，是对自我、他人、他物了解、喜欢、占有和使用的欲望。

兴趣的作用是什么？通过进入（inter），通过热烈的投入，我们就能知道自己的偏好所在。当我们对某一事情感兴趣时，我们就能全神贯注。"热烈的投入到某事或某人让我意识到了该主题的开放性、不可定义性和各种可能性。令我感兴趣之事就是对我而言是重要之事。"有了兴趣，做事的效率就会更高，成功的可能性就会更大。

---

① [加拿大]马克斯·范梅南. 教学机智——教育智慧的意蕴[M]. 李树英译. 北京：教育科学出版社，2001：99.

② [加拿大]马克斯·范梅南. 教学机智——教育智慧的意蕴[M]. 李树英译. 北京：教育科学出版社，2001：257.

③ [加拿大]马克斯·范梅南. 教学机智——教育智慧的意蕴[M]. 李树英译. 北京：教育科学出版社，2001：259.

张楚廷也比较欣赏杜威等人关于兴趣及直觉的说法，他直接或间接地受到了杜威等人的影响。杜威在《民主主义与教育》中说：没有兴趣，就是思考也会是草率的和肤浅的，“以兴趣为基础的学习结果和以仅仅以努力为基础的学习结果有质的不同”。①换句话说：兴趣一方面可改善学习过程，另一方面可改善学习结果，提高学习的量与质。

杜威通过对照两种教师或学生应该遵循的理论而在规范性方面提出了兴趣的问题。“一种理论主张，教师应该让讲解的内容非常有趣，能够吸引和保持注意力。我们可以称之为兴趣原则（rule of interest）。另一种理论主张，学生有责任从内部产生努力。这可被称之为努力原则（rule of effort）。杜威指出：努力的理论只是以一种兴趣替代另一种兴趣。它以害怕教师的、或希望将来得到奖励的不纯的（impure）兴趣替代对提供的材料的纯粹的（pure）兴趣。”② 作为老师，有必要从内容和方法上激发学生兴趣，从而让学生“努力”，让学生不只为将来的功利而强求自己有兴趣于当下，而且要引导学生对从当下正在进行的思考或实践可能得到的高峰体验有兴趣。

利用隐喻和叙述方式是杜威六大课程的基本理念（即发展实践性、利用自组织、权威的角色、隐喻和叙述方式、目标与计划及目的、评价）之一。③对于如何激发学生的兴趣，张楚廷极力主张运用比喻、隐喻等方法。这就让我们看到了中西方思想家相同或相近的一面。

在张楚廷看来，兴趣、感情等心理成分绝不是课程的外在条件，而是它的内在成分，甚至就是课程的重要内容。专心、用功、努力、守纪、思想集中必须与兴趣保持一种直接的、本原的关系，才能使学有所成、学有大成变为可能。

张楚廷遗憾与伤感于我们的很多教学理论对“元学习”的忽视，而兴奋

---

① [美]杜威. 兴趣与训练[M]. 波士顿：河畔出版社，1913.

② [美]肖恩・加拉格尔. 解释学与教育[M]. 张光陆译. 上海：华东师范大学出版社，2009：129.

③ [美]小威廉姆・E. 多尔. 后现代课程观[M]. 王红宇译. 北京：教育科学出版社，2006：231-244.

与惊喜于布鲁纳对"发现学习""元学习"的重视。"在布鲁纳的教学原则中能明显地看到元学习的地位。附带指出，当我们指出凯洛夫原则的不足时，并不否认其历史地位，也不否认其曾经发生过的积极作用。然而，布鲁纳明确提出了'学会如何学习'的问题，相比之下，布鲁纳教学思想产生了更大影响。"[①]由此看来，布鲁纳、凯洛夫理论都是张楚廷课程思想的重要土壤，他是对前人思想做出了科学的仔细的甄别和取舍后形成了自己的思想。

像多尔一样，张楚廷也是隐喻的爱好者。"通过隐喻与逻辑的相互作用，生活成为活生生的、被体验和被发展的。"[②]多尔之所以强调叙述方式的重要性，一方面在于叙述中可以利用隐喻使课堂引人入胜，另一方面是因为这种叙述方式与逻辑分析相比充满着足够的"不确定性"。这种"不确定性"能使读者充分参与到文本之中并与文本展开对话。因此，"作为教师，我们需要足够的叙述形式呈现内容，以鼓舞学生与我们一道共同探讨通过与文本对话而产生的各种可能性"。[③]

故事和隐喻之所以必要，"原因之一是容易引起对话和沉思，原因之二便是容易引起兴趣，这两方面可能是很难分开的……故事也便于容纳隐喻，它大半是美好或美妙的"。[④]张楚廷对隐喻钟爱有加，某种程度上与多尔是息息相通的。

2. 与多尔等对话"质疑"

张楚廷之所以如此强调"质疑"的重要性，一方面是自己觉悟的结果，另一方面是对前人特别是多尔、杜威等人先进思想理性继承的结果。真理走近了他，他也走进了真理。"质疑"是多尔的教育信条之一。多尔说："在教师与学生之间的反思性关系之中，教师并不要求学生接受教师的权威，

① 张楚廷. 元学习概念及其教学论意义[J]. 教育研究，1999（1）：72.
② [美]小威廉E. 多尔（1993）. 后现代课程观[M]. 纽约：哥伦比亚大学出版社，169.
③ [美]小威廉E. 多尔（1993）. 后现代课程观[M]. 纽约：哥伦比亚大学出版社，169.
④ 张楚廷. 课程与教学哲学[M]. 北京：人民教育出版社，2003：138.

恰恰相反，教师要求学生保持对这种权威的怀疑……随时准备面对学生的质疑。”[1]这个教育信条是多尔对其后现代主义教育观的基本陈述。

一些后现代主义代表人物重视“质疑”到了无以复加的地步，甚至不认可人拥有真理。在后现代主义者看来：“确实存在着‘迷人的、富有想象力’的领域，在这里没有人拥有真理，每一个人都有被理解的权利。”[2]这也就是说，在对知识和真理的探究过程中，人们都有权利去质疑，可以通过多种方式去解释“上帝微笑的回声”[3]。

上述说法可以进一步理解为：人们把认识对象作为要解释的文本，通过解释者之间的对话，达成对事物的共识或者继续保持对事物的歧见。据此，可以将教学定义为：教学是教师和学生在不断对话与反思中探究未知的过程。

现代主义教育观把教育视为向学生传递客观真理的过程，教师与学生的关系是一种权威与服从的关系，认为教师握有知识与真理的大权，课程即向学生传递已经发现和认识的真理。张楚廷不喜欢“现代主义”，也不愿意将自己归入“后现代主义”麾下。但可以肯定的是：他兼收并蓄，吸收了现代主义和后现代主义的思想精华。

伽达默尔认为“质疑”是一门艺术，而不是技术方法。“质疑的艺术就是进一步提问的艺术——也就是思维的艺术，被称之为‘辨证’，这是因为这是一门进行真正的对话的艺术。”[4]“事实上，不是历史属于我们，而是我们属于历史……个体的自我意识仅仅是封闭的历史生活的循环中一丝闪烁的微光（flickering）。”[5]伽达默尔的这段话能帮助我们进一步理解“质疑”的重要性：帮助人获得生命的“微光”、照亮瞬时的自我！

---

① [美]小威廉 E. 多尔（1993）. 后现代课程观[M]. 纽约：哥伦比亚大学出版社，160.
② [美]小威廉 E. 多尔（1993）. 后现代课程观[M]. 纽约：哥伦比亚大学出版社，155.
③ [美]小威廉 E. 多尔（1993）. 后现代课程观[M]. 纽约：哥伦比亚大学出版社，155.
④ [德]汉斯-格奥尔格 · 伽达默尔. 真理与方法[M]. 纽约：十字路口出版社，1989，367.
⑤ [德]汉斯-格奥尔格 · 伽达默尔. 真理与方法[M]. 纽约：十字路口出版社，1989，276–277.

张楚廷发展了多尔、伽达默尔等人的“质疑”思想。他认为：质疑是反思的一种。那种与原有思维夹角很大的反思，可以特称为质疑。质疑指向的是：真是如此吗？真是那样天经地义吗？未必不是另一个东西？“质疑”与一般的“疑问”所不同的是一个“质”字，它似乎具有某种颠覆的性质。用一个更有学术意味的词来表达，那就是“批判”。“学问”向高层次发展就需要质疑，就需要批判。质疑、批判，无疑是做更大的学问、做更高水平的学问所必需的。张楚廷说：“就像人进食各种鱼肉、蔬菜、大米之后，是要经过消化才能吸收的，人的阅读和倾听就是饮食着，所阅读的东西要想真正成为或转变为自己的知识，也要经过‘消化’的过程，质疑或批判正是这种‘消化’工作。否则，还可能食而不化，淤滞，要吃酵母片。”①这样看来，质疑是动物反刍式的消化过程，是去粗存精、去伪存真的加工过程。对于人，质疑却是思维的筛子、是思想的过滤器。

对于张楚廷为何钟情于质疑，还可以做进一步的解释。他认为质疑是通往智慧的桥梁和法宝，进一步说，质疑本是智慧的组成部分。借用鲁迅和伽达默尔等人的观点来解释，张楚廷之所以鼓励学生质疑，是想让他们在“墨黑的铁屋子中”、在“封闭的历史生活的循环中”获得“一丝闪烁的微光”。

在国外，质疑成了重要学问，英国人萨拉·斯坦利写了《让学生学会质疑》（范玮译，教育科学出版社，2012年）；美国人内尔·诺丁斯（Nel Noddings）出版了《批判性课程——学校应该教授哪些知识》（李树培译，教育科学出版社，2012年）；美国人布朗（Browne，M. N.）、基利（Keeley，M. N）出版了《学会提问》（吴礼敬译，机械工业出版社，2013年）等著作。敢不敢质疑、如何高质量质疑，是中西教育的重大差距之一，张楚廷呼吁国人特别是教育工作者重视质疑，就是为了尽量补齐这块短板。

① 张楚廷. 思想的流淌[M]. 重庆：西南师范大学出版社，2015：156.

3. 与柏格森等对话“直觉”

“我们知道的认知方式有三种：分析的、直觉的，以及《圣经》里的先知们所熟悉的启示式的。”① 这是一些西方人对认知方式的认知，三分天下，其中“直觉”有其一。

1808年，谢林的学生阿斯特出版了专著《语法、解释学和批判的基础》，其目的是要通过“直觉”重新发现不仅在古代、而且在整个历史中自我表达的不可分的精神统一体。②可见，直觉在哲学家心中具有很高的地位。

历史上对直觉的解释非常多。笛卡儿（R. Descarles）说：直觉是“从理性的灵光中降生的”，是一种与演绎推理不同的认识能力或思维形式。张楚廷认为这是偏于理性的解释。③

柏格森（H. Bergson）说：“直觉就是一种理智的交融，这种交融使人们自己置身于对象之内。”弗洛伊德（S. Freud）把直觉视作一种潜意识的、构成创造活动的原则。④ 张楚廷认为这是偏于非理性的解释。⑤

张楚廷归纳出了直觉的突发性、内省性、非逻辑性、待证性等几个特点。⑥

柏格森的直觉主义从认识与实在对象的符合性角度强调：科学概念分析法无法达到人文性的直觉体验所把握的实在本身。柏格森把认识对象的方式分成根本不同的两种。第一种是围绕着对象转，第二种是钻进对象。“第一种认识可以说是停留在相对的东西上，第二种认识——在可能获得的场合——则可以说是达到了绝对。”⑦

什么是绝对？有绝对吗？绝对何来？“绝对是只能在一种直觉里给予我

① 严凌君主编. 人类的声音[M]. 深圳：海天出版社，2012：49.

② [加拿大]让·格朗丹. 哲学解释学导论[M]. 何卫平译. 北京：商务印书馆，2009：110–111.

③ 张楚廷. 课程与教学哲学[M]. 北京：人民教育出版社，2003：34.

④ 冯契. 哲学大辞典[M]. 上海：上海辞书出版社，1992：950.

⑤ 张楚廷. 课程与教学哲学[M]. 北京：人民教育出版社，2003：34.

⑥ 张楚廷. 课程与教学哲学[M]. 北京：人民教育出版社，2003：34.

⑦ 柏格森. 形而上学论[M]. 中译文载洪谦主编的《西方资产阶级哲学论著选辑》，北京：商务印书馆，1982：134，137.

们的……所谓直觉就是指那种理智的体验，它使我们置身于对象的内部，以便与对象中那个独一无二、不可言传的东西相契合。至少有一种实在，是我们大家从内部通过直觉、而不是通过单纯分析把握到的。这就是在时间历程中的我们自己。"[①] 在这里，论述者对似乎不可言说的直觉做了尽可能个性化的、可感可知的阐述。柏格森认为人文科学更需要直觉。

现在，直觉越来越被重视，相关文艺作品，如与直觉同名的电影和歌曲不断涌现，理论书籍相继面世。美国拍摄了命名为《直觉》（Intuition）的电影。美国乌比尔著有《直觉》一书（黄建莲译，田蕾译校，2010年中信出版社出版）；北日主编了电子文学双月刊《直觉》；张信哲有《直觉》歌曲和以此命名的音乐专辑；Soler通过丰华唱片公司于2006年发行了《直觉》音乐专辑，第一首歌即为"直觉"；杨千嬅发行了《直觉》音乐专辑，其中收录歌曲"直觉"；梁静茹有歌曲《直觉》。笔者购买了美国彭尼·皮尔斯（Peny Perice）的著作《直觉力：打开灵感和创造力的心理学》（中信出版社，2012年）、刘振中的著作《直觉的魔力：80个开启直觉潜力的秘诀》（中国言实出版社，2011年）、照日格图的《直觉与创造》（吉林大学出版社，2012年）等关于直觉的专著。如能阅读上述中的部分或全部作品，我们对直觉的理解肯定会不断深化。

4. 与亚里士多德等对话"智慧"

《辞海》说：智慧乃"对事物能认识、辨析、判断处理和发明创造的能力"。[②]

"智慧是有关某些原理与原因的知识"，"智慧由普遍认识产生，不从个别认识得来"。[③]这是亚里士多德的观点。他所说的似乎是理性智慧，是古希腊理性主义在智慧上的表现。

---

① 柏格森. 形而上学论[M]. 中译文载自洪谦主编的《西方资产阶级哲学论著选辑》，北京：商务印书馆，1982：137.

② 辞海编辑委员会. 辞海[M]. 上海：上海辞书出版社，1999：1691.

③ 亚里士多德. 形而上学[M]. 吴寿彭译. 北京：商务印书馆，1959. 2–3.

杜威说："智慧与知识不同，智慧是应用已知的去明智地指导人生事务之能力。"[①] 这大约可以划归为实践智慧。[②]

张楚廷在前人基础上对智慧做了多角度分类与解释。他在五I中将智慧分为理性智慧、智性智慧、道德智慧。"我们不只有亚里士多德意义下的理性智慧，杜威意义下的实践智慧，还应有'善于善'意义下的道德智慧或伦理智慧……学习所习得的对象是知识，而元学习所习得的对象是智慧，'学会学习'是智慧的学习……智育应当不只赋予学生理性智慧、实践智慧，还应赋子学生道德智慧，赋予他们大智大慧。"[③] 张楚廷的"智慧"学说有明确的目的，那就是培养"智慧人"，使人像人，让人更高大。

第四节　用理论创作表征生命活力

"人越是有优秀的自我意识，就越是自己，也越能发展自己，展现自己，并在展现和发展中进一步优化自己的自我意识。"[④]正是这种强烈的自我意识使张楚廷总想把事情做漂亮，把人做漂亮。张楚廷创建五I等理论，其用意或者说可能的原因是多方面的，或者说想要达到的目的是多方面的，一来是想通过概念创建工作推动理论进步，二来是想通过先进的理论来优化教育实践，三来是通过自己的语言来成就独特的自我。本节重在从语言与人生关系的角度来探讨五I的成因问题。

一、重视语言与人生的密切关系

张楚廷是一个有哲学情结的人，他的哲学情结就是一种质疑问题的情结，一种创造概念的情结，一种提出命题的情结，一种用语言表征生命活力的情结。中国古人有"立功立德立言"的追求。西方有人说，哲学是灵魂飞

---

① 杜威. 人的问题[M]. 傅统先等译. 上海：上海人民出版社，1965：4.

② 张楚廷. 论道德智慧[J]. 当代教育论坛.，2004（11）：21.

③ 张楚廷. 论道德智慧[J]. 当代教育论坛.，2004（11）：21–22.

④ 张楚廷教育文集第17卷[M]. 长沙：湖南人民出版社 2012：560.

离肉体的方式，是"预习死亡"的方式，而死亡是灵魂完全脱离肉体。人总是要死的，拿什么留给这个世界？文字或精神可能是比较好的选择。我们不能说张楚廷的理论创作只是为了藏之名山流芳千古向死而生，他最为看重的是通过灵动的文字来体现其思考的能力与生命的活力，因而获得人生的快意。

读着，教着，想着，写着，张楚廷成了教育家、思想家、哲学家。他写了《思想颂歌》和《赞美哲学》等诗歌去歌颂思想、歌颂哲学、歌颂自己的志趣。其《思想颂歌》（原诗为一句一行，两句或三句为一节）曰：

这个强，那个壮，莫如思想有力量。

这个鲜，那个香，不如思想吐芬芳。

这个家，那个家，莫过走到形而上。

绫罗绸缎做衣裳，披上思想闪光芒。

左忙右忙万千事，磨砺思想第一桩。

过眼烟云飘忽过，唯有思想长流淌……[①]

学者的生命意义也许在于帮助自己和他人获得自由，学术创造因其可以扩大人的自由而赋予了学者生命更高的价值。张楚廷为什么如此看重"思想"？答案正在于诗中所说的"思想有力量、思想吐芬芳、思想长流淌"。这是一种基于功利又超越功利、基于当下又超越当下的长远追求。

对于张楚廷的诗歌，有的人很欣赏，认为他的诗充满哲理，如陈书国诗评所言。有的人认为他的诗像打油诗、口水诗。笔者认为，张楚廷的诗言近旨远，自由活泼，寓意深刻。

他写了一本与亚里士多德的《形而上学》同名的书。《方法论》是该书第一章。他认为，人的真正伟大之所在是能思想。人的强大力量之所在，也正是人的思想本身的力量。"人创造了一个精神世界，并且改变着物质世

① 张楚廷诗集（一）[M]. 北京：民主与建设出版社，2014：134.

界。又因为我看重的是人的精神、思想、观念、理论，故而方法论具有特殊的重要性。”①

张楚廷将拥有语言和创造新语言（概念）视为人的生命力甚至视为人本身。

他这样叙述语言与人生、语言与民族的关系：“儿童在长大的过程中，在获得语言的过程中，获得自己。像每个人的指纹代表自己，像每个人的手迹代表自己一样，每个人的语言也代表他自己，就是他自己……语言不只是德育、智育、美育、体育的承载者，语言教育有其独特的生命意义。”②

“哲学家甚至说，语言是生命存在的方式。卡西尔就是这样的哲学家，他甚至认为，人就是符号的生命体。

那么，不断增强自己的语言，既是更深切地融合于自己的民族，也可以说是不断地增强自己的生命力。”③

张楚廷是个喜欢阐释的人，是个喜欢创造概念、创造符号的人，这是他的学术力、生命力之所在。他在一次演讲中说：“他有没有真正意义上的研究，有一个基本的标志就是他没有自己的专属于自己的术语，大家可以看看我的著作，到处可以看到专属于我自己的术语……比方说，‘自我对象化’‘对象自我化’。这种术语就属于我，这就是我……”④

张华在谈及“概念重建主义者”的理论时说：“尽管创建一个概念框架是有风险的，但一个好的概念框架确实能创榛辟莽，指引一个领域的未来方向。”⑤张楚廷创建五I等概念，是冒了风险的，但他愿意冒这个风险，甚至乐此不疲。

---

① 张楚廷. 思想的流淌[M]. 重庆：西南师范大学出版社，2015：238-239.

② 张楚廷. 教育哲学[M]. 北京：教育科学出版社，2006：191.

③ 张楚廷. 思想的流淌[M]. 重庆：西南师范大学出版社，2015：15.

④ 张楚廷. 人学与教育学[Z]. 湖南师大教科院演讲，2013-10-18.

⑤ [美]威廉 F. 派纳等著. 理解与课程——历史与当代课程话语研究导论（上）[M]. 张华等. 北京教育科学出版社，2002：译者前言.

有学者说:"符号意义是人与世界关联的绝对中介,它拥有指称和表达两大内容。系统化含义构成意义世界。知识分子是拥有含义世界的含义工作者。"①

广义的知识分子是进入含义世界并熟悉各种含义符号的含义工作者。含义世界有不同的层次，很多知识分子可能只懂得各自领域含义世界的含义并熟练操作的人，只有少数知识分子，如哲学家、思想家，才能从事含义世界的系统化构建。

张楚廷是个含义工作者,他通过概念、符号、命题关联着整个教育世界乃至整个社会。五I是他用来关联世界的概念或符号之一,是他哲学思维的结晶。

张楚廷是能"从事含义世界的系统化构建"的少数知识分子之一，人哲学、人主义、人的教育、人的课程、五I课程构想、超结构、教育公理、人文引领主义、和谐课程观等都是他创造的概念，它们一起构成一个"人"本的意义系统。他破除或革新了前辈的范式，这种破除或革新是为了建立真正"为人"的教育世界。

哲学与语言的关系密切。"哲学不仅是一种语言批判，而且还是一种语言的发现，语言的解放。"②伽达默尔的说法似乎还只说了哲学的表层作用或特性。往更深处讲，哲学是生命解放之学。一言以蔽之：由语言构筑的哲学是人的解放之学。

哲学家海德格尔说："语言是存在的家。在其家中住着人。那些思者以及那些用词创作的人，是这个家的看家人。"③"语言是人口开出的花朵。在语言中，大地对着天空绽放。"④张楚廷与海德格尔等很多大哲学家有相似

① 尤西林. 阐述并守护世界意义的人[M]. 西安：陕西人民出版社，2006：2.

② [德]伽达默尔. 概念史与哲学语言. 载《伽达默尔集》[M]. 严平编选. 上海：上海远东出版社，1997：159.

③ [德]海德格尔. 人，诗意的安居：海德格尔语要[M]. 郜元宝译. 桂林：广西师范大学出版社，2002：25.

④ [德]海德格尔. 人，诗意的安居：海德格尔语要[M]. 郜元宝译. 桂林：广西师范大学出版社，2002：55.

之处，他也喜欢住在“语言”中，极端重视语言与他自己人生的关系，特别在意遣词造句与新概念的创造。他说：“人的发展主要表现之一是其语言发展，人的生命史即其语言史；人类史也是人类语言史；人的活力在多方面表现为其语言活性……”①他还说：“人的语言活性，既是人的活力的表现，也是增进人的活力的要素……人的一生中，尤其是那些自觉其生命意义的人的一生，总是会有多方面的修养的……这种修养是语言自觉的结果，也是语言修养的动因!”②

人成就语言，语言成就人；语言承载人，人承载语言；语言是人存在的工具，人是语言赖以生存的工具〔1987年诺贝尔文学奖获得者，诗人约瑟夫·布罗茨基（Joseph Brodsky，1940—1996）〕。③这些说法，都有其合理性和侧重点。哲学其实是用语言表征生命活力的学问，哲学家就是语言能人、语言达人、语言狂人。

张楚廷很不满意“语言是思维的外壳、语言是交流的工具、语言是人生存的方式”等说法，他直接将语言看作人生。他认为：“语言的教育即生命语言之抚育，语言之获得即生命之生长，语言与生命在言语中一起成长。”④这三句话可以说是一首语言与人生紧密关系的颂歌。

语词与思想之间的关系很奇妙，语言的创造和思想的创造同时进行。语言能力是一种人类超越既定信息、既定思想的能力。张楚廷作为以文字为载体开展理论创造的学者，他所具有的是一种心灵的能力。五I作为新创造的语词，在某种程度上彰显了作者的语言活力和生命活力。张楚廷通过自己原创的思想凸显他作为“人”的意义以及作为思想者的价值。理论创造，实际上就是主体性自由自在精神活动的象征。

① 张楚廷. 语言与人生[J]. 现代大学教育，2013（3）：31.

② 张楚廷. 语言与人生[J]. 现代大学教育，2013（3）：33.

③ 严凌君主编. 人类的声音[M]. 深圳：海天出版社，2012：49.

④ 张楚廷教育文集第17卷[M]. 长沙：湖南人民出版社，2012：285.

张楚廷能用中英文结合的形式创造一个有个性的概念——五I课程思想，表现了他思维与语言能力的强大。此刻，我们不再觉得语言文字只是思维的物质外壳，而认为语言文字就是言说者的学识和能力之所在，是言说者的精气神之所在。

张楚廷所有的著作、论文、教学、演讲都有一种风格，我们可以说是一种五I风格，也可以说一种“张氏风格”。这种风格表现在：对探讨问题的兴趣浓厚、所获取或提供的信息充分、常常以层出不穷的追问或质疑去阐释提出的命题、不时穿插故事引起听众或读者兴趣、利用直觉把突然萌发的思想火花释放出来，使论著、教学或演讲生动活泼且具有思想张力，从而体现自己的学养，也提升他人的智慧。这种方式的不断应用就形成了他的“范式”。很多人未见其人，通过“先闻其声”就知道是不是张楚廷在上课、在演讲：轻言细语、问题开路、广泛质疑、频繁对话、欢声笑语。文如其人，很多人通过看作品内容、感知写作风格就知道是他写的文章，“无处藏身”的他不得不放弃使用“宋嘉”“张家”之类笔名，从而老老实实、大大方方用自己的真名，用真名发文章，用真名行天下。

二、在关注与使用中让五I潜滋暗长

“感时花溅泪，恨别鸟惊心。”触景生情是人之常情。“人的主要思想是人对时代的刺激和生命感受的反应，作为人物思想研究者就应该研究你所考察的对象在面对‘时代刺激’与‘生命感受’时是‘如何在思想上作自觉的反应’的。”① 基于这种思想发生原理，研究五I课程思想，就有必要回到概念史。

对兴趣、直觉、质疑等概念的重要性、对于它们在教育中被忽视的严重性，张楚廷有相当清醒的认识。为了从实践和理论层面去改变教育现状，他

① 蒋贤斌. 历史人物思想研究三题——以张灏的研究为例[M]. 求索，2006（4）：210.

积极开展理论研究。五I 其实是张楚廷关心人、关心学生、关心教育、关心课程、关心教学，在学习前人理论、通过反复思索与反复实践的基础上提炼出来的。不管在2003年之前还是之后的论文、著作和教育实践中，张楚廷都或隐或现的使用着五I。五I与直觉有关，但绝不是偶然的、突然的想法，它是张楚廷长期实践、长期思考的产物。在五I面世之前，张楚廷所创作的一系列教育论文、著作已经既孕育了五I，其实也是他运用五I理念创造了这些论著。他潜意识中一直有五I。五I有一个由隐性到显性、由模糊到明确、由感性到理性、由零碎到系统的过程。

“按照解释学的原理，当一个研究者提出一个新的问题的时候，他已经形成了一个初步的回答和解释。伽达默尔称其为‘作为理解条件的前见’。所以，往往是在已经对某一问题有初步解释的前提下，这一问题才能够被明确提出来。”[①]我们可以这样认为，张楚廷能在2003年提出五I，得益于之前他或深或浅或多或少思考过与五I相关的问题。通过对概念史的探究，我们能够发现张楚廷是如何一步步走向五I的。

有人说：“科学的真理的寻求可以通过具体的方法予以实现或接近……计量化数据处理或数学定理或定律都不能保证‘自由的真理’的实现。所以，人们提到了实践智慧，即只有通过心性实践、良知践履和交流对话沟通原则才能真正达成对自由的真理的认知。”[②]笔者不完全认可“自由的真理”的获得不能使用计量化数据，但必须承认的是：两类真理获得的方法是有些不一样或者很不一样的。教育理论不是狭义上的‘科学的真理’，五I作为真理的一部分，它可以归类为“自由的真理”，它不是计量化数据处理的结果，而是张楚廷良知践履的结果，是体验的结果，是反思和领悟的结果，是与各类课程与教学理论及实践进行对话的结果。我们可以从一系列著作论文中看出张楚廷的“五I情结”和五I的发展历史。

① 韩喜平. 马克思主义理论学科建设中的“问题意识”[J]. 中国社会科学文摘，2013（8）：31.
② 李咏吟. 解释与真理[M]. 上海：上海译文出版社，2004：37.

五I“面世”之前，张楚廷发表了或出版了《发现学习与发现教学》《教学原则今论》等多本（篇）与课程及教学有关的论文与著作，或多或少涉及了对五I部分要素的关注。

《教学细则一百讲》于1999年出版。张楚廷在前言中说：“对于一个事物的整体，常常可以从两方面去看，有时还需要从三方面、四方面……去看……从多方面去看，这是做分析工作，越分越细，然而，还必须注意事物的整体性，注意综合起来看。”①这说明教学不是简单的事，所涉及的问题很多。该书第26节（直觉与逻辑）、47节（学问与“学问”）、48节（反问与反驳）、66节（信任与疑惑）就分别阐述了多组与五I密切相关的问题。

张楚廷在1999年发表的《论教学的特征性规律》中提出了“教学内容的时代性、知识传授的简约性、所学知识的间接性、学生发展的多样性、教师活动的本体性”等五条基本规律。在“教师活动的本体性”中重点探讨传授知识的重要性，这是五I中之信息处理问题。张楚廷认为，在教学信息中，知识具有本体性的崇高地位。“这里所说的本体并非康德哲学中的‘自在之物’，而是借用工程技术中的一个术语。‘本体’即一项工程的主要部分……传授知识是教师活动的本体，这是一个基本的客观事实，因此称为本体性。……教师是在传授知识的过程中肩负教学生做人的使命。”②

教师活动的本体性这一特质性规律，看似简单，实则有重大的意义。教师很多的工作都与本体活动（信息传递、分析）相关，否则教学会成为无源之水无本之木。例如，教师对学生进行思想品德教育也必须结合本体活动进行。品德问题涉及是非判断，其实也是个与知识相关的问题。最有知识、最有涵养的那些教师才最有可能被学生认为具有高大的形象。能有效传播真理者就是学生心目中的偶像。真理、伦理，都可以纳入知识范畴，是一些特殊的信息。“信息”作为教学的本体排在五I第一位，是相当有道理的，因为它

① 张楚廷. 教学细则一百讲[M]. 长沙：湖南师范大学出版社，1999：后记.

② 张楚廷. 论教学的特征性规律[J]. 教育评论，1999（1）：53.

是道德智慧、理性智慧、实践智慧的来源所在。

在1992年的论文中，张楚廷对兴趣、情感与注意的关系做过深入分析。他在《试论课堂教学的深入浅出原则》中说："持久的兴趣可导致学生对所学知识的情感，这种情感反过来会成为一种可贵的学习动力。"① 对于兴趣的培养问题，他认为老师自身的素质至关重要。"如果教学得当，教学水平甚高，产生兴趣的学生会更多。比如说，数学课，好的教师不仅让学生把数学学好了，而且让学生对数学产生了浓厚兴趣，甚至从数学中获得美感，提升了审美情操……"②

张楚廷一向重视质疑、重视提问，认为质疑是通往"学问"之途。质疑是他写文章、从事教学与管理的一贯做法，已经形成为一种风格。据不完全统计，他公开发表的论文中，标题为疑问句式的有40多篇。

他曾将质疑（是什么、什么是、为什么、对不对、好不好、够不够）、发现（事实、真理、自我）、欣赏（奥妙、巧妙、美妙）作为学习的三步骤，质疑排在首位。这说明质疑具有开路先锋的作用。人教版、鲁教版、上海版等多种版本的语文教材将叶永烈著的《真理诞生于一百个问号之后》作为小学五六年级的课文，也在某种程度上说明了质疑的重要价值。

张楚廷一向重视质疑、重视提问，认为质疑是通往"学问"之途。质疑是他写文章、从事教学与管理的一贯做法，已经形成为一种风格。据不完全统计，他公开发表的论文中，标题为疑问句式的有49篇。

肯定质疑的育人价值且喜欢将质疑作为一种教学方式的不止张楚廷一人。很多成功的老师都或多或少运用过质疑、兴趣、智慧、直觉等理念，只是没有归纳到五I这一概念之下而已。张楚廷、杨先武等老师的经验表明：成功的教学，具体方法可以各不相同，但理念却大同小异。

杨先武是一位中学语文特级教师，2004年荣获"湖北名师"称号，被学

---

① 张楚廷. 试论课堂教学的深入浅出原则[J]. 湖南师范大学社会科学学报，1992（3）：100.

② 张楚廷. 再论素质教育的基本点[J]. 中国教育学刊，2003（3）：10.

生称为"质疑专家"。他从教30多年来，担任过初、高中各年级的语文教学工作，一直致力于学生独立人格和创新精神的培养，尤以善于引导学生质疑而著称，他出版了《语文教育路在何方》等反思与批判特色鲜明的著作。他的多篇论文被中国人民大学书报资料中心全文转载。《怀疑与批判：永远和生命相伴》是杨老师的一篇作品，收录于刘铁芳教授主编的《追寻有意义的教育——教师职业人生叙事》一书（湖南师范大学出版社，2006年）。杨老师在文章中回忆了他如何成为"质疑专家"的心路历程。1981年，他写了论文《鼓起学生探究的风帆》，发表在《湖北教育》1981年第1期。他提出：为了培养学生的"智慧"，引导学生"质疑"是课堂教学中的一项重要任务。1989年，他将教学经验加以总结，写出了《质疑方式初探》论文，提出了求解性质疑、探究性质疑、挑战性质疑、指疵性质疑等几种质疑方式。这篇文章获评优秀论文，发表在1992年第4期《中学语文》上。[①] 论文中，杨老师明确提到了质疑、兴趣、智慧等概念和理念。杨先武老师的成功源于自觉的使用了质疑、兴趣、智慧等五I理念。

知或不知，信或不信，或明里，或暗里，落实五I思想是教学成功的基本途径。特级教师王崧舟老师之所以成功，主要是因为敞开胸怀欢迎学生的质疑、与学生一起探索真善美，将预设让位于生成，与学生一起打造智慧课堂。王崧舟老师在《智慧的觉醒》一文中（江苏教育研究，2010年第30期）描述了建设智慧课堂的心路历程，他以《邱少云》教学为案例，建立了生成重于预设的观点、建立了不管是知识学习还是伦理建构都要欢迎学生"质疑"的观点。

张楚廷在2002年发文说："'学问'一词，在汉语中有完整的词义。它与'知识''见识'等是同义词，此时'学问'是一名词。学问，又可是一个动词，意即学习提问，学习如何发现疑问。学着发问，学着问问题，学着

① 刘铁芳主编．追寻有意义的教育——教师职业人生叙事[M]．长沙：湖南师范大学出版社，2006：86-88.

质问。”[①]关于提问的重要性和如何提问，张楚廷有细致、独到的研究，他在《当代教育论坛》连续上发表了《“学问”三部曲》《论问题教学》《学生还在问吗》《像小孩一样去问》等文章来阐述这些问题。张楚廷运用他的五I思维，对问题的回答总是问“对不对、好不好、够不够”，从而得到“且对、且好、且多”的答案。他用五I理念对课程开展分类，产生的结果犹如“大珠小珠落玉盘”，令人目不暇接，让人大开眼界。

“质疑”是提问的一种特殊形态，主要指向“有疑而问”。作为一种教学方式，“质疑”受到了越来越多的人的关注，杨先武的《质疑教学方式初探》等文章、朱维宗的《数学质疑式教学的研究》（2012年，哈尔滨工业大学出版社）等著作先后面世。

张楚廷1999年探讨学习方法时指出：“高水平的思维素养是逻辑与直觉共同铸成的。这就是元学习的主要任务之一：如何通过结构的改善形成良好的思维品质。”[②]

张楚廷看到了教学中忽视直觉等思维能力培养的严峻现实，因此呼吁重视直觉。“至于直觉思维，由于主客观方面的原因，在教学理论中几乎没有什么地位……”[③]

完形心理学认为“直觉能力是人的心理能力高度发展的表现”。[④]张楚廷举例说明很多成功的人士都是重视直觉的。爱因斯坦在解释如何得到普遍的基本定律时说：“要通向这些定律，并没有逻辑的道路，只有通过那种以对经验的共鸣的理解为依据的直觉，才能得到这些定律。”杨振宁指出：“在所有物理与数学的最前沿的研究工作，很大一部分力量要花在猜想上。”[⑤]而许多猜想就是直觉判断的结果。

① 张楚廷. 学问与“学问”[J]. 中国教育学刊，2002（3）：43-45.

② 张楚廷. 元学习概念及其教学论意义[J]. 教育研究，1999（1）：69-70.

③ 张楚廷. 元学习概念及其教学论意义[J]. 教育研究，1999（1）：72.

④ 中国大百科全书（心理学卷）[M]. 北京：中国大百科全书出版社，1991：554.

⑤ 转引自《数学与创造》[M]. 张楚廷. 长沙：湖南教育出版社1990：131.

萦绕在张楚廷心中的一个重要问题始终是学生的发展水平和发展方法问题，为了提高学生发展水平，他于2003年撰文呼吁在教学中正确处理演绎与归纳、逻辑与直觉的关系。"我们追求结论的兴趣远胜于追求疑问，我们在认定确定性意义的同时，不明白不确定性的地位……并非演绎、逻辑、结论等方面不重要，而是对两者关系的正确处理更重要，归纳、直觉、疑问等方面的特殊作用更值得关注，仅有逻辑与演绎是走不了多远的。"①

就通过发展直觉培养学生的智慧问题，张楚廷从实践层面做过很多思考。他特别强调了创造有利于直觉发挥作用的环境的重要性。"那种直觉、顿悟、奇思妙想只有在自由宽松的环境下才容易发生。教学是严肃的，但决不是呆板的。在过于紧张、僵硬的条件下，那种大聪明就难以出现。"② 他自己上课时，喜欢讲故事、讲笑话，喜欢和颜悦色跟人说话，原因也就在于此：创造良好的"直觉"环境。

张楚廷很看重智慧，特别是大智大慧，因此而非常看重与之相关的非认知心理的培养。他于2003年说："懂得具体知识不一定聪明，懂得（当然要实际把握）形式逻辑可算小聪明；懂得（当然也要实际把握）辩证逻辑可算大聪明。但这不算大智大慧……大智大慧是发自心灵最深处的智慧。忽视了非认知心理的特殊重要作用，就不会有大智大慧。"③

为了帮助学生发展大智大慧，张楚廷提出加强人文课程建设。他很欣赏中国科学院院士杨叔子先生在其担任华中理工大学（现在的华中科技大学）校长期间关于培养"大师"与提高人文素质之关系的讲话。杨院士说："大师的根本特征在于超越，而超越只有在深切的人文孕育下才可能实现……历史证明称得上大智大慧的大师无不具备厚实的人文底蕴。"④ 张楚廷主张

① 张楚廷. 再论素质教育的基本点[J]. 中国教育学刊，2003（3）：10.
② 张楚廷. 我们能让学生更聪明吗[J]. 当代教育论坛，2011（5）：卷首语.
③ 张楚廷. 素质教育的若干理论问题[J]. 中国高等教育，2003（15-16）：23-24.
④ 张楚廷. 素质教育的若干理论问题[J]. 中国高等教育，2003（15-16）：24.

“人文引领”下的课程融合，这与杨叔子先生不谋而合。这也表明，成功人士达至成功的具体方法、手段可能千姿百态，但基本理念却不约而同、殊途同归。

以上引用与评述表明，张楚廷一直关注着五I的相关内容。五I是他长期关心教学现状、追求美好的教育理想而孕育的理论成果。

五I于2003年底在著作和论文中被完整提出来之后，张楚廷并没有将它束之高阁，而是以不同方式牵挂着、实践着、发展着五I。他论文中下载次数最多、引用次数最多的《大学里，什么是一堂好课》（2007年发表于《高等教育研究》）就是持续实践五I、应用五I的范例。“能引发出学生许多问题的课是好课，能引发出难倒教师的问题的课是更好的课。”[①] 在此思想指引下，张楚廷主张大力开展问题型、质疑型教学。

在该文中，张楚廷再次提到了五I：“教师向学生传递知识，传递信息（Information），然而，效果更好的传递必然会更关注学生的质疑（Inquiry）、直觉（Intuition）、兴趣（Interest）和智慧（Intelligence）。如能这样，我们就不仅是传递了知识，而且传递了智慧。这就是关于‘五I’的一个教学方案。”[②]

综上所述，张楚廷持续不断的关注着五I，这种关注是基于对人的关注，这种关注包含了一种深刻的教育伦理——爱学生、爱教育。

“邓小平改革思想的形成是他在自己的实践中思想清理的结果。我相信，我们的讨论也是在自己的教育实践、课程与教学活动实践中的一种思想清理。”[③] 用张楚廷自己的话说，五I的形成其实是他对自身进行“思想清理”的结果，是十月怀胎一朝分娩的产物。

“科学的真理”与“自由的真理”是一对范畴。自由的真理重在对社会规律的揭示，是人为了生命自身的发展壮大或表征生命的意义而进行的智慧

---

① 张楚廷. 大学里，什么是一堂好课[J]. 高等教育研究，2007（3）：73.

② 张楚廷. 大学里，什么是一堂好课[J]. 高等教育研究，2007（3）：76.

③ 张楚廷. 课程与教学哲学[M]. 北京：人民教育出版社，2003：318.

探索。反观历史，在对人文主义性质的"自由的真理"的探寻中，所运用的方法主要表现为对历史上理论遗产的创造性继承与应用，是对"将心比心"式的人道主义公平原则的信守与维护。这种方法不是计量化的方法，不是运算的方法，而是基于心性原则而形成的体验、反思和领悟的方法，这是生命才有的情感对话方法。作为"自由的真理"，五I主要不是数据分析的结果，而是张楚廷领悟与实践的产物。

"在课程论研究中，形而上的思考只有与形而下的关怀有机结合起来，才能使课程论研究从抽象走向具体，走向现实的课程存在……马克思指出，全部社会生活在本质上是实践的，人应该在实践中证明自己思维的真理性……"[①] 笔者愿意借助这个表述来说明五I课程与教学思想等理论的一个共同特点：它们是张楚廷思维发展与人生不断攀升的"实践哲学"。

三、逻辑与直觉共同孕育五I

张楚廷著作或论文中明确表达的"五I课程构想"或"课程的五I构想"是将潜伏潜行的五I化零为整得来的。之所以能成为此五I，而非彼五I，诚然还有一个优胜劣汰"择优录取"的过程。

五I作为一个新概念，不是观察出来的，而是从教育应然存在的规律和实践的需要之中"思维"出来的。这正应了黑格尔的说法："要发现事物中的真理，但凭注意力或观察力并不济事，而必须发挥主观的思维活动，以便将直接呈现在当前的东西加以形态的改变。"[②] 由此看来，五I作为概念、作为符号，是"主观的思维活动"之产物。

五I是心灵的东西，心灵的东西往往出自灵感。但这还不足以解释五I的来源。"重视寻求真理的过程甚于重视真理本身。"莱辛的这句话对笔者探究五I的成因是一个重要启示。在笔者与张先生的交谈中，他说五I是多种因素促成的，既有排列组合之逻辑效用，也有稍纵即逝的直觉之功劳。

---

① 徐继存. 课程本质研究及其方法论思考[M]. 当代教育科学，2003（14）：6.

② [德]黑格尔. 小逻辑[M]. 北京：商务印书馆，2011：77.

在访谈中，笔者大体弄清了五I的来路。不是张楚廷头脑中先有五个I或有对五I的预设，而是一个又一个I生成了五I。五I的产生过程让张楚廷真正体会到了“踏破铁鞋无觅处，得来全不费工夫”的意蕴。

张楚廷说：“为满足教学需要，我曾经阐述过教学细则一百讲，将一些涉及教学的问题，如教与学、教与不教、学习与元学习等，成对成对的加以解释。我长期思考人是什么、学生是什么、教育是什么、课程是什么、课程应提供什么、教学应该怎么开展才有效、怎样做一名好老师等问题。在持续的思考中发觉，信息、情感、兴趣、直觉、质疑、智慧等是与课程关系非常密切的因素。五I，有挑战多尔及泰勒等人的课程理论的诉求，但目的不全在于此。因为需要跟国外的三R、三S、四R等做对比，就想到搞个类似的名字，除‘质疑’的英语翻译颇为费神外，其他四个很顺利。我大学是学数学的，外语学的是俄语，英语是后来自学的……并不是先有这个称呼和概念，我是先把涉及课程必须考虑的一些重要范畴找出来后再命名的。”

张楚廷在创作五I时，他的审美体验具有了选择性，即不是所有的经验和经验性内容都进入了他的创作语境，如“自信”“情感”等也是教学所需要的一些心理条件，但他在做了比较后予以排除了。在经过了排列组合、取取舍舍之后，他留下“信息”等五个关键词构成了目前五I的主体，他把它们当作是构建课程或教学大厦的“顶梁柱”。

为了提出一个能超越泰勒原理等理论的课程模式，他先找到了“信息”等几个词语，然后想到翻译成英语，碰巧有好几个单词就是字母I开头。这可以说是一种“梦里寻她千百度”之后的“那人却在灯火阑珊处”，是一种铁杵磨成针的水到渠成。诚如张楚廷自己所说：“我与课程哲学、教学哲学是不期而遇的……很可能是在操练和琢磨过程中养成的理性思考的习惯引导我走到了这一步。我所写下的，是自然流淌的。”①

① 张楚廷. 课程与教学哲学[M]. 北京：人民教育出版社，2003：前言.

笔者就五I来源等问题多次访谈张先生。他给我从不同角度讲述五I"诞生"的故事。为了说清"质疑"这个词汇所对应的英语单词的"面世"过程，他从书架上取下几本字典。他边翻边说："寻找'质疑'的过程有些周折。我先后查了《英汉词典》《汉英词典》等三本词典。先看到了enquire，有询问、调查、打听的含义，但不是I开头。又查出了一个query，有疑问、质问的含义，但也不是I开头。再换一本词典，终于找到了inquiry，有询问、调查、侦查、审查等含义。真是天助我也。可以说，五I是心里自然流淌出来的，也是刻意雕琢出来的，是勤思的结果，是感悟的结果，有逻辑的帮助，更有直觉的关怀。五I是实体与内容在前，名称与表达形式在后。"①

笔者甚至觉得，张楚廷能创造五I，刻意大于天意，凑合高于巧合。但这种刻意、凑合却能给人信服感、审美感，因为五I中充满了张楚廷的生命体验向教育开放、向师生生命开放、向汉语开放、向英语开放、向变幻莫测的思维开放所能产生的多种可能性之魅力。

张楚廷说："五I似乎有一些形式上的追求，但大体上还是比较自然的。比如说，质疑、询问、疑问一词本可用query，但我们用了inquiry，原因就在于它的第一个字母正好是I，但这也不算很勉强的。"②

知识关乎事物，智慧却关乎人生。如果说五I是知识的话，创造了五I这一理论的张楚廷就可用这一知识体现他的智慧，丰盈他的人生。

尽管笔者认为，五I的产生刻意大于天意，但这种"天意"是不可忽视的，这种"天意"直接关联个体的独特、思维的神秘，往更深处说是人的神秘与神圣。

有人说张楚廷是天才。他回应说：天才不敢当，算个"地才"吧。

"康德指出，天才是天赋的才能，对于它产生出来的东西不提供任何特定的法规；它不是一种按照任何法规学习的才能，独创性才是其根本特

① 黎利云. 与张楚廷先生关于五I的对话. 2013-04-26.

② 彭道林，张楚廷. "五I"课程观再释读[J]. 课程·教材·教法，2013（9）：13.

性……天才的创作意识甚至不受创作者自身控制，它总是自由的被构拟出来。”[①] 这段关于“天才”的文字也许言过其实，但在某种程度上也许可以用来解释五I的产生。其实，我们每个人都有天才的潜质，都有奇思妙想、身不由己、灵光乍现、“火山”爆发的时候。

怀特海将人的天性粗略的划分为三类，即“本能、理智、智慧”。[②]每个人都有这三类特性，也许是呈金字塔排列的，即本能是基座，越往智慧发展就变得越小（越窄）。在三类人的数量方面，具有本能的人多于具有理智的人，有理智的人多于有智慧的人。物以稀为贵，如果说“天才”是智慧人中的智慧人的话，那天才就是人中的佼佼者。

怀特海在探讨人的灵魂时指出，观念“开始是作为思辨的意见（speculative suggestions）出现在一小群天才人物的头脑中的。在社会里发挥不同作用的各色领导人手中，这些概念被有限的运用于人类生活”。[③] 这段话明确了一种观念的产生与天才所具有的密切关系。能创造出五I等概念的张楚廷是否是天才？笔者不便直截了当说张楚廷是个天才，但很想借用“天才”的某种含义来解释五I的产生。

五I是张楚廷对课程的原创性解释。“原创性解释对解释者或创建者提出了极高的才能要求，而人的才能的发展本身充满了奇迹性和偶然性。科学、技术、思想、艺术的伟大发明与创造性往往找不到确定性的依据，创造者的创造与解释活动常常逸出常规，因而是可遇不可求的。它带有一种特定的遗传性，每一个天才性的解释都是创建性的工作，而不是重复性的工作。”[④] 可以说，五I是一种“天才性”发明、原创性解释，这也说明了理论创作中灵感、顿悟、直觉的重要性。

---

① 李咏吟. 解释与真理[M]. 上海：上海译文出版社，2004：310.

② 怀特海. 观念的冒险[M]. 周邦宪译. 贵阳：贵州人民出版社，2000：55.

③ 怀特海. 观念的冒险[M]. 周邦宪译. 贵阳：贵州人民出版社，2000：17.

④ 李咏吟. 解释与真理[M]. 上海：上海译文出版社，2004：23.

为了避开吹捧张楚廷之嫌，笔者尝试跳出五I的"天才"说笼子，而进入"直觉泵"的视域。

直觉泵（Intuition Pumps）是丹尼特创造的一个概念，专指塞尔的中文屋（Chinese Room）思想实验。后来用它来指称一切有趣的思想实验。丹尼特认为，直觉泵不是论点，而是故事，它们没有得出结论，而是泵出了直觉。在丹尼特看来，哲学史上有许多影响深远的直觉泵尽管千疮百孔，但都生动鲜明、令人难忘。如柏拉图的洞穴隐喻、笛卡尔的恶魔。"对哲学史的反思表明，伟大的直觉泵一直是主要的推动者。丹尼特对于直觉泵也宠爱有加……他也确实是一位创造直觉泵的大师，提出了许多生动有趣、富有启发性的直觉泵，如虚拟机器、玛丽莲·梦露壁纸、叙述引力中心、两角五分机（Two-bister）等。"①

五I既是由"人"演绎、由思维归纳出来的，也是瞬间爆发出来的。与其说五I是抽象的逻辑理性之产物，不如说是创作者设身处地体验教育现实后产生的直觉成果，是"直觉泵"泵出来的。

"体验和意义是同时产生的。"② 张楚廷体验着，思考着，用其"直觉泵"捕捉稍纵即逝的思想火花，用其如椽大笔去梳理直觉之成果，使其体验与意义达到了高度的融合。

"问题意识首先是建立在理论直觉基础上的，而理论研究就是对这一理论直觉提出来的问题进一步加以详细论证的过程。"③问题意识需要一种敏锐的理论直觉。张楚廷能提出和解答很多问题，就得益于他的理论自觉与理论直觉。张楚廷敏锐的理论洞察力即理论直觉体现在多方面，比如在还没有经过详细的分析和论证之前，他就从"前理解"中捕捉到所要提出的问题。

---

① 刘占峰. 解释与心灵的本质——丹尼特心灵哲学研究[M]. 北京：社会科学出版社，2011：代前言：22.

② 王卫华. 体验研究如何可能[Z]. 湖南师范大学教科院演讲，2014-03-07.

③ 韩喜平. 马克思主义理论学科建设中的"问题意识"[J]. 中国社会科学文摘，2013（8）：31.

在他的思想历程中，因为常常在思考，所以提出问题、发现问题变得比较直接而频繁，“问题找他”甚至多于“他找问题”，因而有写不完的论文和著作。

“教育经验的生成性类似于诗人的创造性，诗人在写诗时，并不能总是发现自己能够控制创作。语言或者诗人的无意识或者语言和无意识之外的某种东西在诗人的创造性中起了作用……新事物的出现不是作为技术性控制过程的结果，而是作为解释者和被解释者之间的张力或间距化的结果。”① 五I是张楚廷创造的一个教育理论，它既是张楚廷诗人般灵感爆发的结果，也是他十月怀胎艰难孕育，一朝分娩悉心呵护的结晶。

持之以恒的常规性解释工作是理论原创的重要前提和基础。诚然，五I的产生与难以言说的直觉密切相关，所以能说它是“直觉泵”泵出来的。但是天上不会掉下馅饼，机会只青睐有准备的人。五I的到来离不开张楚廷平时常规性的思索，日有所思才会夜有所梦，心有所想才会笔有所写。

“谁相信人生的答案能靠逻辑推理求得呢？在这里，真正起作用的是亲身的经历，切身的感受，灵魂深处的暴风骤雨，危机和觉醒，直觉和顿悟。人生的最高问题对于一切人相同，但每个人探索的机缘和途径却千变万化，必定显出个性的差别。”②张楚廷与众不同的系列理论成果是如何出现的？借用哲学工作者周国平先生的这段话做一个注解，五I是张楚廷在自我独特的经历与感受中直觉和顿悟出来的。这也许是一个比较理想的注解。

张楚廷既是一个虔诚的教育工作者，又是一个深邃的哲学工作者，还是一个热烈的诗人。在言说的世界里，他用五I等理论成果建构了一个宏大的真善美思想体系，用切实的行动诠释着笛卡尔的格言“我思故我在”以及他自己的理念“人作为意识着、思想着的生命而存在着、生活着”。③

① [美]肖恩・加拉格尔. 解释学与教育[M]. 张光陆译. 上海：华东师范大学出版社，2009：151.

② 周国平. 无用之学[M]. 南京：译林出版社，2011：5 .

③ 张楚廷. 教育哲学[M]. 北京：教育科学出版社，2006. 32.

第六章　五I的国际比较

五I的产生，使中国人有了与三R、三S、四R、泰勒原理平起平坐的概念。“我相信，中国人的理论，也必须在超国界的范围里去比较。我有信心去展开这种比较，从而，更好地发展我们自己的理论。”[①]这是张楚廷在提出了五I等理论若干年之后对自己的再次肯定与期待。

为什么有了泰勒原理、三S、四R之后还要创造五I？五I与泰勒原理、三S、四R等相比，不只是换一个说法，更是换了一种境界。五I的产生有国际比较的背景，与已有的课程模式有密切关系。张楚廷为什么要提出五I？因为国外理论的不足，因为国外理论的启发，是重要原因之一。五I是国际比较的产物，是教育理论自然发展的产物。由批判走向建设、由解构走向建构，也是理论形成的基本路径。五I的创造，体现了张楚廷“批判性便可与建设性同在”[②]的思想。如果将批判国外课程理论的不足与五I的形成原因结合起来，我们可以归纳出五I的另一个理论特征：生成路径上的批判性与创新性。

本章重点比较五I与泰勒原理、四R等之异同，从而从不同视角看课程理论，从同样的话题看不同作者之思考重点。将五I与泰勒原理及四R等课程观做比较，是对“五I”课程构想的进一步阐述。这种比较，能帮助我们看到“五I”更丰富的内涵，更深刻的意蕴，以及它与其他课程观的区别与联系。

---

① 张楚廷. 思想的流淌[M]. 重庆：西南师范大学出版社，2015：354.

② 张楚廷. 课程与教学哲学[M]. 北京：人民教育出版社，2003：7.

第一节　五I的借鉴与超越

哲学的基本性格是在批判中建构、在继承中超越。19世纪出现了科学主义课程观，并在20世纪得以发展，然而，不久后有了人文主义课程观与之相对。20世纪六七十年代，出现了结构主义课程观，随之，又产生后结构主义课程观。泰勒的课程理论被称为现代主义的，随后又有了后现代主义的。五I是一个超越结构主义与后结构主义、现代主义和后现代主义的课程理论。

一、五I宽于三R

三R，即读（Reading）、写（Writing）、算（Arithmetic）。这是一个难以落实始创者是谁的概念。它的积极意义在于：十分简洁地概括了学生所应习得的一些文化，这些文化被认为是最基本、最重要的文化。

多尔认为：三R是19世纪末20世纪初的创造，旨在适应发展中的工业化社会的需要。在多尔眼中，这是一个现代主义课程模式，认为它着重体现了知识的工具理性，认为该理论的提出者是想将具备“读写算”能力的人作为社会生产的工具。

三R，主要从内容角度来谈课程。对于为何读写算以及如何读写算，提出这个概念的人没有解释与讨论。

三R与五I有可比性吗？三R只是五I中“信息”之一部分，当然是比较基本的一部分。三R中，课程知识似乎只限于看的、读的、听的。五I中的信息，则包罗万象，包含读写算知识及以外的东西，如情感、如环境等。

知识是信息，但信息不一定都是知识形态的，而且知识也不是人追求的全部。知、情、意的统一与和谐才构成一个完整的人。课程的根本在于人的健全发展和自由成长，所以课程所传递的应是知、情、意。因而，课程除考虑基本的“读写算”外，还要关注思维、情感、意志等更柔性、更人性的东西。这是被三R所忽视的，却是被五I所特别重视的。

三R似乎让人看到的只是读着、写着、计算着的人，看不到人的丰富的情感。也许三R背后有某种关于人的复杂性的价值预设，但这需要读者耐心的挖掘与阐释。

三R培养具备"读写算"基本素质的"工具人"，五I培养具有美好心灵的"智慧人"。

五I宽于三R，两者目标不一样，内容不一样，实现方法也不一样。

二、五I强于三S

多尔在他的著作《后现代课程观》"中文版序"中提出了三S。他说："我相信，我们正不可改变、无可逆转地步入一个新的时代，一个后现代的时代……当我们向这一时代前行之时，我们需要将科学（Science）的理性与逻辑、故事（Story）的想象力与文化，精神（Spirit）的感觉与创造性结合起来。在本书的最后一章我提出四R，而在本序中我则提议三S。"①

三R着重于实，三S是虚实结合；三R比较单薄，三S相对厚实。遗憾的是：多尔并没有对他的三S课程方案做详细的论述。我们可以追问或反问：课程在三S之外还应有什么？科学（Science）的内涵是指什么？精神（Spirit）是否就隐含了智慧？是不是像三R一样，三S也有工具性的成分？

多尔虽然没有对三S做更具体的讨论，但其积极意义是值得充分肯定和关注的。比如说，他为何提出Story（故事）？其意义何在？为何提出Spirit（精神）？其价值何在？

五I与三S，既有形式上的相似性，又有内容上的相关性。

三S中的"科学"具有普适性吗？如果多尔所言的"科学"是在广义下被理解的，那么它可包含社会科学、人文科学。如果仅仅被理解为物理、化学一类的自然科学，那么科学的内涵就相对狭窄了。五I中的信息可以涵盖广义的"科学"，但"信息"还可包含情感、态度等比较软性的东西。

不管是人文课程还是科学课程，活生生的教学，应该让学生有兴趣、让

① [美]小威廉姆·E. 多尔. 后现代课程观[M]. 王红宇译. 北京：教育科学出版社，2000. 中文版序II、原编者序（英文版）Ⅳ，261.

学生开心，这才是启迪智慧、陶冶情操、培养精神的课程。这样推理之后，我们感觉到三S理论中所蕴含的思想也就体现在五I之中了。

三S与五I有某种对应关系，“科学”中就有“信息”存在，“故事”就在于引起人的“兴趣”，让人产生“质疑和直觉”，培养“精神”就相当于发展“智慧”。

但从所涉及内容的范围和理论意境上看，五I强于三S。

五I中的智慧宽于三S中的精神（在日常用语中，精神是中性的，智慧是褒义的），五I中的信息比三S中的科学内涵更丰富。三S中的故事可以引发五I中的兴趣、质疑、直觉。但“故事”的表述未免太单一、太笼统，而“兴趣、质疑、直觉”却把课程与教学所需要的一些重要的心理条件做了充分的罗列与揭示。

三S是“见人”的，既然要探究精神、体现精神，那就是人的精神。但三S与五I相比，五I“见人”的广度、深度、明晰度都高于后者，因为兴趣、质疑、直觉等都直接表示和体现人的心灵。

多尔没有对科学做界定，似乎指的是自然科学。我们要质疑的是多尔提出三S时，是否考虑了“科学”的广义性。如果其中不含社会科学和人文科学，那就真的过于狭窄。结合当时的时代背景，我们很难果断地说：多尔在三S中所提的科学是自然科学、人文科学、社会科学的总称。如果科学指的是广义的科学，那就值得细细玩味了，那可以说三S是一个极具概括性和指导性的课程理论了。

在阐释学的语境下，为了使三S理论更好地服务于课程活动，我们可以约定：将科学做广义的理解。有了这种约定，三S与五I就更具有某种亲缘关系了，这样就使之与五I有异曲同工之美了，它们都不是课程的程序性理论，但都在某种程度上体现了课程所应该涉及的内容和目的。

三S与五I，是课程理论的双子星座。一东一西，遥相呼应，可以建立珠联璧合、相互补充的关系。

三、五I甚于四环套

泰勒在《课程与教学的基本原理》导言中说：“这本小书试图阐明一种基本原理，用于观察、分析、诠释教育机构的课程及教学计划。”[①]泰勒原理的基本内容如图6-1所示：[②]

> 这里要揭示的基本原理，将从定义四个基本问题开始，它们正是制订任何课程及教学计划时都必须回答的问题，即：
>
> 1. 学校应力求达到何种教育目标？
> 2. 要为学生提供怎样的教育经验，才能达到这些教育目标？
> 3. 如何有效地组织好这些教育经验？
> 4. 我们如何才能确定这些教育目标正在得以实现？

图6-1　泰勒原理基本内容

1. 对泰勒原理的褒贬

泰勒原理出现后，其正负评价都是存在的。有人说：“这四个基本问题构成了现代课程领域最有影响的理论框架。”[③]

有人说：“泰勒所确立的主导的课程范式的独特魅力使其最广泛地‘掌握了群众’，产生了最深远的影响。”“泰勒的……课程基本原理或课程开发模式是课程理论界影响最大、实践界应用最广的原理或模式。”[④]

也有人说，“泰勒原理的基本哲学取向是技术兴趣”[⑤]，而“技术兴趣”是比较形而下的哲学基础，甚至很难说是哲学基础。

多尔认为，泰勒原理是一个线性的因果框架，与三R之间的联系的基础

① [美]泰勒. 课程与教学的基本原理[M]. 罗康，张阅译. 北京：中国轻工业出版社，2008：1.
② [美]泰勒. 课程与教学的基本原理[M]. 罗康，张阅译. 北京：中国轻工业出版社，2008：1.
③ 靳玉乐. 现代课程论[M]. 重庆：西南师范大学出版社，1995：13.
④ 张华等著. 课程流派研究[M]. 济南：山东教育出版社，2000：231-232.
⑤ [美]泰勒. 课程与教学的基本原理[M]. 罗康，张阅译. 北京：中国轻工业出版社，2008：194.

是“预定性的功能主义”[①]，“目标像经验与发展那些经验的方法一样，是预先设定的……”[②]在笔者看来，多尔的结论是比较粗糙的，他只是笼统地给泰勒原理一顶现代主义的帽子，而没有进行深入地分析。

有学者从“要不要事先确定课程目标、确定什么样的课程目标、如何确定课程目标、课程目标的确定是技术问题还是价值问题”[③]等四个方面批判了泰勒原理的狭隘性，并提出要慎用目标模式去开发课程。

派纳对泰勒原理被批判持欢迎态度，他甚至说：“现在，泰勒不仅受到否定，而且他的基本原理也被取代了。”[④]事实上，时至今日，泰勒原理也没有被谁的理论完全取代，也不可能被取代。

后现代主义课程观对泰勒原理的批判集中体现在以下方面：泰勒的目标被认为是先验的外在的、泰勒原理是线性的确定性的、泰勒原理是基于科学主义的。[⑤]

2. 张楚廷对泰勒原理的评判

张楚廷称泰勒原理为“四环套”。他说：“泰勒原理是由四个问题构成的，一个套着一个，我们权且称其为一个‘四环套’……这个‘四环套’事实上已指出了课程编制的四步曲：确定目标，选择经验，组织经验，评价经验，亦即，在确定目标之后，依据目标来选择、组织、评价经验。”[⑥]

张楚廷某种程度上肯定了泰勒原理的意义，他说：“这虽然只是微观的课程制订工作，却也波及宏观。”[⑦]“泰勒原理还是提出了一种常规程序，他

---

① [美]小威廉姆·E. 多尔著. 后现代课程观[M]. 王红宇译. 北京：教育科学出版社，2000：250.

② [美]小威廉姆·E. 多尔著. 后现代课程观[M]. 王红宇译. 北京：教育科学出版社，2000：250.

③ 黄忠敬. 要慎用目标模式的课程开发——兼论“泰勒原理”的局限性[J]. 当代教育与文化，2011（1）：55-58.

④ [美]威廉 F. 派纳等著. 理解与课程——历史与当代课程话语研究导论（上）[M]. 张华等译. 北京：教育科学出版社，2002：523.

⑤ 张楚廷. 课程与教学哲学[M]. 北京：人民教育出版社，2003：103-104.

⑥ 张楚廷. 课程与教学哲学[M]. 北京：人民教育出版社，2003：103.

⑦ 张楚廷. 课程与教学哲学[M]. 北京：人民教育出版社，2003：103.

所提到的四个环节都还是必需的，有其合理性。"①

张楚廷特别指出："泰勒及其原理被特别关顾到了，但是，泰勒原理的结构主义性质并未被特别注意。如果说布鲁纳的结构主义主要表现在内容方面，因而可以叫做内涵结构的话，那么，泰勒的原理是关于过程的一种结构，故可称之为过程结构。"②

张楚廷对"四环套"有褒有贬，但贬似乎比褒多。他尤其不满其先验性、线性性。对于四环套的"线性性"，张楚廷说："泰勒的目标原理具有明显的线性性，似乎课程的进程总是直线发展的……课程的发展不是笔直的，不是线性的。可能在某个局部是线性的，但全局一般不是；局部的线性也许是必要的，但对全过程而言则是不够的。"③

张楚廷这样批判四环套的"外在性"："事实上，泰勒原理没有根植于人自身。从目标的确立，到经验的选取与组织，都应是人去做的，并且是为着人的……一切知识只有在真正融入了人自己的情意之中以后，才真正属于人自己。在这个过程中，必伴随全身心的活动。"④

张楚廷对于泰勒原理的科学主义倾向也提出了批评："科学主义追求身外的目的、应用的目的。人文主义只在乎人自身的目的。同时，科学主义追求唯一确定性。但是，在人文领域，常常表现为多义性，表现为对同一文本的不同解读。对于自然科学与人文科学，严密性或严谨性的意义是不同的。"⑤ 泰勒原理有科学主义倾向，这是事实。不论是教育目标的确立、学习经验的选择和组织，还是对教育计划的评价，泰勒都提倡进行缜密的科学实证甚至实验研究，他自己就曾开展了著名的"八年研究"。在科学主义的视角下"实事求是"地按部就班，这既是泰勒原理的"优点"，也是它的

① 彭道林，张楚廷. "五I"课程观再释读[J]. 课程·教材·教法，2013（9）：12.
② 张楚廷. 课程与教学哲学[M]. 北京：人民教育出版社，2003：117.
③ 彭道林，张楚廷. "五I"课程观再释读[J]. 课程·教材·教法，2013（9）：13.
④ 彭道林，张楚廷. "五I"课程观再释读[J]. 课程·教材·教法，2013（9）：13-14.
⑤ 彭道林，张楚廷. "五I"课程观再释读[J]. 课程·教材·教法，2013（9）：14.

“硬伤”。

张楚廷认为一切把课程目标以及课程实施过程简单化的想法和做法都是不负责任的，应该体现或把握好目标的“个体性、内在性、情意性、过程性”①等特点。

3．五I与四环套各有所长

不可否认，泰勒原理的基本特征是行为主义、系统管理、效率驱动、目标控制。有人说：该理论将课程开发变成了一种机械的加工程序。这种危险性也是存在的。虽然我们不能将课程中因注重目标的预设而出现的一切问题都归因于泰勒原理，但对泰勒原理的理解与实践确实容易让师生进入一种“机械式循环”。泰勒原理把人、把教学简单化了，他的“技术兴趣”“效率兴趣”的特质隐含着一种走向机械性和极端实证性的潜在可能。

泰勒原理基本上或主要是围绕工业发展和经济学、管理学上的“效率”而设计的操作步骤，它的确有很多值得“非议”的地方。比如，它的哲学性何在？它似乎也触及了课程“为何”和“何为”的问题，但并没有深入论述，特别是对“为何”阐述得不充分。

我们还可以追问：泰勒原理“人本性”充分吗？各项基本问题本应是直线式排列的吗？各个问题之间是固定排列的单向或双向循环关系吗？情感、审美等目标能直接评估和检验吗？如何评估才能有个体针对性和适切性？显然，泰勒原理很难妥善回答以上问题。多尔、张楚廷等人最担心“四环套”很可能以所谓科学实证的追求、预设为先的理念、环环相扣的做法造成画地为牢误人子弟的不良后果。

如果将五I与四环套做比较，我们发现，它们各有所长，同时也意味着各有所短。

（1）预设与线性的不可避免性。五I与四环套都存在预设与线性的问

---

① 张楚廷. 后现代教学观对现代主义教学观批评的合理性分析[J]. 中国大学教学，2007（10）：5–6.

题，这既是表达思想的"社会性"需要，也是表达思想时文字出场必须有先后的"自然性"使然。

预设性不等于预设主义、线性性不等于线性主义。张楚廷不完全反对预设与线性，否则就不会有五I及一大批理论的出现。因为对于实践而言，这些理论未尝不是一种预设。他在比较现代主义与后现代主义课程观时说："论可操作性而言，人们可能宁愿采纳被视为现代主义代表的泰勒原理（亦方案），至少在局部线性化的那个局部，泰勒原理并不是完全无效的。"[①]张楚廷对线性意义的肯定，还体现在他的结构改造主义等思想中，他极其看重要素、成分及其关联。五I也曾有排列的结构之变，结构之变就是意义之变。

五I中也有预设，比如讲究各I的顺序。对五个关键词的重视本身就是一种预设，对五个语词排序的讲究就是一种线性，也是一种预设。五个语词排序及其调整是另外一种线性和预设。五I的排列与四环套一样，都有线性呈现，这是它们相似的地方。

（2）概念排列组合的单一性与多样性。张楚廷在《课程与教学哲学》第八章阐述了《"五I"课程构想》，经过修改后以《课程的"五I"构想》为题发表在2003年第11期《课程·教材·教法》上。作为论文在刊物上发表的时候，张楚廷对五I的顺序做了调整，将著作中的信息、兴趣、质疑、智慧、直觉变为了论文中的信息、兴趣、质疑、直觉、智慧。将"智慧"殿后，似乎能更好的体现课程演化逻辑的内在结构特征。著作中将"直觉"看作是一种独特的智慧，因此置于智慧之后，作为智慧的补充。而论文中，直觉变为了生成智慧的一个条件，置于智慧之前。这种顺序安排使"智慧"更能顺理成章。

张楚廷对五I呈现了两种基本的排序。这两种排序就体现了他对五I出场顺序的"纠结"，也体现出了他的智慧：五I的出场顺序不是僵化的，而是可

① 张楚廷. 后现代教学观对现代主义教学观批评的合理性分析[J]. 中国大学教学，2007（10）：6.

以灵活多变的。也许还可以有别的排列方式，如以“智慧”开头。

五I有多种排列方式和解释方式，而“四环套”只有一种，这是两者不同的地方。笔者认为，从逻辑上、形式上确定一种顺序是必须做的事，否则无法表达思想。当然，原创者张楚廷如果能明确提出：五I可以任何一个I为起点，可以任意排列组合，那就更具开放性和多义性了。那样的话，读者可以根据实际需要去随意组合，比如，可以从“兴趣”出发去寻找“信息”，比如可以从“智慧”出发去“质疑”。

（3）课程目标表述上的显性与隐性。四环套明确提出要设定目标，五I没有明确预设课程要达到什么样的目标，但它很巧妙地将我们日常所说的教学目的、课程目的暗含其中。其实，有目标才会有五I，五I即是目标，其中的“智慧”是既笼统又具体的目标，其他四I也是目标。如果智慧是“母目标”的话，其余四I可以命名为“子目标”。

张楚廷说：“‘五I’构想之中似乎没有一般中国教育工作者常喜欢谈论的课程目的，没有那种通常是首先提出的目的。我们无意地没有按泰勒原理行事……”[①]张楚廷将目标明暗结合、显隐相生的做法，是比泰勒原理直截了当提“达到何种目标”、而实际上又没设定具体目标更高明的地方。

将什么教给学生？这就需要“闻道在先，术有专攻”的老师做出一定的预设。“一些基础的、已确定的知识就有必要通过预先的规划让学生循序掌握，为学生进一步的学习，为个体能力的形成、素质的提高打下基础。这样的目标不仅应该是预设的，而且应该是具体的……可见，目标的一般化与目标的具体化、目标的生成与目标的预设并不相矛盾，它们相互补充，只有这样才能做到稳中有变，变而不乱。”[②]对于如何处理预设与生成的关系，笔者比较欣赏刘要悟教授等人的上述观点。没有目标不行，目标太死、太小亦不行。目标的设定与修正也是一个与时俱进、因人而异、因地制宜的问题。

① 张楚廷. 课程与教学哲学[M]. 北京：人民教育出版社，2003：151.

② 于慧慧，刘要悟. 对多尔后现代课程观的些许质疑[J]. 教育科学论坛，2005，（10）：15.

（4）五I更重生成性。相比泰勒的预设性、清晰性、精确性，张楚廷更喜欢杜威所主张的生成性、变通性、模糊性、动态性和适度的不确定性。

张楚廷不完全否定预设，而是否定过于死板的预设。"对于一堂课，需要多方面的准备，既有知识的准备，又有精神和情感的准备；既有对现成答案的准备，又有对可能的问题的准备……对于一堂有充分准备的课，那是思想的流淌，激情的荡漾，语言的芬芳。它所唤起的，不仅是学生静静的聆听，更有脑海的激荡，凝神的欣赏，无限的遐想。一堂优秀的课，不是先验的，而是生成的……一堂课所能达到的境界，'在本质上是不可计算的'①。讲稿的作用是有的，然而，'教育的作用也并非是事先预料的'②……"③从引文看来，张楚廷并不否定做一些准备工作的意义，但他更重视课堂的生成性。这是基于人思维的复杂性、教学状况的多变性而做出的判断。

学习经验的选择与组织是复杂而富有艺术性的工作，具体怎么实现，泰勒没有做细致的表述。这恰好是后来的理论工作者（包括创造五I的张楚廷等）可以有所作为的地方。重视兴趣、尊重直觉的五I就可以成为经验的选择与组织的基本理念。

五I关注教学在非平衡状态下的持续流变，使师生在教学场中的价值和意义得以不断生成。五I尊重个体的兴趣和直觉，提倡质疑，这在某种程度上弥补了"四环套"中教学重在知识传递而使情感、态度等生命世界的意义被遮蔽之不足。

五I考虑到了学生的学习基础或条件的差异性、学习过程（其实是思维运动过程）的复杂性、学习资源的多样性，所以对学习结果持多元化、个性化态度。学生通过教学获得的智慧，不是被确定出来的，而是持续生成的。五I中将智慧作为核心目标，这就体现了课程方向上的明确性，但允许过程上的

① [德]雅斯贝尔斯. 什么是教育[M]. 北京：生活·读书·新知三联书店，1991：36.
② [德]雅斯贝尔斯. 什么是教育[M]. 北京：生活·读书·新知三联书店，1991：65.
③ 张楚廷. 大学里，什么是一堂好课[J]. 高等教育研究，2007（3）：74-75.

模糊性和结果上的多样性。

针对四环套的预设性、线性性、先验性、机械性等特点，张楚廷提出了课程理论应具备四个基本特征的主张，“正面的讲，课程理论应体现：生成性（目标上）、多样性（形式上）、非线性（编制上）、丰富性（内容上）”。[①]他还说：“我提出的‘四性’好像更为明晰，更合逻辑。”[②]他说这段话时用了“好像”，没有唯我独尊地说“绝对”“一定”。这是张楚廷说话谨慎、为人低调的表现。

五I没有“简约”人、没有“简约”课程过程，反倒希望将课程变为丰富多彩的生命探究与体验过程。四环套提出了首尾相接的四点主张，也是课程实施的一条基本路径。它们彼此都有侧重点，都是课程实践所需的重要理论。

四、五I高于四R

多尔基于课程理解的视域提出了后现代课程观，这体现在他以这个观点命名的《后现代课程观》一书中。在该书中文版序言中，多尔说明了后现代课程的3S观念，在该书最后，多尔在与现代课程的对比中提出了后现代课程的四R特征：即丰富性（Richness）；回归性（Recursion）；关联性（Relation）；严密性（Rigor）[③]。多尔认为，泰勒原理有预设性、线性性等缺陷，因而提出了一种“形成性的而不是预先界定的”、“不确定的但却有界限的”课程理念[④]。这就是四R标准。

多尔所做的主要工作是解释了四R各自的内涵，但没有深入阐释各R之间的关系和整体意蕴。张楚廷肯定了多尔的贡献，但也批判了他的后现代主义的不彻底性。张楚廷说：“我这个五I较之多尔的4R要先进得多。多尔称他

① 张楚廷.“五I”课程思想[Z]. 吐鲁番地区教育局演讲. 2012-05-28.

② 张楚廷.“五I”课程思想[Z]. 吐鲁番地区教育局演讲. 2012-05-28.

③ [美]小威廉姆·E. 多尔著. 后现代课程观[M]. 王红宇译. 北京：教育科学出版社，2000：250-261.

④ [美]小威廉姆·E. 多尔著. 后现代课程观[M]. 王红宇译. 北京：教育科学出版社，2000：250.

的4R是一种后现代课程观，并认为泰勒的课程理论是现代主义的。实际上，四R在整体上并没有跳出现代主义的基本框架。”①

多尔的四R课程观和张楚廷的五I课程构想，是两种生长于不同土壤的课程观念，揭示它们内涵上的差异性或一致性，也许能给课程建设与实施带来某种启示。

1. 四R原文或译文的语意含糊与逻辑混乱问题

小威廉姆 E. 多尔所著、王红宇翻译的《后现代课程观》是“后现代课程观”的代表性作品。有读者认为：“该书目录虽很清晰”，但“内容存在几个突出问题：一是逻辑性不强、许多语句费解；二是师生关系扭曲，4R 系统性不强”等不足。② 一些读者认为，阅读该书感觉异常痛苦，因为该翻译作品并没有落实“信达雅”要求，让人不知所云。

仔细分析，意在“取代半个世纪之前泰勒提出的模式”③的四R，的确有内涵不明确、对各“性”之间逻辑关系欠缺说明等问题。

（1）丰富性（Richness）。“这个词是指课程的深度、意义的层次、多种可能性或多重解释。”④ 这个说法是含混的。我们不能从翻译者笔下对“丰富性”的界定中得到关于“丰富性”的含义。从该书作者以语文、数学和科学分门别类列举的方式看，作者坚持的是学科课程观点。从对各科的具体描述看，很难看出“后现代课程”的特点。无论什么样的课程，不能为了所谓的丰富性而违背人类的认识规律。如果所谓丰富的东西不能内化为学生的智慧，再丰富也只能是摆设。违背认知规律的所谓“丰富性”终究是会被抛弃的。

（2）回归性（Recursion）。什么是回归性，这也是一个翻译者没有说

① 张楚廷. 思想的流淌[M]. 重庆：西南师范大学出版社，2015：282 .
② 高向斌. 泰勒原理将被取代吗——对译著《后现代课程观》的评析[J]. 学术瞭望，2012（6）：5.
③ [美]小威廉姆·E. 多尔. 后现代课程观[M]. 王红宇译. 北京：教育科学出版社，2000：230.
④ [美]小威廉姆·E. 多尔. 后现代课程观[M]. 王红宇译. 北京：教育科学出版社，2000：250.

清楚的概念。作者只是用了数学函数中一个简单的迭代运算来类比回归性，即“回归性常与数学的重复运算相关”。[①]

为实现课程与教学论的所谓科学表达，嫁接一些“非教育学”概念未尝不可。张楚廷等人就引进了公理等概念来阐释教育问题。张楚廷认为“教育理论是由存在公理（潜在公理）、能动公理（动因公理）、反身公理（自反公理）、美学公理（需要公理）和中介公理（环境公理）所构成的公理体系”。[②] 陈振宣等将“兴趣”作为数学教学公理，[③] 马卫平教授认为体育理论可以由“自保公理、自足公理、竞争公理、美学公理和生长公理”组成一个公理体系。[④]这种教育学公理化的研究是可以开展的，也是有积极意义的。

但针对多尔等人提出的课程标准之“回归性”而言，“把后现代课程的一个典型特点寄托于一个简单的数学迭代关系之中是不可思议的，是很勉强的，也是无法令人接受的。因为这个函数并非为后现代课程规律所满足的模型，这二者是毫不相干的”。[⑤]多尔并没有阐释清楚为什么要回归、如何回归等问题。

（3）关联性（Relation）。作者意在教育联系和文化联系，主旨意思是比较明确的。但作者以研究生、本科生、初中生和小学生中的几个例子去说明课程的“关联性”原理，论据不充分，论证不严密。“不必教太多的学科而是要完全地教所教的一切”[⑥]，这句话中，“太多”“完整”“一切”，堆在一块，逻辑混乱，意思含糊。读完作者的所谓论述之后，读者仍然不清楚在各种各样的课程中以及在一种课程内部如何建立“教育联系”。“文化联系”的概念也问题丛生。作者说“文化联系”的思想是从“诠释的宇宙

① [美]小威廉姆・E. 多尔. 后现代课程观[M]. 王红宇译. 北京：教育科学出版社，2000：252.
② 张楚廷. 试论教育公理[J]. 高等教育研究，2006（05）：1.
③ 陈振宣. 数学教学公理刍议[J]. 中小学数学（高中版），2009（7–8）：1–3.
④ 马卫平，范运祥. 体育本质的公理化方法阐释[J]. 天津体育学院学报，2011（1）：7.
⑤ 高向斌. 泰勒原理将被取代吗——对译著《后现代课程观》的评析[J]. 学术瞭望，2012（6）：8.
⑥ [美]小威廉姆・E. 多尔. 后现代课程观[M]. 王红宇译. 北京：教育科学出版社，2000：256.

学"[①]中得来，但到底对于何种材料之间、如何有针对性地建立所谓"文化联系"，又如何对此进行评价，作者并没有解释清楚，并且也没有建立起一个可供参照的"模体"。

（4）严密性（Rigor）。作者指出，严密性"是四个标准中最重要的，它防止转变性课程落入'蔓延的相对主义'或感情用事的唯我论……"[②]，但著作中并没有说明白"严密性"到底是指什么，也没有对课程中的"蔓延的相对主义""感情用事的唯我论"作出解释。

多尔指出，"20 世纪的严密性的概念具有所有这些成分——学术逻辑、科学观察和数学精确性"[③]，"在这一具有严密性的新框架中——对不确定性所具有的复杂性和解释的诠释学予以组合——有必要建立一种批判性的但又是支持性的社区。这种社区，我相信，是杜威所构想的学校"[④]。到此，作者啰嗦了一大堆，最后落脚到了现代教育理论家杜威的学校概念中了。这种表达让人感觉声东击西、思路相当不清晰。

有学者认为，原创者对严密性的"概念、结构、运行方式等方面都缺乏描述，最后要构建的却是现代教育家杜威的学校，这给人一种'不严密'的感觉"。[⑤]

综上所述，"从本书对4R的描述看来，基本概念尚不清晰，缺乏系统性，更难以将四者联系起来构成体系"。[⑥]

五I从目的、内容、方法、过程等角度探讨课程建设与实施应该注意的五个方面，以信息为基础，以智慧为目标，特别强调了兴趣、质疑、直觉等心

① [美]小威廉姆·E. 多尔. 后现代课程观[M]. 王红宇译. 北京：教育科学出版社，2000：256.
② [美]小威廉姆·E. 多尔. 后现代课程观[M]. 王红宇译. 北京：教育科学出版社，2000：258.
③ [美]小威廉姆·E. 多尔. 后现代课程观[M]. 王红宇译. 北京：教育科学出版社，2000：258.
④ [美]小威廉姆·E. 多尔. 后现代课程观[M]. 王红宇译. 北京：教育科学出版社，2000：261.
⑤ 高向斌. 泰勒原理将被取代吗——对译著《后现代课程观》的评析[J]. 学术瞭望，2012（6）：9.
⑥ 高向斌. 泰勒原理将被取代吗——对译著《后现代课程观》的评析[J]. 学术瞭望，2012（6）：9.

理因素的重要作用。张楚廷对五I的描述及其关系的阐述是清楚的。而这是四R所不及的。对五I的内涵及其关系，本著作的第一章与其他地方已有比较充分的论述，在此不再赘述。

2. “见人”的程度问题

张楚廷认为多尔的4R仍然具有现代课程观的线性性、唯知识性等特点，见“知”不见“人”，没有直接关注到人及其发展。“我们看看多尔的四R实质上说的是什么。丰富性显然是指尽量充分地组织经验，回归性与关联性说的是如何组织这些经验，严密性则是对组织经验的一种要求或目标。这样，四R相比于泰勒原理，就没有多少新意，而且没有泰勒原理那样完备……”①

也有学者解读出了四R的“见人”的特点。“多尔构建的4R课程方案，其中的‘回归性’特别强调了学习者的自我意识和创造性方面。多尔用‘回归’指心智或自我‘回转’、转过来反思它自身，并且用这种方式真正地去创造有意识的自我。”②这是一种对回归性的个性化解读。

张楚廷认为他的五I是直接“见人”的：“五I恰好是从多方面关注人的，对人的好奇心的保护与发展，对人的直觉的培养与训练，对人的质疑和批判能力的增强，并最终落到让人成为智慧的人之上。”③

五I中的兴趣、质疑、直觉都属于人的心理，它“见人”是非常直接的。如果说它们都具有“人本性”，五I的人本性不需转弯抹角去思考、去推理，四R的人本性却需要更多的思考、解释、推理，甚至去强制联系。

笔者觉得，四R也是为人而存在，是能“见人”的，它是将“见人”隐藏或前置的。不可否认，四R中的潜台词或者大前提就是人的发展，但也应该承认：四R见人显然没有五I那么直截了当、明明白白。四R偏重于回环往

① 彭道林，张楚廷．“五I”课程观再释读[J]. 课程·教材·教法，2013（9）：12.

② 李臣之等著. 西方课程思潮研究[M]. 北京：人民教育出版社，2012：359-360.

③ 彭道林，张楚廷．“五I”课程观再释读[J]. 课程·教材·教法，2013（9）：14.

复说知识，五I偏重于念念不忘谈智慧。

四R基本局限于知识范围内，多尔的目的是想通过知识去发展人，只是没有清楚地说这个想法。人，不只是知识的载体，还有情感、意志、态度等让人之为人的东西。这是多尔注意不够的地方。

当然，四R是有一定的创新性和合理性的，它通过课程评价体系的建构确定了课程理论发展的一个方向。

从课程归属的视域反思四R与五I，可以发现，两者都在不同角度、不同深度上体现了课程的为人性和属人性内涵与宗旨。

3. 有无明确范畴的问题

范畴是一个哲学概念。如果讨论事物与事物的关联、事物内部的关联及关联中的发展，就会遇到范畴问题。范畴（category），又称矛盾统一体或对立统一体。四R是四个形容词，说的是事物的程度、状态，无所谓范畴。比如，四R首先说到的丰富性，就不是从范畴视角去看待的。“单一地孤立地强调丰富性，是远远不够的。课程的结构更值得注意，并且，结构的合理与否，先进与否，又必须是与人的多方面的发展为根基来考虑的。这都说明了四R的片面性。”①

而五I，却有鲜明的范畴意识。五I中的每个“I”都有其相对面，它不是片面地强调一面而忽略另一面。比如，直觉虽然对于创造性学习更为重要，但逻辑也不可忽视。比如，质疑是真正习得、深入习得所必须的，但聆听也有其地位，因为这是基础和前提。五I在整体上注意到了、照顾到了事物本身发展变化的辩证性质。

“对于直觉与逻辑，虽然我们更看重直觉这一面，但也看重直觉和逻辑的和谐统一。对于质疑与聆听，兴趣与毅力，也是如此分析和看待的。信息与知识、智慧与聪明似乎并非一种对立关系，但也包含层次关系。因而，可

① 彭道林，张楚廷.“五I”课程观再释读[J]. 课程·教材·教法，2013（9）：14.

以视为一种较弱的范畴。”①

总而言之，五I较之4R，五I具有十分明显的范畴意识和辩证特征，从而，也具有更丰富的哲理内涵。

五I是把信息与知识、兴趣与意志、直觉与逻辑、质疑与聆听、智慧与聪明等做为一些哲学范畴来讨论它们的辩证关系。并约定：信息宽于知识，兴趣先于毅力，直觉重于逻辑，质疑贵于聆听，智慧高于聪明。

五I是由五对范畴构成的，说的是课程内的各种关联，以及由这些关联构成的辩证统一体。如果再深入往前解释，五I是一种可以说明课程为什么、课程与人的关系是什么等重大问题的课程理论。而这确实是由四个往一边倒的形容词组成的四R所望尘莫及的。我们很难找出与丰富性、关联性、回归性、严密性对立统一的另一面，连找出它们的反义词都比较困难，丰富性能对贫乏性吗？关联性能对无关性吗？回归性能对离散性吗？严密性能对松散性吗？这种对应是不伦不类的。再说，丰富性或贫乏性，作为形容词，有它的内涵，但难以明确它们指向何种具体的事物或事件。如果要说是省去了“课程”或“知识”，那也要做好这方面的约定，而多尔是没有这样做的。也许，他认为，这是不需要约定与说明的吧。

4. 如何对待确定性知识问题

多尔反对“确定性”，这也是四R与五I的分歧之一。没有一定的确定性怎么走向丰富性、回归性和严密性？

多尔认为，在后现代范式中，“偶然性”随处都是，我们“不仅无法确定上帝的性别，而且怀疑上帝可能使用灌了铅的骰子”②。多尔认为存在一个“没有人拥有真理而每个人都有权利要求被理解的迷人的想像王国”，因而对课程知识不是固定地等待“发现的实在”，而是“解释上帝笑声回音的多

① 彭道林，张楚廷. “五I”课程观再释读[J]. 课程·教材·教法，2013（9）：14-15.

② [美]小威廉姆·E. 多尔. 后现代课程观[M]. 王红宇译. 北京：教育科学出版社，2000：225 .

种方式”。[①]多尔的课程建构也就是“在那‘迷人的想像王国’之中开展自己的课程会话”。[②] 在课程内容上要有多种可能性或多层解释，要有“适量的不确定性、异常性、无效性、模糊性、不平衡性、耗散性”。[③]

对于如何把握“适量”，多尔觉得，这也无法事先确定，只能不断地在学生、教师和文本之间予以协调。“显然，多尔十分注重课程内容的开放性、过程性、形成性，反对现代范式中以狭隘的、预先确定的结论式的知识作为课程的内容。”[④]

诚然，多尔击中了现代课程范式中内容僵化的弊病。人当然总不能被局限于学习现成的、确定了的结论，否则，人的“自增性”难以体现，人的“创造性”难以发展，人的“超越性”难以达成。但是，不能由此走向“总不学习现成的、确定了的结论”的知识虚无主义的地步。

五I主张“质疑重于聆听”“超越高于适用”，这也是五I与4R似曾相识的地方。但四R走到另一个极端——极度否定预设性、稳定性。“在五I课程观中，说的是重与次重，重与轻，或者说高与低的关系，并非有与无、是与否的关系，不是排斥、对立的关系。因而，在课程内容上，五I课程观强调不确定、非常态的同时，并不否定学习确定性知识的必要性。在这一点上，五I课程观与4R标准相区分。”[⑤]

张楚廷不仅认为课程内容要有确定性的成分，在谈及“课程中的保守主义与激进主义”时，他还提出了“万岁课程”的概念。所谓“万岁课程”即永恒存在的课程，是代代相传、代代必修的课程，是儿童乃至成人甚至每个人终身都要研习的课程。他说的“万岁课程”包括语言学、数学、美学，其中语言学还包括外语。

---

① [美]小威廉姆·E. 多尔. 后现代课程观[M]. 王红宇译. 北京：教育科学出版社，2000：221.
② [美]小威廉姆·E. 多尔. 后现代课程观[M]. 王红宇译. 北京：教育科学出版社，2000：219.
③ [美]小威廉姆·E. 多尔. 后现代课程观[M]. 王红宇译. 北京：教育科学出版社，2000：250.
④ 于慧慧，刘要悟. 对多尔后现代课程观的些许质疑[J]. 教育科学论坛，2005，（10）：15.
⑤ 黄军山. 张楚廷五I课程观研究[D]. 湖南师范大学硕士论文，2007：60.

对于张楚廷的为何重视“万岁课程”，我们应该到他的人本思想中去寻找答案。人具有自育性，教育首先是人的自我培育需要。自语性是人的根本特性之一，语言表征了人，人丰富了语言亦即丰富了人自己的生命，“语言的获得与丰富是生命活力增强的直接象征，而数学可视为一种特殊的语言，无可替代的特殊语言，特别有益于人的语言”。[①] 对数学特性的最好描述是人性，“数学是集中体现了人性的伟大科学之一”，“数学教育能使人更富人性，数学教育能使人获得更大的自由”。[②]张楚廷给予数学在课程中如此之高的地位是有历史依据和现实逻辑的。早在西方的“七艺”课程中，几何被视为思维的体操，算术被认为是“万物皆数”的世界观的具体表现，数学在当时属于培养人性的人文科学。

美学为何属于“万岁课程”？因为审美性是人性之一。美育的内容可以而且应当渗透到一切课程中去讲。就美术学、音乐学和文学艺术等美学课程而言，应不应该有确定的内容？并且，内容要不要在不同的学段（小学、中学、大学）进行具体的分层？

对于数学和语文，有没有必须掌握的“双基”（“基础知识”和“基本技能”）？难道1×2=2都不是必需学习的吗？

“万岁课程”给了笔者这样的启示：“万岁课程”不仅是永恒存在的，而且，最保守的文化精髓部分的内容是确定的、万岁的，因而，“双基”教学是十分重要的。

多尔对课程理论的贡献无疑是巨大的，他是将后现代主义思想运用于课程论的先驱者。他在课程标准上用四R取代了传统的三R（读、写、算）。“以多尔为代表的后现代主义课程观为我们勾勒出了一个课程开发的全新概念的模糊轮廓。”[③]

① 张楚廷. 教育哲学[M]. 北京：教育科学出版社，2006：241–242.

② 张楚廷. 教育哲学[M]. 北京：教育科学出版社，2006：244.

③ 胡斌武. 试析课程哲学基础的研究[J]. 教育实践与研究，2002（10）：8.

然而，过犹不及，后现代主义思想浓烈的多尔似乎变成了确定性知识的虚无主义者，这既是对人类创造的历史文化遗产的漠视，也使课程失去了基本的依靠。

而五I课程思想首先就明确了信息的基础地位、本体地位，这是对确定性知识、"万岁课程"的肯定，是对四R理论"去确定性"的直接反驳与回应。

"课程内容是由间接经验和直接经验共同构成的知识体系，感性的与理性的、确定的与非确定的、清晰的与模糊的、结论式的与过程式的知识都应该成为课程内容的一部分。这样的课程才是丰富的、有内涵的，才能够赋予人以重大意义。"[①]这个极具辩证性的说法是对四R过度强调生成性、模糊性的批判，对迷信四R的人也是一种警示。这段话所蕴含的辩证思想为赋予五I中"信息"的本体性地位也进一步找到理论根据：积沙成塔、集腋成裘，万丈高楼平地起——"确定性知识"与"万岁课程"是非常必要的。

课程内容的模糊性应该建立在确定性之上，信息有本体的、基础的作用。这是五I的基本追求之一。而这是被四R所忽视和否定的。多尔一味地排斥内容或目标的确定性、稳定性，其"丰富性、严密性、回归性、关联性"会成为无源之水无本之木，也会使四R陷入自相矛盾。

五I与四R从形式到内容上的差异性是明显的。五I中的"信息"比四R看重的"知识"更丰富、更宽广，"信息"一词就基本可涵盖了四R的大部分内容；与四R主张的"经验"相比，五I中的"智慧"更加体现了教育的目的，促进学生全面发展的最高标准就是智慧的提升；与四R中的"回归"和"严密"相比，五I中的"兴趣、质疑和直觉"更加直通人性、更加通俗适用。

可以说，五I是对四R的超越，也是对后现代主义的超越。或者说，五I是一种"超后现代主义"的课程思想。

① 于慧慧，刘要悟. 对多尔后现代课程观的些许质疑[J]. 教育科学论坛，2005，（10）：15.

第二节　五I的中国气派

在教育领域，不乏具有民族情怀和理论深度的学者。有人指出：中国课程与教学理论的生长点在于“立足中国课程与教学研究领域的现实问题，既扬弃中国古代课程与教学话语，又与世界其他文化体系中的课程与教学话语展开真正意义上的对话，在这种扬弃与对话中构建具有民族文化风格的课程与教学理论”。①这个出现在主编寄语中的问题或命题出现于1999年。可喜的是，十多年来，张楚廷等学者们用自己的成果对此做了积极回应。

张华在2002年指出：“中国课程领域尽管没有发育出成熟的课程开发范式，但并不意味着要重复西方课程开发范式的发展过程。……我们期待中国自己的课程理解的形成及中国自己的课程实践的诞生。”② 笔者非常理解张华作为一个中国教育学者的心情。应该说，在他思考这一问题时就有人在回答这一问题，在呼应他的期待。一年后出版的《课程与教学哲学》所承载的五I以及人文引领的和谐课程观等理论便是“中国自己的课程理解”以及“中国自己的课程实践”。

从内容角度去探讨课程模式或方案，设法媲美或超越国外理论，建设具有中国气派的课程哲学，促进我国教育事业的发展，这是张楚廷创建五I课程构想等理论的基本意图之一，并且在某种程度上也实现了这一目的。在继承与批判中创造的五I，较之三R、三S、四环套、四R，实现了内容上、意境上的某种超越。我们也许可以这样认为：五I是有中国气派的课程理论，它是中国学者对世界课程理论所做出的重要贡献。

① [美]威廉 F. 派纳等著. 理解与课程——历史与当代课程话语研究导论（上）[M]. 张华等译. 北京：教育科学出版社，2002：主编寄语.

② [美]威廉 F. 派纳等著. 理解与课程——历史与当代课程话语研究导论（上）[M]. 张华等译. 北京：教育科学出版社，2002：译者前言.

一、对中国气派的界定

对于什么是气派和中国气派，每个人可以望文生义、各抒己见。

有词典说：“气派是人的态度作风或某些事物所表现的气势，如大国气派；也指人的神气，有精神。”[①] 网络上如此解释：“气派是指人的态度、作风、风貌、或某种事物所表现的气势、气概，给人与众不同的感觉，显现出大气、壮观的景象和姿态。可用作形容词、名词。”[②] 两种解释的意思大同小异。

“中国气派”一词出自毛泽东的《中国共产党在民族战争中的地位》。他在批判“洋八股”后，提出并倡导理论工作和文艺工作要有“为中国老百姓所喜闻乐见的中国作风和中国气派”。[③] 他所指的“中国作风和中国气派”，就是指“在应用马克思主义时要带有中国的特点，不仅内容应切合中国革命的实际需要，而且在表现形式上也要易于被中国老百姓所接受，即采取新鲜活泼的、为中国老百姓所喜闻乐见的形式”。[④] 有中国气派的理论或文艺作品重在形式上为百姓喜闻乐见、重在内容上要能满足实际需要。

有学者指出：“时代呼唤着具有中国风格、中国气派的中国当代哲学，中国的哲学工作者要有责任并且有自信能为解决人类当代所面临的问题贡献出中国人特有的智慧……”[⑤]

对于教育科学的中国气派，也有学者做过探讨。张武升教授说：“中国气派的教育科学是中国教育科学与其他国家相比较所表现出来的地位、实力的综合，是个性、品格的集中表现。”[⑥] 中国气派的教育科学应有“个性、实力、品格”，这是比较中肯的观点。

---

① 中国社会科学院语言研究所词典编辑室. 现代汉语词典[M]. 北京：商务印书馆，2012：1027.

② 百度百科：气派[DB/OL]. http：//baike. baidu. com/view/241361. htm?fr=aladdin.

③ 毛泽东选集（第二卷）[M]. 北京：人民出版社，1991：534.

④ 中国知网百科 “中国气派” http：//epub. cnki. net/kns/brief/default_result. aspx.

⑤ 冯俊. 建设具有中国风格、中国气派的中国当代哲学[N]. 中国社会科学报，2012-07-02. A11版.

⑥ 张武升. 新时期新阶段教育科研的发展（笔谈）[J]. 教育研究，2008（12）：21.

“中国特色、中国风格、中国气派的社会主义现代化教育科学是中国特色社会主义现代化教育体系的重要组成部分，是体现广大教育科研工作者的聪明才智和研究成果的重要方面。”①这是教育部前副部长陈小娅的说法。她没有直接界定“中国气派”，但指出了“中国气派”不可回避的国家背景和时代特征。

戴恩允在谈民族特色与气派时说：“民族的精神气质、民族的意识、气魄，在形成民族文艺的风格、气派中起决定性作用。”②

习近平总书记指出：“要加快构建中国特色哲学社会科学，按照立足中国、借鉴国外，挖掘历史、把握当代，关怀人类、面向未来的思路，着力构建中国特色哲学社会科学，在指导思想、学科体系、学术体系、话语体系等方面充分体现中国特色、中国风格、中国气派。”③

很显然，“中国气派”是一个褒义词。笔者认为，所谓中国气派，是指中国的人、事、物等在世界范围内与同类性质的他者相比，所显示出的中国人包容、大气、优雅而独特的精神状态。言下之意，中国气派与中国人有关，与中国精神有关。对于何为中国气派，每个人可以有自己个性化的理解。也许我们还可以这样说，具有中国气派的作品应该体现中国人智慧；具有学术原创性；与国外的同类理论比有其优越之处。

我们还可约定，决定教育科学（含课程理论）中国气派的因素应该体现在：教育科学所具有的描述力，揭示事物特质的能力；教育科学所具有的说明力，揭示事物规律的能力；教育科学的推动力，推动教育行业发展的能力。

---

① 陈小娅. 建设具有中国特色、中国风格、中国气派的教育科学[J]. 职业技术教育，2004（36）：35.

② 戴恩允. 谈谈“中国作风和中国气派”的美学原则[C].《毛泽东文艺思想研究》第二辑暨全国毛泽东文艺思想研究会一九八二年年会论文集. 340-341.

③ 史建磊. 习近平：构建中国特色哲学社会科学，中国新闻网，http：//www. chinanews. com/gn/2016/05-22/7879284. shtml.

张楚廷所创作的《课程与教学哲学》及其所提出的五I课程构想是有中国气派的，因为它们是张楚廷在比较熟悉本民族的教育状况、并且对世界上一些比较知名的课程理论做了充分理解的基础上创造出来的，能在积极意义上体现中国人的民族气质和世界眼光，能有效的指导我国的课程实践，一些先进思想也能被国外所借鉴。

二、五I中国气派之表现

"就像一颗新的行星被发现之后再给它命名一样，这一命名便使之与其他行星平起平坐了。"① 张楚廷将涉及课程的五个因素命名为五I，意义是多方面的，最起码的一点就是：五I的出现使中国有了与三R、三S、四R等平起平坐甚至鹤立鸡群、独步群芳的理论。

"对话的前提是差异，如果没有差异，即使你在发声、在说话，也只不过是复述、背诵。把别人的东西还给别人，不叫对话。"② 差异意味着争鸣有了基础，意味着有从内部经自主探索和思考而生成的假设、概念、框架与方法，有自己要说的话，而且能引起他人的关注与思考，能给别人以启示。五I、四环套、四R的差异是明显存在的，对此，张楚廷以及笔者已经由表及里、从里到外说了很多。五I的中国气派就体现在与四环套等比较后表现出来的差异上，体量只是一个方面，更重要的是其内涵、是其气量、是其意境、是其来源。

1. 体量上洋洋洒洒

在体量上，张楚廷用著作中的16页阐述了五I思想，将近12000字。在《课程·教材·教法》上发表的《课程的"五I"构想》，不是著作中的照搬照抄，而是有了新的发展。该文占了5个版面，将近10000字。2013年发表在《课程·教材·教法》的《"五I"课程观再释读》将近7000字；载于《思想的流淌》著作的五I思想有2800多字。在笔者写作博士论文期间，张楚廷在笔

① 张楚廷. 课程与教学哲学[M]. 北京：人民教育出版社，2003：88.

② 袁凤琴. 教育理论本土化的新视野[J]. 贵州师范大学学报（社会科学版），2006（4）：

者的触动下写了《“五I”教学细说》，25万字，于2015年由西南师范大学出版社出版。加起来，对五I的直接阐述就有28万多字。这还不包括散见于其他著述中的五I论述。

泰勒的《课程与教学的基本原理》都是围绕“四环套”言说的，将近50000字，这在体量上远远小于五I。

多尔的《后现代课程观》用12页多书稿阐述了四R，约9000字，是关于五I文献的约1/28。

当然，我们不能简单的凭字数的多少来判断谁比谁更有气派。关键在于它们是基于什么做的论述？具体论述了什么？意境怎样？关于内涵和意境，前面章节已做初步阐述，谁高谁低，笔者也做出了初步的判断，下面再补充做些分析。

2. 内容上直面课程核心

“泰勒原理提供的是课程开发过程（从目的确立到围绕目的而继续做选择、组织和评价的过程）。车里霍尔姆斯策略提供的大体也是开发过程……这些当然都是在说课程，但并不直面课程。在课程的多样性界说之中，有一点是进入了无差别境界的，课程不可能不涉及内容，至于这个内容是经验，是文化，是‘东西’，是结构，还是所有这些的运行，一旦涉及，差异性与多样性可能同时出现。直面课程，想必就要尽可能靠近内容。”①

五I既不同于从程序上阐释课程的“四环套”，又不同于从标准及层次上说课程的四R，它重在对培养什么人和如何培养人的课程目的、内容和方法的探讨。这是内容上的一个重大区别。

3. 境界上的“意”高一筹

境界上的区别何在？区别在于“见人”的程度、有无范畴、有无哲学特性。对此，张楚廷做了充分的阐释，笔者也基本认可他的说法。

---

① 张楚廷. 课程与教学哲学[M]. 北京：人民教育出版社，2003：135.

张楚廷在一次演讲中说："我这个五I比美国人做得好，美国人多尔有个四R……还有个美国人泰勒提出了四条原理。我觉得他们的四R和四原理，都没有我的五I好，我的比他们的优越得多。第一个，他们的四R和四原理，都没有"人"，而我的五I是以"人"为核心的，是关注人的兴趣、人的直觉、人的询问、人的质疑的。人是天生来问的，所以我讲的是人。第二个，我的理论比美国人强的在哪里呢？就是他们只说一方面，而我是说的范畴，是一对一对的东西。我说信息宽于知识，兴趣先于意志、毅力；直觉贵于逻辑；询问或质疑重于聆听，问比听更重要；智慧高于聪明。这是我的一种约定，我把智慧和聪明作为两个等级看待，我认为所有人，除了有智障的人以外，一般人都是聪明人。我的五I是有哲学特性的，他们的四R和四原理不带有哲学含义，所以美国人的和我的不在同一个档次。他们没有哲学的高度，我是有范畴的，是讲哲学的。这是说我有比他们强的地方。我们应该强，我们中国人应该比美国人做得更好。我这个中国人代表中国人，比美国人做得好。"①

笔者并不是百分之百赞同张楚廷的说法，比如"见不见人"的问题就值得商榷（前面已有论述），但他的大部分观点是立得起来的。五I的形而上学特性、五I的辩证性、五I的范畴性是显而易见的。五I堪称融汇东西方哲学智慧的思维成果，是积极回应世界教育理论的中国声音。

张楚廷的自我评价，绝不是无厘头的自吹自擂，而是有根有据的自信自强。我们要肯定一个学者敢于挑战、敢于超越的勇气。

四环套、四R、五I等理论的创立都是为了人，发展人、成全人是它们的出发点和归宿。但在如何成全人的问题上，它们有程度上的差别。

泰勒原理主要在技术层面讨论四环套如何展开、如何应用。4R重点阐述了其内涵，对其彼此的关系没有辩证论述。而五I除了阐述了是什么、为什么及其辩证关系外，还探讨了怎么做，并且，作者还主动与四R、四环套等理

① 张楚廷. 教育五公理与"五I"课程观[Z]. 株洲市景弘中学演讲，2013-10-11.

论做了对比。张楚廷认为后现代课程观是一个进步，他认真评论了四环套，同时指出四R并没有走出现代主义。从比较中，我们明白了五I是直接“见人”的、是直接“为人”的。所以，从内涵意境上看，五I比四R和四环套都要深刻得多。某种意义上讲，四R与四环套都是课程方法论，而五I却是兼具方法论、价值观的功用。

4. 创设路径上中西融合

五I不是国外理论在本土被吸收且被认同进而转化为本地课程理论的本土化，而是由本地人、在本土、针对本土问题，以批判性眼光看待外来理论、以土洋结合方式自主创造生成的课程理论。张楚廷虽然是一个具有强烈民族情怀的人，但并不盲目自大固步自封，而是对外来理论、他者理论采取了虚心学习和积极借鉴的态度。他扎根本土实践，学习百家，自成一体。

五I的几个中文语词在中国文献上都有记载，是本土词汇，不像英特耐雄纳尔、麦克风、卡路里等词汇一样是纯粹的“舶来品”（也不是绝对的纯粹，因为已经在使用汉字表达思想了）。五I继承了中国传统文化，并非数典忘祖。五I善于学习、融合国外先进思想和表达形式，并非盲目排外。五I从普世性、普适性角度探讨课程问题，并非被意识形态所束缚。五I的人本精神和“混血式”的国际化表达形式体现了好的教育理论可以服务于全世界教育的基本立场。

我们应该肯定，中国的课程论学者们正在逐步构建适合中国国情且同时具有中国气派的课程理论。然而，真正在批判基础上建设、在建设的同时进行批判的课程思想尚不多见。“张楚廷先生的课程哲学思想是当下个性缺失的课程建设中不可多见的一道景观。”①

五I是“比拼”出来的。多尔与泰勒的四环套“比拼”而有了四R，张楚廷与泰勒的四环套、与多尔的四R“比拼”而有了五I。五I是勇气十足信心满

① 燕良轼，刘宇文主编. 张楚廷教育思想研究[C]. 长沙：湖南大学出版社，2009：223.

怀的张楚廷在与国际上著名的课程理论“比拼”、并且与自己以往理论“比拼”之后获取的关于课程与教学的崭新思想。

四R、四环套等理论当然也有它们自己的生成路径，但可以肯定的是，它们没有像五I一样跨越国境、跨越语境，创立者们只是在自己母语（英语）范围内思索，孕育的过程也就相对容易一些。

5. 对待他人理论的一分为多

张楚廷的五I等课程理论是立足于本土的，但没有顽固坚持本土主义，在批判别人不足的同时也肯定了四环套、四R等的价值。既不强求别人“从我之美”，也比较充分地认识到了国外著名课程理论的价值，他以欣赏、宽容、批判的态度对待历史上已有的三R等课程理论。

“从‘三R’到‘三S’，这是阐述两个十分不同的模式，但它们的可比性比较强。‘四R’并不是‘三R’的扩充，而是针对泰勒原理提出的一个方案。‘四R’、‘三S’，虽是模式或方案，但能更具体地反映后现代的一些课程观。”①

张楚廷充分肯定多尔的三S内在逻辑及其对“故事”的特别重视：故事是能承载科学的，故事是能引起兴趣的，故事是能培养精神的。“因为有了人才有科学的，纯粹形态的科学也是人赋予的……故事亦承载了科学，科学与科学故事是并存的，科学与科学精神是并存的。这恰好说明了三S的内在逻辑。”②

对于故事为何能引发人的兴趣，张楚廷的解释是：“所谓故事实乃人的故事，进而，它是关于人的行为、理念、信仰、精神等的故事。”③ 一言以蔽之，故事吸引人在于其情节的生动性、人与物的形象性、故事精神与自身的相关性、情感体验的类比性（情同此理）。

① 张楚廷. 课程与教学哲学[M]. 北京：人民教育出版社，2003：123.

② 张楚廷. 后现代教学观对现代主义教学观批评的合理性分析[J]. 中国大学教学. 2007（10）：5.

③ 张楚廷. 后现代教学观对现代主义教学观批评的合理性分析[J]. 中国大学教学，2007（10）：5.

在张楚廷看来，故事虽然只是一个载体，但它能承载精神，亦能承载科学。“三S是超结构性的，精神（spirit）是很宝贵的东西。”[①]

在评述泰勒原理时，他也肯定了课程工作中局部性使用“四环套”的必要性。

综上所述，五I的中国气派在于：五I是中国学者集思广益不畏西方所谓权威大胆创造的理论；它是一个能体现中国人对于课程与教学较高思辨水平的理论；也是一个意蕴深刻、能够走向世界课程理论舞台的理论。五I内容庞大、意境深远、观点鲜明；五I以我为主、以我为先；五I立足中国，放眼世界；五I有自己的根基，有自己的个性；五I在坚守中超越，在保守中开放；五I在文化自觉中孕育诞生，在文化自强中发挥作用；五I既有由于全球文化交往带来的理论间相互影响的时代印记，又有中华民族子孙继承人类文化遗产、助推教育进步的责任担当。

五I的中国气派属于五I，也属于五I创立者及其所代表的群体。五I的分量不可小觑，它的分量来自于它所处的中国五千多年文明史和十多亿中国人中那些极具创造力的民族精英，来自于世界各国文化在民族性与国际性之间既冲突又融合相互激荡着往前发展的时代潮流。

五I立足本土，因而确实具有鲜明的民族性，它确实是我们中国人自己的课程哲学。越具有民族性，就越具有世界性，因而具有鲜明民族性的五I思想，必然具有世界性。

五I长着一副中西结合的面孔，具有多民族语言文化的基因，体现了作者宽广的国际视野。张楚廷在五I名称上用了英文字母，并不是崇洋媚外，而是为了与国际接轨，便于与多尔、泰勒等开展国际对话，也是为了表明中国人的概念创造力。具有浓厚民族情结的张楚廷发现了多尔等人课程思想的不足，在解构他们思想时建构了自己的课程理论。五I课程构想作为新概念，表

① 彭道林，张楚廷.“五I”课程观再释读[J]. 课程·教材·教法，2013（9）：11.

明了中国人具有立足中国、放眼世界创造理论的强大能力。

我们可以大胆地说，五I是有中国气派的课程理论。当我们这样认为的时候，并不妨碍美国人说泰勒原理、四R是具有美国气派的课程理论。

第三节　各家各派互补之路

古今中外的课程理论可谓百花齐放。这有助于多方面认识教育、认识课程、认识课堂。美国教育心理学家舒尔曼在《实践智慧》一书中说：“课堂教学是迄今人类文明最复杂、最具挑战性、最精妙和令人胆怯的活动。”①最复杂、最具挑战性、最精妙和令人胆怯的活动何止是课堂教学？课程内外的诸多相关工作，如课程建设、备课、评课等何尝不是如此？课程实施无小事，唯有用心者才可能遇到“非常之观”，才可能“一览众山小”。培养什么样的人？怎样培养人？部分答案蕴含在四环套、四R与五I等理论之中。中外课程理论家们创造的这些思想，犹如明灯，能照亮教育人前行的路。

一、互补的基础——各有所长，各有侧重

四环套主要考虑的是课程推进的步骤与过程。五I是直指内容的，不同于泰勒原理的课程计划过程。事实上，没有内容的计划和过程是不存在的。在阐释学的语境下，我们认为五I和四环套都可以用来指导或者说服务于课程开发，也可用于课程实施和课程评价，既涉及目的，也涉及内容，既涉及方法，也涉及过程。

泰勒原理可能有这样那样的不足，但其积极意义是不可否定的。“你可以不赞同泰勒的答案，但没有办法超越泰勒的提问。”②在笔者看来，泰勒原理具有永恒的价值。不管人本观念如何增强、时代如何进步，课程的开发过程总的说来还是离不开泰勒原理所涉及的四个方面，“时代变了，泰勒原

① 转引自王开和. 建立增强学生学习主动性的课堂活动机制[J]. 湖南教育，2013（9C）：54.
② 邓友超. 看待“泰勒原理”的辩证法[J]. 上海教育科研，2005（2）：13.

理的生命力未见衰减”。[①]

五I与四环套可以遥相呼应相辅相成。从某种意义上看，五I也有“四环套”精神，五I中的智慧是四环套“确定教育目标”的具体化，五I中的质疑、直觉是四环套中“组织学习经验”的具体化。我们可以认为五I与四环套互为形而下或形而上，或者交织着成全彼此。利用五I开展四环套的工作，会使四环套有血有肉、如虎添翼；利用四环套开展五I工作，五I会变得相对有序、纲举目张。因此，它们完全可以结成互帮互助、互利互惠的双赢关系。

四R是一个让很多读者眼前一亮但又觉得如鲠在喉的理论。我们可以“旧话新说”，把它改造为通顺的、可以使用的理论。四R主要是定性描述，考虑的是深度广度。原创者没有说清四R的具体内涵，也没有阐述它们之间的关系。作为后来人，我们可以借用四R这个“旧瓶”，装进自己的“新酒”，比如我们可以确立：课程内容的丰富性、课程思想的回归性，内容之间的关联性，命题论证的严密性，从而服务于我们的课程实践。知识的“丰富性”体现了课程开发的广度和深度，从而使课程在满足人的成长需要上具有基础条件和未来指向，五I中的“信息”本身所内蕴的丰富性具有同样的意义。教育的目的是为了把一个个不断成长中的个体培养成为独特的、个性鲜明的自我，为了人的素质的“丰富性”，实现课程内容的“丰富性”就成为必然的选择。

五I的高明之处是既避开了四环套的机械性，也避开了四R对确定性知识的漠视，它另辟蹊径，从心理学角度形成了“智慧目的说”“信息本体说”“目标生成说”。

五I主要是范畴，考量的是方向、是领域、是心理作用方式，却没有具体说深度、广度——这是四R的长处；五I也没有探讨课程实施的流程——这是四环套的长处。张楚廷说过：“不能贸然断言我们所提出的‘五I’课程方案

① 高向斌. 泰勒原理将被取代吗——对译著《后现代课程观》的评析[J]. 学术瞭望，2012（6）：9.

已完美无缺……”[①]它们各有“舍我其谁”的优点，亦有“顾此失彼”的不足。各自先天的优势与固有的缺陷使它们可以在后天携手同行、互补互利。

二、互补的路径——取长补短，扬长避短

四环套、四R、五I，都是人类思想的结晶，都是“天才性”创造。

四环套、四R、五I等，是从不同层面、不同视角对课程做的阐释。在比较之下，它们的内涵都有“只顾一点不及其余”的片面性。如果将它们联合起来作用于课程，就会产生一加一大于二的巨大合力。有了五I，四环套、四R仍有存在的价值。有了四环套、四R等帮助，五I能更好地发挥作用。反之，亦然。

四环套太在乎程序性，可能忽视了思维的复杂性，而这正是五I所重视的。五I重视兴趣，主张给学生留下质疑的空间，在相对自由的环境下让学生思绪飞扬、兴趣盎然、各抒己见，尽可能使师生积极互动，碰撞出思维的火花。将五I与四环套结合起来指导课程实施，可能会使课堂既紧张有序，又生动活泼，从而“让课堂焕发出生命的活力”。[②]

四环套、四R、五I都是方法论，也都是价值观，都是为了让人变聪明，甚至也是为了让人更有智慧。如果在使用五I时适度运用四环套、四R，也就是说适度考虑信息、兴趣、质疑、直觉、智慧的预设、选择、组织与评价，及其丰富性、回归性等要求，那么课堂就会更有立体感，更有宽度、深度和高度。如果使用四环套、四R时，考虑融合五I，那么课堂就有了更明确的前进方向和适切的心理动力。

五I与四R，这两个在不同土壤中诞生的课程理论在结构和意蕴上也具有某些相似性。“知识”对应“信息”；教育与文化发生“关联”的过程对应“质疑、兴趣、直觉”；“经验”对应“智慧”。为了“人”的发展，它们可以殊途同归。这种相似性可以更好地体现课程的目的、课程的实施要求。

① 张楚廷. 课程与教学哲学[M]. 北京：人民教育出版社，2003：6.

② 叶澜. 让课堂焕发出生命活力——论中小学教学改革的深化[J]. 教育研究，1997（9）：3.

对它们内蕴相似性的解释可以更好地促进课程理解、课程开发、课程实施。

从课程发展的角度来说，将四R与五I结合起来，就可能使课程理论更完美。借助于逻辑的力量，五I中“质疑和直觉”一起为课程开发提供了方法论依据。借助于4R的“回归性”，个体的“智慧”与外界的“信息”建立起了内在沟通的逻辑，从而可提升五I中“信息”的质量，并为其转化为智慧和生成经验提供契机。同样，借助于五I中“质疑和直觉”的力量，四R中的“关联性”也就有了方法论保障。通过课程与教育及文化的关联，不仅能实现课程的完备和丰富，更能使五I中“智慧”的生成性具备内在的逻辑基础，因为只有建立在充分关联性的基础上，智慧才有层次感、方向感。要实现课程的育人目标，五I中主张的逻辑和直觉就成为必然的方法论选择，而且是极其重要的方法论。其实，要真正实现多尔的“回归性”，也就不可避免，或者说会必然会使用五I中的“质疑、直觉”，甚至是要借助整个五I理论。否则，“回归”就成了无源之水无本之木。

20世纪70年代以来围绕泰勒原理展开的论争，反映了课程领域的范式转换。“每一种课程范式都应该将自身相对化，并善于从其他范式中吸取有益于自身发展的方面或因素。”① 五I作为一种“人本”的课程范式，它是特立独行的存在。但是，它也可以与其他课程范式和平共处守望相助。五I、四R、四环套等理论，都应将“自身相对化”，善于从对方、从“重要的他者”中吸取有益于自身发挥作用的因素。

“当我们赞美某一种理论的时候，并不一定意味着它完美无缺，而当某种缺陷真的存在并被指明的时候，只能使这种赞美更令人信服。”② 其实，每种理论都会有不完美性和未完成性。三R强调基本知识的基础性，三S强调故事和精神的重要性，而四环套侧重课程的程序性，四R侧重课程的深度与厚度，我们将其命名为程度性，而五I侧重课程的核心内容，即范围性（范

① 张华等著. 课程流派研究[M]. 济南：山东教育出版社，2000：231.

② 张楚廷. 一种理论的系统阐释——评《邓小平教育理论概论》[J]. 云梦学刊，2001（5）：128.

畴性）。

笔者设想，如果我们的课程工作以三R为最基本平台，以三S为最基础追求，放眼至五I的宽广范围（内容及心理活动过程维）、适度运用四环套（过程维）、使之具备四R特性（程度维），那么就可能构建一汪教育的大海、一座思想的高山、一块人生的丰碑。它们交叉融合，取长补短，就可能成就课程辉煌、人生精彩。笔者为此建立了一个各理论协作的模型，如图6-2所示。

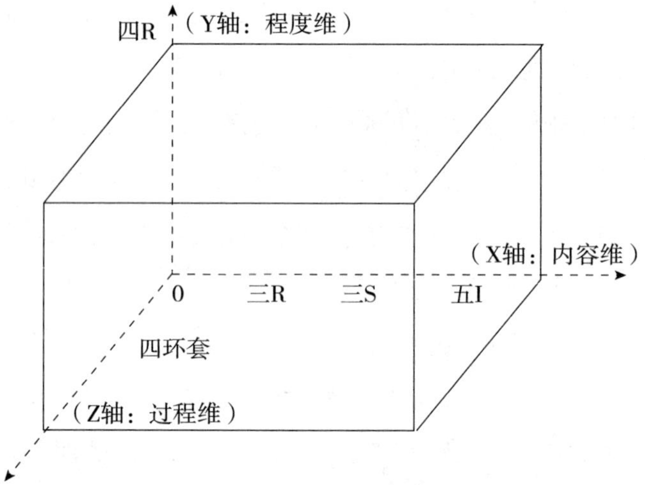

图6-2　三R、五I等理论协作关系图

创立这个三维模型意在表明这样的追求：人，应该立体性发展，课程与教学应该帮助人实现立体发展，使人成为高大上的人。上图中，从内容上看，五I>三S，三S>三R，是一种包含与被包含关系。三S和五I除了课程内容外，亦有方法上的考虑。五I代表内容维、四环套代表过程维、四R代表程度维，它们在内容上是有重叠的，分工是相对的，合作是绝对的。此外，这个模型还可吸收、吸附其他相关理论。

独木不成林，五I与四R等和谐相处、相互助力时，更能体现各自的力量和价值。四环套、四R、五I等都是人类历史上非常重要的课程理论，是人类共同的文化遗产。它们的先后出现和共同存在使教育理论的百花园更加生机勃勃，它们的共存互助能成全课程的完整性、教学的美好以及人的美好。

有学者指出："从课程发展史来看，在知识、社会和人等制约课程的三个基本要素中，课程观的演进是沿着向完整的人及其完整的生活回归的道路展开的。"[①]如果一定要贴上标签，可以勉强的说四环套是现代主义课程观，四R属于后现代主义课程观。各种课程观或课程模式、课程方案都有其产生的时代背景和存在的合理性，当然也有不同程度的局限性。作为后来者，五I课程思想是一个超越现代主义和后现代主义的课程观，是一个超时代的"人主义"课程观。

课程与教学不只是读写算（三R），也不只是科学、故事及其精神（三S），更不只是"四环套"和四R。课程与教学既是读写算（三R），又是科学、故事及其精神（三S），还是"四环套"和四R。课程与教学是大千世界，是精神，是文化，是文化的习得过程，是人生。课程与教学是三R、三S、四环套、四R、五I等理论融合后所产生的发展人、成全人的力量。

从布卢姆到布鲁纳，到泰勒，到多尔，再到张楚廷，形成了从内容结构、目的结构、过程结构、程度结构、再到心理活动结构（以五I为例）等丰富多彩的课程与教学思想。一枝独秀不是春，百花齐放春满园，是五I与三S、四环套、四R等理论一道构建了这个色彩缤纷的教育世界、课程世界、教学世界、人的世界。

① 郑利霞. 课程观的历史演进论略[J]. 教育实践与研究，2007（07B）：19.

下编

践行篇

“五I”是思辨的产物，它也是可以拿来被再次思辨的。“五I”是实践的产物，它也是可以用于指导实践的。作为校长，张楚廷先生为什么要将湖南师范大学、湖南涉外经济学院办成综合性的大学？为什么要在湖南师范大学开设哲学专业？为什么要为湖南师范大学所有专业的学生开设哲学课程？为什么要在湖南涉外经济学院开设中文专业、数学专业？他为什么要想方设法引进博士？他为什么要将很大精力用于校园文化即隐性课程建设？他为什么能在履行数职之外还能完成3000多万字的著述？为什么很多单位愿意邀请张楚廷先生去做报告？部分答案就存在于他是“五I理论”的实践者：他对事物具有寻根究底的浓厚兴趣（Interest），愿意充分占有与使用信息（Information），对已有观点敢于深入质疑（Inquiry）与批判，对灵感与直觉（Intuition）的强烈尊重，对人生智慧（Intelligence）的向往与热爱。在国家实施西部大开发战略背景下，为顺应湖南援疆需要，吐鲁番地区教育局原副局长陈书国（后任旅游局局长）等人邀请张楚廷先生到新疆讲学，“五I课程哲学”等先进教育理论从此走进了吐鲁番地区乃至全疆。“五I”所代表的张楚廷教育思想助推了吐鲁番教育事业与旅游的进步，为吐鲁番地区经济社会的发展做出了一定贡献。本书作者在教学工作中、在论文写作中、在家庭教育及日常生活中广泛使用“五I”等先进理论，在一定程度上开阔了视野，拓展了生命空间，提升了生活质量。

第七章　张楚廷的五I实践

张楚廷成功提升了湖南师范大学、湖南涉外经济学院的办学水平，出版100余部著作，撰写了1500多篇论文。可以说，张楚廷之所以能取得丰富的学术成就和显著的办学成绩，是他潜意识或显意识使用“五I”的结果。张楚廷不是在创造五I后就将其束之高阁，而是持续关注和应用。近些年，有很多单位和个人也看中了五I所具有的教学改革意义，因而请张楚廷去讲学。这使五I得到了进一步推广和使用，使该理论影响了更多的人。

本章拟从学校管理、学科与课程建设（含隐性课程）、教学与演讲、科研与写作、业余生活等几个方面探讨张楚廷是如何应用五I的。必须说明的是，不能简单地说张楚廷所思所想所做中哪一个地方体现了五I中的信息，哪个地方体现了质疑，五I是一种集合性存在。张楚廷的所做作为是在整体上体现了一种五I精神，或者说受到了五I精神的指引。

第一节　五I在被持续关注中得到发展

五I于2003年面世后后，张楚廷一直记着它，用着它，可见五I在他心中有多么高的地位。他在《大学里，什么是一堂好课》等多种场合或载体中继续阐释或应用他的五I思想。在五I面世4年后的2007年，张楚廷著文说：“质疑高于聆听，疑问驶向确信。并非总是确定性比模糊性强，亦非总是精确比模糊好，事实上，由模糊而达至的精确更好。许多教师会有这样的感觉：那些常问的学生是好学生，那些爱问的学生是更好的学生，那些问得很奇特、很刁钻的学生是最好的学生。如果是这样，似乎也可提示我们，爱护学生就是支持他们即使是肤浅的提问，尊重学生就是尊重学生疑问的权利，启迪学生就是启迪他们不断地发问。教师向学生传递知识，传递信息（Information），然而，效果更好的传递必然会更关注学生的质疑（Inquiry）、直觉（Intuition）、兴趣（Interest）和智慧（Intelligence）。如能这样，我们就不仅是传递了知识，而且传递了智慧。这就是我关于‘五I’的一个教学方案。创造始于问题，质疑引出问题；兴趣基于好奇，好奇心乃进入探索大门之向导；新鲜感、意外感大半赖于直觉，直觉为逻辑提供丰富的原料……所以，带着问题走进课堂，常为学生寻点开心，这不完全是一个技术性问题。毕竟一堂课是否是好课，还得看效果，效果之测定还在学生的成长状况。我们盼望年轻一代是智慧的一代，善思的一代，高尚的一代，对于一堂课所思考的基准也就在这里。”① 十多年来，张楚廷应邀在长沙、株洲、新疆吐鲁番等地开展关于五I等课程与教学理论甚至学校管理方面的演讲。他于2014年又写了《“五I”教学细说》专著。可见，五I一直张楚廷很在乎的一个理论。

张楚廷创造五I绝不只是为了告诉别人他的思考力、创造力，而是为了自己及他人实践的便利。张楚廷在思辨五I的同时也按五I思想行动着，在行动中又进一步思辨着五I。他的理论来自于对长期实践的思考，他的思考指引了他的实践。“务实，才能站得更稳；务虚，才能看得更远。”② 这是他对自己知行合一虚实结合的具体要求。

“原理的发现与原理的应用是两回事。发现后的原理仍安然地存在于那里，人们是否遵循它，如何应用它，则是另一码事。前者通常谓之相对于人的客观存在，后者则是人的主观行为。原理并不发出指令，不会要求人们什

① 张楚廷. 大学里，什么是一堂好课[J]. 高等教育研，2007（3）：76.
② 张楚廷教育文集第20卷 [M]. 长沙：湖南人民出版社，2012：56.

么。有的人发现原理，有的人应用原理，前者是做着基础理论研究工作，后者是做着应用研究工作。后者不是前者要求才去做的，前者不是为了要求后者才去发现的。许多原理的研究者甚至不知道或难以预料其原理未来会不会被应用和怎样被应用。”[①] 看来，原理的发现和应用可以分属于不同的人，它们都有独立的意义。张楚廷提出了五I这个理论，也算是一个贡献，是其成为教育理论家的一个重要标志。难能可贵的是，他还亲自实践五I，用它来搞管理、搞研究、搞教学，成绩斐然。所以他是个将原理的发现和应用融为一体的学者、教师、校长。

2014年3月14日下午，笔者坐张楚廷的车从湖南涉外经济学院出发，前往湖南师范大学教育科学学院听报告。他是去做《教育研究的审美动因》学术报告的，我是去听报告的。在车上，我们聊他的新作《“五I”教学细说》的进度与内容，聊基于美学、伦理学的教育科研。他说：“我会在著作的前言中明确提出是你推动了我这部著作的写作。因为你在研究五I的时候，不断地跟我探讨五I，也希望我详细描述五I的产生过程，所以激发了我从应用层面继续深化五I研究的兴趣。”这样说来，我也成了张楚廷作品的助产士，我们彼此成全着。我问他：“您在哪些方面应用了五I？”他说：“五I明确提出来，虽然只有十来年，但在我身上潜藏了几乎一辈子，我潜意识中一直都有五I相随。从2003年以五I为主题发表文章后，我的思想与行为从概念上就更加明确要体现我的智慧，五I就更与我息息相关形影不离了。”

我进一步问：“我准备从学校管理、教学演讲、科研写作、业余生活等几个方面阐述您是如何应用五I的，您看这样分类可以吗？”他说：“五I可以用于方方面面。你会联系也是一种本领，只要言之有理，怎么东拉西扯都可以。你不是说五I是一种生活方式吗？其实大家都离不开五I，都实践着五I，只是我和你更明白、更自觉，其他人都在某种程度上或深或浅的与五I

① 张楚廷. 方法论[J]. 湖南文理学院学报（社会科学版），2009（5）：10.

交织在一起，如果他们能将潜意识变为显意识，即明确地以五I为生活指南，可能为人处世的效果会更好些。我真的这么做，因为我理论上这么思考，我的行为也就与思考一致，也就是我的实践与主张的理论是一致的。我想也这么想，做也这么做。”与张先生的交谈增强了我写作本书的信心。将张楚廷的所作所为都归因于五I可能是错误的，但如果不将张楚廷的成就与五I紧密联系，那更是不对的。

第二节　创办综合性大学的若干理由

张楚廷做湖南师范大学（以下简称“湖南师大”）校长18年，他励精图治，将该校从省属一般院校变为211工程重点建设大学，从单一的师范性院校变为在全国有一定影响的综合性大学。他在执掌湖南涉外经济学院（以下简称“涉外”）不久就提出要加强校园文化建设、加强隐性课程建设，实行教授治校、专家治校，把专业选择权还给学生，他认为选专业就是选课程，将专业选择权还给学生就是尊重学生的人权。这些想法的落实使该校获得了跨越式发展，2002年由学历文凭考试学校升格为高职院校，2005年升为普通本科院校，2009年获得学士学位授予权。张楚廷治理“涉外”8年，在学校文化、师资、学科、课程、科研等多方面为学校的可持续发展奠定了坚实基础。连续多年，该校排名全国民办高校前三甲，2014年成为位列全国第一的民办大学。

张楚廷是一个学者型校长，力求将理论研究成果用于学校管理，通过学校管理的实践再深化理论研究，从而实现理论与实践的相互促进及双向构建。两所高校的成功，某种意义上是张楚廷治校理念的成功、学科思想的成功、课程方案的成功。尽管我们不能将张楚廷的所作所为都归因于五I，但应该肯定的是五I确实起过不可估量的作用，它如影随形影响着张楚廷的思想和行动。

办什么样的大学的问题，实际上是个培养什么样的人的问题，是个给学生什么信息、什么智慧的问题。

眭依凡博士曾就湖南师范大学的成功原因访谈过张楚廷。张楚廷说：

“成功的大学有四个标志：自信的、诚实的、民族的、真理至上的。我的责任就是把这所自卑的学校办成一所很自信的学校。我要做在别人看来似乎做不到的事，做不成的事，做不好的事。如果我做不到，我这个校长就没有做好。”[①]这是张楚廷的治校信念，也是他重要的人生目标，他完全实现了。他敢于挑战困难的自信心助产了他大量关于如何建设高校的别具一格的思想。

1. 世界是大写的人，人是微缩的大世界

建立单科院校或划分专业进行学习，是对复杂世界的简单化、对复合的世界分析化的结果，是将单一看作了世界本身，是严重违背世界真相的。将人置于分析化的单一世界，无异于画地为牢。长此以往，会导致人的异化。所以张楚廷将人文课程、社会课程、自然课程作为课程的母结构、提倡创办综合性大学、主张通识教育，这是为了培育整全的人、有机的人、和谐的人。

2. 办高水平大学需要综合

张楚廷于1987年4月做了《关于我校教学工作的若干问题》的报告，其中特别谈到了“主干课程和其他课程的关系”问题[②]。提出课程的开设重在培养心智健全的人，而不是只有一技之长的工具人。

1995年11月，张楚廷以《复合型与复合性——在全校教学工作会议上的报告》中探讨了学校的复合性问题、学科的复合性问题，为把湖南师大建成综合性大学奠定了理论基础。“一所高水平的大学，其前提之一是由于它有宽广的学科面而能为每一个学科提供课程设计的各种选择，从而有可能形成优良的课程结构。”[③]后来，湖南师大合并了湖南教育学院、湖南医学高等专科学校、湖南司法学校，这是学校规模之变，是学科结构之变，是课程种类之变，是课程数量之变，也是课程质量之变，更是办学目标之变，学生素质之变。这种变化，直指学生摄取营养的全面性，意在为学生打造一桌搭配合

① 眭依凡. 大学校长的教育理念与治校[M] 人民教育出版社，2001：357.

② 张楚廷教育文集第十卷[M]. 长沙：湖南教育出版社，2007：69.

③ 张楚廷教育文集第十卷[M]. 长沙：湖南教育出版社，2007：390.

理营养丰富的文化大餐。

学校的综合性缘于天地人本身的合一性。他带领一班人经常在质疑：我们为什么办学？我们有了什么？我们还缺什么？我们该怎么办？为了实现学生全面发展目标，张楚廷主张遵从自然与社会的复杂性而创办综合性大学。

他积极而妥善回应了师范性和学术性、师范性和综合性之争。他说："我热爱师范教育，自信不亚于他人，并深信只有'跳出师范办师范'，按照综合性大学的特点发展教育科学，才可能有高水平的师范教育。"[①] 从愿望到策略，他都长远考虑、保持自信，坚定沉着而决不蛮干，争取必要的支持而决不盲目随从，创造最好的发展环境和条件，朝着自己设定的目标前进。

基于要实现在师范性大学中办成综合性大学、在综合性大学中办好师范的双重目标，张楚廷致力于多方面的学科建设。他申请在湖南师大举办了法律学专业、经济学专业、哲学专业、计算机专业等看似与"师范"无关的专业。由于认识上的偏差，他的这些想法碰到了许多的阻碍。比如说，20世纪80年代，他提出想办电脑专业的时候，得到的回答是："湖南省连电都没有，还办什么电脑专业？"面对主管部门领导提出的所谓困难，他没有当面顶撞，而是采取了绕道走的方法。他把计算机专家请来，给他十几万元作为开办费。后来，在他的精心运作下，迅速发展到几百台电脑，并调入了一批业务骨干。就这样，计算机学科发展起来了，整个学校的计算机教学水平很快提高，其整体水平可与一些高水平的工科大学计算机科学（不含科研）相比了；同时，也为进一步提高学术水平、科研水平奠定了基础，积蓄了人才。

张楚廷认识到英语的重要性，学校制定政策要帮助学生普遍提高英语水平。此时，有教授出来说："学生出去又不是教英语的！"更有尖锐的说法："我们学校要成为外国语大学了？"面对责难，他没有退缩，坚信自己的做法只会使学校往好的方向转变。他聘任了18位英语教授，聚集了一批英

① 赵雄辉，古舍. 张楚廷和他的教育人生[J]. 当代教育论坛，2007（03）：124–125.

语博士。事实证明，他的做法是正确的：在20世纪90年代时，湖南师大学生的四级英语一次性通过率一直高居湖南所有高校之首，湖南师大的毕业生因素质全面，颇受用人单位欢迎，毕业生一次性就业率也在湖南省一直位列前茅。更为重要的是，在全球一体化时代不断来临之际，张校长此举为学生的可持续发展打下较好的外语基础。

3. 综合性大学才可能具有全方位信息

人是综合性的存在，大学的综合性即人的综合性。大学课程的单调、学科的单调会造成人的单调。人是杂食动物，大学是厨房和餐厅，是人类精神重镇，所以必须多元烹饪。张楚廷对国外很多著名大学以及国内的北京大学、清华大学、华中科技大学等学校朝综合性方向发展持非常欢迎和肯定的态度，他写诗赞扬华中科技大学的综合性做法。

华工（节选）[①]

麻省历史曾证明，只有工科没牛气，
哈佛可以告诉你，没有工科亦第一。

麻省请来康普顿，大力改变工单一，
文理同工齐展翅，十年功夫创奇迹。

不知九思是否知，麻省曲折一段史，
九思亦知康普顿，冒犯上方发展理。

剃度尚需合人意，华工顺着大学理，
文理齐发向综合，科技只是一名义。

（注释：原诗一句一行。华工，即华中科技大学，原名华中工学院；朱九思主持华工期间，当局限定其为纯工科，但他通过多方努力发展了华工的理和文。）

① 张楚廷诗集（二）[M]. 北京：民主与建设出版社，2014：91.

4. 民办大学要办得像大学，也要综合性发展

为了创办高水平大学，为了实现课程的和谐、学科的和谐，根本上是为了实现人的和谐，张楚廷说服"涉外"投资者，吸取麻省理工大学、加州理工大学等国外大学经验，加强人文学科等课程建设，开办了文学院、理学院、法学院，还广泛开设了以人文课程、通识课程为主的全校选修课。

张楚廷到"涉外"做校长的第二年（即2002年）就帮助学校成立了中文系。当时，很多人反对组建中文系，理由很简单：中文不是热门专业，规模上做不大，经济利益不够充分。但张楚廷的想法非常纯粹而坚定。他说："大学，包括民办大学，不能只考虑盈利，大学必须有自己的品位，必须善待自己的民族、善待自己的文化，一所缺乏母语教育的大学是不健全的，一所没有中文系的大学是难以有高文化、高品位的。大学的进步需要两个轮子，一个是文，就是母语教育；一个是理，数学是其核心。涉外要想真正办成一流的民办大学，就必须要有文有理。"① 张楚廷坚守自己的大学理念，在他的坚持与主导下，"涉外"于2005年成立了理学部。

"我们形成了三大学区的布局，人文学科在东南方，社会学科在西边，自然学科在西北边。三大学区是一个很好的昭示。我们讲世界，讲科学，讲课程，都是三大类，一大类是关于人的，一大类是关于自然的，一大类是关于社会的。三大学区格局的意义在于，它表明我们的主要学科群已经比较齐备，不同学科群既分开管理，又相互交融……这也是'涉外'成熟的一个标志，我把它列为我们软发展的一个方面。"②

张楚廷为"涉外"所做的学科布局，为该校迅速跻身全国知名民办高校打下了坚实基础。据中国校友会网报道，连续多年名列前茅的"涉外"于

① 鞠晨曦. 朴实无华始见真——张楚廷的待人、治学和治校. 燕良轼主编. 张楚廷教育思想研究[M]. 湖南大学出版社，2009：45.

② 张楚廷教育文集第20卷[M]. 长沙：湖南人民出版社，2012：8.

2014年以办学设施、人才培养、综合声誉三项指标均为第一的佳绩夺得民办院校第一名。[①]

第三节　全面开展课程建设

学校管理问题，其实就是个信息呈现问题。在课程与教学语境下，信息呈现问题又是个课程资源的品种、数量及质量以及如何提供的问题，因为培养什么人与怎样培养人息息相关。不同的人站在不同或相同的角度，所获得的信息内容是不一样的。国家课程、地区课程、学校课程，一门门课、一堂堂课，要呈现什么信息、如何呈现信息，不同层次的人会有不同的主张。这是一个需要宏观、中观、微观层面通力合作才可能解决、但也无法彻底解决的重大问题。基于人的全面发展需要，张楚廷站在比较宏观的角度，对什么知识或信息进入教育领域做了充分的思考，提出了人文引领主义的和谐课程观，主张对社会课程、科学课程进行改造。从微观角度看，或者从一堂堂课来分析，张楚廷认为进入课堂的信息应是知识、科学、故事、精神、情感，是能提升学生智慧的信息。

学校发展与学科发展的核心目标是学生的发展，张楚廷主持两所高校的工作时，以五I等理论为指导，为向学生提供数量充足质量优良的课程信息做出了不懈努力。为了培养学生的智慧和帮助他们自由发展，他非常重视学科结构、课程结构的设计，这既是一个信息种类问题，更是一个教育目标定位和如何实现定位的问题。

一、课程的多维划分

什么样的信息才可进入教育领域或课程领域？古希腊学者苏格拉底提出了著名的伦理学命题“美德即知识”，认为善的知识最有价值；柏拉图提出

① 2014中国民办大学排行榜100强揭晓，中国校友会网. http：//gaokao. xdf. cn/201312/9844960. html 2013-12-31.

了著名的“理念论”，把“善的理念”作为伦理生活的最高目标；英国实证主义哲学家斯宾塞提出了“有最大价值的知识是科学”的著名命题。

信息是很复杂的，信息是有结构的，可以根据不同角度划分信息类型。知道是什么的信息（know-what），即关于事实的信息；知道为什么的信息（know-why）；知道怎么做的信息（know-how）；知道是谁的信息（know-who）；知道是什么时间的信息（know-when）；知道是什么地点的信息（know-where）；知道是何种类型的信息，如知识信息、情感信息、环境信息（know-which style）；知道是什么数量的信息（know-quantity）；知道是什么质量的信息（know-quality）。这就是信息的所谓7W2Q。对于兴趣、质疑、直觉、智慧，都可以做类似分解。有些信息如关于是什么的，可以通过读书、听演讲和查看数据库而获得，有些却是隐含经验的信息，如为什么（意义）而做的信息、如对待人的情感的信息，是难以编码和测量的，主要靠体验和实践。

课程哲学下的信息是广义的，与文化一样无处不在。传播中的符号与文化都是信息。学校的一切工作就是文化“化人”的工作，就是信息“息人”的工作。息者，会意字。从自（鼻）、从心，表心气从鼻出，本意是呼吸之气，引申出音信、休息、滋生、繁殖等意义。[①] 本处笔者提出“信息息人”之说，取“信息滋养人、信息使人安宁、信息使人成长”之意。在各行各业，信息的设计、占有、发布、利用、反馈是个很有学问、很有价值的系统工程。

就课程信息种类及课程划分问题，古代的六艺、七艺之说就是典型，近代的几个外国人对课程的划分就做得风生水起。赫尔巴特曾以兴趣为关键词，说明了课程的结构。人具有了各种兴趣，不同类型的兴趣反过来又被用于划分课程。他在《教育学讲授提纲》中这样做了，他把人的兴趣划分为六

① 顾建平. 汉字图解字典[M]. 上海：东方出版中心，2008：500.

类。为了更清楚地看到其结构，笔者将赫尔巴特划分的结果①用表7-1表示如下。

表7-1　赫尔巴特的课程兴趣观

视角类别	内容	备注
兴趣视角	第一类：自然、物理、化学、地理等； 第二类：数学、逻辑学、文法等； 第三类：本国语、外国语等； 第四类：文学、图画、音乐等； 第五类：公民、历史、政治、法律等； 第六类，即相应于宗教兴趣的课程是神学课程等	经验的兴趣是直接与经验相一致的，同情的兴趣是直接同交际相一致的。对经验的进一步思考便形成思辨的兴趣；对较大范围交际的思考就形成对社会的兴趣。这里，一方面我们还可以补充审美的兴趣，另一方面还可以补充宗教的兴趣

斯宾塞曾以“人的活动或需要”作为课程划分视角，得出如表7-2表所述之结论②。

表7-2　斯宾塞的课程划分

课程目的	课程门类
1. 直接保住自己的活动	生理学、解剖学等
2. 从获得生活必需品而直接保全自己的活动	读、写、算、逻辑学、几何学、力学、物理学、化学、天文学、地质学、生物学等
3. 目的在抚养子女的活动	心理学、教育学等
4. 与维持正常社会政治有关的活动	历史学、社会学等
5. 在生活中闲暇时间满足爱好和感情的各种活动	雕刻、绘画、音乐、诗歌等

① [德国]赫尔巴特. 教育学讲授提纲. 载《世界教育名著通览》，武汉：湖北教育出版社，1994：701.

② [英国]斯宾塞. 什么知识最有价值[M].（载《世界教育名著通览》），武汉：湖北教育出版社，1994：825—827。

张楚廷肯定地说："赫尔巴特事实上也作了课程的结构分析，而其基础在于对兴趣结构的分析。赫尔巴特和斯宾塞在很久的过去向我们展示了经典的课程结构思想。"[①]

张楚廷曾用他的"人哲学"、五I理念对课程做过多视角的分类。所谓五I理念，即：对课程划分问题高度感兴趣，充分占有信息甄别信息，敢于质疑赫尔巴特等人结论的不完善性，尊重直觉中产生的新语词（如体量视角）新概念、善于用智慧去探索这个问题，喜欢用文字表达思考成果、体现智慧提升等。

五I课程思想既是张楚廷课程分类及建设实施的基本工具。张楚廷的课程分类有主干、有分支，有核心、有外围。他将所有课程都视为文化，其核心目的就是学生的全面发展，实施过程与方法就是五I等课程思想。所有的分类都有比较清楚的范畴和视角，彼此间尽量不重叠、不遗漏。

只要善于思考，课程的分类就会根深、枝繁、叶茂、果硕。张楚廷自己建立了结构改造主义，在此基础上再对课程分类，因而使分类的结果更加丰富多彩。结构主义、后结构主义都是世界观，也都可以是认识课程的工具。"现在，我们用元结构（及其体系）对结构主义加以改造，便是为着让课程的面貌更全面、更清晰地展现出来，或者，也可以说是在寻求一种更有效的工具。"[②] 他兴趣盎然地从"视角结构"得出了课程分类的十多个结论。笔者将原著中关于课程视角结构的文字[③]以表7-3形式呈现如下。

---

① 张楚廷. 课程与教学哲学[M]. 北京：人民教育出版社，2003：122.

② 张楚廷. 课程与教学哲学[M]. 北京：人民教育出版社，2003：98.

③ 张楚廷. 课程与教学哲学[M]. 北京：人民教育出版社，2003 84-98.

表7–3　张楚廷五I视角下的课程分类

视角	内 容	备 注
1. 制订权视角	国家课程、 地方课程、 校本课程、 师本课程	大学可能更容易使师本课程成为实在，高水平的中小学未必不能，赞可夫写过的小学教材是国外一例。 即使应用同一个教本，如果教师将自己的体验尽可能融于其中，那多少也成了“自己的”课程。 良好的教学应包含教师在课程上的活动，尽管这种活动的形式和内容可作多样的理解。
2. 内涵视角	人文课程、 科学课程、 社会课程	由人文课程、科学课程、社会课程作为基本要素构成这一母体，是各级各类教育都要面对的，是任何建构体系者、课程计划制订者都要特别仔细加以思索的，只是持有不同教学理念的人所思索与建构的结果可能各异，而理念的先进却离不开对母结构更恰当的理解。 思考天、思考地、思考人，这正是课程的源头。 无论是仰头看天，还是俯首望地，还是环视探人，其实主体都是人，是人在看、在望、在探。 课程结构直接影响学生的思维结构、价值观念。为了让人更像人，张教授提出加强人文课程：“人文课程是引导学生做人、成人、人化的课程，是使人高大的课程，是引导学生走向真善美实现美好人生的课程，是避免人异化的课程，是阻挡人走向假丑恶的课程；人文课程也是促使科学创造造福于人的课程，是促使社会向更能维护人的尊严、自由和幸福的课程。”
3. 成分视角	理论课程、 应用课程、 技术课程	“内涵视角”中的内涵实际上是从宏观方面去看的，还可以从中观视角、微观视角去看。这里所言之“成分视角”事实上是从微观上考察的。
4. 学科视角	单学科课程、 广域课程 （综合课程）、 交叉课程、 边缘课程	无论如何去看待课程群体和学科群体，也难以看出它们是（彼此）同构的。因而，这两个群体确实是“两个”，即所谓一是一、二是二。 学科越分越细时，更使人想到，课程不能跟着它这样走下去。
5. 存式视角	显性课程、隐性课程、边沿课程（第一课堂、第二课堂）	隐性课程与人（学生）有更高的交融度，它更能容纳人性的独特与深奥。隐性课程是在课程中对人性的进一步发现。
6. 目标视角	养性课程、工具课程、功利课程	与音乐给人更多的是激情相比，数学给人更多的是理性，然而，这正是一个修身养性的两翼，正是为了让人成为完整的人。 多元目标的整体性问题无论如何会是我们更感兴趣的方面

续表

视角	内 容	备 注
7. 选择权视角	必修课、任选课、限选课	学生应有择校权，对学校的选择；进入所选择的学校后，还应有选择教师的权利；选择发展方向的权利（在大学，是专业选择权）；最终还得有选择课程的权利。课程比专业更重要，因而，课程选择权也更基本。 教学管理如果离开课程管理可能就接近"零管理"了，课程管理如果没有对课程从各种视角展开的结构分析，教学管理的盲目性可想而知。
8. 地位视角	一般课程、骨干课程、核心课程	核心课程本身可以而且应当具有学校个性，甚至校长个性。如果把隐性课程也考虑（也应当考虑）在内，那么，这个命题更加毫无疑义，甚至，其逆命题亦然。 湖南师范大学曾经普遍开设哲学课。
9. 关联视角	基础课、专业基础课、专业课	课程不是可以线性地展开了事的，对效果的考虑必然使之非线性化。前期课程与后续课程的联系有些具有逻辑关联的性质……然而，亦非皆具此性质。
10. 时间视角	中国现代史、中国近代史、中国古代史；中国古代文学、中国现代文学、中国当代文学	时间并不是总可以作为一个维度而介入课程领域的。
11. 体量视角	大课程、中课程、小课程	它（体量）是指课程含量，同时，因为含量（尽管也不完全取决于量）而有了课时量的差别。 从教学规律的角度看，大课程，尤其是特大的课程是应当尽可能避免的。小课程应是既必要、又可能的。
12. 过程视角	兴趣课程、体验课程、经验课程	这是从学生习得过程和特性的角度来视察的。与学生的知情意有关。
13. 陈述视角	演绎课程、问题课程；正面阐述课程、反面批判课程；规律呈现课程、口头说的课程、动手做的课程	有些课程是以演绎的面孔出现的，这是我们再熟悉不过的一种面孔。那些实在不应当以这种面孔出现的课程甚至也力图打扮一下自己，虽然很别扭。

张楚廷认为，还可以从很多角度对课程进行分类。他曾说："课程结构问题也是个课程分类问题。课程分类也是一个大学问，有很多分法：如人文课程、社会课程、科学课程。此外，还有显性课程、隐性课程；骨干课程、普通课程；通识课程、职业课程；基础课程、专业基础课程、专业课程；全校课程、院系课程；优秀课程、良好课程、差课程；大课程、小课程……"①他甚至觉得可以分为：已学课程、现学课程、将学课程，这样有利于对课程进行事前、事中、事后的管理。这些划分，都基于不同的视角而形成的结构，是他对自己创造的视角结构理论的具体运用。

"课程的分类可以有不同的标准，理论课、应用课、实验课、实训课，基础课、专业课、专业基础课，不同的课程管理是不同的。大课与小课也不同。美国主要是小课管理，二至四个学分；仅一个学分难叫课程，八个以上的学分太大了。课程要不要分等？我看不见得不可以。分类是从内容、形式上去看的，分等是从水平上去看的。可以考虑用不同的尺度，制定适当的标准，给课程分等，这也有利于分类、分等、分门别类地进行课程管理，促进水平的提高。"②

在讨论课程评估时，他谈到："有的学校根据一定的质量标准，把全校的课程分为一类、二类、三类，自然，那些建设得最好的课程将划归为一类课程。决定一门课程质量的主要因素有：师资力量、教材建设、图书资料、实验条件、学生的学习效果、教学研究的成果、与本课程相关的科学研究的成果。"③张楚廷课程分类结果的多样性源于人的复杂性和教育本有的深刻性。

这还只是从视角结构对课程的分析，如果在近结构、超结构等概念下继续分析课程，得到的将是一桌关于课程的饕餮大餐。横看成岭侧成峰。视角

① 张楚廷. 课程的地位，湖南涉外经济学院演讲，2013-03-22.

② 张楚廷教育文集第11卷[M]. 长沙：湖南人民出版社，2012：196.

③ 张楚廷教育文集第11卷[M]. 长沙：湖南人民出版社，2012：291.

不一样，结果不一样。为了更清楚地理解课程，还可以做进一步的结构分析，每一种分析都基于所偏好的价值取向，都可能产生很独特的指导作用。只要愿意思考，肯定还可以做更多的划分。从微观去考察时，视角本身又可以变得繁复起来，其程度并不亚于宏观。

以上内容，从赫尔巴特到斯宾塞、到张楚廷，从多种不同的视角考察了课程结构。尽管这些结构视角还不足以让我们看清课程的全貌，但丰富了我们对课程的看法。赫尔巴特、张楚廷等对课程的多角度分析，就是一人多方位摸象、众人一起摸象，能让读者尽可能接近课程的"全息"。

看来，课程的元结构分析是有很大容量的。不同视角看课程的意义在于：对课程认识得更深刻，在课程行动上就会更有方向、更有成效。

张楚廷认为，一方面要解剖课程或曰分析课程，另一方面要综合课程或曰融合课程，多种多样的课程应该实现高度融合。"课程内涵上的融合：人文的、自然的、社会的并重；课程价值上的融合：人的发展、经济发展、社会发展并重，人的发展又是一切发展的基础；课程空间的融合：核心课程、边沿课程、外围课程的协同；课程地域性融合：本土的，民族的，国际的，不同存在域的课程之间相互关联与相互影响；课程权力的融合：国家课程、地方课程、校本课程的适当配置；课程在促进人的发展目标上的融合：知识习得、思维训练、人格健全的协同；课程序上的融合：逻辑序、历史序、认知序的协同；课程层次上的融合：理论的，应用的，技术的各有侧重，又彼此照应；课程编制方法上的融合：归纳的、演绎的、非逻辑的三者协同；多层性、多样性、多变性——差异中的统一。"①

以上融合只是课程的一些主要方面，并不是课程的全景图。实现不同角度、层面、时间段课程融合的意义重大，这种融合培养出来的才可能是高大的人。

① 张楚廷. 课程与教学哲学[M]. 北京：人民教育出版社，2003：445-457.

张楚廷的课程分类观、课程结构观具有宽广的国际视野和强烈的人文情怀，体现了他眼光的深邃性与长远性、思辨的深刻性与严密性。

二、为了人的和谐而倡导人文引领

课程结构所直接对应的问题是如何看待学生之所需，是学校赋予学生怎样的知识结构。合理的知识结构的有利于思维品质的改善。“知识结构不仅影响到学生的思维结构，因而影响到认知结构，而且还会影响到他们的价值观念结构……价值观念不是知识性的，但与知识有关……人是知、情、意的某种统一体，不同的人可能是不同层次上的统一体（甚至有不太统一的统一体）。欲求得在更高水平上的统一，就得有知、情、意方面的锤炼，而每一方面之中又包含多方面的习得与陶冶。情与意向高层次的发展便离不开知识的高水平的综合性发展。”①

张楚廷在充分思考了课程与学生、课程与社会的复杂关系后，提出构建“人文引领的和谐课程观”、主张实现课程“和谐的走势”。

“曾几何时，在一些经典的著作中，关于知识的划分，只有自然知识、社会知识，没有了人文知识；在学校教育中，只有自然科学教育、社会科学教育，没有人文科学教育；在课程之中，社会课程、自然课程地位至高无上，人文课程则是每况愈下……不学社会课程不好，但优先的不是社会课程，优先的是人文课程。”②“人文课程的独特地位及对学生未来影响之巨大，已为越来越多的人所认识。上世纪60年代哈佛所进行的‘零点项目’研究是耐人寻味的。他们曾认为自己对艺术教育（人文教育的一部分）的认识等于零，而后进行长达20年的研究，最终决定将艺术课程列入核心之列。以工程教育著称于世的MIT（麻省理工学院）仅为学生提供的音乐课程就高达80余门……无论从智性智慧、理性智慧，还是从道德智慧的角度看，艺术教

① 张楚廷教育文集第5卷[M]. 长沙：湖南教育出版社 2007：471-474.

② 张楚廷. 课程与教学哲学[M]. 北京：人民教育出版社，2003：316.

育的地位都是独特而无可替代的。"[①] 使人更像人需要人文课程，防止人的异化需要人文课程，关于人本身的课程最重要。"真是生命之本，善是生命树上的花朵，美是生命屋脊上的太阳。……人文课程是引导学生个体做人、成人、人化的课程，是使人高大的课程，是引导学生走向真善美的美好人生的课程，是避免人异化的课程，是阻挡人走向假恶丑的课程；人文课程也是促使科学创造造福于人的课程，是促使社会向更能维护人的尊严、自由和幸福的课程；因而，人文课程是能引领科学课程、社会课程的课程。"[②] 防止人的异化要警惕和改造社会课程、科学课程。"教育不可能不让学生学习社会课程，但社会的优劣与否首要看它是否有利于人；又不可能不让学生学习科学课程，但科学必须为人的幸福、自由效劳。如此，我们便可明白，为什么人文课程以及存在于社会课程、科学课程之中的人文教育特别的重要。"[③]

在人文课程中，张楚廷特别重视哲学课程建设。在学习和工作过程中，张楚廷逐渐喜欢并且深深地爱上了哲学。他个人对哲学的喜爱推动了一个学校对哲学的重视。

1996年1月颁布的《中共湖南师范大学委员会关于加强人文素质教育的决定》指出："在学校核心课程中牢固树立人文课程的地位，将哲学、伦理学、心理学均列入核心课程……每个专业（不分文理）的学生，在二年级结束之后，举行全校哲学统一考试。"[④] 在全校统一考试哲学的创举在当时的中国可能是首开先河、独一无二的。

在张楚廷心中，哲学的"无用即大用"。他广泛开设哲学课的做法是对世俗的超越，是对部分国人之浅见的超越，是对世界哲学大国如德国、美国中诞生的哲学大家如黑格尔、康德、杜威等在钦佩之后的学习与追赶。

---

① 张楚廷教育文集第11卷[M]. 长沙：湖南人民出版社，2012：481.

② 张楚廷. 课程与教学哲学[M]. 北京：人民教育出版社，2003：350.

③ 张楚廷教育文集第17卷[M]. 长沙：湖南人民出版社，2012：501–502.

④ 张楚廷教育文集第10卷，长沙：湖南教育出版社，2007：711.

为何如此重视人文引领？张楚廷的《人文》诗可以在某种程度上解答这个问题。

人文（节选）[①]

人文乎，人文？
实乃人精神。
……
为何地只言地理？
为何物只说物理？

其实文理两不分，
地物亦获人格身。

人文社会与自然，
学科划分三大盘。

三大类中谁为首，
一切都靠人引领。

精神孕育众科学，
科学成就显神灵。

虔诚学者尚人文，
人文修养铸大成。

理性主义弊何在？
逻辑主义自何生？

① 张楚廷诗集（一）[M]. 北京：民主与建设出版社，2014：209.

这类主义之病根，
全在心中没有人。

大学何时为一流？
没有人文万事休。

即使是科学课程也要渗透人文精神，这是张楚廷的一个重要主张。“一旦科学教育不只是向学生传授科学知识，而且还将凝结在科学过程和成果上的精神传递给学生时，科学教育就能起到人文教育的作用。科学精神是人文精神的一种，因此当科学教育充分注意到自己可能的功能时，同样使学生受到人文精神的熏陶。”① 张楚廷重视故事中的科学与精神，这与多尔的三S思想是心有灵犀的。

三、发挥隐性课程的显性作用

学校是信息之所、是文化重镇。张楚廷认为，从信息提供角度看，隐性课程是课程非常重要的组成部分。“总课程（总字可以省略，加上总字，是为了与其他概念相区别）大体上由显性课程和隐性课程组成，显性课程由一系列具体课程组成，隐性课程则因载体不同，而分为自然隐性课程和人文隐性课程、社会隐性课程。”②

他认为隐性课程具有如下特性：“课程展开的暗示性非计划性、主导者的不确定性、非认知心理作用的显著性、习得过程的愉悦性、课程模式的复杂性模糊性、效果显现的间接性牢固性持久性。”③ 在张楚廷看来，“隐性课程在德育方面起着特别的作用，在智育方面更是不容忽视的，对于美育、体育等方面的影响也是不可低估的”。④

他觉得：一个学校，从上到下，都有相应的课程责任。校长是一校的课

① 张楚廷. 素质：中国教育的沉思[M]. 武汉：华中科技大学出版社，2001. 152.
② 张楚廷教育文集第6卷[M]. 长沙：湖南教育出版社，2007：160.
③ 张楚廷教育文集第8卷[M]. 长沙：湖南教育出版社，2007：454-456.
④ 张楚廷教育文集第9卷[M]. 长沙：湖南教育出版社，2007：557.

程理念特别是隐性文化建设的一把手，教务处长是一群群课程规划的一把手，任课老师是一门门课程、一堂堂课建设与实施的一把手。

“学校有所谓隐性文化，在现代教育观念下，学校文化都纳入课程的视野，因此，隐性文化也叫做隐性课程。学校隐性课程的建设可谓校长的特别使命……博克在上世纪80年代接手做哈佛大学校长时，哈佛大学早已是世界顶尖大学，早已有十分优秀的隐性课程，可是，博克通过自己一任校长，依然把哈佛大学推向了新的高峰，其中，尤其包括了课程理念方面的提升，隐性课程的优化。隐性课程的建设，宽泛一点说，全校的师生员工都有责任。然而，校长的责任不仅是最大的，也是影响最大的，因而无可取代。这其中，不知有多少工作可做，不知有多少工作要做。尽管教师要做，职员要做，但校长更要做，其中许多的事项是一般教师和职员无法去做的。所以校长在此使命上无可取代。这也就取决于校长本人思想的力量、精神的力量、理念的力量。做校长的特别使命在此，做校长真正的功夫在此，做校长的真正困难亦在此。两所大学的差别并不主要表现在显性课程上，而主要表现在隐性课程上，学校的真正优秀也就特别表现在校长履行其特别使命的状况上。”① “校长可能要用90%以上的心思去建设学校的文化，因为文化是学校真正的实力，是学校根本的教育资源。学校依靠的是心理力量，唯文化最具此力量。”②在此，张楚廷用不同的语句述说着同一个问题：校长对课程建设尤其是隐性课程建设的职责重大，它是一种文化建设，是一种核心竞争力建设。据此看来，校长不仅是一种职务，更是一种职业，是需要专业知识和慈悲情怀的职业。

为了“千方百计建设极优秀的隐性文化”，作为校长的张楚廷，从一花一草抓起，建设花园式校园；他把各行各业的顶尖人才请去学校，使学生切实感受到自己学校的魅力，从而增强自豪感和自信心；他通过对人的尊重，

① 张楚廷教育文集第17卷[M]. 长沙：湖南人民出版社 2012：301-302.

② 张楚廷教育文集第17卷[M]. 长沙：湖南人民出版社，2012：222-269.

使校园内萦绕着平等、尊重、自由的氛围。不管是在湖南师范大学还是在“涉外”，他都将学校文化建设、隐性课程建设作为工作的重点。他认为：“大学文化的建设是靠积淀而非一日之功的，却又是决不可慢慢来的。大学文化急不出来，更是等不出来的；大学文化是很难周密安排的，却绝对要有心插柳的。”①

张楚廷认为：教师所传递的远不只是显性课程，教师的一举手、一投足，教师的声音、语调，教师的风度、派头，教师的情感、意念，教师的信仰与追求，所有这些都可以构成文化意义上的内容，只是多以隐性的特点存在，因而，在教师那里还存在着隐性课程。教师能让书本的作用变得更为生动有力，让“死”的书本变活，让无声变为有声，让无情变为有情，让课堂成为人与人之间亲切交往的平台。这是教师“信息”多样性的表现。

教室里的墙壁也可以成为“教师”，学校里的操场和其他建筑物也可以成为教师，学校里的树木和草地也可以成为教师。那些刻意关注、建设和优化着自己文化的学校多了很多的“教师”。

学校里的文化可分为物性文化与神性文化，后者主要是观念文化，前者则是附着于物上的观念文化。这种文化，是一面面无形的旗帜。从那里，学生可感受到，应当崇尚什么、追寻什么、珍惜什么。

关于感受的问题，张楚廷说：“一方面，需要可被感受的丰富、神奇；另一方面，也需要便于感悟，同时，也需要学生有着优秀的感悟品质和能力。这都是可以发展的，从而是可以种植和栽培的。”②

张楚廷质疑与反问：我的学生足够自信吗？我的学校足够自信吗？在他主持学校工作的初期及很长一段时间内，他得到的答案都是否定的。他知耻而后勇，不断建设学校的自信文化，这就是一种隐性课程，一种课程信息。为了将湖南师范大学建设成为自信的大学，张楚廷重点抓学生自信心建设和

① 张楚廷教育文集第8卷[M]. 长沙：湖南教育出版社：463.

② 张楚廷，彭道林. 关于理论课程的若干问题[J]. 大学教育科学，2013（2）：125.

隐性文化建设。为此，他殚精竭虑，不遗余力。

“我重要的办学目标之一，就是把我的大学（请允许我只说“我的”）办成一所自信的大学。不仅大学自身是自信的，教授们是自信的，而且是让学生也十分自信的。这才是成功的大学。”① 为了让学生方便感受、为了让学生能自信地喊出“湖南是我的，中国是我的”，张楚廷想方设法建立了规模宏大的图书馆、天文台等场馆，举办了全国大学生运动会等活动，请来了全国知名的哲学家、文学家、艺术家、物理学家、化学家、世界级运动员，让中国和世界走向学生，开阔他们的视野，提振他们的自信。

为何要建设隐性课程？为的是营造一种风气。他用诗《风》表达了自己的想法。

风（节选）②

教风学风最珍贵，
文风校风靠播种，
优良风气在成长，
教育资源随之丰。

文风学风和教风，
学校皆以文化称。
显性文化显课程，
隐性文化隐课程。

校风考风皆课程，
风风雨雨引路程。
课程实乃学校根，

① 张楚廷. 思想的流淌[M]. 重庆：西南师范大学出版社：2015：164.
② 张楚廷诗集（一）[M]. 北京：民主与建设出版社，2014：31.

隐性课程根最深。

……

不看标牌不看名，

只需校园走一程，

四处刮着何种风，

风向之中看真情。

张楚廷有自己独特的治校理念，他主持“涉外”工作时，非常希望“涉外”的文化厚实一点，让“涉外”的理念更先进一点，让“涉外”的师资更强大一点。他非常担心“涉外”因忽视文化建设而丧失自己的品位和前景，因而把文化建设放到了学校发展至关重要的位置。

“择善而从”是张楚廷一贯的追求。根据自己对善的感悟，他为“涉外”制定了“至善至美，自立自强”八字校训等办学方针。他说：“善和美都是需要学习的，教育也就应担负起这种学习的指导任务来。大学不只引导年轻一代学识、学问、学思、学想，而且要引导他们学善、学美，学着欣赏美、发现美、创造美。”

“自立自强，至善至美”校训后来被发展为“八三八八九”理念文化。“八三八八九”即：八字战略（百年涉外，一流涉外）、三项办学原则（质量与规模协调，普教与职教并举，诚信治学办校）、八字校训（至善至美，自立自强）、八字机关作风（平等、尊重、敬责、高效）、九字教学工作方针（让学生真正学到东西）的合称、简称。“八三八八九”构成了一个整体：在八字战略目标下，遵循三项原则办学，建设“至善至美”的优良校风、培养“自立自强”的人才，以精干高效的八字机关作风为保证，确保学生真正学到东西而健康成长，一切落到学生身上。“八三八八九”虽然说的是五个方面，但它方方面面都强调了质量、都体现了学生本位和学术本位。这是“涉外”办学的根本大法、是涉外的风向标。“八三八八九”这样一个数字链不是预设的，而是通过好几年孕育而成的。为了突出文化建设的重要性，在张校长的提议下，在学生工作处专门设立了文化建设科。

“他担心民办大学完全按照工厂或企业的模式发展下去，因此倡导学生的自由和权利，倡导给教师以宽松的环境和发展的空间，反对用计件的方式考核教师。特别是在倡导诚信办学、防止官本位思想在‘涉外’蔓延方面，张校长倾注了大量的精力。几乎每次报告，张校长都会谈到诚信办学和机关作风建设。”[①] 某种程度上，张楚廷的思想变成了一种学校文化，引领着一个学校的风气。

四、科学协调课程数量和质量关系

张楚廷认为，选课自由是学生的权利，加强和课程质量和数量建设是为了尊重与保护学生的选课权。他的“学生选课权观”体现了他对人权的尊重、对自由的尊重。

张楚廷毫不留情地批判了现实：“我们从未把全面发展视为学生的天赋权利，而只是视为外界加给他们的一道指令，因而，我们从未把全面发展的实质视为自由发展、个性发展。那些表现学生课程权利的质疑权、误思权、选择权的天赋性更不被注重。”[②]他主张学生应有充分的课程选择权，辅之以具有弹性的限制。“所有的课程都由学生自由选择，应有相当的自由，但非完全的自由。学生在选定专业之间更自由，学生在必要的必选课之外更自由……学生有相当的自由去开出一个课程‘菜单’，但这个‘菜单’如果不讲究一下结构，或者会造成实际上的营养缺陷，或营养不良，或营养过剩。”[③] 张楚廷的学生课程权观的核心思想是有利于学生的成长，体现的是对学生的拳拳爱护之情，表达的是对办学者责任的勇敢承担之意。

---

① 鞠晨曦. 朴实无华始见真——张楚廷校长的待人、治学和治校方略.
⑧ http：//blog. sina. com. cn/s/blog_48337a4601000adx. html.
② 张楚廷教育文集第17卷[M]. 长沙：湖南人民出版社，2012：154.
③ 张楚廷教育文集第17卷[M]. 长沙：湖南人民出版社，2012：251

1. 提供量足质优的课程是学校的义务

"课程是学校向学生提供的基本'商品'。如果'商品'琳琅满目，应有尽有，那就是一个课程的'超市'了。如果一所大学就如一个课程的'超市'，那么，学生就有了极大的选择空间。我们又把这叫做学生的选择权，课程权。这样说来，课程数量的问题涉及学生权利，涉及学校维护学生权利的问题。"①

"我知道世界上比较好的大学，都是10000门以上的课程。在国内我非常熟悉并曾经考察过的，比如中山大学，就中国语言文学可开100门课程，史学可开80门课程，哲学可开20门课程，这样3个领域的课程量就达到了200门。按照专业的划分，专业是249个，专业较多且每个专业课程数以百计的大学，那将是5000多门课程，在中国比较好的大学，它的课程总量大约在5000门以上。一所万人大学，如果不能提供四五千门（不计重复数）课程，说完全学分制可能是很不踏实的。如果只有一两千门课程，最好不要奢谈完全学分制。比如说，一个超市如果就那么几十种商品可供顾客选择，最好它不要叫超市。……必须有足够让学生自由挑选的课程。这样，就相应地有个问题：提供多少门课程算足够？在美国较高水平的大学里，是一万门以上的课程，几乎是应有尽有，有求必应，即使学生欲选之课一时提供不出，它也有很强的课程开发能力，或自己'生产'，或从外校'输入'，依然是应有尽有。"②

2. 重视一群群课程的建设

张楚廷不但关心为学生提供了什么课程，而且还关心是怎么提供的以及效果如何。他曾在一次教学工作会议上说："关于课程的分类分等，这个学期完成了第一阶段的工作，各个部系都对各自的课程进行了分类、分等。……在中国比较好的大学，它的课程总量大约在5000门以上。我们整个

---

① 张楚廷教育文集第17卷[M]. 长沙：湖南人民出版社，2012：262.

② 张楚廷教育文集第17卷[M]. 长沙：湖南人民出版社，2012：251.

‘涉外’的课程数还是以百门计，这是相当相当的少。我想这也是一个起点吧，我们关注到了课程，比如说我们今天的教学工作会议的核心是讲课程。我们必定关注到课程质量，关注到课程的优等率，与此同时，我们必须关注到数量上来，因为没有足够的数量的话，我们去谈分类分等，谈课程的结构，乃至于谈课程的优化，底气不足啊，不实在啊，你就那么几门啊，所以我们必须要有大量的课程。每个教师不应只是开一两门课程，应该开很多的课程，优秀教师应该开更多更多的课程。”①

教育是良心事业，而良心靠细节体现，对于一门门课的建设，张楚廷主张质量至上。“课堂合格率、实验开出率、课堂优秀率、课程优秀率、教材优秀率，这些数据要综合起来考虑，其中综合性最强的是课程优秀率，它可包含课堂优秀率、教材优秀率、实验项目开出率、学生满意率。这是一个课堂管理问题，把它分解一下子，从几个方面来说明课程是不是优秀。我们也搞精品课程，精品课程确实也要去做，但不受教育行政部门左右，我们更加重视关注日常的基础的、广大学生受益的课程问题……我们必须关注到广大学生的利益。所以日常的基础性的课程建设应该是更重要的。包括精品课程建设在内，要均衡地发展。就上课而言，50堂课，你不能说几堂好，几堂不好，有几堂不好，那这一门课就完蛋了的，应该是50堂课，50堂都要好呢。一餐饭撑死了，一餐饿死了，那饭吃得不好。所以，课应该是均衡的。教师的教学、科研、人品应该是均衡发展的，一堂课也是均衡的，不能是大起大落的。突然一堂课讲得好，因为要‘比武’了，‘比武’一过，讲得就一塌糊涂了，那是搞不得的。”②此处，张楚廷强调课程建设中要时时、处处、事事、人人用心，要争取实现课程的均衡发展、优质发展。

对于课程建设，张楚廷喜欢用各种数据说话，喜欢从不同层面分析同一个数据、喜欢寻找数据之间的关系。在2008年2月的校务报告中，他从附加检

① 张楚廷教育文集第20卷[M]. 长沙：湖南人民出版社 2012：164–165.

② 张楚廷教育文集第20卷[M]. 长沙：湖南人民出版社 2012：80–83.

测、实验实训、教师状况（学生对教师的满意度）、课程质量等方面对教学工作做了全面分析。在分析课程质量时，他说：“以上就是从4个方面，用10组数据来分析教学质量的情况。……我们狠狠地抓住教学质量的问题，就是贯彻‘八三八八九’最实际、最基础、最重要的行动。”[①]

3. 夯实一门门课程的质量

为提高课程建设质量，张楚廷与他的团队想出了很多办法。如，设立校级、院级督导团，创办一周一期的《教学简报》、创办一月一期的《教学工作通讯》以及教学网站。[②]让“涉外”很多人意想不到的是，为了保证课程质量，他对有些课程的考试做了移花接木、墙内种树墙外开花的工作。“涉外”各专业首届本科生第一年的主干课考试，他请湖南省最高水平的公办大学教师命题并阅卷。以最可靠的评价来促进最扎实的教学，保证最可信的质量。在正常考试之外，“涉外”还对最重要的基础课做最基础的附加检测。这种检测，归属于校级行为，从根本上讲，不是检测学生，不是检测系部或学院，而是检测学校最高管理者的工作，目的是以最朴实也是最扎实的手段来促成最踏实也是最坚实的学风。

4. 搞好教师队伍和管理机构建设

张楚廷非常重视教师队伍的打造，因为他们是课程建设的主力军。“课程的量与质取决于课程开发能力，课程开发的能力则取决于师资水平，尤其取决于教师的学术水平。综合起来说，课程的开发取决于大学的学科水平。一位有开阔学术视野并不断取得成果的教师，开发课程的能力也就会不同一般。……比如说，哈佛大学关于亚洲问题的课程就有三百多门，其前提之一便是哈佛大学有关于亚洲问题的强大学科力量，有众多的研究成果；其前提之二便是相关的教授们能将这些成果转变为课程，把学术力量转变为教学的

① 张楚廷教育文集第20卷[M]. 长沙：湖南人民出版社 2012：44–45.

② 李钊. 湖南涉外经济学院办学特色[M]. 长沙：湖南人民出版社，2009：182.

力量。用我们的话来说，课程开发是教学与科研的最佳汇合点。”[①]课程是学校为学生提供的精神食粮，而这些精神食粮的加工制作者是广大教职员。“巧妇难为无米之炊”，要做一桌好饭菜，巧妇、米、水、砧板、菜刀、火、锅等，一样也不能少。为了学生，张楚廷为寻找、培养“巧妇”而殚精竭虑。

（1）提高教职员工的大学意识与课程意识。张楚廷在主持“涉外”工作初期，为全体老师开设了《大学及其管理》讲座，总共八讲，其中《大学的课程》三讲，涉及课程的意义、课程的数量、课程的开发、课程的分类、隐性课程建设等问题。这种对大学是什么、怎么办大学的近乎“启蒙的”讲座为把“涉外”办成合格的、高水平的普通高校赢得了时间和机遇。

（2）引进、培养高素质师资。高素质人才是打造优质课程的重要保证。对于教授，张楚廷在湖南师范大学实行“五子”优先政策，即房子、车子、票子、帽子、位子都优先。作为校长的他提出要正确看待“才从财来”与“财从才来”关系，实行“来去自由”政策，力主引进博士。“到20世纪90年代末期，湖南师大调进教授88名、博士118名，而调出的博士只有14名。”[②]湖南师范大学曾被称为我国最早“炒”博士的高校。这些高层次人才的集中引进使学校名声大振，学科及课程水平不断提高。张楚廷做“涉外”校长不久就提出打造高水平教师队伍，于2005年制定了“百名博士计划。”[③]到2013年，该校已有博士90余名，占专职教师的近10%。大批博士的引进使“涉外”的师资结构、教学水平、科研状况在短期内都发生了显著的变化。

于源溟博士在《做仁人行实事求真学——张楚廷学术道路探微》中所说：“引进博士是有代价的，需要满足他们的心理需要，而满足心理需要的基础就是满足他们的基本生活需要，要为他们提供好的住房，要提供好的实

① 张楚廷教育文集第17卷[M]. 长沙：湖南人民出版社，2012：263.

② 丁维先. 以师为本——湖南师范大学师资队伍建设纪事[N]. 人民日报. 2000-05-05第四版.

③ 李钊. 湖南涉外经济学院办学特色[M]. 长沙：湖南人民出版社，2009：142.

验条件，要使他们通过奋斗能够拿到别人更高的报酬。当时引进博士的待遇超过了原来的教授，引进特聘教授的待遇超过院士。平衡被打破了，平静的水面沸腾了。对至今仍处在计划经济体制下的高校而言，当时的湖南师大所受的冲击是我们无法想象的，作为校长的张楚廷受到的压力也是难以想象的。是进是退？他选择了坚持，而这种坚持不是以校长的权力压人，而是通过动态平衡这一智慧解释并稳定了局面。一个官本位意识浓重的校长是绝对不敢面对打破平衡这一危险的，只有那种看重学术、看重发展、不重官位的校长才有勇气去面对。"[①] 张楚廷大规模引进博士克服了很多困难，充分实践与体现了他人才至上、学术至上、学校发展至上、学生前途至上的思想。

（3）培养优秀的课程管理人才。为搞好课程管理，张楚廷利用多种方式培养课程管理人才。他在与"涉外"教务处有关人员谈话时说："我一直认为课程是专业建设的核心，各个专业都需要课程建设做基础。……课程主要是去管它？还是要去研究它？它的现状如何？它还存在什么问题？今后将如何发展？我们需不需要制定一些标准去评价它，考核它？我们现行的一些做法是否能收到实效？课程管理相当程度上是研究……建议你们至少有一半的时间来研究，来学习，了解每一个专业有些什么课程；哪些是基础课程，哪些是专业课程，哪些是配套课程；哪些是需要重点建设的，每一门重点课程的师资情况怎样；应该先开哪些课，后开哪些课；未开哪些课，不能开哪些课；要开某一门课必须先开哪些课……有三件事课程管理科是必须要抓好的：一是教师中优秀教师的比例，优秀与否并不是只看职称结构、学历结构就行了的，还要看教师实际的教学效果；二是教材是否优秀，课程建设中要突出教材建设。教材不一定要自编的，可以引进国内外先进的教材。比如艺术设计系引进耶鲁大学的教材就很好；三是教学的实际效果如何。看师资，看教材，看效果，最终是看效果。我盼望课程管理科的几位同志不只是想着

① 燕良轼. 张楚廷教育思想研究[M]. 长沙：湖南大学出版社，2009：29-30.

怎样是去管别人，而是要特别加强学习，多研究，多思考，迅速提高起来，以便能够在课程方面讲出些名堂来，别人才信服，工作才更有效。”[①] 张楚廷与干部们在这种语重心长的谈话中抛出来的是一连串的问题，这种寄予厚望的交流帮助干部们认识了课程建设的重要性，帮助他们得到了较快的成长，使课程管理工作在促进学校高水平发展方面发挥了较大的作用。

（4）开展课程管理机构改革。张楚廷一直把课程建设当作学校工作的核心。为了引起董事会成员的注意，也为了体现对课程的重视，他提议将“以课程建设为核心，努力提高专业、学科水平”做为董事会会议的重要成果写进“涉外”会议纪要，且获得一致通过。[②] 这在很多以经济效益为主要目标的民办高校是不容易想到、更不容易做到的事。

为了理顺课程与教学关系，突出课程地位，在他的主导下，将“教务科”改为“课程管理科”，将工作重点放在为学生提供数量充足、质量优良的课程上。

他曾自豪地说：“学校的基本建设主要不是修房子，学校的基本建设就是教学，就是师资建设、课程建设、学科建设。……我们将思想教育科改造成了文化建设科，将教务处的教务科改造成了课程建设科。我们有涉外自己的东西，真正属于大学的东西。”[③]

（5）希望老师们多读书、多开课，实现教学相长。老师多开课、上好课，既是学生成长的需要，也是教师自我成长的需要。“教师长期乃至一辈子仅教一门课程的情形存在着。这种情况对于教学质量的提高、教学的组织安排都不利，对教师的自身发展也不利。实际上，大学教师每开设一门新的课程，都是一次重要的学习，也是一次挑战，在不断开设新课程的过程中不断充实自己，或者扩展知识，或者是向最前沿走去，始终保持一种活力。从

① 张楚廷教育文集第20卷[M]. 长沙：湖南人民出版社，2012：195-196.

② 张楚廷教育文集第20卷[M]. 长沙：湖南人民出版社，2012：193.

③ 张楚廷教育文集第20卷[M]. 长沙：湖南人民出版社，2012：9.

教师主体来说，他们有必要不断学习和充实自己；从学生的客观需求来说，教师的融会贯通和渊博是十分珍贵的。当教师同时意识到这两方面时，可以将这种客观需要作为一种动力来推动自己的发展。”①

为了“逼”老师勤学好问，张楚廷对开课数量做出了严格规定。他在湖南师范大学于1997年10月所做的《关于进一步加强教学工作的决定》规定：“正、副教授每年至少要为本科生讲授1门课程；至少开设1门校选课。讲师要以本科教学为主，应能独立讲授2门以上必选课，争取开设选修课……”②他希望每位老师能开3~5门课程，那么一个2000名老师的大学就可以开出6000~8000门课程，就比较能保障学生的择课权。

作为教师，张楚廷自己先后开设了23门课程，其中有8门课程是自己写书自己讲。“学数学，教数学；教数学，学更多的数学。搞管理，学管理学……结果，我已教过22门不同的课程了。有机会，我还想开设第23门、第24门。这样，教书与读书，读书与教书，是交互影响的，两者已高度融合为一体了。教书和读书的类别也比较多了，分别涉及数学、教育学、心理学、管理学、哲学、高等教育学等六大门类。每个门类还可向下延伸。比如，数学之下我已经开设过11门课程。又比如，教育学之下，还可分教育基本原理，课程与教学论，高等教育学等十个左右的分支，我大都作为课程开设过。”③

张楚廷面向学生、审视现实、走进历史、运用逻辑、利用五I建立了一个具有全局性、层次性的课程建设观，特别强调了学生的选课权力、校长、教务处长的课程责任、教师的课程建设水平。这既是战略问题，也是战术问题。只有各方面协调配合好，才可能奏出学生健康成长的美妙乐章；只要各方面协调配合好，就一定能奏出学生健康成长的美妙乐章。

---

① 张楚廷教育文集第5卷[M]. 长沙：湖南教育出版社，2007：458.

② 张楚廷教育文集第10卷[M]. 长沙：湖南教育出版社，2007：709.

③ 张楚廷. 思想的流淌[M]. 重庆：西南师范大学出版社，2015：217.

第四节　五I理念下的教学与演讲

张楚廷喜欢上课和演讲，甚至可以说是迷恋上课和演讲。他知识广博、人本观念强、脑海中问题多，因此他的上课或演讲总能带给人很多的思考与启发。他的教学或演讲可以说是一种五I风格的。他成为了一个受很多人喜爱的老师和演讲家，与他充分实践五I关系密切。

“教育过程不仅存在两个主体即‘双主体’，而且存在‘复合主客体’。”[①] 五I中提倡质疑，就是对教学双主体之平等性与差异性的认可与尊重。倡导质疑、尊重直觉的教学能使师生双主体的关系走向民主、平等、和谐。下面分六个方面阐述张楚廷教学、演讲与五I的关系。它们实际上是你中有我、我中有你的交叉、缠绕之关系，分几个方面表述，实在是勉为其难别无选择的做法。

一、听张楚廷上课或演讲的感受

张楚廷的学生及听众数量众多，每个人都可以有对他的教学或演讲之独特感受，以下摘录的只是长河中的几片浪花而已。

颜桂花说：张楚廷在教学中形成了“在娓娓道来中言真知、在循循善诱中引思维、在旁征博引中启智慧的教学艺术”。[②]

上张楚廷的课或听他演讲，学生们、听众们总能全情投入，总嫌时间过得太快。下课了，很多学生也不愿意走，希望进一步与他交流。颜桂花曾经写道：“课堂时间是非常有限的，而学生被引发的思考是无限的。所以张教授的课后会有一道独特的风景：学生们纷纷围在他的身旁，或是就某一问题提出质疑，或是就某一理论进行交流，即便是站在一旁的学生也是如此虔诚和专注地听着，以期获得某种启发和灵感。每次课后张教授都是被学生簇拥着走出教学楼，目送他远去后学生才散开，谁都不希望错过任何聆听的机

① 张传燧. 论教育过程中主体的作用及其转换[J]. 教育理论与实践，1999（3）：7–11.

② 燕良轼，刘宇文主编. 张楚廷教育思想研究[C]. 长沙：湖南大学出版社，2009. 139–140.

会。不得不承认，这是他课堂教学的延伸，是他人格魅力和学术魅力的吸引力所致。"① 其实，这些文字也完全可以用来描述张楚廷演讲的盛况。

张楚廷自觉实践五I精神，形成了独特的教学艺术。杨莉君教授总结张楚廷教学特点时说："教学本质：生命的交融；教学目的：生命的完整；教学方式：生命的对话；教学过程：生命的体验；教学的追求：自由创造。"② 这是非常精当的一家之言。

刘宇文博士认为，张楚廷是一个催生思想的助产士。"先生的教学过程是一个启迪思维、催生思想的过程，他的教学充满智慧，幽默风趣。最值得称道的是他能深入浅出把枯燥的理论知识变得生动形象，他富含哲理的谆谆诱导使学生终身受益。"在刘博士心中，张楚廷的教学具有师生关系平等、善于启发诱导、善于激发学生的参与热情等三个特点。③

一是主张师生关系平等，教学以学生为主体。他在教学中与学生平等的对话与聊天，绝少有训斥与责难。他很赞赏韩愈所说的"师不必贤于弟子，弟子不必不如师"。因为他的学历止于本科，他自己说，我们那时没有学位制度，所以连学士也不是，所以他经常不无自嘲和谦虚的对硕士生和博士生说："我是半路未出家，是自己摸索出来的，而你们是科班出身，接受过正规理论训练的，如果我上课有什么理论错误，你们一定要指出来。"他认为只有学生觉得自己与教师之间已经没有教育者与受教育者的关系时，这才是最好的教学，这样的教师才是最好的教师。张楚廷确实达到了这个境界。

二是善于启发和诱导，注意让学生自我发现。张楚廷作为中国优秀传统文化的继承者和发展者，他很尊敬孔子、孟子等教育前贤。他的课堂充分体现了孔子的"不愤不启，不悱不发。举一隅不以三隅反，则不复也"（《论语·述而》）和孟子的"引而不发，跃如也"（《孟子》）以及《学记》）

① 燕良轼，刘宇文主编. 张楚廷教育思想研究[C]. 长沙：湖南大学出版社，2009. 140.

② 燕良轼，刘宇文主编. 张楚廷教育思想研究[C]. 长沙：湖南大学出版社，2009. 98-102.

③ 燕良轼，刘宇文主编. 张楚廷教育思想研究[C]. 长沙：湖南大学出版社，2009. 287.

中“君子之教，喻也：道而弗牵，强而弗抑，开而弗达”的理念。因此，课堂提问是常态。他向学生提问，即使答错了，也不马上否定，而是再提出另一些紧密相连的问题，或提示学生思考，或与学生进行辩论，让学生在辩论的过程中发现自己的问题，同时也找到问题的正确答案。学生也常常有颜渊的感觉：“仰之弥高，钻之弥坚；瞻之在前，忽焉在后；博我以文，约我以礼；欲罢不能，既竭吾才。如有所立卓尔。虽欲从之，末由也已。”（《论语·述而》）

三是运用谈话和讨论，激发学生的参与热情。张楚廷最喜欢与学生交流，课堂往往以提问和对话来进行，在这一问一答的相互讨论中，他要传达的知识和思想不知不觉进入学生的脑海。有人比较了孔子与苏格拉底的启发式教学的异同：孔子能针对不同的个性特征，循循善诱，点拨精妙，善于把握时机，给学生相当大的思维空间，具有启发性、灵活性。苏格拉底提问意旨明确，环环相扣，善于突破关键，充分挖掘对方思维潜能，具有很强的引导性和严密性。我们认为，张楚廷在教学过程中体现了二者之长，从风格上看，更倾向于苏格拉底。他在课堂上连环式的提问不但能启发学生怎么去思考问题，而且经常以提问来回答前面的提问。他的很多学生的课题和论文选题往往来自那些环环相扣的提问。这可能与他喜欢思考的习惯有关，长期的思而不罔，其提问及讲授自然发人深省。

笔者很认可刘博士所归纳的这三个特点。这也许能代表很多学生、广大听众的共同看法。

刘铁芳教授说：“记得做学生的时候，在中文系的408大教室，作为校长的张楚廷先生刚从俄罗斯回来做演讲，……大教室里人挤人，不时传来笑语声声。张校长的演讲，绝无以势服人的姿态，显得平易、自然，不乏风趣幽默，让作为学生的我们听来轻松而有收获。后来就开始源源不断地读到张校长的教育著作。所谓文如其人，他的著作平易、流畅，娓娓道来，抓住一个又一个司空见惯的问题，像拿着解剖刀，驾轻就熟深入其中，把教育学中的老问题每每谈出新意，又常常把教育学中被忽视的问题令人叹服的摆到理性思考的教育学平台之上。张楚廷先生就这样一步步扎根于教育学的大地之上，一点一滴，以自己独到的方式，展示出了一个又一个教育的新视界。"①

中文系的408大教室，就是笔者读本科时的那栋楼。在408教室，笔者多次听过张楚廷教授、朱翔教授以及从国内外请来的吴文俊等多位专家学者所做的演讲。这个教室是师大人瞭望世界的一个大看台、也是师大人展示风采的一个大舞台。

金红梅博士写道："先生的思维方式比较独特，经常抛出一些让人出其不意的问题。比如有一次问我们，同学们，你们会玩吗？他接着又问，你们认为玩需要学习吗？他接着再问，有学习是从玩开始的吗？你们觉得上了小学、中学、大学，还需要玩吗？教师应该关注学生的玩吗？就在这样不断的提问与发问中，他引导我们去重新思考一些看似很平常很合理但实际上不那么理所当然的东西，这不正是苏格拉底所倡导的'产婆术'吗？所以，听先生的课，学生们总感觉到精神上很放松，但是智力上又经历着挑战，并且思维方式也在潜移默化中发生了改变。这些都让我们受益匪浅。"②

在笔者印象中，张楚廷一直站着讲，讲2~3个小时不喝一口水，充满激情的讲，眉飞色舞的讲，与听众有问有答的讲。主办方或听众往往提醒他坐着讲，他却坚持站着讲，为此还写了《我站着》一文发表在（2013年第2期《当代教育论坛》）来回答为什么他要站着讲这个问题。每次上课或演讲结束后都会有很多人围在他身边请教问题、请求合影，他就像一块巨大的磁铁能吸附很多的求同存异、求异存同的人。

二、通过讲故事交流思想

为了激发学生兴趣、为了使学生在快乐中学习，讲故事是张楚廷经常使用的方法。讲故事，与听众"扯谈"，也是张楚廷提供信息、培养智慧的方

① 燕良轼，刘宇文主编. 张楚廷教育思想研究[C]. 长沙：湖南大学出版社，2009. 156.
② 燕良轼，刘宇文主编. 张楚廷教育思想研究[C]. 长沙：湖南大学出版社，2009. 118.

式之一。

张楚廷喜欢讲故事得益于父母对他的早期教育。幼年时期，父母给了他一个有故事的童年，让他物质上贫困的日子却在精神上并不寂寞、并不贫乏。最让他难以忘怀的是日本鬼子追赶母亲、打掉包裹的故事（第四章已有述及，此不赘述）。

走上教育岗位后，张楚廷体会到，一个人的故事与生命体验对学生的成长能起到重要作用。慢慢的，故事便走进了他的课堂，他也带领学生在故事中漫游和成长。在他看来，故事便于理解，是非常好的交流内容与方式。在故事面前，不太可能出现教育者的居高临下，不太可能出现说教，更不可能发生训斥，教育者讲述着，实际上，他也跟受教育者一样在聆听着，在被感染着。因此，故事是最便于实现教育平等的。这样看来，张楚廷也是多尔3S（科学、故事、精神）理论的践行者，或者说，不知不觉，张楚廷与多尔在教育理念上走到了一块。

数学在常人看来，似乎只有计算、论证、逻辑和命题，没有故事。而在张楚廷视野里，数学也是一个故事的天下。他说："讲授过微积分，我便知道了围绕着微积分产生出来的千百故事；我讲授微分方程、函数论、泛函分析，那里也是百千的故事；我讲授过代数、几何、拓扑，那依然是充满故事的园地。当然，必须有计算，有推理，然而，也必然有故事，那是有引人入胜情节的故事。"他认为，科学确实有其严峻、清冷的一面，然而，科学是人创立的，只要从科学里看到人，就有故事。从那一个个精妙命题的出现那里，我们看到人的思想，人的激情，人的智慧；从一个个难题解决的过程那里，我们又看到人的精神，包括人的不屈不挠，人的艰苦卓绝之奋斗。他说："我至少熟悉一百位以上中外数学家的故事，这比我算过一万道数学题更重要。"①

① 赵雄辉，古舍. 张楚廷和他的教育人生[J]. 当代教育论坛，2007（03）：126.

后来，当他转入教育学、心理学的教学时，如同在早期开展数学教学一样继续讲着故事，而且，更加忘不了讲故事，也觉得更有故事可讲。

在故事教学的基础上，张楚廷形成了自己独特的做报告风格——聊天式。20余年累计下来，他已在校外做过400多场报告。他的报告基本上保持了聊天、扯谈的方式，没有固定的套路，没有多少引用，没有慷慨激昂，也没有对他人的指示和教导。在他的用语中，更多使用的是“我”“我们”，而绝少使用“你”“你们”，绝少使用“应当”“必须”“要”之类的词语。

正是这种聊天式、“扯谈式”的方式，他使自己从看似高高在上的教育者身份转变为娓娓道来的叙述者身份。因为他坚信，“当受教育者感到站到自己面前的并非教育者的时候，他接受着最好的教育；并且，教育者因此而做出了最好的教育。”在课堂上，他用这种看似随意的方式，尊重和爱护着每一位学生；在校长工作中，他用这种聊天式的谈话，维护着每一位教师和员工的平等与尊严。

把科学、教育、哲学与故事融合在一起的教学方式反映了张楚廷深刻的平等观念和人权思想。他说过：“我从内心深处，从根本观念上，不认为我是一个指点者、教导者、号召者。”几十年来，张楚廷总是提醒自己：“教育是心灵与心灵的映照，如果有一方（师生双方，特别是教师一方）俨然以教育者自居，或者误以为自己仅仅是教育者，就不可能有这种映照。”[①]

达尔·鲍姆（Bo Dahlbom）对丹尼尔·丹尼特喜欢用讲故事来说道理的做法描绘得非常形象、逼真：“在其他哲学家使用定义和论证时，丹尼尔·丹尼特却用讲故事来提出观点。因此，如果你询问他对一个具体问题的看法，他会捋着胡子，支支吾吾，但只要几秒钟，他就会进入叙事模式，提出一个妙不可言的故事。他的哲学就在他的故事之中。”[②]

---

① 赵雄辉，古舍. 张楚廷和他的教育人生[J]. 当代教育论坛，2007（03），126.

② Bo Dahlbom（ed.），Denett and His Critics，Blackwell，1993，p. 14.

“丹尼特认为，他的估计比定义和原则更能反映他的主张，这也许是因为故事包容性更大，相对于论证来说，对其意义的阐释空间更加开阔，从而也更符合他一直倡导的关于意义的不确定性和整体论思想。无论如何，由于它的论著中充满了故事、典故、轶闻趣事，因此文笔流畅优美、机智风趣。”[①] 张楚廷写文章不喜欢开篇就定义，甚至始终不去定义，但一些概念的内涵就在笔尖的行走中不断生成、不断明晰。他喜欢通过故事和隐喻让读者去品味其中况味。看来，张楚廷的做法与丹尼特有类似性。这是他们讲课或著述能引人入胜、发人深省的秘诀之一。

笔者曾跟随张楚廷去听过他的一次演讲，事后我将录音整理成文。这是一个彰显五I理念的演讲，其中他讲了好几个尽显五I神韵的故事。在下面这个片段性的故事中，我们能体会到张楚廷建设自信学校的思想、重视学校隐性文化建设的思想、用故事与学生平等亲切交流的思想。他说：

学校送给学生最珍贵的东西、老师送给学生最珍贵的东西就是自信。你能不能真正让你的学生很自信，这是个了不得的事情。我看过一本心理学，这本心理学的最后就是说：我们送给学生最珍贵的礼物就是自信。这个确实是很重要的，也是很不容易的。

我后来把这个思想变成一种实践。我在湖南师范大学做校长的时候，我有一个目标，什么目标呢？我要把我的学校办成一所自信的大学，让我的学生非常自信，让我们教师非常自信。我曾经觉得北大是个自信的学校，因为它是自信的大学，所以它办得好；因为它办得好，所以它自信。这是互为因果的。北大的学生脱口而出：中国是我的。我们的学生说得出说：中国是我的吗？我开始在湖南师大做校长的时候，学生说“湖南是我的”也说不出。但是我作为校长，我有一个目标，我要努力把我的学校建设好，让湖南师范大学的学生也能脱口而出说：中国

① 刘占峰. 解释与心灵的本质——丹尼特心灵哲学研究. 社会科学出版社[M]. 2011：代前言：23.

是我的。大家相信我做到了吗？（听众说：相信）

我真的做到了。大家愿意知道我怎么做到的吗？（听众：愿意）我们有一个追求，实际上我们普通人都会有这样的追求：中国就在我身边吗？首先你要感觉到中国就在我身边。不仅在身边，中国还是如此的高大。你有这种感觉吗？这种感觉你是要培养的。首先要感到中国就在我身边。

我把中国最高水平的数学家请来，吴文俊，中国的头号数学家，比华罗庚水平还高。把中国最好的物理学家请来，把中国最好的哲学家请来，当时北大的黄楠森。把中国最好的伦理学家罗国杰请来。把中国最好的化学家请来。我把中国最会说相声的牛群和冯巩请来。我把中国最会演电影的，有个秦怡，你们知道吗？秦怡，我也请来。她那个时候快80岁了，还好漂亮。秦怡，她经得看呢，80岁了还很漂亮，那年轻的时候应该也是很漂亮的。（听众笑声）有的人到70岁就看不得了，她到80岁还蛮看得。（笑声、掌声）我把中国最会打乒乓球的也请来，我把丁松和王励勤也请来了。

张楚廷每一次请人来学校出席活动都有故事。有些人不是那么好请的，既要做好眼观六路、耳听八方、志在必得的充分准备，又要有无心插柳柳成荫、有缘千里来相会的心理预设。张楚廷是怎么请来丁松等人的？这件事充满传奇色彩。他在演讲中继续说：

有一次看足球，我喜欢看足球比赛，我自己也从事多种多样的体育活动，足球我也看。我看了那场足球以后，觉得那场足球比赛的评论差劲。那个时候的评论员是谁呢？是韩乔生。我听了那场解说以后，感到非常痛苦。他那个解释结结巴巴的，有些场面已过去了，他还在找词，他不能很及时地做出反应，他半天找不到一个恰当的词汇。这个场面过去了，你还在找词，这就没用了啦。我听了以后觉得难过，就写一封信到中央电视台。当时体育频道负责人叫马国力，副主任叫岑传礼。我就写信给他们："我想让你们来听听这场解说有多么痛苦，我希望你们把他送到北京语言大学再学半年，最好还学一年以后再回来。"这当然有点挖苦。

信，写了就写了吧，没事了吧。后来我有一次到北京京西宾馆开会。京西宾馆对面，大家知道是个什么地方吗？京西宾馆的对面就是中央电视台。我在那儿开会的时候，不知道中央电视台体育频道的负责人岑传礼是怎么知道我在那里开会的。有一天晚上，他打电话给我说：张校长，我们请你吃饭。我说：吃过了。他说：吃过了再吃。我想吃饭就是聊天嘛。我虽然已经吃过了，还是又到他们那里去吃饭了。

我走到中央电视台门口的时候，有人在门口迎接我。你们猜猜看，迎接我的是谁？（听众：韩乔生）哎呀，你们好会猜！迎接我的就是韩乔生。我说：韩乔生啊（我当然直呼其名，因为我比他年长很多），对不起，我写了封信告你的状。他说：那没关系，观众是上帝。我说：你不错啦，你知道我是上帝。这样很快就解除了尴尬。这件事就没事了。好，然后就去吃饭。吃饭时，东聊西聊，也没什么主题的。他们说收到了我那封信，就以这种吃个饭聊聊天的方式来回应我一下。台长说：我们已经跟韩乔生做了工作了，北京语言大学就不去了吧？

聊聊聊，我就想抓住一个机会为学校服务。我抓住一个什么机会呢？当时有一个乒乓球擂台赛，这个擂台赛只在北大和清华打，北大打一场，然后到清华打一场。唯一的一次例外是到老少边穷打过一次，就是到兰州打过一次，那是西北地区。再没有例外，全都是在北大和清华打的。我说：你们可不可以拉到我长沙去打一场？他们没有准备，我突如其来，他们半天不做声呢。可能在想：你又不是西部地区，又不是北大和清华，我到你那里去打干什么？

他们都不做声，那我也不做声，我硬要等着他们回答。（听众笑声）

他们后来就将我的军：那个场地你有没有啊？我说：我保证我的场地比北大和清华好。因为我看了北大和清华，那场地差死了。（听众笑声）它们后来好了。起初，它们不重视体育。不重视体育的校长不是好校长呢。那个时候北大和清华的校长都不太合格呢！

我讲：我的场地肯定好。他们听我这么大口气，开始还想考察一下子的，随后改口说：那我们不要考察了，我们相信张校长说的。

解决了场地问题之后，他们又将我的军：张校长，这个要钱的啦！我讲我知道要钱，我当然会给钱，但你们不能要那么多。（听众笑声）他说：你能给多少？我就知道他们一场的出场费就是40万。我说：你们应该给我压一半，我给你们20万一场。他们开始似乎不很情愿。后来却说：行吧，就20万。

他又将我一军说：转播车我们不能从北京开过去了啊，那个费用好高。我知道它是向全国转播的，而且是通过中央电视台第四频道向全世界转播，收视率非常高。我说：这个转播车到哪里去搞？他说：你找湖南电视台。我说：大概要好多钱？他说：大约要15万。我想：又要15万，40万好不容易减到20万，一下子又加了15万。

我想：到时找湖南电视台，看能不能压一下价，看能不能压倒七八万块钱。我找到湖南电视台，就先发制人说：你们要多少钱？湖南电视台说：我们还要钱啊？我们找一个向全国转播的机会都找不到呢，张校长，你给了我们一个向全国转播的机会，不要我们给你钱就算好的了。我讲：“你们也不要给我钱了，我们就不给你钱了，就彼此免了。”这样就完了。后来我通过卖广告、卖门票得了23万元，只可惜我当时没什么商业头脑，没有多赚一点。抵掉了出场费后，我拿5000块钱去招待运动员、教练员以及领队，还剩下两万多，我就留给学校做体育发展基金。

那时擂台赛是1996年，我当校长已10年了，我在师大总共当了18年的校长。丁松那时排名世界第4，王励勤刚出茅庐。但球都打得相当好。一攻一守特别好看。其实还请来了一对女选手，是乌娜和王晨，你们熟悉吗？不熟悉吧，我当时就跟马国立和岑传礼讲：你们为什么不给我把邓亚萍派来哟？（听众笑声）他说：张校长，你这个要求太高了吧，我已经是世界排名第四都到你这里打球了。我就想要世界排名第一的，邓亚萍当时是世界排名第一。这个要求我还是有的，我总是想求第一。当时就丁松和王励勤打，乌娜和王晨打，都打得相当好看。

……

我这一下子好出名，我的学校这一下子也好出名，我们师生都很高兴。全中国甚至全世界都看到了。

湖南大学校长说我好厉害，能把这些人都请来了。我把故事讲给湖大校长听，我再问他：你请得来吗？他说：这个，我真学不到。我说："你怎么学得到呢？首先，你要学会看足球；其次，看了足球的话，你要写信；写信了以后，你还要到别人那里去吃饭，不能讲客气；吃饭的时候要抓住时间、抓紧机会来跟他讨论问题，想法为学校拉一个项目来，然后还要讨价还价，学会交易。你学得到吗？你学不到的啦！"①

张楚廷讲这个故事时，全场200多人，时而鸦雀无声，时而哄堂大笑。故事能使人着迷，使人动情，使人遐想。张楚廷是一个五I的积极实践者，这个演讲片段就充满了五I精神。

三、多用质疑提升思维质量

张楚廷的课堂总能实现屏声静气与欢声笑语的完美结合，沉思与兴奋齐飞，因为他能设置很多问题，能穿插故事，能引发思考。"质疑重于聆听、反思高于理解。"这是张楚廷所赞赏的学习方式。他做一次两个小时的演讲就可以产生好几十甚至上百个问句，其中还有若干故事，互动环节也多，怎

① 张楚廷. 教育公理与"五I"课程观，株洲市景弘中学演讲，2013-10-11. 黎利云录音并整理.

么会不余音绕梁？怎么能不让听众全情投入怦然心动？

张楚廷说："因喜欢教而喜欢学，因喜欢学而喜欢想，因喜欢想而喜欢学……实际上，所谓的哲学意识，就是问题意识。活跃的教学就应当是充满了问题的教学，生动的教学就是问题构成的空间。"① 他的这些理念和做法深深的影响了他和他的学生、他的听众。

张楚廷在教学与演讲中大量使用询问与质疑方式，意在让听众思想活跃起来，思维品质优秀起来。他在湖南株洲做《教育公理与"五I"课程观》演讲时，提问299次，引发笑声或掌声上百次。他在湖南省教育科学研究院做了一个《关于"学会关心"的58问》的演讲②，其提纲如下：

一、前提性思考或发问

1. 关心为何需要学习？

2. 有比关心更基本的东西（需要学）吗？

3. 为什么要去关心？

二、同向性思考或发问

4. 学关心，需要学些什么东西（学哪些方面）？学哪些内容？

5. 应当怎样去学？

6. 这种学习大约要经过一个什么样的过程（或阶段）？

7. 有些什么学习方式方法？

三、异向性思考或发问

8. 对于关心，不学也能会吗？

9. 需要关心自己吗？

10. 何时可以学好？

11. 何时可以停下来？有毕业之时吗？

12. 关心可能遇到些什么障碍？

---

① 张楚廷. 教育哲学[M]. 北京：教育科学出版社，2006：304-305.

② 张楚廷教育文集第19卷[M]. 长沙：湖南人民出版社，2012：645-647.

13. 障碍的克服需要学习吗？

14. 关心自己与关心他人，两者关系如何？

15. 为何有人对某些事某些物漠不关心？

16. 什么事都去关心吗？

17. 哪些事是自己不需要关心的？

18. 是多关心点好，还是少关心点好？

19. 既然有学的问题，也就有需要教的问题吗？

20. 我需要别人教吗？别人需要我教吗？

21. 如何教人关心？

22. 教人关心的人自己一定是会关心的吗？他需要具备什么条件？

23. 现实生活中，有多少人会关心？

24. 有多少人在自觉学习关心？

25. 有多少人愿意学习关心？

26. 有多少人在不知不觉中学习关心？

27. 什么人（哪一种特性的人）比较关心、比较自觉地学着去关心？

28. 当周围的人不关心我时，我还要去关心他们吗？

29. 罪犯也需要关心吗？

30. 伤人的老虎也要去关心吗？

31. 小草也要去关心吗？

32. 银河系以外的世界需要关心吗？

33. 关于如何学与如何教的问题，需不需要作点实证？

34. 哪些关心可列入道德范围，而不只是道德要求？

35. 关心在一个人的道德中占什么地位？

36. 文化程度与是否关心有何关系？

37，文化程度与会否关心有何关系？

38. 关心与性别有否关系？

39. 关心与宗教有否关系?

40. 动物之间有彼此关心的吗?

41. 人与动物之间有相互的关心吗?

42. 大自然也关心我们吗?

43. 从商的人关心什么?

44. 从事学术的人关心什么?

45. 对乞讨者如何关心?

46. 对不同的对象,关心如何不同?

47. 对不同的关心者,关心如何不同?

48. 关心可以是同情、怜悯吗?

49. 关心是替代还是辅助?

50. 一个人关心的人多一些就好吗?

51. 一个人关心的事项多一些好吗?

52. 关心如果需要选择的话,如何选择关心对象?

53. 如何选择关心事项?

四、余下的问题

54. 如果对"学会关心"这一句话只是听着,记着,并没思考过、询问过,对它的认识会很深刻吗?

55. 如果也思考过、询问过,但不多不深,认识会很深切吗?

56. 如果问得很多、很全、很深,结果会怎样呢?

57. 可不可以说问得很少与问得很多的效果肯定是不一样的呢?

58. 要想问得很多,问得很深,是不是也并不很容易又十分必要呢?

张楚廷就"学会关心"这一话题提出的很多问题,能让听众思维豁然开朗、回味无穷:问题可以这样想,问题竟然这样多,回答起来真不容易,回答好了就是学问,把理论上能回答好的事情做好了就是事业、就是人生。回避这些问题就是回避"学会关心",好好回答这些问题,就可能会真正关心好他人或自己。

张楚廷在演讲中平等的态度、平和的语气、征询的口吻、广博的知识、连环的发问、频繁的互动、水到渠成的启示，使听众们如沐春风、如饮甘露。

张楚廷的教学或演讲，总是问句一个接一个，很少有结论性的句子。他为什么喜欢这样做？这与张楚廷对命题的认识有关，与对疑问、反问、设问等问句作用的认识有关。现在看来，张楚廷上课或演讲的“独特”方式，也许可以理解为张氏方式或五I方式：多提供信息、激发兴趣、广泛质疑、尊重直觉、提升智慧。

对于为什么要玩、如何玩，张楚廷的说法就很有五I意味。

一个更深层的道理在于：玩也是一种学习，甚至是无可取代的学习。为什么这样说呢？也可以说上一二三四点理由来。

一、玩乒乓球、玩篮球，可以锻炼身体，这还不重要？不仅可使身体健壮，还使身体协调、灵活。

二、以玩乒乓球为例，还可使人敏捷、智慧。一个球往往需要零点几秒做出反应，玩来玩去就敏捷了；乒乓球还有旋转、落点、力度、速度、角度的巧妙组合，光旋转这一桩就有上旋、下旋、侧上旋、侧下旋、不旋、弧旋，要能判断、能制造（旋转），多少名堂，是不是也能练智慧了？

三、玩游戏、玩象棋，这是需要更多智力的玩，也更能训练智力；至于玩乐器，吹拉弹唱，那也绝对可以陶冶情操，增强审美意识。

四、书本的学习、伏案的学习，左右脑都用，许多时候是用左脑。玩的时候，直接发展的更多的是形象思维、联想思维、直觉思维，对于右脑的发展非常必要，这一发展对于书本学习、伏案学习是急需的。我们都希望创造学习，这种学习固然需要左脑，但尤其需要右脑。

听了张楚廷关于“玩”的一席谈，我们还有什么理由不好好玩？当然，别忘了，张楚廷所言的玩是比较高雅的玩、适度的玩，不是玩物丧志的玩。

曾几何时，我们看到大量的词汇被刻意冠以"社会"二字：社会性，社会化，社会发展，社会进步，社会理想，社会活动，社会实践，社会生产，社会关系，社会形态，社会意识，社会价值……张楚廷批判说：看到这么多"社会"，可是，我们能看到多少"人"？看不到人性，人化，人的活动，人的实践，人的进步，人的发展，人的理想，人的关系，人的意识，人的意志，人的情感，人的价值……这么多"人"看不到，我们又能看到多少人本主义？为了人，这是政府存在的基本目的，这是马克思、恩格斯都说得明明白白的。可是，我们曾经一度忘记了自己，淡化了人，强化了社会。

在我的印象中，张楚廷特别喜欢追问"常识"。比如语言是工具吗？语言是思维的外壳吗？无论哪种知识都离不开直接经验吗？教师是人类灵魂的工程师吗？"社会关系的总和"就是人的一切吗？

他的批驳或解说总是独辟蹊径，拨云见雾，令人茅塞顿开。目前，教育上出现的很多毛病，追根溯源，是教育哲学上、教育观念上的偏差所致。关于教育的责任问题、关于培养什么人等问题，张楚廷都发表了独特见解。

所谓学问，就求知的过程而言，很大程度上是求问的过程，其效果如何也取决于问之深、问之广、问之勤。有些看似平平淡淡、天经地义或习以为常的话语或判断，常常在勤问、好问、爱问的人面前显露出其并非天经地义、铁板钉钉的一面。这也就是学术研究的一条重要理念。

听张楚廷做报告，或看他的论文，大家都被他缜密的逻辑思维、耐心细致的态度所感染。

张楚廷认为，教育中，除了要坚持《中华人民共和国教育法》第五条规定"教育必须为社会主义现代化建设服务，必须与生产劳动相结合，培养德、智、体等方面全面发展的社会主义事业的建设者和接班人"①，还要考虑教育目的具有多元性，不同的主体可以有不同的教育目的。如果不加"质

---

① 中华人民共和国教育法. http://www. gov. cn/banshi/2005-05/25/content_918. htm. 中国政府门户网站www. gov. cn全国人大法规库.

疑”、认为只有一种教育目的就可能导致教育现实的万马齐喑、人才的千篇一律。教育的目的是培养人，培养美好的人，培养智慧的人，这是张楚廷所期待并实践的根本追求，这是一个具有普适价值的教育目的观。

对于张楚廷的教育目的观，胡绪阳博士做了这样的比较与评述：“如果从阶级视野去看教育，教育的目标是千姿百态的，贵族的教育培养的是贵族接班人，资产阶级教育培养的是资产阶级的接班人，社会主义教育培养的是社会主义的接班人。这些都是从社会视角出发的教育，充满了社会学价值和特征，这些教育的目标还不能说是培养人，充其量是培养社会人，是一种穿了一定色彩外衣的人。而把教育的目标放在培养‘美好的人’，则应该是去除一切社会、阶级、集团色彩，是人类历时与共时应有的共通目标。尽管教育不可能离开具体社会形态而存在，但是，社会目标不是教育目标第一性的，教育的第一性目标只能是人，是人的需要和发展。教育首先必须从人本身出发，而不是从某一社会形态、阶级意识、集团利益出发，只有当把‘美好的人’的培养作为终极价值，这才是一种哲学视角。先生正是站在这样一个哲学的高处，来关顾教育的使命。‘美好’思想之于教育的目标、使命、价值，是从人的生命质量出发，超越了社会和阶级的局限，成为对教育一种哲学式的终极观照。”[①] 培养美好的人、培养智慧的人不是简单的价值中立或妥协，而是在积极意义上对人生的珍惜与仰视。

刘徐湘博士说：“从先生教学的课堂上，我们真实地感受到这种问题空间。先生的《课程与教学哲学》是在给我们第一届博士生讲授后出版的，回想起来，当时课堂中的那种问题空间犹在，在这种氛围的带动下，就连平时还算内向安静的我居然也不安静了，对有些问题的讨论，我们甚至争到面红耳赤的地步。通过问题的讨论，先生给我们的则是智慧的启迪。这让我回想起孔子的启发式教学和苏格拉底的产婆术教学。孔子的不愤不启、不悱不发

① 胡绪阳. 美好：一种崇高的教育期待与追求——张楚廷《课程与教学哲学》读评[J]. 当代教育论坛 2007（7）：105.

强调的是学生的问题意识状态，而苏格拉底的产婆术则是一种问题引导式教学。先生的教学给我们的正是那些伟人们曾经留下的宝贵精神财富，它让我们终身受益。所有能给人智慧的教学都应是有独特思想的表达，所有智慧的表达都应是真情实感的流露。"①

张楚廷除了讲课具有开放性外，考题同样具有开放性，这样做有利于培养学生的创新思维和独特个性。"先生对学生的课程考试更像是一场关于研究的对话，2006年上学期给博士们的考题是：高等教育哲学认识论基础也有合理的方面吗？结构主义课程观有什么合理成分？后结构主义课程观有什么合理成分？后现代课程观对泰勒原理的批判有何可取之处？有何不足？这些题目着重考查学生看问题的角度，理解问题的深度。希望学生有'结构'的思想、多角度看问题的方法、广泛阅读的习惯，希望学生在学会批判的同时也有吸收，在认同的同时能继续反思。考题里渗透了先生的治学方法。"②

张楚廷因主张五I课程观，所以他能让学生在近乎云里雾里、昏头转向的反复质疑中获得智慧。他的硕士生谷建春如是说："鼓励质疑、提倡反思是导师教学的一大特色。他常说：'学问，学问，就是要学着思，学会问。'记得有一次他给我们高等教育专业的研究生上课，他问道：'世界是物质的，你们同不同意？'同学们都一致点头。接着他又问：'物质是决定精神的。你们同不同意？同学们无一表示异议。然后他又问：'世界上有没有精神？'同学们异口同声回答：'有！'他笑了笑总结道：'那么精神就是物质的，因为世界是物质的。'这时，下面的同学们才恍然大悟，原来我们不小心掉进了老师设计的'圈套'。接下来，他讲到如何辨证地看待世界，教导我们不要迷信权威和书本，要敢于质疑、善于质疑。导师以他高超的教学艺术，通过一系列的反问，用一个我们已经坚信的说法引导我们进入一个悖

① 燕良轼，刘宇文主编. 张楚廷教育思想研究[C]. 长沙：湖南大学出版社，2009：164.

② 孔春辉. 论张楚廷的学术个性. 燕良轼，刘宇文主编. 张楚廷教育思想研究[C]. 长沙：湖南大学出版社，2009：305.

论，让我们不得不思考：‘问题出在哪里？我们的前提正确吗？我们该如何看待这些问题？’每每听他的课，就像经历一次次的头脑风暴，都能激发我们产生许许多多的问题，迸发出一些思想的火花，体验到思辨带来的乐趣。”①

魏小琳博士说：“每一次聆听先生的课，感受的都是他深邃的思想。‘实践论’‘劳动论’‘实际论’‘我论’‘认识论’‘理论论’‘唯物史观论’‘悖论’‘人权论’……先生对于那些为人所熟知却未必真知以致误导人们的思想和观点，不仅给予一层层的追问和质疑、给予批判性的分析和澄清，而且提出自成一家的思辨和理论。这些理论既是先生积累40余年对教育的思考，更是他对教育理论的深化和超越。先生讲课总是条分缕析、逻辑缜密，且娓娓道来，没有丝毫深奥晦涩的用词。我常常折服于先生的博学和专攻，更深深敬佩先生的从容镇静和宽容大度。”②

以上引用，让我们感知到了张楚廷与学生之间的相互欣赏、老师对学生思想的震撼与提升。

四、采用多种多样的方式提供信息

为了激发学生的兴趣，为了给学生更广博的知识，张楚廷在上课和演讲中常常“东扯西扯”，这种“偏离主题”的做法使很多听众目不斜视聚精会神，也有一些听众魂不守舍期待先生能回归主题“改邪归正”。张楚廷常常摸摸脑袋笑着说：“我讲到哪儿了？”“我讲什么来着？”“我怎么给你们讲这个东西啊？”然后在与学生一同哈哈大笑中“回到”所谓的正题中来。张楚廷上课，既散得开，又收得拢，他的偏离是在主题周边的偏离。偏离并不是做无用功，本身也是课堂的重要组成部分。实践表明，教学过程中的适当偏离可以在声东击西中提高学生的注意力和参与度，不断生成新的内容和目标。

有人说：“教学活动中的适当偏离是当今教学改革的内在要求与必然趋

① 燕良轼，刘宇文主编. 张楚廷教育思想研究[C]. 长沙：湖南大学出版社，2009：329.
② 燕良轼，刘宇文主编. 张楚廷教育思想研究[C]. 长沙：湖南大学出版社，2009：330.

势。”[①]这是一种真知灼见。其实，教材或书本摆在那儿，随时可以读，难得读到的是张楚廷的音容笑貌和满腹经纶。

要打破课堂上“我说你听”令人窒息的局面，让课堂焕发出应有的生机和活力，教师要想办法拉近与学生的距离，要敢于创新，敢于挖掘自己和学生身上潜藏的教育资源。自黑、自谦可以成为教师走进学生心灵的重要方式。张楚廷常常拿自己开玩笑，他有一次说：“73，84，阎王不请自己去。我已经75了，怕是活不蛮久了。”逗得听众哈哈大笑。

张楚廷的信息呈现方式和智慧达成的过程给学生留下了深刻的印象。硕士研究生王智敏如是说：“先生授课十分风趣，用他自己的话说，他给我们上课是为了让我们开开心，放松一下心情。如果我们在下面都板着脸，他认为他的教学就没有达到目的。先生经常会给我们讲他的经历和见闻，但在一个个小故事中，我们总能感受到想传达给我们的信息，总能从中有些感悟。先生的课堂总是洋溢着笑声和掌声。有时先生兴起还会给我们唱上一段，很特别的男中音，听来也很是一种享受。最令我佩服的是先生讲哲学命题时，大多是用数学上的公式来引入，在平时看来完全没有关系的两个事物，在他手上一下就联系上了，而且还契合得非常完美……先生知识渊博，各个领域都有涉猎，天文地理，物理化学，历史文学，很多科目都是我以前没有兴趣的，经过先生说的一些小故事和他风趣的解释却能牢牢记住，让我对之产生了兴趣。因此我觉得布鲁纳说的‘任何知识都能用适合的方式教给任何年龄层次的学生’这句话是有几分道理的。什么难处理的问题一到先生手上随便拨弄几下就解开了，总让人有茅塞顿开、醍醐灌顶的感觉。”[②]

因其博学、睿智、幽默、亲切，张楚廷的课堂总能带给人美的享受。张楚廷认为：“美学要素是兴趣的基本来源，不同的美学形式构成了各种兴趣

① 何旭明. 学习兴趣的唤起——教师的教育教学对学生学习兴趣的影响研究[C]. 北京：教育科学出版社，2011：211.

② 燕良轼，刘宇文主编. 张楚廷教育思想研究[C]. 长沙：湖南大学出版社，2009：338.

的来源，而美的存在的普遍性足以使教师能够设计出各种优良的教学方案来。关注学生生命就要去关注美的规律。”他还认为：“美学不只是对人文的，理科、工科、社科等也有美学。如果缺了美学，就只能在平地或低谷里徘徊。”① 张楚廷从心理学角度把美学与学习、教学联系在一起，这是对美学的一个独到理解。他一直把美育作为教育的重要组成部分，把学生审美观的培养作为教学的重要任务。他在学校建设中，力求体现自然美和人文美。他在课堂上，能把课堂演绎成幽默诙谐的园地，能把理论演绎成优美的语言，能把报告演绎成轻松的聊天。他就是这样一个善于重视美、发现美、欣赏美、创造美的人，一个能用多种方式提供信息的人。

他喜欢结合自己的亲身经历给听众提供信息。2013年9月26日，张楚廷为常德市中小学校长培训班做《如何做校长》的演讲。他说到：

> 我曾经研究过素质教育。素质教育我怎么研究呢？我首先就是提问，对素质教育，我提了101个问题。你看，我对素质教育提了101个问题，每个问题也许都能回答，但不一定回答得很好，但我的本领就在于提出问题。提出了101个问题，然后每个问题回答一两千字，你看这个著作就有蛮厚了呢。我有一本书叫《素质：中国教育的沉思》，就是在思考中国教育中的素质教育问题。②（来自笔者对张楚廷录音的整理或听讲记录）

他在2013年11月日于西南大学演讲《何谓课程哲学》时说：

> 我为什么说“五I”比它们强？比“四R”及“四环套”强？强在哪里呢？首先强调的一点是，他们这两个都不直接说到人，而是间接涉及人，但大家可以看到我的“五I”是直接涉及人，比如说直觉决定于天性，人生下来就是询问的，这是他的天性，然后兴趣也代表了天赋的性

① 刘宇文. 情系湘楚永不停息——记我国著名教育家张楚廷先生. 燕良轼，刘宇文主编. 张楚廷教育思想研究[C]. 长沙：湖南大学出版社，2009：285.

② 张楚廷. 如何做校长常德市中小学校长培训班演讲，2013-09-26.

质，所以我这个是直接体现人的，这一点比他们强。更强的在哪里呢？"五I"它是范畴，其内容是一对一对的，他们是孤立来讲的，只讲一个单面的，我是讲两面。比如你讲信息和知识是相对的，然后直觉跟逻辑是相对的，哪怕智慧跟聪明也是相对的，这个"相对"不同，实际上是一种比较弱的相对。它都是一对对的出现的，也就是说，它带有范畴的含义，也就是说它带有哲思，带有哲学的思考，所以远远高出了他们。不是我吹牛，中国的"五I"比他们的强多了。所以我认为中国人的"五I"比美国人的"四R""四环套"都做得好，这不是吹牛皮，是真的做得好。……我是个典型的为学术而学术、为科学而科学、为真理而真理的人，这个追求还可以吧？（掌声）我好纯洁的呢！（笑声）我只要伸出手来摸着天就行了。①

话如其人，文如其人，这些引用似乎能让我们产生身临其境的感觉，能帮助我们在一定程度上了解张楚廷鲜明的个性与深厚的学养。

五、珍视直觉，培养智慧

张楚廷认为：语文讲语法，数学讲逻辑，物理也讲逻辑，但逻辑与直觉的关系容易被忽视，直觉的作用被忽视。科学性强、逻辑性强，被认为是严谨，一般教师很看重严谨。不严谨会被人瞧不起。但是，不能过头了。

其实，人在很多情况下是从直觉开始的，"好像是那样"，"可能是那样"，从直觉开始，从模糊开始。直觉乃直接的觉察，无因果判断介入。

直觉是天生的，后天又是可发展的。直觉有时是突然来到的，"啊，原来如此"。直觉具有开拓性，正因为它是突然的，想象不到的，所以易开拓。想象从直觉和形象开始。科学史上有许多直觉带来重大发现的故事。牛顿的发现，汉密尔顿关于多元数的发现，"四色问题"的发现……正因为直觉无因果判断介入，故也常常出错。这就更要切莫因有错而轻视直觉。尊重

① 张楚廷. 何谓课程哲学，西南大学演讲，2013-11-06.

直觉，善待直觉，同时，仔细审视直觉，是必要的。

逻辑的作用常常是“事后”的，修理或整理的。欧几里得的地位不如阿基米德，欧几里得是整理性工作，逻辑上的梳理，而度量公理是阿基米德提出来的，不是现成的。

因可能直觉有误而轻视直觉，因而过于看重逻辑，这是教育中要避免的大问题，扼杀直觉、泯灭直觉。反之，应鼓励直觉。对直觉之误，可以指明，但绝不可嘲笑。

“尊重学生的直觉能力，发展学生的直觉能力，这是教育里面一个很值得研究的问题。如何去发展？它通常有一个简单的办法：一个题目寻求多解，一题多解、一案多设，这是发展直觉的途径。还有一个途径是多问，你不要马上去寻求答案，你围绕要解决的问题，仅仅是提问而已。当然，讲故事也是发展直觉能力的一条途径。”①

张楚廷给听众讲过几个鼓励儿子培养直觉思维能力的故事。

“那个是在20世纪70年代初的时候，我那个二儿子还很小，大儿子比他大两岁，上小学高年级了吧。当时我问他们一个问题：印度支那是哪三国？我的大儿子想啊想，什么越南，什么柬埔寨，慢慢地数着。而二儿子马上就答：我知道，中国、美国和外国。（听众笑声）我和爱人就哈哈大笑，你看印度支那哪三国？中国、美国和外国。有必要去纠正他吗？不仅不纠正，还赞赏他：你真的不错，你把你长这么大所知道的所谓国家一下子说出来了。他那时就知道一个中国、一个美国、一个‘外国’。这就是归纳能力，他知道三个国家，三个国家全说出来了。归纳得对不对，你不要去管他呢。如果他归纳得不对，他长大后自然会去纠正的。

还有算鸡兔同笼，一个笼子里，关着鸡，也关着兔，关在一起有20

① 张楚廷.我们和读书，砂子塘教育集团演讲，2013-08-26.

只，脚有46只。我就问：鸡是多少？兔是好多只？大儿子就讲：设鸡为x，兔为y，x+y=20，2x+4y=46，列方程，然后就是解方程。没错吧。我那二儿子，好快就搞出来了，他说3只兔子，17只鸡。你说他怎么弄出来的？他说：本来如果都是鸡的话，就是40只脚，这6只脚怎么多出来的，就因为有3只兔啊！3只兔，17只鸡，好快就答出来了。大儿子呢？x、y在紧着搞。（笑声）好，像这个直觉能力，我们要好好保护，好好培养。我跟大儿子讲，像这样的算术问题，不要列x、y，这个是一次方程，一元一次方程都是算术问题。什么时候才列方程呢？要到二次。二次问题是用算术算不出来的。"①

如果按传统的评价法，张楚廷的讲课或演讲会被认为离题万里，逻辑不严，东拉西扯。然而这种评价正说明张楚廷课堂的生成性、趣味性以及对直觉的高度重视。金红梅博士如是说："先生讲课的一个特点是天马行空，跳跃性很大，总是很容易从哲学跳到数学，忽而又谈及美学。不仅学生们一不留神就可能跟不上，有时连他自己也被弄糊涂了：'我刚才讲到哪里了？'然后同学们一阵哄堂大笑。但正因为先生在这些领域的高深造诣，所以他能拉通各种学问，讲出很多别人讲不出的观点和知识。我们这些子弟听罢常常感慨：这才是通才之人讲授的通识之学。"② 笔者大体上同意这种说法。但根据我的经验，张楚廷说"我刚才讲到哪里了"时并不完全是"自己也被弄糊涂了"，而是一种教学机智，一种巧妙的"回头是岸"与"暗度陈仓"。事实上，张楚廷每次讲课、演讲都有教案或提纲在手。有了它们，他就能放能收，仅凭直觉与逻辑及时勒住思想的野马。

六、张楚廷的演讲让很多听众受益

张楚廷受邀在全国各地做过近400场演讲（不包含在他曾经主政的湖南师范大学、湖南涉外经济学院做的报告及演讲）。《张楚廷教育文集》第19卷

---

① 张楚廷. 我们和读书，砂子塘教育集团演讲，2013-08-26.

② 燕良轼，刘宇文主编. 张楚廷教育思想研究[C]. 长沙：湖南大学出版社，2009：118.

巡回演讲提纲卷就记录了他在华中科技大学、广西大学、玉林师范学院、北京大学、湖南大学、南京师范大学、北京师范大学、东南大学、中山大学、武汉大学、中国地质大学、国防科技大学、上海交通大学、西南大学、西北师范大学、江西师范大学、郑州大学、西南财经大学、湘潭大学、湖南农业大学、长江大学、湖南科技学院、湖南科技大学、九江学院、长沙大学、长安大学、厦门大学、中南大学、湖北大学、安徽理工大学、湖北师范学院、武汉市三中、北方学院、黄冈师范学院、长沙师范学院、湖南商学院、武警指挥学院、邵阳学院、广东技术师范学院、长沙市第二十六中学、湖南软件学院、湘南学院、武汉科技大学、赤壁一中、南华大学、怀化学院、河北科技大学、长沙理工大学、长沙市天心区一中、湖南保险学院、云南大学、华中师范大学以及湖南省教科院、甘肃省教育厅等单位（以著作记录的先后为序）就“大学思想的独特性”“教师与教育哲学”“传统哲学批判”等主题所做的111场演讲。北京大学、华中科技大学等高校多次邀请张楚廷先生去讲教育哲学。

或者是慕名而来，或者是有识之士推介，新疆吐鲁番地区、长沙市岳麓区实验小学、株洲市景弘中学、益阳市赫山区实验学校等地区和学校都请张楚廷去讲学五I课程思想，这些地方正在使用五I推进教学改革。

吐鲁番地区教育局于2012年5月邀请张楚廷去该地区做了《“五I”课程思想的学术报告》。

报告会之后，主办单位还请他为“吐鲁番地区楚廷教师成长学校”揭牌仪式。张楚廷在吐鲁番的活动，该地区教育局网站做了专题报道。[①]

> 75岁高龄的张楚廷站在吐鲁番地区实验中学的讲坛上论述课程理论的重要性，指出从三S到四R、四环套，西方的课程理论走过了现代化和后现代化。中国对课程理论的贡献在哪里？他认为他提出的五I课程理论

① 地区教育局举办第五期名师讲坛活动——著名教育家张楚廷来疆讲学. http：//jyj. tlf. gov. cn/ny. jsp?urltype=news. NewsContentUrl&wbnewsid=70985&wbtreeid=5858.

填补了这个空白。"直觉是长头发，逻辑是修理头发"，形象的比喻，哲思的语言，趣味的小事，使300名吐鲁番地区教师在不知不觉中走进智慧的殿堂。

五I课程思想与新课改理念几乎同时出现，又相互独立，它们具有什么样的联系？五I对双语课堂如何指导？五I可否用来观照现在各种流派的课堂模式？五I对课堂教学如何评价？张楚廷就听众提出的以上问题用他的博学风趣方式做了回答。

在研讨会上，张楚廷向学员们赠书。他指出："五I是一个开放的体系，欢迎发展、完善和创造。"他期待，"吐鲁番不仅有甜蜜的葡萄和哈密瓜，还能有创新的课程实践和理论。"

后来，新疆师范大学、新疆财经大学、新疆教育学院、石河子大学和乌鲁木齐市教育局都请张楚廷就不同的主题发表了演讲，与很多教育管理者、教育研究者进行大小范围的沟通。此次新疆行达半个多月。与人到中年的玄奘西天取经相反，晚年的张楚廷因其学术思想而成全了他"西天传经布道之旅"。

目前，吐鲁番地区很多老师以张楚廷的五I课程思想等理论为指导，以湖南援疆教师和吐鲁番地区兼职教研员为主体，探索出了多个适合双语教学的英语、历史等课堂教学新模式，引起了广泛关注。

湖南益阳赫山实验学校于2013年9月邀请张楚廷就课程建设问题做的学术报告，并与该校主要领导就有关问题做了深入的交流。该校以《张楚廷教授专题讲座》为题对这次活动做了报道。[①]

9月28日上午，应学校邀请，湖南师范大学原校长和湖南涉外经济学院校长张楚廷教授一行来到赫山实验学校，进行了以"课程"为专题的讲座，学校董事长李南枋、贺永宏校长、邓静萍副校长、学校全体备课

① 张楚廷教授专题讲座，http：//www. hssysl. com/html/2013-09/2979. htm.

组长和督评组成员相聚小会议室聆听了本次讲座，老师们与张教授就“5I”课程理论进行了交流。

座谈会上，张教授随意聊天式地简述了他的“五I”课程观——信息（Information）、兴趣（Interest）、质疑（Inquiry）、直觉（Intuition）、智慧（Intelligence）。他指出，智慧重于经验、兴趣重于强加、质疑重于聆听、直觉重于逻辑、超越重于适应、自由重于创造。张教授将“五I”课程观与美国当代教育家多尔“四R”后现代课程理论进行了比较，阐述了“五I”课程观的优越性，“五I”课程观深深关切着人、关切着生命，实现了对美国课程理论的超越，实质上是一个和谐课程论、自由课程论、超越课程论、智慧课程论、生命课程论，是重视个体生命自由、和谐、个性发展的生命课程理论。贺永宏、邓静萍等校领导向专家团介绍了赫山实验学校的校本课程——精品微课程、高效小课程、游艺中课程、生命大课程等教改行动与成果，受到张教授的高度肯定。他说：“你们对于教育有自己的思考，一所有自己想法的学校一定能办好！”

自由交流环节，老师们向张教授提出了教学中亟待解决的困惑，胡利老师质疑怎样引导孩子更好地发展直觉能力，周晓娟老师咨询孩子学习兴趣与应试问题如何协调，张教授都一一耐心细致地给予了解答。贺永宏校长就“五I”课程理论的实践操作与张教授进行了探讨。

座谈会虽然只进行了短短两个小时，张楚廷教授的教育理念却给老师们带来了强烈的震撼，“五I”课程理论与我校“二·五游艺”高效课堂理念有着许多的不谋而合，在课改实践的道路上，也将殊途同归。

该校所在的教育集团在邀请张楚廷去演讲前，已经将五I作为集团内新建幼儿园的办学理念和实验学校进一步教改的新主张。这次演讲算是对五I的再认识，为集团内领导与老师注入教改新动力。

湖南株洲市景弘中学于2013年10月11日请张楚廷去做学术讲座，题目是

《教育公理与“五I”课程观》。

他的讲座也基本以平时上课的方式进行。下面摘录的几段文字能鲜明的反映出他上课的五I特点，某种意义上就是追求自由知识、开展自由教育之特点。

世界上有两个最难的问题，最根本也是最困难的两个问题，一个是问宇宙是什么，第二个问题呢？（听众答：人是什么）你们真的是不错！这两个问题特困难。人就是个小宇宙，所以回答人是什么非常困难。

什么是人，好不好回答？人是什么和什么是人，哪个好回答一些？

……

现在，宇宙是什么，基本上得到了回答。人是什么呢？有回答的人吗？基本上没有回答。差别如此巨大！人是从哪儿来的？为什么会有人？为什么人是有意识的动物？意识是从哪儿来的？意识是怎么产生的，一概不知。它的年龄我们可以知道，比方说，宇宙有多少年，这个作为中学老师可能晓得。我曾经看到的一个资料说宇宙有1370亿年。我现在看到的资料是200亿年，是宇宙年龄。宇宙的年龄有多大了？200亿岁了。它有这么老了，听说还可以活几十亿上百亿年。地球多大了？地球年轻一些，它只有50亿年。地球还会要活好久？

（听众：还有20亿年）哎呀，你不错呢！

（听众：他是地理老师）

地理老师，难怪的！我不是地理老师，我也晓得呢。现在听说地球还可以多活一段时间，哪怕只活1000年，我们都不怕了啦。（笑声）地球还要活那么久，我们都不知道到哪里去了啊。如果听到地球只活50年，这个就糟糕了。我还不要紧，50年我还活不到呢！（听众笑声）（笔者注：演讲时张楚廷已经76岁高龄）各位年轻的，听到地球只活50年了，也应该不怕了吧，你现在30岁，再活50年，就80岁了。活到80岁也可以了吧。（笑声）

我讲什么了？讲人是什么的问题回答起来为什么更困难吧？确实是人是什么难以回答一些。我记得日本人有个猜测，那个猜测基本上没人理睬了。那个猜测没有边。这个人的历史有多久了？你比如说宇宙年龄200亿，地球年龄50亿，是吗？人有好多年？那位地理老师！这个你能不能说得精确一点呢？

（听众议论：170多万年）

170多万年，你是猜的，还是书上看来的？

（听众：书上写的）

哪本书？我跟大家讲啊，人的年龄是382万年。就是考古学证明的。宇宙年龄是怎么证明的？人是化石证明的，宇宙不是通过化石。人是通过化石来鉴定的，到现在为止，人的化石鉴定出来是382万年。在此之前，大概10多年前，得到的化石是380万年。后来又找到一种化石了，使得人的年龄提早了两万年。因此，现在所知道的数字是382万年。

地球年龄是从物质的衰变来测定的。它那个测定的方式跟人不一样，它没有化石可言，是吗？所以是两种不同的测定方法。为什么人是在382万年前产生的呢？这个就讲不清楚。怎么产生的呢？人一下子怎么跑出来的呢？这搞不清白呢！（笔者注：长沙乡音）有个上帝粒子吗？连猜测都没有。

所以，讲到这里，我要再问：人是什么？宇宙是什么？哪个问题回答起来难啊？事实证明，后一个回答更困难？人是什么，到现在还搞不明白。我估计这个问题的解剖、破解，相当相当不容易，现在看不到希望。搞不清人类是怎么来的，尽管人类比地球、比宇宙都年轻很多。但就是搞不清楚，为什么会产生的。而且世界上第一个人是哪个，这个也搞不清楚。西方神话是夏娃和亚当吧。那是鬼扯淡的。我们中国有个说法是女娲。中国还有盘古呢。盘古是个人，盘古开天地。这都是传说，包括亚当夏娃都是传说。中国的盘古也是传说，这个不是科学，算是神话故事。这不是科学结论，硬说有一个盘古在那里。事实不是那样子的。

我也是在不断地探讨，虽然我不会去研究宇宙是什么，宇宙是怎么来的。这个，我很难超过康德的猜想了，很难得超过希格斯的猜想了。希格斯只是猜想，他本人是没有找到这种粒子的。这个我顺便给大家讲一讲，诺贝尔奖是奖给猜得对的人？还是奖给那些证明了的人？

（听众：开始讨论）

那我再讲一个具体的例子，杨振宁、李政道得了诺贝尔奖吧，他们是猜的人？还是证明的人？他们自己证明了吗？

（听众：各种议论。有人说：奖给证明的人）

这个你猜错了。杨振宁、李政道是猜想的人，证明了的人是谁呢？吴健雄，美籍华裔科学家。男的？女的？

（议论：男的）

呃，呃，呃！吴健雄应该抗议，你们把女科学家说成了男的。吴健雄是地地道道的女性。她是一个女的华裔，美国籍的中国人。她用实验证明了杨振宁、李政道的猜想是对的。诺贝尔奖给谁呢？给猜对了的人。

这给教育一个很大的启示：猜比证明更重要！大家要教学生猜，要教学生会想呢。学生如果想错了，你千万不要轻易说：你想错了。他也许没有想错。教学生猜想、要学生胡思乱想，特别的难，因为那是可以得诺贝尔奖的东西呢，特别的难……

在谈及公理时，张楚廷密集发问，并对几何的学习提出了非常重要的看法。

什么叫公理呢？从字面上来讲，汉语里的公理就带有字面上的含义，公理就是公认的道理。问题马上来了，你怎么知道公认啊？比方说，我提出来，这就是五条公理（张楚廷提出了五条教育公理：第一条叫做潜在公理；第二条是能动公理，第三条是反身公理，第四条是美学公理，第五条是环境公理，或者叫做中介公理）。公理就是公认的道理，你怎么知道公认啊？投了票吗？举手赞成了吗？民意测验过吗？都没有啊。怎么是公认了呢？自己认为是公认的。我只能说：你们如果不认我的话，你们拿出反证来吧。你拿不出反证来，那你暂时认我的再说吧。但我还没收到反驳的意见。

大家知道有几何公理吧？这几何公理是了不得的东西。几何公理流传了两千多年，谁证明了它是公理？也没有人证明，但是时间给它证明了。两千多年都没有发现它有毛病，它是时间在证明。我这个教育公理呢，2010年提出来的，还只有3年，也要等两千年吧！两千年我早就不在了，20年我还不晓得过得不！（笔者注：长沙话意谓着不知能否再活20年）（笑声）意思是什么呢？它这个公理确实要通过时间的检验。但你要明显的没有毛病，你有毛病，一年两年三年四年就给你发现了。欧几里得几何五条公理，两千多年没有人说它有毛病，但是有人怀疑。怀疑在哪里呢？我要说一下吗？

初中就开始讲几何了吧？初中讲几何要小心，几何是一道很重要的关口。很多的学生做学问走不下去就是几何没过关，所以教几何的老师责任重大，是涉及到他一生求学问的问题。要把几何教出兴趣来，是很不容易的。我有幸所遇到的初中几何老师都非常优秀，而且他们让我好自由。几何特别讲究三段式论证，大前提、小前提、结论。两平行线的内错角必相等，这是一个大前提。小前提：A和B是内错角。结论：所以，A等于B。这就是个三段式，几何到处是这种三段式。有时候从条件到结论的证明，需要好几个三段式，我读中学的时候就跳，把两个三段式放到一块，一下就跳过去了。老师就开始怀疑：这个问题张楚廷搞懂了没有？他怎么跳这么厉害？后来他发觉我真的懂了。我跳，很快地将两个三段变成了一个三段，所以，这个也是给我自由。你在学习了基本的逻辑以后，你是可以跳动的。老师要细心，如果学生真懂了，就让他跳，就是要关心他真懂了没有。

我想多说一点的是什么呢？我们在中学里面不可能开逻辑学课程，但是逻辑学非常重要。那我们的逻辑从哪里学的呢？就是从几何来学的。所以他的几何学得好不好，就是他的逻辑思维好不好。所以几何承担着训练思维的重要使命。通过学习几何，他可以学习很多具体的知识，但是更重要的是：通过这许多具体的知识来锻炼他的思维。所以，几何又叫做思维的体操。所以教几何的老师是带着学生在做体操呢！他不是伸胳膊伸腿，他是脑袋在做体操。所以好重要！

（张先生指着空调）那个风可不可以不对着我吹？我算是那种弱不禁风的呢，我喜欢凉爽，但不喜欢风。我也是个蛮脆弱的人，估计活不了蛮久了。好在我不抽烟不喝酒，吃喝嫖赌都没有。（笑声）

讲到了哪里？

（听众笑声夹杂着言论：您刚才讲到了公理，讲到了逻辑，讲到了几何是思维的体操）

张楚廷演讲中有很多问句，有的自问自答，有的与听众一起探讨。他的演讲能充分体现五I理念：提供充足的信息，让听众兴趣盎然，用质疑层层推进，尊重自己和听众的直觉、展示自己的才华、提升听众的智慧。张楚廷用看似自问自答的方式引领着听众驰骋于思想的蓝天、遨游于智慧的海洋。

张楚廷认为课程应当为疑问的产生和深入思考留下更大的地盘，教师的教学也应努力促进和推进这一进程。他不喜欢讲书上已有而学生容易看懂的东西，主张多讲学生不易懂、不易想到的东西；着重讲自己是怎样考虑的，如何理解的，有什么设计、猜想，也即讲自己的思路，把对问题的思考过程展现在学生面前，以此来引发学生的思考。在他的课堂上，每次都会围绕一个主题层层追问，仔细探究。他很少会给出一个现成的答案或结论，学生听到的常是他多方位、多角度的分析和描述。学生的大脑也会随着他的分析和描述不断运转。长此以往，学生的思维就能得到训练，思维品质就能得到改善。

张楚廷的五I思想与该校办学理念有很多相似之处，这次演讲鼓舞了该校持续推进教改。学校以《著名教育家张楚廷来校讲学》为题对活动做了报道。[①]

10月11日，著名教育家张楚廷教授到我校讲座。张楚廷教授是我国当代知名教育家，在教育学、心理学、哲学、教育管理等领域均取得了令人瞩目的成就，对中国高等教育领域有着重要影响，是高等教育学博士生导师，课程与教学论博士生导师，湖南师范大学原校长，湖南涉外经济学院前任校长。

张教授以其非常渊博的学识、诙谐风趣的话语用两个半小时给景弘全体教师讲授了“教育公理”和“五I理论”。张教授的教育公理分别是：“潜在公理”“动因公理”“反身公理”“美学公理”和“中介公理”，把五个公理串成一句话，就是：人的潜在才智，以天赋欲望为引擎，通过自反心理作用，按照美学追求并依照美的规律，并不可避免地在一定中介的作用和影响下，来不断发展自己，构造自己。“五I课程思想”是张楚廷先生提出的、具有中国气派和国际特色的教育思想，是中国人对世界课程理论做出的重大贡献。五I即信息（Information）、兴趣（Interest）、质疑（Inquiry）、智慧（Intelligence）、直觉（Intuition）首字母的概称。它是课程编制与教学实施的一种理念，亦可以是一种方法。

这次讲座，张教授把他的教育公理和五I理论结合来讲，刚好与景弘中学的课堂教学改革有诸多不谋而合之处，对于学校老师的理论水平有很大的提升作用。

① 著名教育家张楚廷来校讲学. http://www.zzkh.cn/Article/news/xykx/201310/20131013112008.html.

教学中的审美性有非常重要的意义。"课程与教学的审美性，消除了学生在学习过程中的焦虑感和倦怠感，增添了学习内容的联系性、情感性和完整性，学习的对象变得亲切生动，教学的氛围呈现出创造性和活跃性，教师和学生置身于宜人的环境中并保持心理的平衡，而这一切都是愉快的教学所要追求的效果。"[①] 运用五I能帮助实现教学与演讲的审美功能，使学生在紧张而辛苦的学习中获得快乐。

张楚廷的演讲或教学充分体现了一种审美性，达成了愉悦的效果。其审美性体现在内容的审美性、过程的审美性等方面。张楚廷运用五I于演讲和教学所能产生的审美效果重在过程的审美性：信息呈现方式之美，质疑与直觉等思索过程之美，不知不觉中获得智慧的享受之美。张楚廷的个性贯穿于整个演讲过程之中，直觉与逻辑交融，情感与想象联合，提问、答问、互动成为他教学或演讲的基本格调。

在五I指导的教学或演讲中，通过兴趣的激发和对质疑和直觉的尊重，课堂内充满自主与灵动，以精神变化（思考问题时的眉头紧锁、踏破铁鞋无觅处之痛苦，得到答案时那人却在灯火阑珊处的心领神会、得来全不费工夫的快乐）为主的审美活动时刻发生，审美贯穿全过程。

第五节　高产优质的学术创作

在五I的引领下（或者说，因为自觉地运用五I；或者说，因为有浓厚的五I意识）张楚廷的文章及其所承载的思想体现了"富于个性、充满智慧"的风格。《课程与教学哲学》是承载了五I理论的著作，也是用五I思想指导而写成的著作。该著作中处处是信息，直接出现"信息"字眼41处，谈及兴趣119处，除了广泛使用带有疑问号的句子进行质疑外，还直接使用"质疑"字眼来质疑的地方有80处；探讨"直觉"190处，使用"智慧"一词126处。其

① 皇甫全主编. 课程与教学论[M]. 北京：高等教育出版社，2002：643.

他论文著作也体现了类似的五I特点。

刘铁芳教授在评价张楚廷的创作时说："先生以自己独到的视野与切入教育问题的方式，极大地丰富了传统教育学研究的问题空间和论说方式。从教学细则到教育公理，从元学习到和谐课程观，从数学知识的大量引入到对各种西方教育哲学的思考探索，从对基础教育的思考到对个人大学治理经验的反思，从对当下教育现实问题的追问到对教育历史的娓娓道来，从对教育、心理、人力资源管理的研究到政治、经济、文化问题的引入，可谓琳琅满目，给予读者很强的视觉冲击，充分挑战读者自身的心智与知识世界。"①

张楚廷今年（2019年）已经82岁高龄，依然承担了博士生的教学任务，依然乐此不疲地教书、读书、写书。

一、为什么而写

学者是把发现、追踪各方面联系作为职务的人。五I是张楚廷众多理论中的一个代表，是他作为学者用思维联系教育世界的产物。张楚廷的所有写作成果是他几十年如一日，以振兴教育、振兴民族为己任，努力实践"我能、我行"思想的结果。

1．为证明中华民族后裔能思能写而写

他曾在《张楚廷教育文集》前十卷总序中说："汇集于这样一个多卷本，可能主要集中地表明了，我作为中华后裔，不只是行动者，也曾是思想者。其所显示的可能是代表我的个性的，但我又深信我是按照中国人自己的方式思想着的。中国人是创造着的，中国人坚守自己优秀的民族传统，同时也别出心裁，标新立异。我努力秉承这些。"②

2．为教好书而写

张楚廷写作内容与教学内容交相辉映。他对课程研究的内容随着教学内

① 刘铁芳. 一种科学——人文主义的教育学路径 张楚廷教授的教育学视界[J]. 大学教育科学 2007（4）：8.

② 张楚廷教育文集第1–10卷[M]. 长沙：湖南教育出版社，2007：总序.

容的变化而变化、教学内容也随着课程研究内容的变化而变化。他对自己教学的要求是：尽量教自己的东西；尽量开新课；即使同一课程，也不重复过去的内容，从而也讲成新课；尽量多开一些课；尽量开成高水平的课，至少在国内；尽量讲出思想来；尽量用疑问句讲话。而按这些要求去教学，必定要有科研，要有高水平的科研。

张楚廷力图将教书与读书、写书、写文章相结合。读书可以帮助教书，在无相关的书可读的情况下又要教书，怎么办？他的答案是自己写书。这是开设新课程的必由之路。"要读书，才能教书。但有时候，所教的课没有什么现成的书可读。例如，我教《课程与教学哲学》，相关的可读的书就没有什么。又例如，我教《高等教育哲学》，可读的书也不多。布鲁贝克的一个小本子远远不够用。所以，教书也不全靠读书，还得靠写书，边教边写，边写边教。事实上，写书是与读书、教书连在一起的。读书、教书，既推动着写书，又被写书所推动。这样，也才让我一辈子更密切地与书打交道。一辈子与书紧紧相联。"①

张楚廷首批招收的是课程与教学论学科的博士生，他想首先就应开设课程哲学。在给学生讲课时没有教本，他就边讲边写。"2002年开讲，讲完后，2003年《课程与教学哲学》这部著作就出版了。由人民教育出版社出版的这部著作也是中国在这一方面的第一部。这是教书、写书、出书同行的一例。"②

张楚廷教什么就写什么。他教过数学，写过《数学教学心理学》，教过微积分，故写了微积分；他教过复变函数，故写了复变函数；教过课程哲学，故写了《课程与教学哲学》；教过高等教育学，也就写了《高等教育学导论》等多本有关高等教育学的书。

3．为探寻事理与真相而写

其实，张楚廷写书远不止于教什么写什么，他还读什么写什么、想什么

① 张楚廷. 思想的流淌[M]. 重庆：西南师范大学出版社，2015：220.

② 张楚廷. 思想的流淌[M]. 重庆：西南师范大学出版社，2015：284.

写什么、做什么写什么。他读数学、念数学，就写了多本数学或与数学密切相关的书。他读教育学，就写了教育学或与教育密切相关的诸多书籍。他做过校长，就写了《校长学概论》《校长叙论》《学校管理学》《学校管理心理学》；他做过教师，就写过《教学论纲》《大学教学学》等关于教学的书；他做过父亲，也就写过《子女的培育》《有效的家庭教育》这样的书；他主持过素质教育的理论建设工作，也就写了《大学人文精神构架》《素质：中国教育的沉思》两本关于素质教育的著作。

他写的有些东西，并不一定都读过、教过相关的书和做过相关的事，却无论如何是想过的。例如他写方法论、形而上学就是这样。他把他的哲学叫做“人哲学”。他不断地思考人，从众多不同的角度思考，于是写出了《人哲学》。这就主要是靠思考的。他生活在哪里就写哪里。他生活在大学中，就写了《论大学》。他生活在教育中，就写了《教育论》《论教育》。他生活在人群中，就写了《人论》。他喜欢创造，故也写了《论创造》。他喜欢体育，故而写了《体育与人》。他认为人是美的，因为写了《人是美的存在》。

张楚廷的教育理论体现出强烈的问题意识。他不是为写书而写书，而是为解决教育中的实际问题而写书。多视角分析与解决问题，这是他一以贯之的风格，这在他的教育哲学中得到了充分体现。他对同一个问题常常分别从结构主义角度、科学主义角度、人本主义角度、阐释学角度、生命哲学角度和后现代主义角度分析论证。当然这些都是在作者坚定的辩证唯物主义世界观的指导下完成的。他从不孤立、静止、凝固地分析问题。他充分肯定了后现代看问题时视角所具有的流动性特点，像摄影师一样从不同的、变化的视角为教育现实拍照。比如在《课程与教学哲学》第五章第四节中对课程结构的分析就充分地体现了这一理念。他从课程的制订权、内涵、成分、学科、存式、目标、选择权、地位、关联、时间、体量、过程、陈述等十三个视角来审视课程结构（前面已有论述），这样能使读者看到课程结构的庐山真面目。

“在考察社本主义课程的目的论时，他也是从目的的内在性、目的的过程性、目的的体验性、目的的可变性、目的的多样性等多个视角进行审视、论证，这种多视角分析问题的思维方法很值得教育理论界提倡。他为我们树立了榜样。”①

4. 为纠正错误而写

在我们接触到的读本里，错误的表述层出不穷。张楚廷讲过一个很无奈的故事。有一次，他给长沙市高中的高级教师讲教学哲学，说到了对传统哲学的批判。在演讲完毕之后，有位教师对他说：“您说得很对，这些流行的原理确实错了。但我们在中学讲课时都是这样讲的，这该怎么办呢？”张楚廷回答：“你们年轻，还来得及学习和研究，然后按照你们认为正确的东西去讲。只是有一点可能会困难，当学生答题时，若不按传统原理去回答，考试成绩就成了问题。这就又关联到了体制问题。体制改革上不只涉及权力配置，也涉及科学、哲学的繁荣兴旺，涉及学术的健康发展。”② 面对流行的错误观点甚至是所谓“主流思想”，在良心和责任的引领下，张楚廷尽量用他的笔和嘴去纠正、去引领。

张楚廷在创作中质疑了很多问题。“有些质疑是附加性的、补充性的；有些质疑是存疑的，导致不确定性的；有些质疑则可能是否定性的、颠覆性的。仅是聆听而无质疑，那就是无附加值的，全盘照收的……哲学的性格是质疑的。我觉得我有这种哲学性格，并且，我直逼颠覆性而去。我曾专门讲述过，也曾穿插讲述过，指出时下流行的哲学观点中包括的许多片面与错误。”③

二、因多思多写而多产

笔者于2018年7月15日就论著的数量与张先生电话沟通。他告诉我，又有15本书已交出版社待出版，有10本书正在写。已经发表论文1500多篇，出版

① 燕良轼. 闪烁着人性光辉的乐章——张楚廷教育哲学思想摭拾[J]. 当代教育论坛，2007（4）：111.
② 张楚廷. 思想的流淌[M]. 重庆：西南师范大学出版社，2015：360.
③ 张楚廷. 思想的流淌[M]. 重庆：西南师范大学出版社，2015：359.

独著77本（笔者拥有其中的68本）。在如此多的论著中，他提出来很多新概念、新命题、新观点。2014年4月20日，笔者在帮张楚廷整理论文及著作总目时惊讶地发现，他自从发表论文、出版著作以来，就养成了及时登记的习惯。厚厚的一叠著作总目、论文总目和4米多高的书稿（每页纸300个空格）记录着张楚廷爬格子取得的一系列成就。

张楚廷出版独著近80部，其中文集34卷。为了尊重历史与事实，不论是否重复出版，均基本按时间为序做统计。其参著、主编、参编的近20部著作没有进入本次统计范围。张楚廷出版著作情况如下表7–4所示。

表7–4　张楚廷出版著作（独著）总目表

序号	著作名称	出版社	出版时间	备注
1	微积分基础	湖南科学技术出版社	1979年	
2	复变函数论学习指导	湖南科学技术出版社	1983年	
3	数学方法论	湖南科学技术出版社	1989年	
4	数学与创造	大连理工大学出版社	1990年	
5	教学原则今论	湖南师范大学出版社	1993年	
6	教育协调效应研究	湖南教育出版社	1993年	
7	校长学概论	北京师范大学出版社	1994年	
8	教学论与教育	湖南教育出版社	1995年	
9	人力学引论	湖南出版社	1995年	
10	一所大学在奋起	湖南师范大学出版社	1996年	
11	大学人文精神构架	湖南人民出版社	1996年	
12	大学数学概要	湖南师范大学出版社	1997年	
13	子女的培育	南方出版社	1999年	
14	学校管理心理学	警官教育出版社	1998年	
15	数学教育心理学	警官教育出版社	1998年	
16	教学细则一百讲	湖南师范大学出版社	1999年	
17	猜想，一道绕不过的湾	湖南教育出版社	1999年	
18	教学论纲	高等教育出版社	1999年	

续表

序号	著作名称	出版社	出版时间	备注
19	教学论概要	湖南师范大学出版社	1999年	
20	教学理论探究	湖南师范大学出版社	2000年	
21	教育论	湖南教育出版社	2000年	
22	数学文化	高等教育出版社	2000年	
23	学校管理学	湖南师范大学出版社	2000年	
24	素质，中国教育的沉思	华中科技大学出版社	2001年	
25	大学教学学	湖南师范大学出版社	2002年	
26	课程与教学哲学	人民教育出版社	2003年	
27	高等教育哲学	湖南教育出版社	2004年	
28	教育哲学	教育科学出版社	2006年	
29	高等教育哲学卷	湖南教育出版社	2007年	文集1
30	课程哲学卷	湖南教育出版社	2007年	文集2
31	教育哲学卷	湖南教育出版社	2007年	文集3
32	校长叙论卷	湖南教育出版社	2007年	文集4
33	校长学卷	湖南教育出版社	2007年	文集5
34	教学理论卷	湖南教育出版社	2007年	文集6
35	心理学卷	湖南教育出版社	2007年	文集7
36	素质教育卷	湖南教育出版社	2007年	文集8
37	教育理论卷	湖南教育出版社	2007年	文集9
38	教育演讲录	湖南教育出版社	2007年	文集10
39	教学论纲（第二版）	高等教育出版社	2008年	
40	感悟教育	天津教育出版社	2009年	
41	教育基本原理 ——一种基于公理的教育学	湖南师范大学出版社	2009年	
42	高等教育学导论	人民教育出版社	2010年	
43	高等教育哲学通论	高等教育出版社	2010年	
44	学校管理学卷	湖南人民出版社	2012年	文集11
45	高等教育学卷	湖南人民出版社	2012年	文集12
46	论教育	湖南人民出版社	2012年	文集13
47	哲学原理（论我）	湖南人民出版社	2012年	文集14

续表

序号	著作名称	出版社	出版时间	备注
48	高等教育哲学卷（续）	湖南人民出版社	2012年	文集15
49	数学文化与教育卷	湖南人民出版社	2012年	文集16
50	教育随笔	湖南人民出版社	2012年	文集17
51	论创造	湖南人民出版社	2012年	文集18
52	论大学	湖南人民出版社	2012年	文集18
53	巡回演讲提纲卷	湖南人民出版社	2012年	文集19
54	学校报告实录	湖南人民出版社	2012年	文集20
55	张楚廷诗集（一）	民主与建设出版社	2014年	
56	张楚廷诗集（二）	民主与建设出版社	2014年	
57	张楚廷诗集（三）	民主与建设出版社	2014年	
58	张楚廷诗集（四）	民主与建设出版社	2014年	
59	张楚廷诗集（五）	民主与建设出版社	2015年	
60	张楚廷诗集（六）	民主与建设出版社	2015年	
61	张楚廷诗集（七）	民主与建设出版社	2015年	
62	张楚廷诗集（八）	民主与建设出版社	2015年	
63	张诗两百首	民主与建设出版社	2016年	
64	思想的流淌	西南师范大学出版社	2015年	文集21
65	有效的家庭教育	西南师范大学出版社	2015年	文集22
66	体育与人	西南师范大学出版社	2014年	文集23
67	人是美的存在	西南师范大学出版社	2014年	文集24
68	“五I”教学细说	西南师范大学出版社	2015年	文集25
69	哲学是什么	西南师范大学出版社	2015年	文集26
70	关于人的问题	西南师范大学出版社	2015年	文集27
71	院校论	西南师范大学出版社	2015年	文集28
72	校长 · 大学 · 哲学	西南师范大学出版社	2016年	文集29
73	大学的教育理念	西南师范大学出版社	2015年	文集30
74	大学与教育哲学	西南师范大学出版社	2015年	文集31
75	人论	西南师范大学出版社	2015年	文集32
76	人怎样变得更智慧	西南师范大学出版社	2016年	文集33
77	人生格言：一位教师的感悟	西南师范大学出版社	2016年	文集34

此外，他撰写了1500多篇论文。在数据面前，笔者得出一个最起码的结论：高产。在当今中国教育界，恐怕无人出其右。中国知网收录张楚廷（第一作者）的论文349篇（截止2018年7月15日）。这个数量也可能是中国教育界第一。这些论文涉及教育的方方面面。为了使更多师生能感受张楚廷的创作热情和近距离了解他的创作成果，湖南师范大学教育科学学院开辟了"张楚廷学术成果陈列馆"，湖南涉外经济学院展览馆也陈列张楚廷的部分著作及手稿。

张楚廷作品高产的原因很多。他自己说过之所以高产，是因为教育的问题很多、社会上错误的说法很多、他想得很多、他想说出来的话很多。重要的原因之一就是他敢于"质疑"一些约定俗成见多不怪的说法。

质疑是张楚廷的生活常态。他的很多文章都是问题式的。因为不断提出问题，所以才能写出很多文章。中国知网收录的张楚廷标题为疑问句式的论文（截止2018年7月15日）就有59篇，他们分别是：

为何需念《教育哲学》[J]. 高等教育研究学报，2017，12.

人间有永恒吗[J]. 当代教育论坛，2018，02.

骄傲真使人落后吗[J]. 当代教育论坛，2017，03.

意识是物质的反映吗？[J]. 当代教育论坛，2017，05.

语言是什么[J]. 高等教育研究学报，2017，09.

教育目的知多少[J]. 高等教育研究学报，2016，06.

认识有多少层次[J]. 高等教育研究学报，2016，09.

什么是有用的[J]. 当代教育论坛，2015，01.

学问有几种[J]. 大学教育科学，2015，02.

教育之美何在？[J]. 大学教育科学，2014，02.

大学是什么[J]. 高等教育研究，2014，03.

十问"理论联系实际"[J]. 大学教育科学，2012，04.

为什么教育家多出在中小学[J]. 当代教育论坛，2012，04.

哲学在哪里[J]. 学园，2012，01.

有关高等教育哲学的几个问题[J]. 高等教育研究，2012，01.

直观性原则探疑[J]. 当代教育论坛（教学研究），2011，12.

读书的人归谁管？[J]. 当代教育论坛（管理研究），2011，12.

为何最好少说“你们”[J]. 当代教育论坛（教学研究），2011，11.

为何最好少说“应该”[J]. 当代教育论坛（管理研究），2011，11.

为何最好少说“教育”[J]. 当代教育论坛（综合研究），2011，11.

名校长是被培养出来的吗[J]. 当代教育论坛（教学研究），2011，10.

学术论文有哪些不同类型[J]. 当代教育论坛（管理研究），2011，10.

教育学为何需要哲学[J]. 高等教育研究，2011，09.

何谓自由教育[J]. 当代教育论坛（教学研究），2011，09.

何谓职业教育[J]. 当代教育论坛（管理研究），2011，09.

何谓通识教育[J]. 当代教育论坛（综合研究），2011，09.

大师之谓也，还是大“官”之谓也？[J]. 当代教育论坛（管理研究），2011，07.

中国大学大改革还是小改革了[J]. 当代教育论坛（综合研究），2011，06.

我们能让学生更聪明吗[J]. 当代教育论坛（管理研究），2011，05.

我怎样理解校长[J]. 武陵学刊，2011，03.

我们有未来眼光吗[J]. 当代教育论坛（教学研究），2011，04.

校长不是什么[J]. 当代教育论坛（管理研究），2011，04.

师资建设包含哪些内容[J]. 当代教育论坛（管理研究），2011，03.

谁更伟大[J]. 当代教育论坛（综合研究），2011，03.

课程是什么[J]. 当代教育论坛（教学研究），2011，02.

人文教育何以格外重要[J]. 当代教育论坛（管理研究），2011，02.

像小孩子一样去问[J]. 当代教育论坛（管理研究），2010，12.

与人本相对的东西是什么[J]. 当代教育论坛（综合研究），2010，12.
学生还在问吗[J]. 当代教育论坛（教学研究），2010，11.
父母最宝贵的教育是什么[J]. 当代教育论坛（教学研究），2010，10.
人主义谓何[J]. 学园，2010，05.
是光彩，还是耻辱——从两则报导想起中国大学[J]. 当代教育论坛（教学研究），2010，09.
我们的高等教育有多落后[J]. 当代教育论坛（综合研究），2010，09.
为什么最好少说"教育"二字[J]. 大学教育科学，2010，04.
从反对"产业化"到反对"去行政化"说明什么[J]. 大学教育科学，2010，03.
独立学院独立吗[J]. 当代教育论坛（管理研究），2010，06.
大学的特色是什么[J]. 现代大学教育，2009，05：.
大学里，什么是一堂好课[J]. 高等教育研究，2007，03.
校长是什么[J]. 当代教育论坛（校长教育研究），2007，02.
校长学是专门学问吗[J]. 当代教育论坛（校长教育研究），2007，01.
哲学对于大学意味着什么[J]. 高等教育研究，2006，02.
谁走出象牙塔[J]. 大学教育科学，2005，02.
才从财来，还是财从才来[J]. 当代教育论坛，2004，05.
教育中，什么在妨碍创造[J]. 高等教育研究，2002，06.
产业化，我们如何面对[J]. 现代大学教育，2002，01.
我们为"扩招"担心什么[J]. 国家高级教育行政学院学报，2001，05.
教育如何看待"玩"[J]. 教育评论，2001，04.
校长靠什么进行管理[J]. 高等师范教育研究，1999，01.
"关心"需要学吗[J]. 湘潭师范学院学报（社会科学版），1997，04.

通过看题目，我们就大致知道张楚廷在关心什么问题。张楚廷的很多著作中，章、节或小标题处处可见疑问句。《素质：中国教育的沉思》一书就是一个问题集，全文提出并解答了101个问题。

张楚廷的著述就是疑问的世界，也是通往真善美的世界。

很多人问张楚廷：你怎么会有这么多题材可以写？他在著作中说出了如下五个方面的原因：

1. 我涉及了众多的领域，教育理论，教育哲学，课程与教学论，高等教育学，教育管理学，心理学，哲学，社会学，政治学，相关联的还有文学、史学。

2. 我自青少年时期起就养成了勤思的习惯。只要想得多，就会题材多。我真的是想得多，生怕辜负了父母，辜负了祖宗赐给我的这副脑袋，就想趁着火化前充分运用它。意志起了作用，情感也起了一些作用。

3. 我总力图创造自己的东西，例如我的“五I”课程观，例如我提出的教育公理体系，又例如我的哲学原理。别人没写过的，我努力去写；别人写过的，我努力建立新的体系，有自己新的立足点。

4. 广泛的评论是我重要的写作源泉。建立新的，与批判既有的，这是同一研究中两个不同的方面。客观上，可加评论的东西实在多，这也是我能有众多题材的原因之一。

5. 写作是需要灵感的。我喜欢自由地讲课，自由地聊天，在这个过程中就易产生灵感、顿悟，而我总是把它们及时记下，也为写作提供了素材。①

对于张楚廷的高产，我们可以直截了当地说：是张楚廷关心教育、广泛应用五I理念的结果。如果要稍微拓展一点解释的话，换句话说：张楚廷写书、写文章与教学、读书等与五I理念的应用有非常密切的关系。

① 张楚廷. 思想的流淌[M]. 重庆：西南师范大学出版社，2015：356–357.

三、因五I而优产

因为张楚廷对写作有浓厚的兴趣，因其掌握的信息多，因其敢于质疑，因其相信自己的直觉，因其对自己的智慧有信心，一言以蔽之，因为他一直五I着，所以写出来的东西总是耐人寻味。

张楚廷笃信五I、喜欢质疑。他质疑的过程就是把“自己培养成为自己的过程”，就是自己否定自己、自己肯定自己的过程。张楚廷用他大胆而谨慎的质疑澄清了很多问题。

张楚廷认为“本质”是个伪概念。他明确反对本质说、反对本质主义。他曾经使用过“本质”一词，但后来放弃使用它而使用“特质”一词，是有充分理由的。他用大量事实否定了一些哲学词典所持的“事物均有本质”①、本质乃“事物所固有的普遍的，相对稳定的内部联系”②之类的说法。

张楚廷认为：“就在科学领域里，对于本质之说也不是没有疑问的。特别是关于固有的说法，由于固有，才带来了所谓确定性、唯一性。然而，何以为固有呢？……把本质视为一种固有，这为历史所否定。……整个宇宙已被证明不是固有的，而是有起源的，有生成过程的，有其发生和演变历史的。……固有的本质在哪里？宇宙史作了否定的回答。”③

“凡迄今我们所知之事物都是生成的，非固有的；事物在生成、发展变化之中获得一些属性；某些特殊的属性把它与别的事物区分开来；其中，那些相对稳定或较长时间保有的特殊属性可以被称为特质，或性质、实质、素质、品质之类……本质被认为是固有的，而我们所言之特质则是随着事物的生成、变化而获得的。……如果坚持认为本质是固有的，那么，‘本质是什么’就是一个伪问题。至于凡事物皆有那种固有本质的观念，也就是本质主

① 冯契主编. 哲学大辞典[M]. 上海：上海辞书出版社，1992：340.
② 冯契主编. 哲学大辞典[M]. 上海：上海辞书出版社，1992：337.
③ 张楚廷教育文集第14卷 [M]. 长沙：湖南人民出版社，2012：498-500.

义观念，那就是走得更远了。”①

在自然科学领域使用“本质”一次都风险重重、困难重重，在人文科学、社会科学领域，“本质”就更成问题了。“有的学者说人的本质是社会性，可是，同一个社会之下，十个人十个样，百个人百个样，本质不是共同的吗？为何一个人一个样呢？如果说每个人都有自己不同的本质，那么，那还叫做本质吗？那不就是特质吗？那不就是个性吗？……在马克思看来，人的生命也是一种获得过程，人不固定在一个什么本质上，人在创造自己。”②

张楚廷从不相信人有什么本质，他认为人没有本来之质、本有之质，都是后天长出来的。他坚定的说：“教育应当不承认人有什么固有的、本有的本质，教育在于使人获得新的生命、新的质。所以教育慎言本质，教育应是反本质主义的。”③

相比之下，张立昌、郝文武却在其著作中陷入本质主义不能自拔。他们在探讨教育本体和教学本质时说：“事物本质是事物间的必然、普遍、内在和稳定联系，是一事物区别于其他事物的根本特点……本质的本质如果说它是本质，那它也不同于现象的本质，如果说它不是本质而是本体，那么这种划分不仅在思维中可以避免现象的本质和本质的本质的混淆，也有利于认识事物的绝对本质或本体与相对本质或现象本质间的根本联系，或绝对本质，即本体向相对本质即本质转化的规律……”④

从上述关于本质的引文可以窥见作者语言缠绕程度之深，让人感觉云山雾罩不得要领。什么现象的本质、本质的本质，非常拗口。其实，这是作者设置的一个语言陷阱和迷宫，害人害己。在不界定本质、事物、必然、普遍、内在、稳定、联系、相对、绝对等概念的情况下，作者企图对一个难以

① 张楚廷教育文集第14卷 [M]. 长沙：湖南人民出版社，2012：502–503.

② 张楚廷教育文集第17卷[M]. 长沙：湖南人民出版社：2012：316.

③ 张楚廷教育文集第17卷[M]. 长沙：湖南人民出版社：2012：316.

④ 张立昌，郝文武. 教学哲学[M]. 北京：中国社会科学出版社，2011：26–27.

言说或不可言说的问题进行似乎胸有成竹的解释，实际上是弄巧成拙、费力不讨好。

张楚廷认为主流哲学、流行哲学对“物质决定意识、客观决定主观、规律是不以人的意志为转移的”等三个基本原理的理解、表述都是片面的、有问题的。他在《思想的流淌》《哲学是什么》等著作中对这几个问题做过深刻阐述，在此不再引述。

马克思主义原创者曾说：人的根本就是人本身、社会是人的社会、“把人的世界和人的关系还给自己”。① 这表明关系和规律都是可以重建的、都是人建的——特别是社会规律。张楚廷信心满怀说：“人间的规律当然也变，谁变的？人自己。”②

我们应该如何看待规律的主观性与客观性、人在规律面前的能动性、教育规律的可变性呢？当我们读完张楚廷的若干论述后，也许会豁然开朗。

张楚廷《当代教育论坛》发表了《规律不以人的意识为转移？》《教育规律不可创造和改变吗》《规律与教育规律》等关于规律的系列论文。他质疑、颠覆了以往的诸多“主流”说法。

他的《教育哲学》一书就通过五I手法构建了一个与批判共始终的教育哲学体系，“教育社会性问题”“教育就是教育”“人有没有本质”“人与个人”“关于全面的‘全’”“在泛化中窄化”“‘灵魂工程师’论”“‘适应论’评析”等章节更是通过批判彰显了作者鲜明的立场和主张，那是充满了独创性和建设性的批判。有学者认为，张楚廷的质疑精神和质疑方式，“对中国教育界乃至整个社会都是非常可贵的警示”。③

对于《教育哲学》一书，周德义教授说：“揭示了教育存在、发展的最基本的规律——教育公理，对此并‘抱着’强烈的‘希望’和‘期待’，使

---

① 马克思恩格斯全集第3卷，第286页

② 思想的流淌[M]. 重庆：西南师范大学出版社，2015：331.

③ 魏饴. 人本高等教育哲学的诞生与发展[J]. 高等教育研究，2005，（7）：26.

之成为探讨教育本源、教育目的、教育原则以及教育政策的基础与依据。正如他自己说的：‘这里比较实在的期待是试图把教育原理的讨论回归到更基本的地方去，建立在更坚实的地基上去。’[①] 这不愧是伟大理想和责任所产生的具有创新意义的理性思考，也为教育哲学寻找‘真实基础’进行了一次有价值的尝试。”[②]

就该书内容与形式的结合问题，周德义教授做了如此评价：“表面上看似形式不拘一格，任其自然；细细读来，用词造句，轻松活泼，行云流水，多为散文诗般的语言，有着一番不同凡响的韵味与芬芳；深入研究，发觉其布局谋篇与组织结构却具有严密的逻辑性和内在规律性，常常是一环紧扣一环，一问紧跟一问，层层递进，既是从讨论问题出发，又是循着问题的深入和拓展，逐渐走进一个个险象环生、矛盾四伏的关隘，最后随着问题的解答，达到别有洞天的境界。可以说，《教育哲学》是有关教育问题的哲学，是智慧的哲学，是充满着思辨的张力、逻辑的动力和沉思的内力的哲学。”[③]

博士生导师、著名语言学家、湖南师范大学党委副书记蒋骥骋教授说：“我觉得，这本《教育哲学》反映出张楚廷的教育思想，至少体现了这样三种精神：

> 第一种是他的质疑精神。他在这本书的电子文本中标注了一两千个疑问号，这么多疑问，体现了他实事求是的精神，体现出‘不唯上，不唯书，不唯权威’，只重事实的严谨学风。对各方的诸如书本上的、权威的看法，他都敢质疑。
>
> 他的质疑方法体现在以下三个方面：一是质疑前提。对前提的质疑是很难的，我们很多时候都有一种求同的思维。第二是质疑过程，即论

① 张楚廷. 教育哲学[M]. 北京：教育科学出版社，2006：223.

② 周德义. 人的教育与教育人的深层思考——张楚廷《教育哲学》述评[J]. 湖南广播电视大学学报 2007（2）：85.

③ 周德义. 人的教育与教育人的深层思考——张楚廷《教育哲学》述评[J]. 湖南广播电视大学学报 2007（2）：85.

证过程。第三是质疑结论。张校长对传统哲学的一些重要问题提出了质疑，譬如对规律、本质的认识，对物质决定意识的讨论，他都提出了自己的看法。质疑需要勇气，质疑需要智慧。没有勇气，不能质疑；没有智慧，无法答疑。我是这么看的，我认为张校长的《教育哲学》就是勇气和智慧的结晶。

第二种是思辨精神……

第三种是创新精神……"[①]

张楚廷在《教育哲学》中体现的"质疑"精神也运用了在《课程与教学哲学》等著作或论文中。质疑，是他一贯的的做法、也是他的"张氏特色"之重要表现。

黄耀红博士说：作为学者的张楚廷教授，几十年来，他始终是一个执着的教育追问者与教育反思者。不论读他的《教学论纲》《课程教学哲学》《教育哲学》，抑或其他著述，都可以发现：在张氏著述里，最普遍、最常见的句子绝对是问句，或疑问，或设句，或反问，他的书里随处可见的就是"问号"。我以为，这是典型的"张氏话语"。这些问句总给人这样的感觉：张楚廷教授似乎就坐在你的对面，他那双充满疑问的眼睛一直看着你。他永远都有问不完的问题，既像自问，又像期待你我的参与和对话。那些大大小小、环环相扣的问题总是紧紧攥住你的心思，让你无法漠视，无法回避，无法逃离，甚至无法释怀。

问句运用之普遍，不仅仅是张楚廷言说方式在修辞层面上的一种显示。事实上，他每一部著述的问世，从著述的每一章节到章节中的每一段文字，我们都能感觉到他极其强烈的"问题意识"。可以说，从不同角度、不同层次的教育提问，是我们解读张著（张楚廷著作之简称）、理解张著、领悟张著、品味张著的思维坐标。

---

① 燕良轼，刘宇文主编. 张楚廷教育思想研究[C]. 长沙：湖南大学出版社，2009：序2.

打开张楚廷的每一部著作，或许你会注意到一个有趣的现象：里面那些章节标题从来不像一般学术著作那样字斟句酌、刻意精工，讲究对称与整饬，它似乎有点漫不经心、不动声色，像日常“讲课”与“谈话”一样，“我手写我口”，他的章节标题更多只是在标识着他步步追问的思维轨迹。以《教育哲学》为例，除前言和结语外，全书共8章。其中直接带有疑问词的章节标题就有17处之多。如“从哪里开始考察教育”这一章的5个小节就有4个提问：即“教育中有多少问”“什么最重要”“教育曾经被怎样考察着”“从什么视角观察”；在“人是什么”的章目下又有“教育第一问”“谁提出第一问”“人有没有本质”“人被考察得怎样了”等问题。在节次中直接显示的问题还有诸如“关系给人带来什么”“自然哲学是一切吗”“规律不可以改变吗”“学校是什么”“教育何以善待社会”“社会以何善待教育”等。这仅仅涉及带有疑问词的章节标题，在《教育哲学》中每个章节的具体论述中，各种问句更是俯拾皆是。这种探询与追问，是张楚廷持之以恒的言说方式。

“在张楚廷的教育追问中，最根本最核心者，莫过于对‘人是什么’‘教育是什么’‘什么是人’‘什么是教育’的追问。这是他追问的制高点。读其文，想其人。每当读到会意处，脑海里会忽而浮现这样的情境：在历史与时代的十字路口，一位孤独的思想者向我们走来。他怀着崇高的使命感与深挚的人间情怀，仰望苍天，俯察大地，在人与世界、人与文化、人与历史、人与人、人与自身的多重关系中叩问着‘人之为人’的本质，思考着教育之于‘人’的意义。他语重心长地对你说：对‘人是什么’的不息探询永远是‘教育的第一问’。”①

张楚廷的执着追问不但关乎宏观与整体，他也关乎微观与局部。在他的著述里，许许多多司空见惯的事实、原理、判断和命题原来并不那么天经地

① 黄耀红. 特立独行的智者言说——试说张楚廷教育思想的言说方式[J]. 当代教育论坛，2007（7）：107.

义。张楚廷用他的追问和睿智推翻了很多习以为常、习以为对的说法与观念。这就决定了其论文论著的高质量。比如就“可知论与不可知论”所做的自我“纠缠”就是呈现“追问”风采之一例。

张楚廷与别人论战、与自己打“口水仗”，都是知己知彼之战、质疑之战、智慧之战、兴趣之战。

张楚廷论文论著一个与众不同之处就是强烈的问题意识与多视角的解决问题方式。从行文中可以看出，作者常常能够在人们习以为常、司空见惯的观念中发现新的问题、新的见解，并在层层的追问中把问题引向深入。张楚廷在研究中使用最频繁的就是问题追问法。通过对“存在”的深层发问而打开教育哲学的大门，正是“通过提问把探讨的大门敞开”（海德格尔）。张楚廷正是在对现实问题的层层追问中走向哲学的胜境。

“据笔者的粗略统计，仅在《课程与教学哲学》一书的第一章中作者就提出了40多个问题。这种强烈的问题意识可以充分说明作者是一位非常善于思考、敢于质疑、不迷信权威、实事求是的学者。爱因斯坦曾说，提出一个问题比解决一个问题更重要。张楚廷在其著作中提出许多耐人寻味的问题，有些在书中直接作了回答，而有些则是留给读者自己去思考、去消化的。所以，我们读了他的教育哲学之后的一个感觉不是头脑中多了许多现成的答案，而是增加了许多问题。有问题才能引起思考，有思考才可能引发创造。一个作者能够通过自己的创作增强读者对问题的敏感性，引起读者思考，这是作者馈赠给读者的最大财富。”[①] 这是细心读者的发现与感受。如果每位读者都能用心品味张著，都可能获得多多少少的启发。

人要学着如何发现疑问，学着发问，学着问问题，学着质问。常问、爱问、会问，人就会更聪明。这是张楚廷常说的话。蓝秀华教授这样总结张楚廷“学问”的特点：“学会质疑、善问、勤问，使许多在平常人看来不

① 燕良轼. 闪烁着人性光辉的乐章——张楚廷教育哲学思想摭拾[M]. 当代教育论坛，2007（4）：110.

出问题的‘问题’成了重要的学术研究成果。先生的‘问’出了名，没有‘问’，就不成文章，没有‘问’，就没有学术研究的源泉。”①

《中国大百科全书》说，教育目的是“把受教育者培养成为一定社会需要的人的总要求。教育目的是根据一定社会的政治、经济、文化科学技术发展的要求和受教育者身心发展的状况确定的。它反映了一定社会对受教育者的要求，是教育工作者的出发点和最终要求，也是确定教育内容、选择教育方法、检查和评价教育效果的根据。”② 张楚廷在一篇论文中历数了这个说法的多条“罪状”，他在分析了马克思恩格斯的一些言论后，得出了“教育目的就是让学生把自己培养成为自己”的观点。“一个并不难回答的问题是：当一个目的并不真正属于自己的时候，它对自己有何意义？目的与信仰、理想、追求一样，当它不是自己的时候，它算什么呢？……马克思说：‘个人怎样表现自己的生活，它们自己就是怎样的。’③ ……所谓把自己培养成为自己，这后一个自己是更高尚的自己，更高大的自己；这后一个自己还是他自己，不是别人，一个更聪明、更有智慧、更懂得关爱自己的祖国和人民的自己，更懂得关注人类命运的自己。”④ 这种穷追不舍的质问方式带给读者醍醐灌顶的效果，使那些“但愿长醉不愿醒”沉浸于所谓权威说法的人也不得不仰天长叹、幡然醒悟。

在英国著名生物学家理查德·道金斯（Richard Dawkins）眼中，丹尼特就像一个思想喷泉，“他一直就像一场焰火表演。读他的书，得不停地在每一页的页边做记号。……我非常佩服他的思考方式，佩服他为了让别人理解他的观点而引用的比喻的方式。这些比喻都很优雅，让你觉得切中要害。我对他的抱怨就是，他的书让你陷入深深的思考之中，每次翻动书页都无比艰

① 燕良轼，刘宇文主编. 张楚廷教育思想研究[C]. 长沙：湖南大学出版社，2009：120.

② 中国大百科全书（教育卷）[M]. 北京：中国大百科全书出版社，1985：172.

③ 马克思恩格斯选集（第1卷）[M]. 北京：人民出版社，1995：47.

④ 张楚廷. 把自己培养成为自己[J]. 大学教育科学，2005（6）：90-91.

难，因为你正忙于思考这一页的内容”。①

我非常愿意用这段文字来形容我对阅读张楚廷著作的感受。当然，与理查德·道金斯不同的是，我觉得读张楚廷的书，每次翻动都充满快感：他的以问题切入、层层设问的表达风格是与众不同的，但大多数内容是看得懂的。因其精彩，让人迫不及待想往后面看；因其回味悠长，又让人想回过头来再仔细端详、认真玩味。

第六节　高度的社会评价

因为有五I等别具一格的为人处世理念做指导，张楚廷的著述很有可能成为中国教育史上的一朵奇葩、成为中国教育理论史上一道独特的风景。张楚廷课程思想、教学思想、教育管理思想、教育哲学、办学实践的影响是多方面的，有的影响还可能是持久深入的。接触过、了解过张楚廷的人不计其数，其中有很多人对他做出了很高的评价。

一、学者笔下的张楚廷

因张楚廷在教学、管理、理论研究等方面的成就很突出，引起了业内很多研究者的注意和进一步研究的兴趣。1999年北京大学喻岳青教授称张楚廷为“当代著名教育家”。2001年江西师范大学眭依凡博士在《大学校长的理念与治校》中称张楚廷为“学问家出身的校长教育家”。2005年上海师范大学校长杨德广教授称张楚廷为“哲学家”。2007年华中科技大学张应强教授在“张楚廷教育思想研讨会”上称他为“思想家”。课程与教学论博士黎利云于2014称他为“社会批判家”。韩延明教授在2016年5月召开的“张楚廷学术思想研讨会”上称张楚廷为：仁人、哲人、达人、强人、诗人。② 后来，理论家、演说家、评论家、诗人、散文家、管理学家、体育理论家等头衔相继到来。这些，都是称号，都是隐喻，也都是事实。

① 转引自约翰·布罗克曼《第三种文化》，吕芳译，海南出版社：2003：179–180.

② 黎利云. 张楚廷学术成就之渊源[J]. 山东高等教育，2016（11）：84.

二、校长眼中的张楚廷

全国召开过多次规格不一的张楚廷教育思想研讨会。因为有影响才有可能召开研讨会，因为研讨会的召开，张楚廷教学思想可能产生更大的影响。湖南师范大学于2016年5月28日举办了“张楚廷学术思想研讨会”。来自北京大学、中国人民大学等单位的近200位专家学者与200余位研究生出席会议。湖南师范大学校长蒋洪新教授致欢迎辞时指出：“张楚廷教授的理论成果之多，涉及领域之广，学术影响之深，不仅在我校历史上首屈一指，在整个高等教育界也是屈指可数……张楚廷教授几十年如一日，锲而不舍，不断追求学术真理；同时还爱校如家，竭力推动我校事业发展。这些都值得我们学习与发扬光大。”① 这是蒋洪新校长对老校长张楚廷做的高度评价。

蒋校长进一步指出，张楚廷的治校思想、办学成就、学术成果、人格魅力是学校乃至全社会的宝贵财富。“当前，我校正处于新的发展时期，举行张楚廷教授学术思想研讨会，意义就在于营造尊师重教、崇尚大师的氛围，树立志存高远、潜心钻研、甘于寂寞、持之以恒的治学精神，造就我校新一代的名师、大家，全面推进学校学科建设和教学科研工作迈上新的水平。”② 蒋校长的讲话有利于我们进一步认识包括教学理论在内的张楚廷教育理论与实践对于他所管理过的湖南师范大学、湖南涉外经济学院的重要意义，甚至也有利于我们认识他的教育理论与实践对于湖南乃至中国教育的重要意义。

三、省委书记心中的张楚廷

中共中央于2016年8月任命杜家豪为湖南省委书记。在第32个教师节，杜家豪书记率队于2016年9月8日到湖南师范大学调研教育改革发展情况，看望专家院士、教师学生，代表省委、省政府向全省84万人民教师和教育工作者

① 蒋洪新. 教育家张楚廷——一位理想与行动兼备的人[OB/EL]. http：//special. univs. cn/ttzt/fmxy/xct/2016/0623/1138406. shtml中国大学生在线 2016-06-23.

② 湖南师范大学新闻网. 张楚廷学术思想研讨会在我校举行 [OB/EL]. http：//jwc. hunnu. edu. cn/article/?id=1558&type=detail：2016-05-30.

致以节日问候和崇高敬意。杜书记还专门去看望了虽已八旬高龄但依然坚守杏坛、笔耕不辍的张楚廷先生。

在认真参观张楚廷教授成果展后，杜家毫动情地对张老说："您几十年如一日，潜心学问、一心育人，是广大教师学习的楷模。"[①] 他叮嘱学校负责同志，进一步关心、照顾好老一辈教育工作者，让他们安享晚年、益寿延年。

杜书记调研湖南师大、看望张楚廷教授的举动说明教育事业、教育家在他心中是有崇高地位的，说明湖南师范大学对于湖南经济社会的发展是具有重要意义的。杜书记此举对湖南省广大教育工作者的鼓舞也是巨大的。

四、学术机构及与媒体共同推崇的张楚廷

中国教育学会、中国高等教育学会、中国职业技术教育学会、中国教育电视台、中国教育报刊社、人民教育出版社等6家学术团体和教育类媒体于2017年联合开展了"当代教育名家"推选活动。90位教育工作者被推选为当代教育名家，这些教育名家是（按姓氏笔画排序）：丁石孙、于漪、于永正、马芯兰、王本中、王策三、王善迈、王殿军、韦力、文喆、厉以宁、石伟平、叶澜、叶翠微、田正平、史宁中、冯恩洪、朴永馨、朱小蔓、朱正威、朱永新、任勇、刘可钦、刘京海、刘堂江、刘彭芝、汤钊猷、汤赛南、许嘉璐、劳凯声、李烈、李吉林、李希贵、李庾南、杨瑞清、杨福家、杨德广、吴正宪、吴式颖、吴良镛、吴昌顺、吴孟超、吴颖民、何克抗、何晓文、宋乃庆、张志勇、张厚粲、张思明、张奠宙、张楚廷、陈玉琨、陈桂生、林崇德、欧阳中石、卓立、金式如、周光召、周洪宇、周稽裘、郝克明、胡大白、胡百良、钟启泉、钟南山、姜大源、姚文俊、顾明远、顾泠沅、钱易、钱梦龙、郭齐家、唐盛昌、谈松华、陶西平、黄希庭、曹洪欣、康岫岩、章开沅、敢峰、鲁洁、温儒敏、谢维和、窦桂梅、裴娣娜、翟小

① 贺佳. 杜家毫在湖南师大调研：不断提升人民群众对教育的满意度. http：//hn. rednet. cn/c/2016/09/09/4080787. htm. 湖南日报，2016-09-08.

宁、潘懋元、燕国材、薛天祥、魏书生。

据组委会负责人介绍，此次推选教育名家，是贯彻党的十九大精神的重要举措，对于传承和弘扬教育名家精神风范、增强中国特色社会主义教育自信、加强教师队伍建设具有十分重要的意义。改革开放以来，以这90位同志为代表的当代教育名家，坚持教育改革创新，努力办人民满意的教育，不断完善中国特色社会主义教育体系，取得了丰硕成果。此次推选活动按照公平公正的原则，经过广泛发动推荐、严格审核遴选、开展专家初评、专家委员会终评等程序，层层筛选、认真审查、严格把关，推选出健在的90位当代教育名家。[①] 组委会在推选过程中还把握几个原则，即：中共党员现职司局级以上干部，原则上不入选；曾任教育部部长、副部长、教育厅厅长、非师范类高校校长的，原则上不入选；已故的前辈，本次未推选。

此次活动虽然是民间举办的，但是程序严密、过程严谨、标准严格，所以可信度高，意义重大。张楚廷先生被推选为当代教育名家，也是实至名归。

在由长江教育研究院、教育智库与教育治理研究评价中心发起，方略研究院、陕西师范大学、宁波大学等协办的“改革开放40年中国教育改革发展典型案例征集活动”中，张楚廷先生获评“改革开放40年‘教育人物40名’”之一。[②] “征集活动”从2018年12月初启动，经历了征集（自荐、他荐）、初评和专家终评等阶段，于2019年3月公布结果。评选机构对张楚廷的简介是：

> 张楚廷，男，生于1937年，教授，博士生导师，曾任湖南师范大学党委书记、校长，湖南涉外经济学院校长，主要从事教育哲学、高等教

① 张晨. 当代教育名家推选结果揭晓90位教育工作者入选. http：//news. ecnu. edu. cn/b8/dd/c1835a112861/page. htm. 华东师范大学新闻中心，中国教育报，2017-11-29.

② 程鹏伟.我校张楚廷教授、附属中学入选改革开放40年中国教育典型代表 [DB/OL]. http://www.hunnu.edu.cn/info/1012/5161.htm. 湖南师范大学新闻网，2019-03-21.

育学研究。

张楚廷其一以贯之的人主义教育思想坚持以人为根本，强调尊重人、理解人、赏识人、关爱人，特别关注人的尊严、自由、个性发展及人的解放，主张“生本位”“师本位”。

在治校实践中，他大胆改革，以独特的眼光率先大量招聘博士、引进知名教授，开辟了一条“财从才来”的学校发展新道路，并不断加强观念文化建设。

其独特的治校理论与实践智慧创造了两个传奇：将湖南师大办成了国家“211工程”重点大学、将湖南涉外经济学院办成了全国前列的知名民办高校。

此外，他还有许多其他贡献，例如出版了我国第一部课程哲学专著《课程与教学哲学》、率先抨击“全国优秀博士学位论文评选”制度并推动了此项评选的废止等。

曾获徐特立教育奖等荣誉，入选首届“当代教育名家”名单。

评选机构给张楚廷的推荐语是：将“人、生命、自由”贯穿于其治学历程之中，创造了“两个传奇”，其高等教育思想对当今我国高等教育的改革发展具有重要的借鉴与启示意义。

张楚廷，是一个人名，是一个符号，更是一种精神。是金子，已经发光；是金子，也总会发光。有理由相信，随着时间的推移和被知晓程度的加深，包含五I等理论在内的博大精深的张楚廷教育思想、张楚廷学术思想、张楚廷办学实践必将产生更大的积极影响。

第八章　吐鲁番的五I实践

就论文的写作问题，我于2013年4月拜访了张楚廷的学生、北京大学教育学院院长文东茅教授。他说："与其广泛地研究张楚廷所谓课程或教学哲学，也许不如研究他某一个理论的来龙去脉及其实践价值更有深度和力度。"随即，我在张楚廷以及他的博士生——湖南省教育厅刘阳科先生等人的帮助下，马不停蹄由华北去了西北。在新疆吐鲁番，我进学校、进课堂、进老师与领导办公室或寝室、进景区，领略了西域文化之美、湖南援疆人风貌之美、五I理论落地生根之美。

李学博士说："张楚廷教授创造性地提出了元结构的概念，以'人文引领'为基本精神，从课程的目的、结构、内容等方面建构了人本课程的宏观图景，对新一轮基础教育课程改革的深化具有较强的指导作用。"① 五I是张楚廷人本课程理论的重要组成部分，对基础教育改革所起的作用可以从吐鲁番的实践中窥见一斑。

吐鲁番的五I实践缘于陈书国这位"援友"（援疆朋友的简称、昵称，也可泛指援疆的人）。陈书国在湖南从事教育行政管理工作，派去援助吐鲁番，做地区教育局副局长。笔者去新疆时，陈书国通过公考，转岗为吐鲁番地区旅游局局长。他在做吐鲁番教育局副局长时，动员、

① 李学. 元结构视野中的人本课程建构——张楚廷教授课程思想初探[M]. 宁波大学学报（教育科学版）2008（1）：7.

指导好几所学校践行五I。做旅游局局长后，他继续将五I贯穿于他的工作和生活中。这使"五I"思想内涵变得更为丰富，更有力量。在陈书国等人的推动下，吐鲁番地区将教育与五I结合、将旅游与教育联姻，使该地的教育、旅游、经济社会都得到了较好的发展。

第一节　张楚廷新疆讲五I

张楚廷在著作中说："2012年5月，新疆吐鲁番地区有一部分教师和校长研究'五I'课程思想，并且邀请我去就'五I'课程观向他们作进一步的阐述。我首次的新疆之行是由吐鲁番发起的。后来，新疆师范大学、新疆财经大学、新疆教育学院、石河子大学和乌鲁木齐市教育局都请我去就不同的主题发表了演讲。"①

应笔者之请，陈书国局长于2013年12月29日写了结缘五I、应用五I的回忆录。他说：

我在湖南师范大学读书时，就喜欢张楚廷的著作。在教育系统工作后，依然做着张的粉丝。在《大学教育科学》和《当代教育论坛》等刊物上，经常可以读到张楚廷的文章，我将这种阅读作为人生快意事。湖南省教育厅的刘阳科，衡阳县人，教育学硕士毕业，与我"臭味相投"。我因为从事的是教育财务，他是督导室干部，我与督导联系较多。我们成了好朋友。聊着小孩、聊着督导、也聊着张楚廷的五I。他在我的"忽悠"下考取了张楚廷的博士，成了张楚廷的学生。他对五I的学习进入一个新的阶段。刘阳科带来张楚廷的新著，给我们讲述新的观点，听着听着，我也间接成了张楚廷的学生。张楚廷到处进行演讲，我也尽量旁听。张校长有一次笑着说："我在北方的名气比湖南要大！"他的新著提出了教育的几条公理，仿欧几里得，从公理出发，可见到数

① 张楚廷. 思想的流淌[M]. 重庆：西南师范大学出版社，2015：282.

学思维对一位教育哲学家的影响。他说要建立起中国教育真正的理论大厦，我觉得他已经做到了。

关于张楚廷的为人、教子、治学，我的同事颜胜利处长、草地大姐等跟我讲了许多逸事。张楚廷与夫人写的《子女的培育》，就摆在我家的床头。一些观点入心入耳。而治校的方略，在一部厚厚的专著中，展示了湖南师范学院如何从一所地方师范院校，抓住机遇，锐意改革，成为一所全国著名的211综合大学——湖南师范大学的心路历程。

2011年，我出来援疆，而且作为吐鲁番地区教育局副局长，主管的是教研，我第一时间就想到张楚廷的五I。如果能够将湖南的教育智慧——五I课程理论在著名的文明交汇地吐鲁番传播，又会产生什么新东西来呢？我很兴奋，也很期待。

于是在一个风雪交加的下午，我与张和生（湖南省教育考试院干部）、刘阳科三人坐到了张楚廷教授的研究生课堂。他在办公室挂着一个小黑板，就在里面给研究生上课。这是一堂完全以问题开始又以问题结束的课。而且从哪里结束，并没有事先的预设。而学生的问题是至高无上的，他是有问必答的。其中，关于四大文明古国，张楚廷的说法与我们学的不一样，于是在短暂的思考后，他依照我们的说法做了修正，体现了他的有错就改、虚怀若谷。

张楚廷是一位从没有搁置过学问的大学领导。他从第一本数学专著开始，到现在著作等身，乐此不疲，贵在他的坚持，贵在他的兴趣。当时，听说他要到华东师范大学等高校去演讲，一去即半月。他邀请我随行。可惜身不由己啊。于是提出能否请他到新疆“传教”，他答应了下来。

2012年元旦，援疆工作一年后，我到新疆教育学院学习十天。有机会整理有关思考，然后进行“张楚廷西游”创意。同一房间的学友来自石河子，他认为吐鲁番的教育水平较低。在我热情的介绍下，一个个新念头新想法蹦出来。想到古代丝绸之路文化、西游文化，想到如何将现代文明到传播祖国西域，是否可以复兴古法？于是写出“丝路名师讲坛”策划，向我做局长的同学提议：要是请来名师，可以沿丝路传递，共享大师智慧……帮助我真正完整实现“丝路名师讲坛”设想并达到活动高潮的，是湖南的大教育家张楚廷教授。

在陈书国的策划下、在自治区及吐鲁番地区教育主管部门及相关学校的邀请下、在湖南省教育厅干部刘阳科博士的陪同下，张楚廷终于赴新疆讲学。

从5月27日到6月3日，张楚廷辗转吐鲁番、石河子、乌鲁木齐做了6场演讲。围绕基础教育课程改革、大学校园文化建设、教育哲学等主题展开。

陈书国局长在朱张渡口网站上对张楚廷的讲学做了如下记录：

5月28日，首场报告在乌鲁木齐第68中学学术报告厅举行，张教授从“人文”的概念出发，步步追问，条分缕析，阐述了“人文引领下的和谐课程观”。教育是让人成为他自己，人文引领下的教育使人更富有、更高大、更智慧。独特的教育哲学观点、丰富精彩的教育人生、幽默风趣的教育故事深深吸引了现场听众。讲座由乌鲁木齐市教研中心承办，近300名教研员和一线老师听课。

5月29日11：00-13：00，张楚廷教授站在吐鲁番地区实验中学的讲坛上，讲述着五I课程理论。一个地市级教育局举办关于课程的研讨和报告是罕见的。张楚廷说：“课程理论具有重要的地位。从三R到四环套，从三S到四R，西方的课程理论走过了现代化和后现代化。中国对课程理论的贡献在哪里？我的五I，信息、兴趣、质疑、直觉、智慧，既是一个逻辑的过程，又分别具有独立的价值。信息宽于知识，兴趣贵于理性，质疑重于聆听，直觉优于逻辑，智慧高于聪明。直觉是长头发，逻辑是修理头发。”形象的比喻，哲思的语言，趣味的小事，300多名吐鲁番地区的教师就这样走近大师，聆听大师，不知不觉走进智慧的殿堂。此时，在吐鲁番教育人的眼中，时光是金色的河流。

5月29日下午4：30-6：30，吐鲁番地区实验中学厚德楼二楼，“吐鲁番地区楚廷教师成长学校”成立，一所致力于核心教师培训的虚拟学校出现，一种创新的教师培养的形式出现。与会老师抛出了一系列问题：课堂如何走向哲学？五I课程思想与基础教育新课改推进几乎同时出现，又相互独立，可以具有什么样的联系？五I与双语课堂的关系何在？用五I可否来观照现在各种流派的课堂模式？能用五I来开展教学评价吗？因张楚廷教授亲自参加，基层老师也能提出很多新颖独特的问题，张楚廷几乎一一作答。这让我眼前一亮。然后，张楚廷先生向学员们赠书。

张教授说：“五I是一个开放的体系，可能还有六I，欢迎发展、完善和创造。”这体现了一位教育家的睿智。他还风趣地说：“吐鲁番不仅有甜蜜的葡萄和哈密瓜，还会有创新的课程理论。”这给了我们很大的鼓舞。

张教授住吐鲁番西州宾馆，两天时间，世界闻名的葡萄沟、坎儿井都不去游览，盛典音乐不去观赏。除了讲学和交流，全部时间用于埋头著述。六场讲座，不一样的主题，却都精彩纷呈，全部由心头流出。汇集起来，就是一部新疆讲学录。智者风范，乃是如此，晚生后辈，敢不努力！

以上文字，能让我们感觉到陈副局长对发展吐鲁番乃至新疆教育的一片痴情与热情，能让我们感觉到陈副局长对五I等先进教育理论以及其创始人的由衷热爱，亦让我们感受到新疆与内地开展教育、文化等各方面交流的必要性与可行性。

第二节　五I在吐鲁番生根发芽

五I理论面世以后，吐鲁番地区个别老师比较早地学习过、使用过。大面积推广应用却是在陈书国于2011年到达吐鲁番并任地区教育局副局长之后。陈副局长认为：五I理论能集中回答“为何教（智慧）、教什么（信息）、怎么教（兴趣、质疑、直觉）"等问题，集目的与方法于一体，完全可以成为课程改革一个基本理论。为了推广使用该理论，他主持召开过多次研讨会，直接参会的老师达数百人。

通过学习，很多领导、老师们认为：在课程资源组织和教学过程中运用五I，我们应该反复问自己：课程有足够的、合适的信息吗？如何引发学生的兴趣？在教学进展中为质疑留下了空间吗？重视了自己的和学生的直觉吗？通过学习师生的智慧得到提升了吗？

通过研讨和示范，该地区研究和应用五I课程思想的教师和领导越来越多。区教育局于2012年5月邀请张楚廷去吐鲁番做了"'五I'课程思想"的演讲，还请他为"吐鲁番地区楚廷教师成长学校"揭牌。至此，五I成了该地教学改革的重要理论依据之一。

陈书国在学习与推广中琢磨着如何将五I与教育实际相结合。他认为，如果在课堂中、在教师培训中、在家庭教育中，能将五I理论融入其中，就是对五I的应用、丰富和发展，就是为教育输送正能量。成立"吐鲁番地区楚廷教师成长学校"是一个举措，成立"五I研究中心"或者成立"张楚廷教育思想研究中心"也是他的梦想。他想：只要有一批人，围绕着实践需要进行研究，进行实践，定期进行总结和反思，得到现实的佐证，理论就有了价值，理论之树就能长青，实践也就能蓬蓬勃勃。

怀特海认为："一个观念转化为实际的效果，这一过程是缓慢的，其所以缓慢，不能完全归因于人类性格的低效……"① 他觉得，新观念的落实仅仅通过静悄悄的社会改良很难实现，而是要开展改头换面的革命，即"重组社会"。怀特海的这个思想可能更适用了社会政治领域的变革。五I作为一种教育观念，如果个人愿意接受，是能悄然内化为自己的思想、然后润物细无声的，领导、教师、学生理解五I、运用五I完全可以百花齐放。但要大面积

① 怀特海. 观念的冒险[M]. 周邦宪译. 贵阳：贵州人民出版社，2000：24.

推广使用，就涉及组织结构、组织观念变革等问题，那可能会引起不小的阵痛，需要制度、经费、人力等方面的支持。吐鲁番地区教育局推广五I走的是渐进的改良的道路，但效果也是明显的。

除了在普通老师中学习与实践外，陈副局长还将五I在另一个群体，即在吐鲁番的兼职教研员以及特级教师中推广。一年多内，他几次组织教研会，使特级教师、兼职教研员在推广新的理念、新的课堂模式中发挥了重要作用。来自湖南的五I理念，因为张楚廷的到来和讲座，在吐鲁番受到了极大的关注，产生了较大的效应。

吐鲁番的五I推广应用先在两个群体中分别展开，然后又合二为一。在英语课堂操作中五I发挥的作用最大。也许得益于以下两个原因：在吐鲁番，英语课堂教学效果迫切需要提高；湖南派出援疆的教师队伍中的两位领队（一位是袁万源，来自郴州，一位是周琦勋，来自长沙）都是优秀的英语老师。这些教师与陈副局长接触最多，对陈局长的意图理解最准确、执行最到位。因此五I最早的实践即从英语开始，而且成绩出乎意料。

袁万源老师从英语单词学习入手，从每天提供英语新鲜信息开始，对托克逊二中的教学进行改革，学生的兴趣越来越浓。周琦勋老师则从课外活动上另辟蹊径，将嘉年华、快乐购等模式引入课外活动，配音、角色扮演等活动让学生在参与中感受到英语学习的快乐，提升英语学习的兴趣，鼓励学生尊重直觉、大胆表达自己的想法。

在张楚廷去新疆讲学时，成立了“吐鲁番地区楚廷教师成长学校”。陈副局长期待通过这个虚拟的平台能够集中40位左右的优秀教师，通过研究性学习后，再推广到400位老师，然后再影响到4000师生，达到对吐鲁番地区的基本覆盖。“444”工程后来还得到指挥长赵清云书记（时任湖南援疆总指挥）的肯定，纳入了培训项目中。

于是，一个“张楚廷五I课程和桃花仙子空间课堂”研讨会在吐鲁番地区高级中学厚德楼召开。援疆教师与吐鲁番本土精英聚集在一起。李茹、詹璐、谢德文、袁万源、周琦勋、特级教师巴特等十几位老师都做了非常精彩的发言。来自长沙市一中的张万敏副校长特地推迟出差，对研讨会进行了点评。湖南教育电视台节目组录制了现场，部分成了专题片的内容。五I及张楚廷教育理论在吐鲁番生根发芽了，并期待能根深叶茂。报道正文如下①：

> 4月26日下午，张楚廷“五I”课程和“桃花仙子空间课堂”研讨会在地区实验中学行政楼会议室举行。来自两县一市及地直学校分管教研的领导、地区特级教师和地区专、兼职教研员40余人参加了会议。部分援疆教师应邀出席。
>
> 地区教育局副局长、援疆干部陈书国主持会议并介绍了教育家张楚廷教授关于信息、兴趣、质疑、智慧、直觉为内容的“五I”课程构想和湖南省桃源县敖双英老师（网名桃花仙子）“空间课堂”的课改实践。援疆干部、地区实验中学副校长张万敏解读了张楚廷教授“人文引领下的和谐课程观”，并指出了桃花仙子的示范意义。援疆教师、托克逊二中袁万源老师汇报了探索英语“五I”教学法的体会。援疆教师、地区实验中学周琦勋老师汇报受桃花仙子的空间课堂启发后在学科教学和班主任工作中开展的创新做法。
>
> 与会教师围绕张楚廷“五I”课程和“桃花仙子空间课堂”，结合自己多年教改体会，纷纷发言。地区实验中学阿里木老师认为，张教授从课程哲学的高度提出的“五I”构想，值得在课改实践中探索应用。吐鲁番地区课改今后要关注两个问题，一是给学生带来什么实惠？二是给学生减少了多少负担？……鄯善县特级教师帕尔哈提·热介甫说：“这样的研讨会很好，以后也希望有民族这方面的活动，让大家都动起来。”

就该次活动，援疆的谢德文老师写了《张楚廷“五I”课程观研讨会情况纪实》一文，下文即为谢德文老师文章摘要。

① 地区教育局召开张楚廷“五I”课程和“桃花仙子空间课堂”研讨会. http：//jyj. tlf. gov. cn/ny. jsp?urltype=news. NewsContentUrl&wbnewsid=70826&wbtreeid=5858.

2012年4月26日下午，我受吐鲁番地区教研室邀请，参加了张楚廷“五I”课程和“桃花仙子空间课堂”研讨会。地区教育局副局长陈书国、地区实验中学副校长张万敏、教研室任老师、湖南援疆教师7人、国家级比赛一等奖获得者2人、特/高级教师18人、兼职教研员15人等，共45人参加了研讨会。研讨会在实验中学厚德楼党委会议室举行。研讨会从北京时间16:00开始，到19:30还未正式结束。当我离开时，吐鲁番市的部分教师还谈兴很浓，舍不得座谈会结束，舍不得离开。

座谈会上，有很多的与会者做了正式发言或即席发言。在陈局长做了总结发言后，陈局长要我做补充发言，于是，我也作了一个即席发言。现将部分发言摘抄如下。由于发言者的姓名、职务、单位不详，以下我用“发言1”等序号指代发言者。

发言1（陈书国副局长）：本次座谈会的目的就是要在大家的引领和努力下，通过教育教学改革和教育教学科研手段的改善，把我们吐鲁番地区的基础教育打造成全国教育考察目的地，成为全世界的教育“坎儿井”（坎儿井是世界旅游目的地），成为全国的唯一。我曾经将张楚廷教授的课程哲学的书籍当枕头，其中最有创造意义的五I课程构想，信息（Information）、兴趣（Interest）、质疑（Inquiry）、直觉（Intuition）、智慧（Intelligence），我反复研读，在家庭教育中使用，如何让孩子爱上音乐，如何让孩子爱上三国。现在，我的孩子放不下三国了。……我想让大家也爱上五I。来自西域的旅人啊，摇一叶小舟，溯着愚溪的水，追着飘流的花，且寻找去，再寻找去……

发言2（托克逊二中袁万源）：袁万源汇报了探索英语的“五I”教学法。他在代表托克逊县二中参加吐鲁番地区的骨干教师示范课大赛中的语法课“定语从句”这堂课中，完整地呈现了他对五个“I”教学法的探索和充分利用。新颖的教学方式、明显的教学效果，使他获得了比赛一等奖。2012年3月17日，吐鲁番地区教育局开展高效课堂模式课题研究，特意邀请了袁万源老师参与讨论研究。袁老师以自己的教学实践阐述了五个“I”教学的高效课堂模式，受到高度关注。

发言3（地区实验中学副校长张万敏）：作为教师，在课堂中必须发展学生的直觉，培养学生的直觉，保护学生的直觉……

发言4（自治区政治素养大赛一等奖获得者）：小组学习在激发学生的兴趣，培养学生的智慧方面很有帮助……

发言5（全国德育一等奖获得者）：课改势在必行，没有改革就没有出路，吐鲁番就会与内地、就会与新疆发达地市的距离会越来越远。很有必要引进新的理念……

……

我认为，中央新一轮援疆工作才开了一个头，陈局长就已经进行了一定时间的谋篇布局，并得到了吐鲁番与湖南的认同与支持。我想，只要在各级各类学校和教师们的共同参与努力下，吐鲁番地区的基础教育领域必将会产生教育大家，必将会结出教育大瓜，像吐鲁番的甜瓜一样，又甜又大，名扬世界。

从这份长长的发言稿里，我们感受到陈局长推广五I、通过改革发展壮大吐鲁番教育的做法是真枪实弹的，也能让我们感受到谢德文老师对吐鲁番教改的支持是真心实意的。

为了将五I融入吐鲁番的教改，该地区开展了很多卓有成效的活动，比如通过发文等形式向全区开展征文活动。《地区教育局举办第五期名师讲坛活动——著名教育家张楚廷来疆讲学》《吐鲁番地区教育局召开张楚廷“五I”课程研讨会》等报道，《关于开展“张楚廷教授五I课程理论”学习实践论文征集活动的通知》[①]等文件充分体现了当地高层领导对吐鲁番教育的重视、体现了五I对吐鲁番教改所具有的重要意义。

① 吐鲁番地区教育局网站[OB/EL]. http：//jyj. tlf. gov. cn/ny. jsp?urltype=news. NewsContentUrl&wbnewsid=71013&wbtreeid=1566.

那段时间，吐鲁番地区一些老师以张楚廷的五I思想为指导，以湖南援疆教师和地区兼职教研员为主体，探索出多个适合双语教学的英语、历史等课堂教学新模式，引起了广泛关注。该地区将五I用于课堂内外，通过用五 I 备课、上课、评课，打造出了大量的优质课堂，五I成了当地普遍使用的课程资源组织观、课堂教学实施观、教学效果评价观、社团活动指导观。[①]

陈书国副局长离开教育局后，该地区的部分领导如接任的祁怀好副局长、任超琼等老师还在继续深化对该理论的学习和应用。援疆的欧德铭老师、胡观湘老师等成了五I推广应用的中流砥柱、后起之秀。

作为五I理论的引进者，吐鲁番地区教育局陈书国副局长喜欢走进课堂听课，用五I 评课。他鼓励、督促老师用五I备课、上课、相互评课，因此，该地区用五I上课、评课渐成风气。在吐鲁番考察学习期间，笔者受吐鲁番地区实验中学欧德铭老师（湖南援疆）的邀请，有幸于2013年4月18日参加了“吐鲁番地区2013年中学英语课堂教学观摩课大赛”。

下午，作为特邀评委的欧德铭老师在地区教育局领导的要求下讲话，他运用张楚廷的五I理论对竞赛做了点评：“这次竞赛，每个老师的课堂信息量都很大，课堂导入都能激发学生兴趣，但有些老师对五I的内涵把握不够准确，对学生的直觉与质疑等重视不够。如X老师在讲解《Why do you like pandas？》时对一些动物的描述与评价简单化，不喜欢tiger（老虎）是因为它凶猛，不喜欢koala（树袋熊）是因为它懒惰。这种评价不利于学生全面深刻认识事物、不利于培养学生多角度看问题的能力，因而也不能很好地落实基础教育改革提出的三维目标——知识与技能、过程与方法、情感态度和价值观。让得分少的学习小组唱《两只老虎》似乎不妥。在英语课上，用中文唱歌，也有些不伦不类。如果让得分多的小组唱一首英文歌曲也许效果会更好，因为得分多能得到更多展示自我的机会，他们就更有劲头去合作，并且

① 黎利云. 行走疆湖问道天山——湖南学子吐鲁番探秘五I之旅 [OB/EL]. http：//blog. sina. com. cn/s/blog_498421fe0101b64g. html.

唱英文歌，更贴近这个学习环境。"我觉得这个点评很精当。

笔者作为嘉宾应邀发言，我说："我很高兴能参加这个活动。贵区教育局原副局长陈书国先生对我说过：吐鲁番的课改是有理论根据的，是有实际动作和显著成效的。今天有幸见证了他的话。吐鲁番地区在推广张楚廷先生的五I思想，这是一种缘分，更是一种眼光。五I既是价值观，也是方法论。既可以用来备课，又可以用来上课，还可以用来评课。五I与基础教育改革中主张的'自主、合作、探究'六字方针相得益彰、异曲同工。五I能从宏观、中观、微观等层面很好的解答了如下问题：为什么要落实六字方针——智慧至上，如何落实六字方针——提供信息，激发兴趣，重视直觉，提倡质疑。从评课的角度看，我觉得欧老师运用五I做的点评是非常恰当的……"

在回答了个别老师的提问后，我继续说："五I中的质疑、直觉很重要。老师们应爱护学生的直觉，保护激发学生的质疑精神。如果尊重学生的直觉和质疑，老师就不会在要学生判断'砰砰'的声音是什么动物或事件发出来的时候，就不会将打篮球作为唯一答案公布，'砰砰'可以是心跳，可以是砍树，可以是啄木鸟为树看病……直觉和质疑使答案具有多元化、个性化，而非单一化、模式化。Y老师在上《Would you mind turning down the music?》时，以不同方式告诉学生如何向别人提出请求，这有利于学生较快掌握句型。但对'为什么'要这样做缺乏价值引导。末尾展示了一张有文字的图片：Being polite makes the life easier and happier！这是个很好的结论，但太唐突，应该有一个铺垫或引导的过程。老师也许可以用一些不讲文明礼貌导致不良后果的案例做补充，使这个结论水到渠成。记住一个句子可能主要是技术活，而为什么要运用这样的句子却是心灵之花——涉及情感、态度、价值观。这次比赛中，大多数老师课件运用得比较娴熟，但不一定运用得都很合理。学生被老师不断翻动的课件所牵制，单词拼写机会、句段朗读机会少，这恐怕是违背了语言学习规律的，语感的形成还是要靠多听多读，这是个信息获取的方式问题，也是个兴趣与智慧的提升问题……"

我与欧德铭老师的评课获得了在场的领导和老师们的高度肯定，引发了热议。这样的评课无疑能丰富老师们对五I的认识，强化五I意识，进而改善教学效果。很多观摩或实践过五I教改的老师如此感叹："评课原来可以这样开展，五I还真是个好办法！"

完成援疆任务后，袁万源、周琦勋等老师回到湖南郴州、长沙等地所在学校，继续实践五I。之后，周老师在长沙市21中组建了五I英语教研团队，取得了不错的业绩。

第三节　论文或报道见证五I的教育价值

在张楚廷五I等思想的指引下，吐鲁番地区很多老师深入钻研教改。很多老师撰写了教改论文，如袁万源老师的《探索英语"五I"教学法》、谢德文老师的《"五I"课程构想下的教学实践——记托克逊二中席宝平的〈用坐标表示平移〉》、张早春老师的《基于五I理论的English Around the World 说课稿》、胡观湘老师的《五I课程理论的应用使历史课异彩纷呈》、周琦勋老师的《基于五I课程观的中学英语社团活动探索》（发表在2013年第8期《科教文汇》）。这些论文表明：他们在实践中创造性的理解和应用了五I，一定程度上体现了五I的教育价值。

新疆之行，笔者与其中的几位老师通过网络、电话或面谈成为了好朋友，我们相互帮助取长补短，他们向我提供实践五I的素材，我帮助他们修改润色论文，他们的论文有的发表了，有的参赛获奖了，都获得了较大反响。

杨小薇教授认为："在教学活动中，教师的重要任务就是如何创设一个良好的、有利于学生身心发展的民主的、平等的教学活动情境，设置适当的问题情境，制造学习者在认知、情感和人格上的冲突，引导学生自己去组合、批判和澄清新/旧知识之间的差异，以支持、帮助和促进学生的知识建构和意义生成过程，进而建构起自己新的认知结构、情感结构和人格结构。"①

① 杨小薇，张天宝. 教学论[M]. 北京：人民教育出版社，2007：190.

这是很有见地的教育思想，关键是如何实现这种"情境"的创设。周琦勋老师就利用五I与学生一道打造、创设了这种情境。周老师运用五I于教学、大胆开展教改的成功事迹不止是在吐鲁番成为美谈，而且获得了其湖南派出单位及其教育主管部门的高度肯定，在援疆活动中创造了属于他自己的和西部教育的传奇。

陈书国副局长在他笔名为荆林的网页上说："他（袁万源）的英语五I教学法捷报频传。2011年5月，他代表托克逊县二中参加吐鲁番地区的骨干教师示范课大赛。他不仅选了一个较难的英语语法项目——定语从句教学，而且全堂课都用英语开展。他从激发学生的兴趣开始，以唱英语歌猜谜语引入主题，以直接呈现解题要点为主要信息获取点，在对习题答案的选择中让学生去思考去质疑，并鼓励学生用直觉对同学做出的选择进行评估分析。袁老师在这堂课中，完整地呈现了他对五I的应用过程。新颖的教学方式、显著的教学效果让他无可争议的获得了一等奖。2012年3月17日，吐鲁番地区教育局开展高效课堂模式课题研究，邀请了袁老师参与讨论。他以自己的教学实践阐述了五I教学高效课堂模式，受到高度关注和充分肯定。"① 这个记录表明，陈局长是非常在乎援疆老师工作状态的、也是相当关心五I实践效果的。

对于张楚廷五I思想及湖南教育援疆等发挥的作用，新疆、吐鲁番有关部门以《打通湖南到吐鲁番的教育坎儿井——湖南新一轮对口援助吐鲁番教育取得成效》《立足西部讲坛创先争优——长沙市第21中学热烈欢迎援疆教师载誉而归》②《奉献在新疆》等③ 等为题做了总结和报道。"通过袁万源、周琦勋、欧德铭、胡观湘等援疆老师的大胆实践，在英语、语文、历史等科目以及课外实践活动上广泛传播湖南先进的教育教学理念，探索出了一条吐鲁

① 托克逊二中援疆老师袁万源探索英语"五I"教学法. 荆林原创于朱张渡口. http：//bbs. hnedu. cn/read. bbs?bid=3&id=495816&page=1.

② http：//www. csedu. gov. cn/news/54299. html. 长沙教育网.

③ 徐行 摄影报道. 奉献在新疆[OB/EL]. http：//epaper. voc. com. cn/hnrb/html/2012-05/06/content_494852. htm?div=-1. 湖南日报多媒体数字版2012-05-06.

番双语背景下的新的课改之路。”[①]

从事语文教学的吐鲁番二中罗红老师说：“我区引进的张楚廷教授的五I课程理论，‘忽如一夜春风来，千树万树梨花开’，为我们再次营造了良好的新课改新氛围，是那般的清新、惬意、宜人。五I中，规律性的东西很多，或者说，五I就是规律。五I，总能在理念上引导我们。在技术上，我们可以百花齐放。”[②] 可见，五I课程理论是陈书国局长、张楚廷教授等为吐鲁番输入的一股强劲东风，但愿能持续地吹皱吐鲁番教育、吐鲁番旅游、吐鲁番经济社会发展的一池春水。在陈局长等人的推动下，在张楚廷教授的支持下，在很多一线老师的积极实践下，五I对吐鲁番的教育发展在一定程度上起到了引领和促进作用。

吐鲁番的实践证明：五I等理念可以与新基础教育改革的三维目标构成相辅相成的关系。五I蕴含了新课改的基本理念，但似乎比新课改的基本理念更有“接地气”的可能性，因为其中的兴趣、质疑、直觉等观念强调了心理因素在教学中的作用。可以说，五I以其独特的方式丰富了教改理念，完全可以成为各级各类教改的重要抓手。

第四节　由教育五I走向旅游六I

经过公选，陈书国于2012年走向了吐鲁番地区旅游局长岗位。由教育局副局长转任新疆吐鲁番地区旅游局局长的陈书国尝试着将五 I 继续用于自己的日常生活及旅游管理实践。

陈书国说：张楚廷的五I是开放的，所以我打算创造不一样的六I。发展其为六I：保护游客权益（Right）、充分制造与传播景区有用信息

① 打通湖南到吐鲁番的教育坎儿井——湖南新一轮对口援助吐鲁番教育取得成效 [DB/OL]. http://www. tkxedu. gov. cn/2012/xinwen_1225/681. html 2012-12-25.

② 罗红. 欸乃一声山水绿——张楚廷“五I”课程研讨会心得体会[OB/EL]. http://bbs. hnedu. cn/read. bbs?bid=3&id=496535&page=1.

（Information）、怀着兴趣（Interest）开展工作、激发游客兴趣、重视游客直觉（Intuition）给游客良好印象、质疑（Inquiry）自己的工作成效也欢迎游客质疑我们的服务、用智慧发展旅游并提升游客智慧（Intelligence）。他带领他的团队开展《非常5+1：I在吐鲁番——吐鲁番6I旅游的理论与实践》课题研究，他希望这样的研究能为吐鲁番创造明显的经济效益和社会效益。

陈书国由援疆变成了留疆——成了当地干部，扎根于新疆。“铁打的营盘流水的兵”，与他同时援疆的援友们都回湖南去了，新一批援疆人又来了。新去的欧德铭、胡观湘老师是陈书国的湖南省常宁市同乡，他们相处较多，一起长廊漫步、老街访古、沙山穿越。陈书国尽管离开了教育战线，但他依然牵挂教育，尽量抽时间做些“不务正业”的事，比如时不时进入胡观湘等老师的课堂听课，比如尽量将旅游与教育结合。陈局长很高兴胡观湘老师能用五I指导教学，还写出了《五I课程理论的应用使历史课异彩纷呈》等文章。

陈局长说：“我的后教育时代，仍有浓浓的教育的影子。于是‘春暖葡萄沟——图书漂流’变成了‘带本书到吐鲁番’的旅游公益项目，葡萄沟中心小学成为游客奉献爱心、体验民俗的参观点，由民族舞蹈改编的课间操成了游客的最爱。即使到了冬季，也有广东等地客人络绎不绝来到葡萄沟，访学校，观民俗，欣赏别样的精彩。在做旅游时，我仍牵挂教育，向身边亲近的人、特别是新来的老师极力推荐张楚廷的五I课程思想，鼓励他们去实践，去总结，写出这方面的论文来。旅游相对于教育来说，更为活跃。吐鲁番的旅游世人瞩目。在教育系统工作15年后，当我走向旅游局岗位，一个崭新的平台展开。痴心五I的我，如何会忘记在旅游上的应用它呢？我质疑我能做什么？做了什么？效果如何？还能做什么？”

教育给了陈书国很多启迪，给了他很多理念，如何运用到旅游管理当中，成了他做旅游局长之后的重要思考对象。他曾经在教育上关注过旅游，做过三个旅游梦。第一个梦是“开往春天的大巴”。吐鲁番的春天在全新疆来得最早，杏花开时，烂漫美丽。而此时首府乌鲁木齐还是一片冰雪。如果能够在乌鲁木齐摆上十辆大巴，让老百姓能够免费坐车来到春天的吐鲁番，那是一番什么景象？第二个梦是要电视直播“一条坎儿井”的整理和挖掘过程。联合湖南电视台，对“一条古老坎儿井”进行考察，请文物专家当解说，进行电视直播，随着考察的深入，坎儿井的神奇文明以及开掘技术、工艺、挖井人的精神等将充分展示在国人面前。第三个梦是将每一个处于景区的中小学打造成为课改的样板校，成为教育考察目的地。这些梦想中，第三个梦他做了一阵子，开了个局。其他，在他上任旅游局长后也都一一实现了。

教育与旅游结合，有许多的点。在吐鲁番的旅游营销里，就有一种营销叫教育营销。一篇《葡萄沟》让每个小学生朗朗成颂。一首《吐鲁番的葡萄熟了》醉了不少人。这种课本营销、艺术营销的力量是伟大的。可以说，吐鲁番成为每一个中国人心灵里的东西。

对于五I与旅游的结合，陈局长在三个层面展开：

一是规划。当他迎接葡萄沟五A督查时，他感觉到国家的五A标准是来自北京或南方的专家按中东部标准制定的，或是按风光景区制订的，对融合葡萄农耕文化及西域特色的葡萄沟并不完全适用。按此标准检查，得出的结果肯定会与游客的体验大相径庭。他萌发了用五I理念改造景区标准的念头。五I从人出发，以游客为本，运用五I于旅游管理，定将刷新人们对景区建设的思路。

二是培训。利用湖南援疆资金，陈局长于2012年底组织了包括在校大学生在内的近200人的导游和讲解员培训。运用五I，他构建了文物、文化、风景、礼仪等课程，为学生提供更多的信息量。要求学生能够讲一个景、唱一支歌、跳一支舞、推介一个商品、介绍一个民俗，从而提高实践能力。同时还进行实景解说，参与公益活动，为葡萄沟中心小学的孩子到北京参加演出捐了路费。这种非常创新的培训得到学生及家长的广泛认可。

三是服务。陈局长刻意去做旅游局长的想法在某种程度上源于他作为一名游客曾经经历的种种不快。做了旅游局长后，他立志要做每年能招揽100万游客的旅游局长、让游客满意的旅游局长。首先从游客权益保护出发，于是在五I里，又增加了一个I，就是游客权益（right或benefit）。从游客权益出发，尊重游客直觉，为游客充分提供信息，引发游客的兴趣，激起游客对他们服务质量的质疑，培养旅游智慧，让游客对吐鲁番留下美好的印象。这是陈局长六I旅游理念的基本内容。

陈局长这样想，也这样做，吐鲁番六I旅游理论与实践不断变为现实。“游客为本，服务至上”口号提出来了，“服务质量提升月”开展了，“权益服务、旅行服务、心情服务”之“三服务”标准形成了，“先行赔付制度”制定并应用了。吐鲁番地区旅游局规定，凡是游客提出的投诉，金额在500元以下，事实清楚、诉求合理的，由地区旅游局先行赔付，让游客的权益得到维护，使游客的心情舒畅，从而继续下一段愉快的旅程。这是吐鲁番作为旅游大区的庄严承诺，也是游客为本思想的具体实践。先行赔付制度推行后，结案11项（到2013年12月为止），游客全部表示满意。《中国旅游报》等以《小额先行赔付暖人心》等为题目向全国报道、推广这一做法。①

陈局长说：“我还清楚地记得张楚廷先生对我跳行干旅游表示沉默。我说旅游何尝又不是一种教育呢？现在我将五I应用在旅游上，并变为了六I，其实我很早就思考过的。张先生对我转行很关切，现在我将想了的做出来，也算是一种汇报和回应吧。”

第五节　借力五I推进吐鲁番旅游环境建设

笔者在吐鲁番考察学习期间，陈书国先生与我多次深聊至半夜鸡叫，好几次他在我住高昌大酒店的房间内和衣而睡。他主动请教我发展吐鲁番旅游

① 实行小额先行赔付吐鲁番旅游局创新制度获好评，中国旅游信息网. http：//news. cthy. com/Allnews/12295. html.

有什么好建议。作为虽是第一次见面但似乎是深交已久的朋友，我们推心置腹，我说了他们环境的很多不足。他要我以五I精神、以游客身份写一封信，从长沙寄往吐鲁番地委他们的主要领导。我觉得这事很有意义，回长沙后就毫不犹豫地做了。我们配合着演了一段双簧。信的内容是这样的：

对吐鲁番旅游环境的几点意见

尊敬的地委书记：您好！

我是个湖南游客，因出差在贵地待了十来天，转了一些地方，收获很多，但也有些失望。据说吐鲁番是湖南对口援疆地区，作为湖南人，爱湘及疆，爱屋及乌，所以对吐鲁番也有些感情和牵挂，现在提笔写几点不成熟的意见，出发点是希望贵地在地委的领导下重视问题、解决问题，使经济社会能不断繁荣、人们能更加幸福、游客能满意而归。

不用多说，吐鲁番有独一无二、名扬天下的旅游资源。但要将资源优势变为经济优势，还需强化环境建设。要多多质疑：我们为游客做了什么？还能做什么？还必须做什么？旅游的六要素“吃住行游购娱”充分具备了吗？我不讲大道理，我只说我这几天的遭遇。

1．在坎儿井，有商家，如卖什么益肾子的，男女搭配，为卖东西一唱一和，价格离谱，明显的是带笼子（用长沙话说是撮把子），我差点被他们忽悠了。好在以往上当受骗多了，防范意识强了，还算清晰的思维保护了口袋中的票子。景区的问题很多，其中之一就是不诚信经营，一些商家的良心往往让渡于短期利益。这样不利于发展回头客和培养良好的口碑。

2．在苏公塔及艾丁湖等地，散客没有交通车摆渡至别的景点，打的、租车代价很高，并且半天遇不到车。

3．在市内，一些宾馆前台服务员搞不清吐鲁番地区、吐鲁番市谁大。也搞不清哪里可以买火车票和飞机票。听说没有地方代办火车票。在市内，据说只有四家正规的旅行社，其中阳光旅行社可以代买机票，我的机票就在那儿买的。这样看来，服务员素质和旅游交通服务就是个大问题了。

4．青年路葡萄一条街上遛狗的很多，狗们拉屎尿无人管。葡萄架下休闲椅子烂了无人修，椅子下垃圾没有及时清理。两边店铺门面装修档次低，商家东西随意摆放于街道。青年路，是一条葡萄街，是一条步行街，被誉为是吐鲁番的名片路、形象路，但名不副实。

5．去过3个厕所，都要收费。如苏公塔外面的、靠近吐鲁番一中的、麦西来甫广场边的。厕所还很脏，有些甚至难以下脚。以小见大，点滴见精神，小利益见小气魄！可能因小失大。

6．绿化与安全措施跟不上。一些绿化带草木还比较整齐、茂盛，一些地方却被挖得坑坑洼洼，如高昌大酒店至邮局前百米喷泉一段，绿化带黄土裸露，井盖打开好几天了都无人盖回去，遗患无穷。

7．我住的宾馆——高昌大酒店，号称三星，21~22号却没有人来搞卫生。

8．衍生产品缺失。除了“新拓市场”一个地方在粗放地卖着葡萄干等特产外，没有什么衍生产品可买。夜市欠缺，娱乐休闲等夜生活不发达。与我后来旅游的敦煌差距非常大，敦煌的“沙洲夜市”人流如织，衍生产品琳琅满目！

9．据说旅游旺季时床位紧张，说明接待能力非常有限。

10．博物馆，一个含金量很高的景点，起码可以留住客人大半天，但10：30才开门（虽然与北京时间有两个小时的时差），一些游客等得黄花菜也凉了。此处不留爷，自有留爷处，性急的早就溜之大吉了。我9：30去了，干瞪眼。只好下午又去，终于看到了展品，收获很大。但浪费了时间，影响了心情！其实，可以早一点开门，起码可以与政府机关同步开门迎客吧。方便客人也就是方便自己。

这些问题只是冰山一角。有些问题不需太多投入就能改善，如提升市民素质，多宣传、监管；有些却是要花巨资才能解决的，如提升接待能力，改善通往景区的交通，打造品牌节目。我看过《丽江印象》《刘三姐印象》《大红袍》《清明上河园》《天门狐仙——新刘海砍樵》等实景演出节目，很有视觉冲击力和心灵震撼力。也期待吐鲁番能打造《葡萄·美酒·夜光杯》或《西天取经》之类的实景演出节目。那可是要人才和金钱做支撑的。当然，与打造大型节目相比，当务之急是改善环境，让人宜居、宜游！有机会，我还会再来！

祝书记：

万事胜意！

祝吐鲁番：

越来越美丽！

黎利云

2013年5月6日

我特快专递寄给了书记。据说，吐鲁番地区的领导们拿我的信大做文章，大力整治旅游环境和开展城市基础设施建设。这是我到新疆开展五I探秘的意外收获。

2013年5月17日我与陈局长QQ对话。

他说：你的意见赵书记收到了，我们开了环境整治专题会议。赵书记表扬了你，并发电子简报。

信中所指地委书记是赵清云，2010年5月~2014年2月在新疆吐鲁番地区任地委副书记、湖南省新一轮对口援疆前方指挥部指挥长、湖南省第六批援疆工作队队长。

近10个月后的2014年3月14日我与陈局长再次QQ对话。

他说：因你的建议，吐鲁番变成了最干净的城市和景区了。谢谢！

与陈局长的两次聊天记录相隔了近10个月。10个月，300来天，可以孕育一个婴儿，也可以沧海桑田。我们却用写信的方式改变了领导的思想，改善了吐鲁番的面貌。陈局长“曲线救国”的思路成就了他的事业、成就了吐鲁番的可持续发展。我做了垫脚石，心甘情愿。除了自然力外，使人类和世界得到改变的是我们的思维以及由此产生的行动。

对于陈局长，改善吐鲁番环境是一个有计划的活动，是干好事。对于我，也是有心插柳，向领导们提出善意的建议，也是干好事。

吐鲁番的旅游越来越火热了，吐鲁番的民族文化和自然遗产走入了更多人的心中，当地百姓的生活得到了改善。这不全是五I的功劳，但绝对有五I的贡献。

第六节 逝者已矣 生者如斯

一、书国兄弟，你永远活在我们心里

为写此文，想借助一点资料，唤醒我的记忆。一查，短信没有了。想起来了，是我悲伤之下删除的。现在很后悔删掉了信息！再查QQ，一片空白，所有记录也就看不到了。百度得知，注册过的QQ不是永远存在的。能找到的与书国交往的痕迹越来越少，看来，书国兄确确实实走远了。再找找网上的和自己拍的视频照片，想想与他相处的那些日子，又觉得他没有走远，他依然在生活在我的心里。现在，让我们做一次天各一方而又推心置腹的沟通吧。

书国兄：

你好！

天堂里没有春夏秋冬、寒来暑往吧？天堂里没有肺癌、肝癌、胰腺癌等疾病吧？你是2016年2月17日凌晨2点离开这个世界的，如果人死真能投胎，如果你离开我们后就即时投胎了，现在你也应该是两岁半的婴幼儿了。那里有幼儿园吗？父母逼你哄你去参加早教和各种兴趣班吧？但愿你能轻轻松松、无忧无虑地过你的天堂生活，不像在人间，被没完没了的各种任务驱使

着你不能自主。

对你这样说话，是不是太消极了？其实，消极是为了积极，我们应该在正确的、适合自己的取舍之间走自己的人生路。

与你相识纯属偶然，却也是必然。因为教育，因为写博士论文，因为我们都喜欢张楚廷的教育思想，所以我们走到了一起。

张楚廷的教育思想涉及教育管理、教育哲学、教育美学、课程论、教学论、高等教育学等方方面面，可谓包罗万象而又博大精深。我是课程与教学论专业的博士生，当然希望写论文时火力聚焦。在课程与教学论领域，张校长写过多篇文章、出版了《课程与教学哲学》等著作，哪怕只研究张校长的课程思想或教学思想，我觉得还是太宽了，找不到着力点。广泛研究张校长的课程或教学思想，是我能力和精力都不济的。

迷茫之际，导师周庆元教授希望我出去走走，去听听张校长学生的看法。张校长的学生遍布神州大地甚至五湖四海。找谁去呢？我去张校长办公室求援。向他谈了我的困惑和设想后，他笑眯眯地对我说："要去就去北京，到中国最好的大学走走，你去找找文东茅，他是我的硕士研究生，现在是北京大学教育学院的院长。"张校长帮我从记录本里长长的名单中找到了文教授的电话。

做好各项准备，我于春寒料峭的4月去了北京。

4月11日，没能约见文院长。我在北大校园瞎逛游，先后闯入大讲堂和小讲坛，听了东方创业课和西方哲学课。北大老校长许智宏亲自主持北京大学"职业素养大讲堂"，当天讲的是"职业选择与人生发展"，由两位校友主讲。演讲通知及PPT上对两位的介绍是：

陆步轩，1989年获得北京大学文学学士学位，毕业后被分配至西安工作，后经商，先后做过多种职业。经历创业发展和档案馆工作后，出版纪实文学《屠夫看世界》，应陈生邀请，共同创办壹号土猪屠夫学校。

陈生，1984年获得北京大学经济学学士学位，现任天地壹号股份有限公司、壹号土猪食品有限公司董事长。1984年本科毕业后分配至广州市委办公厅工作，1990年经商，涉足房地产、食品等多个行业，取得突出业绩。

我对西方哲学讲座倒是没什么印象了。这两位关于职业转换与情定杀猪卖猪肉的演讲却至今如雷贯耳。北大高才生干上了杀猪业，不能轻易否定他们的选择所蕴含的价值。北大之所以是北大，就在于她的兼收并蓄、兼容并包。陆步轩在演讲时说："我给母校丢了脸、抹了黑，我是反面教材。"说完几乎哽咽。而北大老校长许智宏为此演讲致辞时说，"北大学生可以做国家主席，可以做科学家，也可以卖猪肉。"①

我也算是北大的旁听生，穿行在校园及教学楼等地方，并没有任何人要将我赶出去。欢迎旁听，这也是北大的胸怀！当年的毛泽东就得益于北大开放与包容的气度。

书国兄弟，我几天内见了王庭坚、李凡、吴国武、朱传世等好几位大学同学，最大的收获还是在北大与文教授的交流。他建议我以张校长某个理论为切入点去深入研究。我说对五I有兴趣。文教授说，他也喜欢五I，觉得很有意思，也应该很有价值。他希望我理论与实际结合，使这一思想更有生命力。他还告诉我，张校长去年到新疆讲学了，好像还讲了五I专题。这一番交流使我满血复活。文教授将两个小礼品交给我，要我回长沙后转交张校长。

书国兄弟，这就是我能在茫茫人海中遇到你的起因。

告别单瘦而又博学的文教授，我在北大校园内继续转悠，我从迷茫中出来，又进入了新的迷茫。如何去新疆？去新疆找谁？一番思考后，我在北大一块草坪上拨通了张校长的电话。还没等我"喂"完，张校长就说："黎利云，你好！"我将与文院长交流的基本情况对他做了汇报，并说我想去新疆调研。校长说："你啊，去了北京，还不过瘾，还要去更遥远的新疆调研，

① 百度 陆步轩. http：//baike. so. com/doc/5373761-5609751. html 2018-08-20.

精神可嘉！一个湖南过去的叫陈书国的，在做吐鲁番教育局副局长，他曾经用我的五I思想推进当地教改。我没有他的电话。我的博士生、省教育厅干部刘阳科是我去新疆讲学的牵线人，也是他陪伴我过去的。我把他的电话告诉你吧。”我如获至宝，因为看到了希望。几分钟后，我再打过去电话，张校长便将刘阳科的电话告诉了我。

书国兄，你不是喜欢听故事吗，我这就继续讲给你听。

就这样，我从阳科那里要到了你的电话。并且立即短信你，收到你简洁的回信：热烈欢迎！我随即电话你。你好激动地说：“文东茅教授的思路是对的。你要来吐鲁番，好啊，快来啊，我找人为你做向导！”

果然如阳科所说：你，快人快语，古道热肠。

你说：“我虽然已经不是教育局的人，现在做旅游局长，但教育局的人脉还在，在教育界的影响还在，对教育的热爱与牵挂之情还在。我应用张校长的理论很多年了。从理论到理论会很虚很浮，让理论指导现实，理论就变得丰满了。你来吐鲁番，我能让你的五I研究变得有血有肉。”

你特别叮嘱我，为了能获得深入调研机会，一定要给吐鲁番地区实验中学送点东西，并说要送的东西就是张校长的教育文集。

就这样，我进一步靠近了你。

委托张校长司机买书、寄书。《张楚廷教育文集》（11–20卷）共10本，不到1000元，湖南到新疆路途遥远，运费却差不多达到了书本费。对于一个脱产读书的我来说，此番北漂与西游，代价有点高，但我豁出去了。

卧铺来疆，耗了近40个小时，穿越了大半个中国。白天黑夜在车厢里，虽是一孔之见，但也看到了各种地貌所代表的独特风光。

书国兄弟，你是去援疆的，要克服多少语言、风俗、气候、饮食、思念亲人等多方面的困难才能前后待五年多，并作出卓越的贡献。我不得不佩服你的适应能力、生存能力。

下车后，我与别人拼车来到了你的兄弟——湖南援疆老师欧德铭、胡观湘等老乡等候我多时的地方。虽然天黑了很久，但吐鲁番依然火热。从长沙的20多度，到北京的几度十几度，再到吐鲁番的近40度，几天时间，我经历了气温的过山车。

老乡们招待我吃饭、喝酒，陪我聊天，送我去高昌大酒店，真是宾至如归啊！

书国兄弟啊，当天你去乌鲁木齐开会了，你电话我说会回来得很晚，所以当晚我们就没有见面。后面我们是怎么聚散的，我不再赘述，我发在博客上的长文《行走疆湖问道天山——湖南学子吐鲁番探秘五I之旅》中已有基本的记录。感谢你将我的游记转载发到了《湖南援疆简报》（2013年5月6日，总第898期），感谢你将我吐槽吐鲁番旅游环境的意见或建议变成了改善吐鲁番旅游环境的文件，感谢你将我的诗歌《吐鲁番·葡萄·人》发表到了《吐鲁番》杂志。这些做法在某种程度上也表达了我们能思能想，我们与人为善、我们想为社会做点好事的共同愿望。

书国兄弟，我难忘与你在你办公室或高昌大酒店我住处的畅聊，难忘你在我房间内和衣而睡之后深沉的鼾声，难忘早晨裹着床单与我登楼观日出，难忘与你穿行于宾馆及你办公室之间的大街小巷、葡萄长廊，难忘你在麦西来甫广场与维吾尔族同胞跳舞婀娜多姿的舞步，难忘你为我开出的旅游景点免票通行证或曰代票单。我们似乎没正儿八经在饭桌上相遇，因为你太忙了。我们聊天要么是很早的早上，要么是很晚的晚上，聊得最多的是张楚廷的教育思想、你的教育理想、你的打造世界旅游目的地的设想和还想读博士的梦想。较少聊到家长里短和个人得失。在吐鲁番与你唯一的饭局是你接待深港澳500学生来疆旅游的先遣队。

书国兄弟，我在吐鲁番收集到了很多关于五I课程思想的资料。你要我尽快整理成书，我也答应了你。我回长沙后，建立了“五I在人间”QQ群，将资料收集范围扩大了到曾经援疆而已经回湘的谢德文、袁万源、周奇勋等老师。并且起了书名“五I课程思想在吐鲁番的实践”，将稿子分了类，编排了目录。因为出书程序复杂、博士论文写作任务很重，人手又不够，这个书稿也就热乎了一阵子，没能变成铅字，没有在你有生之年让你看到它。

博士毕业快4年了，多少次起心动念想把论文作为专著出版，可总是觉得太单薄、不完美、出书过程太繁琐而作罢。李云中兄于2017年就写了纪念你的文章，发给我看了，字字句句都是真情实感。他也动员我写写。每次提笔，都觉得心痛痛的，所以一直没能写成。

我博士毕业后去广西的梧州学院工作了一年，2016年下半年调回湖南，来到你家乡所在地的衡阳师范学院工作。学校正在努力建设成为地方高水平应用型大学、2017年获得了硕士学位建设单位资格、现在又马不停蹄地在申报湖南省双一流学科，不管是学校发展需要，还是我个人晋升教授职称需要，还是纪念咱们兄弟一场的需要，出版著作、发表论文都是我们必须做的事情，甚至是当务之急。现在是时候了，必须出书了，必须写你了。

书国兄，没有你开展的吐鲁番五I应用试验及其取得的成果，我没有底气写这篇博士论文。即使霸蛮写，也写不出令人信服的结论。所以，论文的写就，你的功劳大大的。在著作出版之际，在李云中兄的带领下，我终于提起笔，与天堂里的你对话。

你是一个五I高手，我从吐鲁番回来后，你利用我对吐鲁番的吐槽说服我写了意见书寄送赵清云书记，你这一“曲线救国”之举拉开了吐鲁番环境整治的序幕，并掀起了一个又一个的旅游环境建设高潮。能为你、能为援疆工作组、能为吐鲁番做点什么，被你利用，我也高兴。再说，人如果没有利用价值，活着又有什么意思呢?

通过网络，我读了你在朱张渡口等网站发的很多诗歌。无法将你的诗进行归类，是浪漫主义的？抑或现实主义的？是意象派的？还是写实派的？是，又都不是，你的诗就是你自己风格的诗！总的感觉是，你是一个事业狂人，诗歌怪人。

2013年4月作者与陈书国（左）于新疆吐鲁番

2014年底，我完成了博士论文答辩。你在信息中热烈祝贺我，似乎是自己博士毕业了。我知道你是真心在分享我的喜悦。你回长沙过2015年的元旦，我被你邀请至位于湖南省教育厅西院你的家，房子并不大，儿子不在家，屋子里到处堆了书，你夫人曾雪晴也是老师，所以我们都聊得来、有话说。喝点小酒，吃了你夫人做的美食，我们告别，相约长沙或新疆再见。没想到这次见面近乎永诀！

元旦没过完，你就去广州开旅游推介会了，你是个工作忙人，空中飞人，满脑子都是创意，两脚永远在行走。

我没太往你身体好不好方面想，以为你就是一个永不停歇的陀螺。据说2015年你积劳成疾，在湖南住过一段时间院。这是我后来才知道的。近段时间，我到晚上翻阅了一些东西，你的朋友、一些媒体写了很多纪念你的文章，我才知道，你在重病中也神不守舍，还在牵挂你的工作，甚至并没康复就东南西北的当“空中飞人”。

如中国文明网举办的《中国好人榜》[①]入选词说：长期两地分离，夫妻间的沟通也大都是通过电话，曾雪晴并不很了解丈夫的身体状况，在她看来，丈夫还很年轻，偶尔的身体不适，她也只是叮嘱好好休息。然而，从2014年年中开始，陈书国在电话中屡次跟妻子提及，身体不适，晚上睡不着，有时一晚上只能睡上十来分钟，第二天依然坚持上班。曾雪晴有些责怪自己，她在接受采访时告诉记者，如果她再霸蛮一点，再强硬一点，也许丈夫会听从她的劝告，暂停工作，早点去医院接受检查。

如《湖南"最美援疆干部"陈书国遗体告别仪式在长沙举行》[②]中说：

吐鲁番市委常委、市委统战部长帕尔哈提·托乎提在致辞中对陈书国同志的去世表示深切哀悼，并对陈书国同志家属表示慰问。他说，陈书国同志矢志扎根吐鲁番，为祖国边疆建设无私奉献，有坚强的党性和组织纪律性。在援疆工作期间，陈书国同志把湖南建设教育强省的新理念新思想新经验带到吐鲁番，促进吐鲁番教育事业跨越式发展。担任吐鲁番市旅游局长后，他殚精竭虑，创新进取，协调张家界旅游局支持吐鲁番创建国家旅游示范区，充分挖掘旅游资源潜能，积极筹划开展吐鲁番地区淡季游系列活动，为吐鲁番打造旅游文化发展的升级版做出积极贡献。

如《诗意与大爱写就"最美援疆干部"》[③]中说：

陈书国是2011年2月随湖南援疆队到吐鲁番教育局挂职的，为了让吐鲁番这颗古丝绸路上的明珠重放异彩，他留在了吐鲁番。在陈书国任职旅游局长的几年时间里，他呕心沥血，运筹帷幄，大力发掘吐鲁番文化，主导了一系列旅游营销创意，不断扩展吐鲁番旅游的市场主体，在葡萄架下实现文化旅游梦，为新疆旅游事业的发展贡献了力量，成绩斐然、众人赞叹。

---

① 中国文明网举办的《中国好人榜》对于陈书国的入选词. http：//www. wenming. cn/sbhr_pd/zghrb/jyfx/201603/t20160330_3247803. shtml.

② 红网长沙2月19日讯. 时刻新闻记者陈宗昊，沈梦艳. http：//hn. rednet. cn/c/2016/02/19/3913560. html.

③ 红网作者斯涵涵. 编辑 许敏. 红网官方微博. http：//ldhn. rednet. cn/c/2016/02/19/3912688. html.

《最美的诗，写在吐鲁番——追记湖南教育援疆干部陈书国》一文更是将你"拼命三郎"的形象做了力所能及浓墨重彩的描绘，该文对你的思想、你的功绩做了全面总结。书国兄弟，李伦娥等发表在《中国教育报》上的这篇文章用心用情至极，算是对你最好的纪念方式之一。

包蒙先生在《从小园到西域——兼论陈书国诗歌》[①]中说：

2月19日，我看着躺在长沙阳明山水晶棺里的陈书国，他睡得那么沉，那么安祥，像一位远归的倦客，终于找到停歇的地方。没有了病痛的折磨，没有了未酬的雄心，一切归于平静。逝者安息。

然而，这许多天以来，我却一直沦丧于深沉的悲伤之中，每每想提笔写些东西，却感觉笔重万钧，千头万绪，记忆中的事物铺天盖地而来，不知从何说起。

当重症猝然来临，以及9个多月的治疗期内，我虽常去看他，但无法知道他的心路历程。一向诗歌高产的他，这一阶段却拒绝写诗，或许，他想说的话已说完，或许，他只想把那个积极热情、潇洒自信的自己留在这个他爱着的世界。2015年8月，在查出病情的三个月后，他托我刻两枚印，一枚"陈书国印"，一枚"随遇而安"的闲章。草蛇灰线，也许从中可看出他在重病中对生命的态度。

陈书国走了，作为一名诗人，他留下了数百首诗歌。作为一个以生活经验为基础写作的诗人，他完全写出了出自他自己之手的作品，这些诗歌文本，清晰地展示了他在尘世的生活和思想。他的诗歌清晰准确明了，向每一个阅读者提供一张毫不晦涩的门禁卡，打开一扇扇通往他的心灵之门，他仍然住在他的诗歌里，生动、活泼、忧郁、雄辩，在他的诗里，你会重逢那个你熟悉而又显陌生的陈书国，他会跟你对话，讲述他的所见所闻所思。他仍然活在他的诗歌里，活在他的语言里。或许，语言才是一个人的最后栖息之所。

---

① 包蒙. 从小园到西域——兼论陈书国诗歌. http：//www. douban. com/group/topic/84325553/ 2016-03-08.

读着这些带着体温和泪水的文字，我知道你是鞠躬尽瘁，累死在为吐鲁番的教育事业、旅游事业日夜操心、废寝忘食的舍己为人之中。

书国啊，我在欧德铭、胡观湘两位老朋友的告知与呼唤下，于2016年2月14日，正月初七，来到了你住的医院。因为不能直接进入你的无菌病房，要办视频直播观看手续，我们在湖南省人民医院等了很久才隔着玻璃在视频中见到了你。那哪是你啊？你更瘦小了，出奇的安静了！我与兄弟们轮流呼喊你，希望你坚强，还说你一定能挺过来的，你一点反应也没有。在走廊上，遇到你夫人，我们也不知对她说什么好。她主动安慰我们，谢谢我们，说做好了最坏的打算，说你天天这样靠呼吸机活着，也是很难受的。她很忙，要与人商量通知湖南、新疆以及家乡衡阳的哪些人来看你或处理你的后事，我们也就没有多说，把眼泪压在肚子里，与她说了“再见”。

没过几天，也就是17号凌晨，你终于走了。其时，我已经到了广西。没能在19号去殡仪馆送你最后一程，那天举行你的遗体告别仪式，湖南经济电视台等媒体做了报道。14号的隔窗相望算是真正的永别。

之后，你似乎就消失在很多人的视线里，也在我的记忆中渐渐淡去。现在想起来，似乎你又没有离开我们。到网上找你的视频、你的文字，你依然快人快语、依然满面春风、依然文思敏捷。

要不是博士论文出版，要不是李云中先生的感染，我这篇所谓的回忆录也不会形诸文字，而可能永远留在我的心里。这也是机缘吧！

书国兄啊，你把自己当成了熊熊火焰，可薪柴集聚不够，所以燃烧得快，熄灭得也快。我不能责怪你忘记了“留得青山在，不怕没柴烧”所蕴含的人生哲理，很多事情，你是主动做的，很多事情，也是被动做的，就如此时的我。你是张迷（喜欢张楚廷廷的人），你热爱五I，可是没有很好的把五I用到自己的健康管理中。你是张迷，可你也没有学会张先生的养生之法。他在很多场合以及著作中表述过他的长寿秘诀：

“还有一个很重要很重要的因素就是饮食。她（指妻子）非常明白低盐低油低糖的必要性。我们较多地是吃植物蛋白，动物蛋白又较多地是鱼类，偶尔吃肉食，则是羊肉、牛肉、猪肉、鸡鸭肉均衡搭配。我爱人不仅很懂得营养的搭配，而且烹调技术相当高。春节期间，她能一餐做出十道以上的菜来。

我不挑食，也好对付。以素食为主，经常有蔬菜瓜类，冬瓜、苦瓜、丝瓜、黄瓜、萝卜、白菜、海带、木耳……近期，电视里说海带是'长寿菜'，我们则早已常吃海带，却不是为了长寿。

总之，我爱人是一个善于料理、善于调节、善于生活的人……据说，人的寿命，1/3取决于遗传，1/3取决于饮食，1/3取决于生活方式。简朴、有规律、有节奏，无不良嗜好，这三方面我们都做得不错，加之，这几十年来中国时局变好了，我们的心情都很好，这样我们就不至于活得很吃力。"①

书国兄，你听到了吗？如果天国里也讲究养生，别忘了实践我们共同尊敬的张校长的养生心得。

为了向你的家人负责，我希望你夫人能审查我的书稿，特别是写到你及吐鲁番的文字。向云中兄要了你夫人电话，几次发短信，她没回信。估计不愿意被打扰吧。7月20日，我将电话打过去了，我从闲聊中，得知你孩子小荆林下学期读高三，表现很好，你就放心吧。我想向您夫人了解五I在你家的实践情况，她说："我知道陈书国很喜欢五I，我也知道五I，在我孩子很小的时候，陈书国给孩子讲过、实践过一段时间五I。后来，陈书国从衡阳调长沙，从长沙调新疆，从短暂援疆到长期留疆，我们追着他搬家也没追上他的足迹。陈书国基本不着家，我家实践五I也就没有人指导与督促了。"你夫人语气虽然淡定，但话语间充满对你的牵挂，也许还有小小的抱怨。为了不打扰孩子的生活，我也就放弃在电话中采访小荆林了。关于文责问题，你夫人说："随你怎么写，相信你能把握好！"

---

① 张楚廷. 思想的流淌[M]. 西南大学出版社，2015：374.

书国兄弟，你走了，对于很多人来说都是损失，小到家庭，大到国家。是不是每一个人的离去都会对周边人造成伤害?

书国兄，我不是诗人，写不出诗来纪念你。权且将你的好友支禄的诗《谨以此诗献给英年早逝的吐鲁番杏花诗社社长、诗人陈书国》[①]抄来送给你吧。

“病好多了，
相会的日子很快了”
……
流着泪水
静夜里
一遍遍看你发来的短信

此刻，历书上都说
立春过后，杏花就开了
风，却转过眼
噗地一吹
一个人
就变成了
山岗上的一座坟堆

从此，大地上少了
一个诗人
天空里就多了
一朵洁白洁白的云
听说天堂
那边很冷
别忘了

① 支禄. 燃烧的红柳的博客. http：//blog. sina. com. cn/s/blog_4bcccc2f0102wo4g. html.

多带上几件衣服

大风能吹灭
一个人的生命之灯
却吹不散诗歌
想念的时候
一遍遍翻《艾丁湖畔》
沙沙的书页声
定是你牵着
那蓝蓝的湖水
走来的声音

（注释：《艾丁湖畔》，是陈书国诗集，于2013年6月由湖南人民出版社出版。）

书国兄弟，你是个爱民的官员，也是个勤快的诗人，你先后出版了《艾丁湖畔》《诗意援疆》等著作。这是为援疆、为吐鲁番、为世人创造的一笔精神财富啊！

书国兄弟，你的精神将永存在神州大地，由你写词的《杏花开了》《神仙都在吐鲁番》等歌曲被反复唱着、传着。像你一样优秀的援疆干部、专家、老师去了一批又一批，新的建设成果不断涌现。为了很好地传承你的精神，湖南卫视等电视台做了多期有你图像、有你声音、有你思想、有你情感的关于你援疆或湖南持续援疆的节目，或关于湖南好人的节目，这都很有影响力。关于你的优秀事迹，很多刊物做了报道，这说明大家没有忘记你的功德。长篇报道《最美的诗，写在吐鲁番——追记湖南教育援疆干部陈书国》[①]，读的我怦然心动、潸然泪下。

① 李伦娥等. 最美的诗，写在吐鲁番——追记湖南教育援疆干部陈书国[J]. 中国教育报2016-04-01第1版. http：//paper. jyb. cn/zgjyb/html/2016-04/01/content_452683. htm?div=-1.

书国，书国，你，人如其名，你用行动写就了自己的一本很厚实的书，写就了自己短暂而辉煌的历史，你把你的生命变为吐鲁番盆地的一盏明灯照亮了那里的人们。你的人生就如你的名字，你是一本书。你，用心用情建设了你的第二故乡，影响了你的国家！

你在吐鲁番实践五I的做法及所结硕果我将尽可能收集到书里。由于精力、能力有限，所能表达出的东西也许挂一漏万，敬请原谅！书出版后，我会寄一些给你牵挂的吐鲁番，也会捎带一本给你。

你日思夜想、梦绕魂牵的吐鲁番乃至新疆，在新时代习近平中国特色社会主义思想的指引下，在全国各族人民的支持下，发展得越来越好，人民的生活过得越来越幸福。

兄弟，如果你长眠于地下，就安息吧！

兄弟，如果你又转世为人，就开开心心茁壮成长吧！

兄弟，如果你已升入天堂，就好好享受琴棋书画诗酒花的生活吧！

书国兄弟，你永远活在我们心里！

二、书国兄弟，你在哪里[①]

杏花开了，春天来了，我给你唱歌了……

由陈书国作词，马可谦作曲、编曲，吐鲁番葡萄沟中心小学维吾尔族学生阿卜杜拉·吾买尔童声演唱的《杏花开了》，我听了不知多少遍，那词，那曲，那人，如葡萄沟缀满的马奶子，如坎儿井潺潺的雪水，如库木塔格沙漠静卧的胡杨，如艾丁湖倒下的沙柳，萦绕在我的心间，撕裂着我的情感。书国兄弟，想你了！

造化弄人，人生无常。春天来了，杏花开了，你却走了。你在哪里？我宁愿相信你还在，相信你没有走远，也许你正在葡萄长廊悠闲散步，也许你

① 这篇文章作者是李云中，湖南省教育科学研究院研究员、《当代教育论坛》杂志社社长、2014年湖南援疆前方指挥部短期援疆队员。与他于2018年7月16日QQ联系时，他告诉我，他调到湖南机电职业学院做副院长了。

正在高昌故城谋划新丝路，也许你正在葡萄沟小学听维吾尔族孩子们诵读诗文……我在找你，在你的诗集《艾丁湖畔》中找你。

我很喜欢你的诗《让我告诉你》：

沙山能留下什么
风会告诉你
沙泉能留下什么
影子会告诉你
飞鸟在哪里
芦苇会告诉你
楼兰在哪里
驼铃会告诉你
梦幻在哪里
逍遥会告诉你
我在哪里
天山会告诉你
未来在哪里
孩子会告诉你

——巍巍天山告诉我，书国兄弟，你在我们的心里，你在我的故事里！

1. 援疆留疆：他对吐鲁番"暗许了一个承诺"

我跟新疆有缘，跟吐鲁番有缘，跟书国有缘。2014年7月至12月，我和书同在吐鲁番短期援疆半年，在郑小胡同志的直接领导下开展湖南教育援疆专项调研。湖南的援疆干部住在绿园小区，书国任旅游局长后仍住在小区，我们住在同一栋楼。吐鲁番素有火洲之称，炎热得很，但我们的援疆干部肩扛使命，白加黑，5+2，撸起袖子加油干。书国与很多干部一样，很忙，总有做不完的事，每天都是很晚才回家。他常常是晚上十二点左右来敲我们的门，然后，一杯清茶，海聊上一两个小时，聊得开心，聊得尽兴，聊出了真感情，聊出了真性情，聊成了真兄弟。

他由援疆转为留疆，很多人不理解，但如果跟他接触多了，你就会为他的壮举所折服。

就这么远去/暗许一个承诺/在阴山/听一回木兰/捎几片岩画——《吐鲁番》

读了他的这首诗，你就不难理解他为什么要援疆，又为什么要留疆了——是他对吐鲁番暗许了一个承诺。

言为心声。跟他聊天，他谈的大多是吐鲁番和吐鲁番的工作，思路清晰得很，或设想，或策划，或愿景，满满的正能量，纯粹的事业狂。吐鲁番神奇的文化渊源，神奇的地貌气候，神奇的葡萄瓜果，神奇的民族风情，这恰好与书国的家国情怀和事业追求对上路。他不想当吐鲁番的过客，他要扎根吐鲁番，他也因此而显得从容、淡定、踏实，从教育到旅游，他想干事，能干事，也确实干成了事，兑现了他的承诺。

2. 旅游奇才：他让吐鲁番的旅游成为品牌

吐鲁番曾经养在深闺人未识，短短几年间，吐鲁番的旅游一跃成为新疆最有影响的金字招牌，这无疑是与书国的努力分不开的。

吐鲁番，维吾尔语意为“富庶丰饶的地方”，是四大文明体系的交汇点，古丝绸之路上一部旷世恢宏的杰作，这里，不只是有葡萄，还有吐鲁番鄯善产的正宗的哈密瓜；不只是火洲，还有坎儿井，还有交河故城、高昌故城，有四千年的文字记载，历史文化悠久得很……

书国曾经说起过他参加旅游局长公选的原因，他是觉得吐鲁番的旅游资源开发得很不够，他有责任和足够的自信让吐鲁番的旅游成为品牌。

这个湖南人真是敢为人先，霸得蛮，不信邪，三年多的旅游局长任上，他没有辜负组织的信任，硬是把吐鲁番的旅游搞成了品牌，进入了新疆旅游的第一方阵，堪称奇迹。我看过他拟定的吐鲁番旅游发展规划，大胆，大气，大智慧，大手笔，让我佩服得很。葡萄节，杏花节，桑葚节，乌鲁木齐–吐鲁番旅游专列，长沙–吐鲁番旅游专列……一系列吐鲁番旅游主题活动闪亮推出，精彩纷呈。

我不得不说，书国是个策划高手，旅游奇才，他的几把刷子，掷地有声，落地生根。他抓导游队伍建设，连续举办培训班，并亲自授课，拉出了一支高素质的导游队伍；抓旅游产业，成立旅游公司，策划活动，市场运作，提高了吐鲁番旅游的服务质量和效益；抓旅游宣传，利用各种渠道各种媒体，海量宣传吐鲁番；抓条件保障，争取领导重视，筹措经费，加强硬件软件建设，优化旅游环境等，这些举措，使吐鲁番的旅游提质提速，并实现了可持续发展。

书国带我们几个援疆的同志参加过一次"红河谷主题游活动"，记忆颇深。红河谷原本是西藏日喀则的一个村庄，电影《红河谷》是在那里拍摄的。而吐鲁番的红河谷则是托克逊县内一条叫白杨河的大峡谷，因峡谷一侧为红色的山地，故形象地称之为红河谷。

那次活动规模大，来了好几百人，举行了越野车拉力赛，木卡姆节目表演，热闹得很，我还是第一次看到小型无人机空中拍摄。新疆维吾尔自治区旅游局的一位处长出席，盛赞活动很有特色，很有创意，很有影响。书国就有这样的本事，把一条普普通通的白杨河变成了神奇美丽的红河谷，把红河谷打造成了诱人的旅游景点。是的，在吐鲁番旅游发展史上有书国书写的精彩华章，应该记住他。

3. 教育情结：他想挖一条湖南通往吐鲁番的教育坎儿井

他跟我们除了聊吐鲁番的旅游，就是聊教育，聊湖南的教育，聊吐鲁番的教育。他对教育有深刻的理解和独到的见解，他更注重学生大脑的开发，让知识活起来，他想挖一条湖南通往吐鲁番的教育坎儿井，让吐鲁番共享湖南的优质教育资源。

他在吐鲁番地区教育局副局长的任上，抓双语教育培训，办楚廷教师成长学校，推广张楚廷教授的"五I"（信息、兴趣、质疑、智慧、直觉）课程理念，搞桃花仙子空间博客大赛，使吐鲁番的课改活了起来。他是张楚廷教授迷，一直梦想成为张教授的博士，邀请并陪同张教授到吐鲁番的中小学以及到新疆的高校设坛开讲，并把张教授的“五I”课程理念扩展为“非常5+1：I（爱）在吐鲁番——吐鲁番旅游的‘六I’理念”。他为张教授的诗集写的诗评没有来得及发表，现已成绝笔，我曾为此感慨唏嘘，泪眼婆娑。他的得意之作是，策划了“带本书到吐鲁番”活动，亲自联系湖南一师二附小与葡萄沟中心小学开展“春暖葡萄沟图书漂流活动”，使葡萄沟中心小学成为书香校园。他是怀揣教育梦想的人，对教育有很深的感情、很深的情结，他曾经跟我说，我的理想在教育，等吐鲁番的旅游搞好了，我再返回教育局……

4. 亲民实干：他赢得的口碑比吐鲁番的葡萄还甜

我有好几个朋友去吐鲁番旅游，回来谈旅游见闻，他们都不约而同地问我一个问题：你援过疆的，你熟悉陈书国吗？我说，熟啊，很好的兄弟，很好的朋友。他们告诉我，去吐鲁番的景点，听说是湖南来的，导游和当地的老百姓都会说，我们感谢陈书国局长，他是你们湖南人。

记得是一个星期天，书国说，我带你去青蛙巷看看，我当然高兴。青蛙巷在葡萄沟，十里长巷。这是书国为葡萄沟5A景区精心打造的特色巷子。

虽说路不长，但走完这条巷子我们用了一个上午的时间。进入青蛙巷你会有全新的感觉，很干净，很清新，小沟里流着清澈的水，路两旁是吐鲁番特色的古树，如杏树、榆树、白杨树、柳树，杏树上还挂满了红色的小雨伞，是杏花节挂上去的，像酒旗，像火苗，像彩云。当然有葡萄，葡萄沟到处是葡萄，少不了，我们见到一位白胡子的维吾尔族大叔，家里就有一棵据说是吐鲁番最大的葡萄树，无核白（葡萄的一个品种，以吐鲁番的葡萄最负盛名。无核白葡萄皮薄、肉嫩、多汁、味美、营养丰富，素有“珍珠”美称，其含糖高达20%~24%，超过美国加利福尼亚州的葡萄，居世界之冠），葡萄缀满枝头，密密匝匝，很是诱人，书国能叫出这位维吾尔大叔的名字，聊起来很亲热。

这条巷子简直就是吐鲁番特产聚集地，啥都有：有很大的一个馕坑，在吐鲁番应该是可以排得上号的；有许多晾房，似一道风景，如书国的诗中写的：

晾房的花格窗/逗留阳光的眸子（《葡萄熟了》）

阳光与晾房/孩子的目光/让我蹲在门口的石墩/葡萄影子在我的周围打着转转（《影子》）；有专门养斗鸡的，斗鸡是吐鲁番的一项很有影响的民族民间活动，一只夺冠的斗鸡价值上万呢；有开旅店的，相当于南方的农家乐，包吃包住，价格实惠，生意红火……

我由衷赞叹的是，走进每一户人家，大人小孩都认识书国，热情得很，书国也认识他们，就像自己家里人一样——做官能做到这个份上，就算做到境界了。

我们去过一家，家里有一位维吾尔族大婶，见到我们来很高兴，对书国是招呼不停，赶忙引我们到客厅坐，倒上奶茶，茶几上摆满了馓子、馕、葡萄，丰盛极了。她的小孙女也不生疏，围着书国转来转去，本来还不会用手机，也拿着手机对着我们拍照。碰巧在内地读高中的大孙女放暑假回来，书国对她十分关心，鼓励多多。这个女孩很阳光，说是党的民族政策好，要珍惜学习机会好好学习，将来回报祖国，建设新疆。

民汉之间需要沟通交流，民族融合需要从办实事好事做起，书国为青蛙巷的老百姓做了很多实事，包括葡萄沟的景区建设，葡萄沟中心小学的书香校园，不然，我们的维吾尔族群众怎么会对他那么好呢？是书国的亲民实干，朴实真诚，赢得了老百姓的口碑，这口碑比吐鲁番的葡萄还甜。

5. 拥抱自然：他对吐鲁番这片土地爱得深沉

我去吐鲁番短期援疆之前，曾经两次到过吐鲁番，沉醉于吐鲁番的美；短期援疆，虽说时间不长，但被子一铺，房门一关，实实在在住下来生活了，那跟原来的感觉大不一样，觉得自己成了吐鲁番人了，对吐鲁番就由欣赏她的美，变成倾注对她的爱了。

吐鲁番确实美，如果要在吐鲁番的名字前面加上修饰词，很多，神奇吐鲁番、大美吐鲁番、魅力吐鲁番、丝路明珠吐鲁番等，都当之无愧。书国在吐鲁番工作了6年，他爱吐鲁番的山山水水，一草一木，真正地把自己融入了吐鲁番，成为了地地道道的吐鲁番人。他走遍了吐鲁番的每一个地方，对吐鲁番的山川河流和文化元素如数家珍，这就是爱，他对吐鲁番爱得深沉。

记得也是一个星期天，书国带我和书同、阿莲去郊游，同游的还有旅游公司的张慧静总经理。那地方是一片沙枣林，树上缀满了一串串的沙枣，红的，青的，粉的，很漂亮。树上还缠绕着一团团细绒绒的花，当地人叫这种花为雪绒花。地上长满了各种野花，成片成片的，很是壮观。我们边散步边欣赏，聊人生、聊事业、聊湖南的故事、聊吐鲁番的故事……

到了中午吃饭的时候，在几株胡杨树下，我们找到一处空地，张经理指挥着把一张桌布几张报纸一铺，把碗筷一摆，把事先准备好的手抓羊肉、馕、花生米等美味佳肴一放，站着的，坐着的，大家围成一圈吃起来。啊，那一次郊游太高兴了，那一餐饭吃得太开心了。往事历历在目，难以忘怀！

6. 诗人大爱：他在吐鲁番艾丁湖畔写下了动人的诗篇

他爱生活，爱自然，爱所有的亲人和朋友，因为爱，所以有诗。他写了很多诗，都写得非常好，他留下的诗集《艾丁湖畔》一直是我的最爱。他的诗，很生活，很跳跃，很通感，很意境，很美感，很共鸣。读他的诗是一种享受，你会发现，一人一事，一草一木，一入他的法眼便不得了，诗就来了。

这江南的古莲子/入小草湖/今夜能为谁萌动——《过小草湖》

一群灰色麻雀/惊醒了/记忆中的左公柳——《左公柳》

梦中的艾丁湖啊/将雪山映照/披着头巾的吐鲁番姑娘/转身微笑——《艾丁湖》

古老的鄯善国里/我打了一会儿盹/太阳就从窗子里升高/一位公主刚好出逃——《鄯善》

每天，一个老人/拄着拐杖/方帽摇晃/木卡姆，木卡姆/喃喃着歌舞的回声——《再过鄯善》

祖先/遗下的一把银锄/在月光下闪亮——《坎儿井》

喀纳斯大神倒下/山巅上溢出乳汁/阿里的眼泪/蓝色的赛里木湖——《赛里木湖》

……

他有他的细腻，他有他的悟性，他有他的灵感，不少的诗作是他即兴吟诵出来的，实际上，他的诗都可以谱曲成歌，如《杏花开了》，词美韵足，朗朗上口，意境悠远，直抵人心。他还说过，下次你去葡萄沟、库木塔格沙漠，一定会听到我写的歌……文如其人，他是用真诚写意，用灵魂写诗，他既是山水诗人，也是边塞诗人，他把这种诗情化为了诗人大爱和家国情怀，血性男儿，有情有义，大道之行，大爱无边！

这样好的书国兄弟，却走了。他重亲情，思念亲人，也曾动过回湖南工作的念头，但谁也没有想到，他以这样的诀别方式永远留在了家乡……

天妒英才，恨老天无眼！他走的时候，我和书同去送他，心情之沉痛难以言表。我一直想写一点东西，诉说对他的思念——写了，不为别的，只为心安；不写，心，不安。

书国兄弟，你在哪里？我记得你一辈子！

附录二则

行走疆湖　问道天山
——湖南学子吐鲁番探秘五I之旅

题记："五I课程思想"是著名教育家、教育思想家、哲学家张楚廷先生（以下合适的地方简称张楚廷）提出的、具有中国气派和国际特色的教育思想，是中国人对世界课程理论做出的重大贡献。五I即信息（Information）、兴趣（Interest）、质疑（Inquiry）、智慧（Intelligence）、直觉（Intuition）首字母的概称。它是课程编制与教学实施的一种理念，亦可以是一种方法。

一个待产中的博士，为了给博士论文写作积累素材，萌生了考察张楚廷教育思想特别是"五I 课程理论"落地情况的想法。因此，背包远游了大半个中国，这是我生命中用时最多（达到17天）、距离最长（超过10000公里）的一次旅行。

2013年4月12日上午，在北京大学，教育学院文东茅院长对我说："可以从广度和深度去研究张楚廷思想，作为博士论文，也许更应该从深度研究，从深度考察其思想的来龙去脉，考察其思想对社会的影响。"一语惊醒梦中人，他的建议更坚定了我"西天取经"的设想。我听张楚廷先生说过，新疆吐鲁番在有组织地试点他的课程思想。在拜访了北京大学、北京师范大学、中国人民大学、首都师范大学、北京理工大学、北京市教育科学研究院等单位的专家、朋友后，结束北京的7天之行，乘坐36个小时火车来到湖南对口援疆的地方——吐鲁番。在此，我又待了7天（4月17~23日）。这里吸引我的除了将生命之花开放在城市内外、香遍大疆南北的葡萄外，更主要的是那些想方设法将葡萄演绎为城市符号、城市名片、城市文化、城市哲学的吐鲁番人，那些将援疆作为葡萄般让人甜蜜之事业的湖南援友（一个很有时代色彩的称谓，乃援助新疆的朋友之意）。

作为行吟者，我保留着每天写日记的习惯。八千里路云和月，三千功名尘与土。浪花淘尽英雄，是非成败转头空。一切都会是过去，留下些许文字，以记录我在攻博路上走过的这段路程。此时，读博似乎由一种单纯的文凭或学问追求演变为一种超越功利的生活姿态。透过文字，回头看看走过的路，几多心酸，几多欣慰。

4月17日　星期三　晴天

因为茫茫戈壁上起了风沙、能见度低等原因，火车晚点近3个小时。一整天在火车上度过，从甘肃境内到吐鲁番，一路戈壁，一路雪山，一路风沙，一路红尘，一路风景，一路纠结，一路感叹。

人称教育狂人、才子局长的吐鲁番地区教育局原副局长、现任吐鲁番地区旅游局局长陈书国先生是我此番新疆之行的主要依靠。陈局长因去乌鲁木齐搞旅游推广了，遂请他的援友欧德铭老师（长沙市21中派遣）、胡观湘老师（长沙市周南中学派遣）接待我。老师们在为我预定的酒店等了好久。见到亲人般的他们，我旅途的疲惫荡然无存。快晚上11点了，他们还把我请到湘菜馆为我接风，让我有宾至如归、如沐春风的感觉。杯酒释风尘，一见如故的我们在觥筹交错中谈论对人生的感悟、对第二故乡新疆的看法。欧老师说："张先生的五I思想能解决基础教育课改中的很多问题，是一个值得推广的思想。陈书国局长为此做了很多工作。只可惜，他现在做旅游局长去了，五I能否继续广泛推进还是一个谜。我们希望见到持续的行动。"我说："如果是好思想，如果能被推广，当然是件好事。但一个学者的教育思想如果没有行政资源的介入，也许可以由喜欢这一思想的老师们走润物细无声之路。强行推广意味着搞运动，能否持续取决于当政者的价值取向。"酒足饭饱，他们送我到高昌大酒店，看着出租车绝尘而去，看着他们选择散步回家慢慢远去的背影，我有些怅然和释然：人生若梦，聚散就这样发生着。茫茫人海，我们怎么就认识了呢？佛渡有缘人。

4月18日　星期四　雨过天晴

昨晚下了一场大雨，地面还有积水。胡观湘老师带我去吃早餐，路上，他说我是福星，吐鲁番很久没下雨了，我带来了喜雨，并且是大大的喜雨。吐鲁番其时已经30多度高温，他很高兴我“带去”的喜雨凉爽了这个城市。一顿很有伊斯兰特色的早餐开始让我从衣食住行学融入这个荒漠中的绿洲。

内地应该临近中午，而吐鲁番才是上第三节课的时间，欧德铭老师带我去吐鲁番市第五中学参加“吐鲁番地区2013年中学英语课堂教学观摩课大赛”。

这天是初中英语老师竞赛，我听了三堂课，感到老师们基本功还不错，印象最深的是他们课件运用得很娴熟。下午，作为特邀评委的欧老师在地区教育局领导的强烈要求下，他运用张楚廷的五I思想对竞赛做了点评：“竞赛课无疑也应该是面向学生与老师智慧提升的，课堂信息量都很大，课堂导入也能激发学生兴趣，但有些老师对学生的直觉与质疑重视不够。”欧老师举例，如老师在讲解《Why do you like pandas?》时对一些动物的描述与评价简单化，不喜欢tiger（老虎），因为凶猛，不喜欢koala（树袋熊），因为懒惰。欧老师认为，这种评价不利于全面深刻地认识事物、不利于培养学生多角度看问题的能力，因而也不能培养正确的态度和情感。欧老师还认为让得分少的学习小组唱《两只老虎》不妥。在英语课上，用中文唱歌，就有些不伦不类。再者，用唱歌作为惩罚有违赏识教育的基本精神。如果让得分多的唱一首英文歌曲也许效果会更好，因为得分多能得到了更多展示自我的机会，他们就更有劲头去合作、去拼搏。我感到欧老师深谙教育之道，怪不得是吐鲁番很受老师和领导喜欢的湖南援疆教师之一。

竞赛组织者——地区教育局王副局长隆重介绍了我，说我是教授、是博士，请我提些意见和建议。我惴惴、我忐忑，在稍微镇定后，说了如下一段话：“教授，我是副的——一个副教授，博士，我是生的——一位博士生。我很高兴能参加这样的盛会。贵区教育局原副局长陈书国先生对我说过：吐鲁番的课改是有理论根据的，是有实际动作和显著成效的。今天有幸见证了他的话。吐鲁番地区在推广张楚廷先生的五I思想，这是一种缘分，更是一种眼光。五I既是价值观，也是方法论。既可以用来备课，又可以用来上课，还可以用来评课。五I与基础教育改革中主张的‘自主、合作、探究’六字方针相得益彰、异曲同工。五I能从形而上、形而中、形而下等层面很好地解答了如下问题：为什么要落实六字方针——智慧至上，如何落实六字方针——提供信息，激发兴趣，重视直觉，提倡质疑。从评课的角度看，我觉得欧老师运用五I做的点评是非常恰当的。

我希望老师们爱护学生的直觉，保护学生的质疑精神，要留时间和机会让他们的思想活跃起来。张先生提出：自由 + 思想 = 创造。也就是说创造的前提是在自由的基础上进行思想。所以五I中的质疑、直觉很重要。如果尊重学生的直觉和质疑，老师就不会在判断‘砰砰’的声音是什么发出来的时候，将答案公布为打球，‘砰砰’可以是心跳，可以是砍树，可以是啄木鸟为树看病……直觉和质疑使答案具有生本性、多元化、个性化，而非师本性、单一化、模式化。

一位老师在上《Would you mind turning down the music? 》时，以不同方式告诉学生如何向别人提出要求，这有利于学生较好掌握句型。但对为什么要这样做，缺乏价值引导。最后展示了一张含文字的图片：Being polite makes the life easier and happier! 这是个很好的结论，但太唐突，没有一个逻辑推理的过程。老师也许可以运用一些不讲文明礼貌导致不良后果的视频做补充，使这个结论水到渠成。记住一个句型是技术活，而为什么要运用这样的句型却是心灵之花——涉及情感、态度、价值观。

搞教学竞赛，往往使一些会上课的老师也不会上课了。张楚廷不主张搞教学竞赛，认为竞赛容易扼杀天性。他主张在正常教学中搞簇拥——簇拥者（普通意义上的评委）进入日常课堂听课，不打招呼，不兴师动众。这样，形式主义的东西少了，更能看出、更能提升老师的水平。教育是良心事业，是充满love（爱）的事业，好效果不是比出来的，而是老师们精心干出来的。我曾在张先生的启发下，提出用passion and feelings（激情和感情）打造wise and happy（智慧和快乐）课堂，效果不错。作为教育主管部门，如何看待和把握教学竞赛的形式和效果是个值得认真思考的问题。当然这是本次比赛的题外话。

比赛中，一些老师语无伦次，一些老师丢三落四，一些老师留下了五分钟甚至更多的时间不知干什么，这就是竞赛惹的祸：肢解课堂的完满性和生动性，使课堂程序化、生硬化、碎片化。老师们其实可以质疑自己：我为什么会思维短路？翻到课件最后一页、完成所谓计划就万事大吉了吗？我还可以多讲点什么吗？我能让学生做课堂的主人吗？在平时的上课中，我们要有计划，但更要讲究生成。少些计划性，多些生成性，让计划性奠基生成性，让生成性超越计划性。还有，学生被老师不断翻动的课件所牵制，没有单词拼写机会、没有句段朗读机会，这恐怕是违背了语言学习规律的，语感的形成还是要靠多读多写。”

我这一番班门弄斧的言论居然博得了老师们、领导们的共鸣。做点评嘉宾，这是我到吐鲁番的惶恐演出与意外收获。走出会议室快21点了，可太阳还强有力地照耀着祖国的西北大地。望着此时圆圆的长河落日，我感觉到了祖国地域的辽阔，也想起了远在湖南老家的父母、妻子、孩子，那儿早已天黑，他们是否进入梦乡？

在晚饭时，终于见到了从乌鲁木齐风尘仆仆归来的陈局长，他快人快语，话语中充满了远大的理想和浪漫的情怀。他告诉我，在湖南教育网的朱张渡口论坛上有他以‘荆林’为笔名写作、收集的文章，仔细查找的话，在吐鲁番地区推广张先生五I思想的文章都可以找出来的。他希望我能做个梳理，用心的话，是可以出一本书的，书名可叫做《五I思想在吐鲁番的研究与实践》。陈局长尽管做旅游局长去了，但时时不忘他的教育梦。他将旅游与教育联姻，策划了“祈福艾丁湖”“取水坎儿井”“带本书到吐鲁番”等与教育相关的旅游活动。他做的是一个广义的文化梦——国家富强、人民幸福、民族和谐的中国梦的一部分。

陈局长是在吐鲁番地区推广五I课程思想的"始作俑者"，他听课、评课，请专家介绍新理念，搞活了吐鲁番的课改。做旅游局长后，他将五I发展为六I，他自己补充的那个I是：right，亦即顾客利益至上。他说，目前吐鲁番推出一个政策，如果游客在景区发生消费纠纷，500元以下的由旅游局先行赔付。这个举措是给政府加压、是给旅游公司加压、是给旅游景点加压，净化了旅游市场，赢得了广泛赞誉。陈局长目前正在探索《非常5＋1：I（爱）在吐鲁番——吐鲁番6I旅游理论与实践》的大文章。

酒醒何处？回到宾馆，尽管夜已经很深，但我睡意全无。我迫不及待地上网查找陈局长在朱张渡口记载的五I。陈局长在该渡口之"我爱原创"上发表或转载1100多篇文章，其中很多是富有哲理的诗歌，他用键盘记录着他的"诗意援疆"生活。《地区教育局举办第五期名师讲坛活动——著名教育家张楚廷来疆讲学》《吐鲁番地区教育局召开张楚廷"五I"课程和"桃花仙子空间课堂"研讨会》《信息兴趣质疑智慧直觉——托克逊二中援疆老师袁万源探索英语"五I"教学法》，吐鲁番二中罗红老师的《欸乃一声山水绿——张楚廷"五I"课程和"桃花仙子空间课堂"研讨会心得体会》，谢德文老师的《"五I"构想课程观下的教学观学习观——记托克逊二中席宝平的〈用坐标表示平移〉》、《张楚廷"五I"课程观研讨会情况纪实》，获自治区征文二等奖的吐鲁番市二中李茹老师的《学习张楚廷教授"五I"课程理论的几点理解和体会》《打通湖南到吐鲁番的教育坎儿井——湖南新一轮对口援助吐鲁番教育取得成效》等文章先后映入眼帘。网站上还有吐鲁番地区教育局以内部明电形式发的文件《关于开展地区"张楚廷教授五I课程理论"学习实践论文征集活动的通知》，这对五I的传播和当地教改起到了推波助澜的作用。

转移到百度等查询，《袁万源2011年援疆工作收获》《立足西部讲坛创先争优——长沙市第21中学热烈欢迎援疆教师载誉而归》等文章赫然在目，报道中提及周奇勋老师的《五I课程观指导下的中学英语校本课程开发——谈我的英语社团活动的成功策划与组织》获吐鲁番地区教育局论文一等奖。

用鼠标翻看这些文章，我夜不能寐。湖南与新疆直线距离3800公里，湖南的教育思想能在新疆生根发芽，开花结果，不能不说是种缘分、是个奇迹。这要感谢慧眼识珠的陈局长以及湖南省教育厅的刘阳科博士，更要感谢当时76岁高龄还不远万里到新疆讲学的张楚廷先生。湖南援疆，援的不只是金钱、项目，更有精神和智慧。

4月19日　星期五　晴天

上午我向陈局长、吐鲁番地区实验学校的张万敏副校长（长沙市一中派遣）等索要已经完成援疆任务回到湖南的周奇勋老师（长沙市二十一中派遣）、谢德文老师（郴州市十五中派遣）、袁万源老师（郴州市派遣）等的联系方式。很幸运的是，一个上午，我基本上联系上了这些老师。他们与我像老熟人，一个名字——“张楚廷”，就拉近了彼此间的距离，他们为我力所能及提供了很多相关资料，陆续得到了《湖湘水润之爱在太阳故乡幸福传递——记吐鲁番地区实验中学援疆教师周琦勋》、张早春老师运用五I理论做的《English around the World 说课稿》等文章，让人感动不已、感激不已！

中午，地区旅游局招待暑期深港澳学生500人内地考察旅游先遣队人员，陈局长邀我去吃中饭。席上，有港中旅高层领导、广东省及香港等地教育部门领导，可谓高朋满座。陈局长说：“很感谢大家选择吐鲁番作为内地游的目的地之一，很感谢组织这么多学生来认识祖国、来体验生活。教育丰富了旅游，旅游滋润了教育，两者都是生活的一部分。有了牵线搭桥的各位贵人，就使教育与旅游比翼齐飞了，或者说就将教育与旅游合二为一融为一体了……”

陈局长要我也说点什么，我不好推脱，只好从命，我说：“陈局长曾是教育局副局长，现在是旅游局局长，他是最牵挂旅游的教育局副局长，也是最牵挂教育的旅游局长。你们组织学生来吐鲁番既圆了他的教育梦、又圆了他的旅游梦，整合起来就是圆了他全心全意为人民服务的精神梦、文化梦，功劳是巨大的。你们是文化传播使者，是繁荣新疆的生力军，我作为陈局长的湖南老乡借这杯酒敬大家，非常感谢你们的到来！"

陈局长送走客人后，到我所在的宾馆午休。他兴致勃勃谈了他的个人经历和梦想，他说他休息的时间很少，一天到晚就在思考怎样将曾经的教育、现在的旅游做好。他说吐鲁番经济社会的发展必须走内联外引之路，下午还要张罗明天"西安—敦煌—吐鲁番"航线开通事宜，以后还要设法开通"长沙到吐鲁番"的直飞航线，还有很多工作要做。他调好手机上的闹钟后说要睡一会。不久，疲惫的他睡着了，呼吸很匀称。一个张楚廷迷，一个教育迷，一个旅游迷，一头湖南骡子，此时在享受着周公梦蝶的美好滋味。但愿他能在这方土地上大显身手，成全自己，也成全吐鲁番。

闹钟喊醒了陈局长。他提议我搞两天自助游，以便熟悉吐鲁番，了解西域风情。他要带我到旅游局的旅游营销公司开些接待单，说这样就不要买门票了。我说不能为难他，也不能为难政府，我自己出钱。他说："交通你自己解决，门票钱我们掏了，权当请你为我们搞次旅游调研。"盛情难却，我随他去了青年路葡萄架边的办公室。

下午，我持接待单去了苏公塔。参观了清真寺、塔、坟墓。别样的建筑，异常的感受。每个民族都在创造自己灿烂的文化，维吾尔族人们的多才多艺震撼了我。他们建造高大而美观的塔，使思想通天达地；他们在清真寺内顶礼膜拜，期待能降临幸福；他们安葬亲人不用棺材，用布简单包裹后下葬，真正实现了资源节约和环境友好，真正落实了"我本洁来还洁去"；坟墓的形制五花八门，坟丘上也不写一个字，真正体现了简洁与个性。

在等车时，一位叫艾尔肯的维吾尔族老人用电动车送我到坎儿井。他坚决不收钱。这是我收获到的维吾尔族人对我的最高礼遇。他说湖南人在支持他们，他们也应该帮助来新疆的湖南人。

终于零距离见到了曾在课本中谋面过的坎儿井、走进了坎儿井。这是杰作，不可思议的杰作。穿越景区，穿越坎儿井，往事如烟，感慨万千。为了生活，人类想出了很多办法，在满足自我需要中实现对自我的超越。多么艰巨而充满智慧的工程啊，它与万里长城、京杭大运河一道被列为中国的三大奇迹，是名至实归的。据说，新疆有好几百条坎儿井已经断流或正在断流。耳边，似乎钻探石油的磕头机的轰鸣声越来越清晰，而坎儿井的潺潺流水声却越来越微弱。水是生命之源，石油亦是经济命脉。人们，到底要什么？坎儿井的命运谁来掌握？

晚上，应欧德铭老师之邀到设在绿园小区的“湖南省新一轮对口援疆前方指挥部”机关食堂吃晚饭。很多援友围着大圆桌子吃着自助餐，谈论着偶尔蹦出的话题，其乐融融。有的援友为了搞好工作，把孩子转来吐鲁番上幼儿园、上小学了。那位与我儿子一般大小、正在读小学四年级的孩子是新邵的，难忘他与我打乒乓球、难忘他们对异乡生活的热爱。乒乓球也是我儿子的最爱啊，此时他却远在湖南，我真还想他了。离开儿子还只有11天，就想得很厉害。不知长期驻扎这里、要一年半载才能回湖南的援友们是怎么解决相思苦的。饭后，我带着食堂师傅送我的《援疆》与《西部》杂志，与吐鲁番地区实验中学陈新春校长（长沙航天学校派遣）、欧德铭老师、胡观湘老师等散步葡萄街。近2公里长的葡萄街灯光与月光交相辉映。葡萄藤往架子上爬，似乎传出了拔节的声响；葡萄枝蔓儿在微风中轻轻摇晃，似乎在欢迎我们这些远道而来的朋友。

4月20日　星期六　晴天

租辆出租车继续昨天的旅游。回族的司机小伙能用很标准的普通话与我交流，并且能做全面的介绍，成了我的导游。第一站到达交河故城。土墙、土城、沟壑、颓垣断壁，这是无言的诉说。往事越千年，满目苍凉，满心疼痛。我徘徊城中，找不到历史的入口与出口。人类，车师国，到底发生了什么？纷争？战乱？还是大自然的震怒？将一座城变为废墟，除了自然力就只能是人力了。地心和人心一样不可捉摸。

第二站到吐鲁番沙漠植物园。各种奇形怪状的植物生长在近2000亩的宽阔土地上。自然之奇，就在于地形地貌与物种的多样化。在植物园一寓，我看到了"生千年不死，死千年不倒，倒千年不朽"的沙漠王子——胡杨及其遗骨。在此，我上了一堂科普课，明白了什么是随遇而安，什么是适者生存。我们何尝又不是沙漠植物呢?

第三站是艾丁湖。那是世界内陆最低点。这是5万平方公里罗布泊的一部分，湖，已经死去，只见到了一个很小的池塘。满目是盐碱地，偶尔有飞鸟叫着掠过，荒凉的壮美。天蓝蓝，地茫茫，天地在远方似乎相接为一体，不知边在哪儿，不知身处何方。一排排坎儿井的土堆伸向远方，让我感觉我还在人间。沧海桑田，曾几何时，这里是什么模样？今后又会是什么模样？站在刻有"世界内陆最低点　精彩人生新起步"的巨大地球仪面前，站在骆驼造型的巨大风化石面前，我茫然，不知这个叫湖的地方往何处发展，不知我这朵云（我名字中含"云"）将飘向哪里。

第四站是火焰山。因为陈局长要求我赶回去见自治区教育厅有关领导而没有时间进入景区。匆匆忙忙在在外面拍了几张照片。吐鲁番，具有巨大的反差美。火焰山，寸草不生，火焰山下的戈壁里，却油井林立，而在吐鲁番市区与火焰山之间的葡萄沟却草长莺飞，葡萄藤长得铺天盖地，一派生机勃勃的景象。

在饭店里，见到了新疆维吾尔自治区教育厅基础教育处的刘博士和搞旅游策划的周总。刘博士是选调生，老家也在湖南，他是陈局长教育改革的坚定支持者，是张楚廷教育思想的推崇者。我们聊了一会儿做博士论文和从事教育的酸甜苦辣以及读张先生著作的感受。周总策划过中日塔克拉玛干沙漠步行之旅，历时两个月。冲动、好奇是人类发展的正能量，也是破坏自然的负能量。能在席间说出"艾丁湖，今日世界内陆最低点，明日，也许地球最低点”这样让人心惊肉跳话语的陈书国局长今天会见策划专家，估计又有什么大动作了。他一直在为吐鲁番的教育、旅游而操心着、忙碌着。我期待我们的政府官员是学者型的，做事有理论深度；我期待旅游策划者是环保型的，能为子孙留后路。

下午，胡老师、欧老师电话约我去葡萄沟参加湖南援疆团的“三学三会（民族语言、民族歌曲、民族舞蹈）三融入（主动融入当地环境，融入当地生活，融入当地工作）”活动。我第一次在维吾尔族老师的指导下学说“雅克西”“伙西”“牙合西莫色孜”；第一次唱《掀起你的盖头来》等当地民歌；第一次跳摆手扭腰、韵味十足的新疆舞。这样的活动，既丰富了援友们的生活，又拉近了民族同胞之间的距离，益处多多。我真幸运，能与祁怀好、邹叔聘等四十几位奋战在吐鲁番各行业的湖南援友在这个周恩来总理曾经来过的农家乐（那时叫家访联系点）学习维吾尔族语言、散步于葡萄园、眺望天山雪景、吃手抓羊肉。没想到会在吐鲁番能见到这么多湖南人，更没想到会以盘腿的形式与几十人围坐在一起过维吾尔族生活。葡萄架上空明月高悬，天涯共此时，那也是照耀了家乡的明月。行走了一天，见闻了一天，我在历史和现实的不断转换中做着不知天上宫阙今夕是何年、恍惚变天仙的梦。“我寄愁心与明月，随君直到夜郎西”“举头望明月，低头思故乡”，但愿月夜下的父母和所有为生活而劳累的人们都能甜蜜入睡，睡得酣畅淋漓。

4月21日　星期日　晴天

中央电视台在持续播放新闻，重要话题是四川雅安地震。又是四川，5年前的汶川地震还历历在目啊。人类总是那么脆弱，经不起大自然的摧枯拉朽。已经死亡160人，受伤6000多人。但愿伤亡人数少一点，人间快乐多一点。

跟随援疆的地区教育局祁怀好副局长（湖南省教育厅派遣）、张万敏副校长、欧老师等去托克逊县人民医院看望一位受伤住院的援疆老师。10：30准时出发。戈壁、绿洲、树林、骆驼刺从眼前飘过，40多公里，移步换景、心随景变。来自郴州的黎天桥老师是托克逊二中的，51岁的大哥大，30多位援疆老师中唯一做班主任的。4月30日与学生植树，踩上机井盖，被反弹过来的井盖打翻在地。当时到医院照了片，没看出什么大问题。以为伤势不重，所以没在意。过了几天，黎老师又与学生去植树，他帮助挖坑、提水，感觉浑身疼痛。他请教援疆的医生，在医生的提议下，他去照了CT。结果让人吃惊，断了三根肋骨。此时才被迫住院。我这位家门老师住院期间还放不下学生，我们去看望他时，他正坐在轮椅上阅期中考试卷子。

问及伤了哪里时，他捋开上衣，露出了一圈圈包着石膏的白色绷带，他的腰部被五花大绑，还不能下地走路，睡觉也不方便。当问及是否告诉了家人时，他说小事一桩，不足挂齿。已经有很多援疆领导和当地领导来看望他了，觉得很不好意思。为免家人牵挂，所以没有告诉他们。黎老师，完全可以选择在郴州过安逸的生活，却选择了奉献边疆。天塌下来，他自己扛着。可歌可泣！由黎老师，我想到了成千上万为建设新疆，或修路、或找矿、或保卫边疆、或维护治安而受伤甚至献出生命的人们。我不会轻易说他们伟大，但也绝对不会说他们渺小，他们都是有血有肉、有情有义的弄潮儿。祝愿黎天桥老师早日康复！

告别黎天桥老师后，我随应邀参加吐鲁番地区实验中学野炊活动的祁局长等到了交河故城。这是我第二次来到此地，从另一个角度看见了它，别有一番滋味。实验学校有好几位湖南老师，几十位汉族、维吾尔族、回族的领导、老师在交河故城边的丽日下、胡杨树下、葡萄架下搞烧烤，做美食。来自湖南的陈新春校长赤脚在小溪里捡石头、找螃蟹，一副农夫架子、一个顽童模样。开餐后，大家上"床"，盘腿而坐喝啤酒、大块吃羊肉，频频举杯，彼此互敬互爱，亲手营造着这个民族大家庭暖意融融的氛围。我是他们中的一员，我们都是天地之子，都是凡夫俗子，也都是传道授业的"圣人”，都是民族团结政策的忠实执行者和维护者，他们中的很多老师还是五I理论的忠实践行者。处在这么一个多民族组成的、文化素质较高的、能知晓“独乐乐不如众乐乐”之理、会制造快乐的团队中，我很感动，亦很享受。

4月22日　星期一　晴天

上午，我去参观了吐鲁番博物馆。9点钟到的，却等到10：30才开门。馆内的干尸、各种文字记录的文献、各民族使用的器物、历经千年而不朽的种子、巨大的恐龙骨架及犀牛化石等让我震撼和赞叹。作为丝绸之路上的重要节点，吐鲁番历史悠久、文化灿烂，来往吐鲁番的人留下了这么多遗迹，真了不起！人类真了不起！人类文明就在这种生生死死、跌宕起伏中演绎着。不知我们这一代又能为子孙留下什么?

陈局长曾对我说：“你是博士，应该为吐鲁番写点什么，比如葡萄啊，坎儿井啊，你的文字就是吐鲁番的精神财富。”下午，我哪儿也没去，试着用五I思想完成陈局长交给的写作任务。赶鸭子上架啊，折腾一番后，写出来的是一首白开水一样的诗，名曰《吐鲁番·葡萄·人》，全文如下：

缘把我度到了这个叫吐鲁番的地方
这里有葡萄沟有葡萄街
城里城外处处见葡萄
葡萄在城中城在葡萄中
葡萄就是吐鲁番
吐鲁番就是葡萄

青年路上微醺的羊粪味让我迷失
这是庄稼地还是现代化城市
抑或是农庄式城市
抑或是城市式农庄

我很享受这种迷失
因为生命与生命是如此之近

葡萄街成了市民和游客的休闲地
政府机关居民小区几乎与葡萄零距离
吐鲁番的各个角落都有葡萄妖娆的身影
吐鲁番因为葡萄而变得生机勃勃
我羡慕嫉妒葡萄能生活在吐鲁番
我羡慕嫉妒吐鲁番人能常年与葡萄做伴

吐鲁番的葡萄藤长成了问号
问苍茫大地：我们的路在何方
葡萄藤长成了感叹号
感叹自己：我们的地位至高无上
葡萄藤长成了省略号
引发人们无限的遐想和叹息

鸟儿在葡萄藤上歌唱
人们在葡萄架下弹琴
一座城因为葡萄的光彩而熠熠生辉
一架葡萄因为一座城而尽显荣耀
是葡萄成全了吐鲁番人
是吐鲁番人成全了葡萄

葡萄是眼睛
她是勤劳智慧的吐鲁番人看世界的一种方式
葡萄是语言
她酿成美酒后与夜光杯一起诉说着人间的悲欢离合

葡萄是经济
她充实了一座城的钱包
葡萄是文化
她作为符号丰富了一座城的记忆
葡萄是艺术
她是绿洲中的精灵浪漫了热情的沙漠
葡萄是哲学
她写满了吐鲁番人的深思与智慧

在充满魅力的
吐鲁番
葡萄丰富了
中华民族天人合一的基因

作为潇湘文化使者和吐鲁番代言人，吐鲁番地区旅游局长陈书国先生将教育家张楚廷先生用于课程建设与教学实施的五I思想创造性的变为吐鲁番旅游发展的六I思想：保护游客利益（Benefit）、传播景区信息（Information）、激发游客兴趣（Interest）、欢迎游客质疑（Inquiry）、重视游客直觉（Instuition）、培养游客智慧（Intelligence）。并将游客利益置于首要的地位，出台了“500元以下的纠纷由旅游局先行支付”的政策。这举措无疑能温暖很多人的心。

有理由相信，吐鲁番人会在全国人民援疆十年战略规划的平台上将葡萄这个甜蜜的事业做大做强。做大做强的不只是葡萄的种植面积、产量和质量，更重要的是将葡萄作为一个意象、作为一种隐喻、作为一个象征，所具有的人生观、世界观、价值观，加以提炼、浓缩、凝练与广泛推广。如果每个城市都有吐鲁番的生态观，这个世界就不会那么拥挤与喧闹、仇恨与无奈。我真心期待：这个世界随处可见的是可爱而爽口的葡萄，而不是致命的硝烟与战争。

写完这首诗后，配上照片发到了我的博客上。在网上闲逛时，看到了陈局长的葡萄组诗，那是真叫诗的诗。现摘录第二十五节于此。

不能用碰撞
也不能用拳头
用嘴和舌
可以收获生活的甜蜜

我们从土地里得到的
也许正是时间失去的
我们习以为常的
也许正是必须克服的

速度曾经搁置多少繁华
数量也在挤压着质量
为了养活或是满足
一场多大的铺张

可否允许我的轻声吟唱
可否让我倒骑在毛驴上
我要走进古老的时空
我要倾听历史的回响

阳光与晾房
孩子的目光
让我蹲在门口的石礅
葡萄影子在我的周围打着转

（葡萄组诗之二十五·影子）

晚上10点多，陈局长从办公室打来电话说：“你发在博客上的葡萄诗，将我想到过而没能写出的思想表达出来了，很不错。过一下来你房间聊天睡觉。”我说：“欢迎来传经送宝！我的葡萄诗对不住葡萄，与您的组诗相比，我的诗黯然失色啊！”此时，传说中的“文人相轻”变成了“文人相亲”。

陈局长如约来到了宾馆。他说：“我这几天很忙，没能多陪你。今晚来这，一来赔礼道歉，二来听取高见。几天来，凭你的感觉，请你用五I或我的六I分析一下我们旅游管理中存在的问题。”我说：“您比我更清楚。我的意见不是什么高见。既然您那么诚恳，我就信口说说。您说，吐鲁番留不住客人，我看主要问题不是因为吐鲁番离乌鲁木齐太近，客人看完吐鲁番就悄悄的走了。要用五I分析问题的话，重点是要Inquiry，要质疑我们为游客提供了什么。旅游的六要素‘吃住行游购娱’充分具备了吗？我不讲大道理，我只说我这几天的遭遇。在坎儿井，有商家为卖东西一唱一和，用长沙话讲，他们明显是在带笼子、是撮把子，我差点被他们忽悠了，好在据理力争，还算清晰的思维保护了口袋中的票子。景区的问题很多，其中之一就是不诚信经营，良心往往让渡于短期利益，不利于发展回头客。在苏公塔，散客没有交通车转移至别的景点。在市内，一些宾馆前台服务员搞不清哪里可以买火车票飞机票，没有地方代办火车票。在市内，据说只有两家正规的旅行社，其中阳光旅行社可以代买机票，这样说，生意全交给外地旅行社了。葡萄一条街上遛狗的很多，狗们拉屎尿无人管。葡萄架下休闲椅子烂了无人修，椅子下垃圾没有及时清理。去了3个厕所都收费。一些绿化带草木茂盛，一些却被挖得坑坑洼洼，黄土裸露，井盖打开几天了无人盖回去。我住的这宾馆号称三星级别，今天却没有来搞卫生。一些市民搞不清吐鲁番地区、吐鲁番市谁管谁。除了一个地方在粗放的卖着葡萄干等特产外，没有什么衍生产品可买。夜市欠缺，娱乐休闲等夜生活不发达。据说旺季时床位紧张，接待能力非常有限。博物馆，一个很有含金量的景点，可以留住人看大半天，但10点才开门迎客，一些游客等得黄花菜也凉了，性急的赶时间的人就溜之大吉了。你们挂在墙壁上的去年的总结说整个地区只有一个快退休的高级导游，导游力量严重不足。这些问题只是冰山之一角。旅游不是旅游局一家的问题，有些问题或者说大多数问题不是旅游局或您这个旅游局长能解决的。有些问不需太多投入就能改善，如提升市民素质；有些却是要花巨资才能解决的，如提升接待能力，如仿丽江的《丽江印象》、桂林的《刘三姐印象》、武夷山的《大红袍》、开封的《清明上河园》等，要打造吐鲁番的《葡萄·美酒》或《西天取经》之类实景演出，可是要人才和金钱做支撑的。"

陈局长听了我的长篇大论后说："你算得上是旅游专家，还真看出很多问题来了。"我说："过奖了！据我猜测，您目前可能掉进钱眼里了，纠结的是钱，如搞策划、搞宣传等各种建设需要钱，但政府不一定有太多预算支持；反而，政府可能指望您迅速提升当地的旅游知名度、为当地创造更多的经济价值。"他苦笑着说："英雄所见略同。当然，今年地区非常重视条件的改善，刚开过会议了，决定投资拓宽景区道路、净化环境卫生等。"我说："成也旅游，败也旅游。如果往深处想，您必须为旅游市场快速发展可能造成的恶果而承担历史责任。我仿佛听到了大手笔策划后来到吐鲁番的滚滚人流浩浩荡荡的脚步声，也依稀听到了坎儿井更加微弱的流水声。旅游是把双刃剑啊。算我杞人忧天了！弱水三千，只取一瓢饮。不知局长现在想饮什么？饮鸩止渴还是清水泡茶慢慢来？我们的肉身很轻，您打算承担什么样的使命？去年为了淡季不淡，您出台了很多办法，使吐鲁番旅游市场风生水起。现在是否有英雄气短的感觉？如果有，成因是什么？解决办法何在？干成事，干成好事，真难啊！"

陈局长眨巴眨巴眼睛，似乎也是向我挤了挤眼睛，他说："算你厉害！说到我的痛处了。"我们对望着，陷入了长久的沉默。最后还是陈局长开了金口："我几个月前正在五I理论下琢磨地区教育中如何落实小组学习法呢，却误入藕池深处通过考试选拔到旅游局了。我的小组教学法基于需求论与沟通论。在我心中，学生没有好生差生，只有爱好不同和潜力开发程度不同的学生。我的小组学习法是从学生主体出发，关注学生兴趣，关心学生的德智体美劳、吃喝玩乐学、听说读写算、眼耳鼻舌声意、色声香味触法。可惜没机会实验下去了。我觉得搞旅游与搞教育有共通性，但搞旅游更有挑战性，我的理想在教育。教育啊，我还会回来的！”

我半开玩笑半认真地说：“搞一阵旅游再回到教育，您就拥有了更多的教育资源。就像您现在搞旅游也利用了原来的教育系统的资源一样。当然，搞教育可能容易一些的一个更直接的原因是：教育是政府拿钱给您去花，而旅游是要您为百姓、为政府赚钱。花钱，特别是花别人不要还的钱，应该比苦苦挣扎着赚钱的感觉更爽啊！”

陈局长说：“毕竟是博士，与君一席谈，胜读十年书。我们都是风景，彼此观望、彼此欣赏、彼此丰富的感觉真好啊！谢谢你不远万里到此一游，如当年的玄奘、张楚廷先生一样，你也是来这里的重要的讲经布道者之一。”

我说：“谢谢抬举！折杀我也！岂敢与这些大家同列？我们的相会是张先生的教育思想成全的。如要我们对这片土地都爱得深沉而持久，就让今后我们多多琢磨与实践张先生的五I及其更多的教育思想吧！”

洗洗后，他说太困了，要睡了。我说：“您先睡吧，明早喊您看日出。”不久，他鼾声如歌。而我却打开电脑，在他的“伴奏下”开始在键盘上“舞蹈”。写完日记是23号凌晨2：15。

4月23日　星期二　晴天

此时快晚上12点。地点是敦煌飞天宾馆。

21:30下飞机，10:00左右到敦煌城。从夜景看，敦煌的旅游市场似乎比吐鲁番成熟很多。在接机师傅的介绍下，我去了沙洲夜市，那里人流如织。给陈局长发了条短信：“敦煌旅游市场火得让吐鲁番吐血。衍生产品五花八门，吃喝玩乐样样齐全！您应该用五I或您的六I来考察一下。加油！祝愿！”他回信说：“敦煌是国际性旅游目的地，是很成熟。过几天确实要来考察一下！祝归途顺利！"

尽管吐鲁番要比长沙慢两个多小时天亮，但生物钟让我习惯性的在6点多醒来。今天早晨，为了看日出，我轻手轻脚先到楼顶考察了一下。室内很暖和，甚至热得要开空调。室外却寒风刺骨。此时我才明白什么是"早穿棉袄午穿纱，围着火炉吃西瓜"。街道上灯光不知疲惫地亮着，远处的天空黑魆魆的。太阳与大多数吐鲁番人一样还在睡梦中。我穿得单薄，只好回房间加衣服。不料把陈局长惊醒了。

我们一道钻到了楼顶上，环顾四周之后，他说："我还是第一次居高临下在夜幕与朝霞交替的时候看吐鲁番市。多美啊！横看成岭侧成峰，远近高低各不同！"我说："站在这里，可以用五I来思考，如何让游客留下来。会当凌绝顶，一览众山小。以往是登山看日出，现在可反其道而行之，在中国最低的盆地看日出或日落。如果登上对面的吐哈石油大厦或别的高楼顶部，通过望远镜，可以看到吐鲁番的奇异美、反差美，绿色的城市、红色的火焰山、雪白的天山、长河落日，尽收眼底。那是什么心情啊？这种做法所传递的是让人妙趣横生的、激发游客对大自然热爱之情的，也是增长游客智慧的有用信息。"局长说："好主意！你的鬼点子比我还多啊！"

在等待日出的过程中，我们在寒风中站而论道。陈局长继续阐述他的五I 体会。他说："我觉得，五I不仅可以用于学校教育，而且可以用于家庭教育，我用五I指导孩子学习，他竟然喜欢上了音乐，爱上了《三国演义》等小说。张校长说五I是开放的，可以发展的，所以我在旅游中加了一个I，变成了六I，感到对工作也很有帮助。"

我说："任何理论都可以根据自己的能力和需要去创造、去发展的。营销史上，曾有4P理论，即产品（Product）、价格（Price）、促销（Promotion）、渠道（Place）四要素。后来又增加了8P，即人（People）、包装（Packaging）、公共关系（Publications）、政治（Politics）、研究（Probing）、划分（Partitioning）、优先（Prioritizing）、定位

（Positioning），最终营销组合演变成了12P。营销中还有4C理论，即消费者（Customer）、成本（Cost）、便利（Convenience）和沟通（Communication）。营销中还有3R理论，即关系（Relationship）、反应（Reaction）、关联（Relevancy）和报酬（Rewards）。长虹电视公司还创造了3C理论，即为消费者创造聪明（Clever）、舒适（Comfort）、酷（Cool）的生活体验。”

陈局长说：“你怎么记得那么多理论啊？”

我说：“这些东西也是智慧的结晶，很有意思。加之，我是管理学原理、公共关系学、市场营销学的老师，拾人牙慧动动嘴巴也就顺理成章了。”

陈局长说：“要是你去发展张校长的五I，怎么发展？”

我说：“张校长的五I已经具有很强的概括力了。如果硬要画蛇添足，可以形而下做些工作，添这么几个I……”随即我下楼拿来纸和笔，借着晨曦微光和路灯光，先写上五I，然后在各单词下开始东拉西扯搞拓展。

陈局长拿着我的草稿兴奋地说：“你补充得不错。这样拓展下来就变成16个I了。画出来就像一颗根深叶茂的大树了，或者说就是一个顶天立地大写的人了。这样内容是丰富了，但也把事情搞复杂了。”

我说：“爱（I）在真理，爱（I）无止境。内容丰富是思考力强的表现呢。这种图示法，只是我的一种表达，肯定可以见仁见智。在此图上，对应着打上逆向的箭头也是可以的，甚至是必要的。张先生不太主张图解思想，他认为文字更可能激发人多元的思想。张先生思想的博大精深就在于其开放性。”

他说：“我被你搞晕了，有待慢慢消化……”

我说：“所有中英文和一切语言文字都是人类的共同财富，只要有兴趣和能力，每个人都可以用英文或别的什么文的首字母表达自己的理论。但不能乱点鸳鸯，搞拉郎配。在教育界，曾有过3C课堂管理办法，即Capable（能力）、Connect（沟通）、 Contribute（贡献），还有5A课堂理论，即Acceptance（接受）、 Attention（关注）、 Appreciation（欣赏），

Affirmation（肯定），Affection（喜爱）。仔细琢磨，他们都有可取之处。但从内容涵盖面和逻辑关系看，都没有五I那样有逻辑性和说服力。”

不经意间，一个红色的圆球从天山那边爬上来了，圆润、纯洁、粉红的她就像一个成熟的大苹果，更像一个刚出生的婴儿粉嫩粉嫩的脸蛋，可爱得让人得想飞过去拥抱她、捧着它、亲吻它。我们屏住呼吸看东方欲晓。过了不久，山峦、城市房屋甚至行人由模糊不断变得清晰，万道金光照在我们身上，我们都成了金碧辉煌的人，整个城市也被照得五彩缤纷。再过一阵，我们已经无法与太阳对视了，它以每秒钟燃烧4亿吨标准煤的能量刺得我们睁不开眼。

在感叹自然无比伟大时，我摸着有些冰冷的肌肤说：“下楼吧！”洗漱后，我送局长回办公室。他在宾馆前坪紧紧地握着我的手说：“谢谢你来吐鲁番，你来了，丰富了张校长的五I，激活我的思想。因为很忙，不能陪你去实验中学搞捐赠了，也不能送你去机场了。招待不周，请谅解！欢迎下次再来！”我说：“我第一次这样零距离交往中国一个地区级的、曾经的教育局副局长、现在的旅游局长，你转作风算是转到家了。我们相互支持，共同成长吧！谢谢您对五I的痴迷，你在吐鲁番的五I实验与建树成全了我受益匪浅的此行。感激不尽，来日方长，后会有期！”送他到麦西来甫广场，他挥挥手消失在晨练的人群中。隐约可见，他在跳维吾尔族舞蹈，动作还很优美，毕竟融入这个地方两年多了。

想起翩翩起舞的陈局长，一个生长在雁去无留意之衡阳的湖南蛮子，一个新的新疆人，一个法学学士，一个公共管理学硕士，一个做着教育学博士梦的准博士，一个激情、理性、浪漫叠加的小官员，我内心五味杂陈：生活可以这样过！愿他在此能造福一方百姓，自己也能生活得健康快乐！在吐鲁番，陌生的人认识了、熟悉了，现在却要分别了，不知何时能再相见。聚散两依依，鼻子酸酸的，想哭。

上午去了五I思想实践的大本营——吐鲁番地区实验中学，这是张楚廷先生讲学的地方，这是吐鲁番地区名校长工作室挂牌地，也是虚拟机构“吐鲁番地区楚廷教师成长学校”所在地。如今，我踩上了张先生的足迹，来到了这所学校。建校10余年来，该校历任校长几乎都是湖南人。几天来，我与该校的欧德铭老师、胡观湘老师等就课程改革和五I实践做了充分的交流。今天我与来自长沙市一中的张万敏副校长、来自长沙航天学校的陈新春校长分别就课改、援疆生活长谈了个把小时。来自周南中学的胡观湘老师带我参观了校园。这是湖南援建的一个规模较大的高中，湖南投入了好几千万元，现有学生3000多人，非汉民族的学生占了一半。体育馆、图书馆、科技馆等设施齐全。每栋楼都有命名，名称是校训的一部分，如厚德楼，博雅楼等。在田径场上可以看到围墙外农民的葡萄架、晾房。远处就是光秃秃红艳艳的戈壁，再远处就是白雪皑皑的天山。校园很大，也很美。沙漠中有这么一所学校，难能可贵，是吐鲁番人的福气。

我为吐鲁番地区实验中学带去了《张楚廷教育文集》（11–20卷）《课程·教材·教法》等近20本书籍。在欧德铭老师的帮助下，完成了这些书籍的捐赠，吾斯曼·色提副校长接受了捐赠。在仪式上，我说了几句话：“能走进贵校，是缘分。援疆，算我一份子。赠几本书算我一份心意。希望贵校好读书、读好书、学习和应用张楚廷先生教育思想的老师越来越多，祝愿学校越办越好，成为吐鲁番盆地中的思想高地！”

欧老师等送我出校门。走在长长的葡萄廊上，看着往绳子上爬的幼小的葡萄藤，感慨多多。葡萄藤就像学子，引领葡萄往上爬的绳子就是老师。老师们能很好的履行引导的使命吗？如何避免引导中的误导？

“师者传道天山聆听潇湘韵，学子弦歌坎井吟唱民族情”“新湘携手共育数代英才，民汉比肩共建千秋伟业”，廊柱上的对联我拍下了，记住了。但愿我们湖南去援疆的为师者们能真正做到学高而身正。

下午打的去了吐鲁番机场。这个机场坐落在戈壁上，估计是堆出来的高地。候机楼外种了一些沙漠特有的植物，工人们正在喷灌。太阳毫无倦意地照耀着这块曾经也许是海洋的大地。地，荒荒的；心，沉沉的。

这条西安—敦煌—吐鲁番的航线是本月20号才开通的，不过3天。晚上8点半，还是白天，飞机载着20几位乘客飞离吐鲁番。我坐在窗口边，戈壁滩、雪山、光秃秃的沟壑如大海的波浪依次从眼皮底下滚过，心潮比山峦的起伏更厉害。今晚到敦煌，后天飞兰州，大后天飞长沙。很快就可以回到离开了17天的家，那里山清水秀，是我安身立命之所。“即从巴峡穿巫峡，便下襄阳向洛阳”，家，温馨的港湾，想起不日可回归，有些兴奋。当真的要告别吐鲁番这块奇异的土地，却有些不舍。玄奘西天取经历尽磨难，而我，用17天就在祖国大地上画了一个上万公里的圈，顺风又顺水。一个时代有一个时代的体验，我只能把唐僧取经遭受无穷磨难的体验留在想象中，也只能把现在少数人九天揽月、五洋捉鳖的体验和未来人类移居外星的体验留在想象中。

湖南援疆总指挥赵清云书记在为《火州飘来潇湘云》一书所做序言中说：“我们都应该感谢援疆，因为援疆使我们援疆人相聚相识，援疆增加了援疆人人生的厚度，援疆使援疆人变得坚强，援疆使援疆人变得崇高。”此言极是！

此番新疆行，靠的是五I引领。五I不只是一种课程理论，而是一种生活方式。我的出游是一场兴趣（Interest）游，一路信息（Information），一路质疑（Inquiry），一路直觉（Intuition），一路收获智慧（Intelligence）。当我融入陈书国等人为了当地人们幸福、祖国安定团结而忙忙碌碌的生活中，我也似乎成了一个援疆人，对边疆的认知和情感也发生了巨大的变化。我们援疆，疆也援我们，我们相互成全着。

再见了，玄奘在高昌的讲坛；再见了，坎儿井；再见了，葡萄沟；再见了，相见时难别“不”难的援友们；再见了，为了自己或他人过上葡萄般甜蜜的生活而在此奋斗、在此奉献的疆湖人士。

《张楚廷诗集》读后[1]

引子：陈书国很喜欢张楚廷的诗，也很想好好研究张楚廷的诗，因为时间和精力等限制，他没有写出系统的诗评。他虽然浅尝辄止，却余音缭绕。李云中兄将陈书国的“绝笔”发我，嘱我一定要将该作品收入著作中。这篇作品蓬勃着一颗热爱诗歌、热爱生活的心。将其放入本书附录板块之最后，让它成为生命的绝响！在诗评中，陈书国明确提出了“张学”这个概念。张学，是研究张楚廷的学问，还是张楚廷本身的学术，内涵存在模糊性，这个概念能否成立，值得商榷。这个概念让我们看到的是陈书国对张楚廷教育思想的热爱之情、勇于破旧立新的超越之举。

一

从黎利云博士得知，张楚廷先生的三卷本（笔者注：到2018年8月，张楚廷先生出版了诗集9本，还有2本已经交付出版社）诗集要出版了。不由感叹：“教育诗上又将树立一个丰碑。”记得十几年前，我曾在长沙清水塘地摊上，看到了一本陶行知先生的诗歌集，马上捧起买回，感受大教育家的诗人情怀。

教育诗，其实关键不在诗的形式，重要的是透过诗，观照诗后面的思想，诗后面的人。

何况，张教授的诗艺也是超凡的。尤其代表的是这首《自题》，印在他多卷本教育哲学著作的首页上。

来自江汉平原的一个村口，
依在上天之下的一片热土，
手捧祖宗馈赠的一箱帛竹，

---

① 此文为陈书国本人所写。

肩扛朝耕夕作的一把锄头。

曾闻铸就宇宙的一声怒吼，
凝望日月星辰的一缕素数，
吟聚人间诗篇的一湾溪流，
敬伺毫秒构筑的一束冬秋。

他的三卷本从近400首诗歌选出。《"五I"诗》是这样写的。

逻辑很庄重，
直觉无限美。

聆听静悄悄，
质疑无喧闹。

意志诚可贵，
兴趣是先导。

知识似海洋，
信息满寰宇。

聪明人俱有，
朝着智慧走。

不经意间，张先生由教育家、校长教育家、教育思想家、哲学家、社会批评家走到了诗人、作家行列。

二

许多评论者读张先生哲学著作时感受到有诗一样的美：

"读张先生的作品，很多人都有爱不释手的感觉。有的人将其做哲学读，有的人将其做散文读，有的认为他的著作是散文诗，有的人认为他的著作是百科全书。设问、排比、比喻、隐喻、拟人等手法的广泛应用使其作品充满了阅读的快感。"（周德义）

“读这样的句子，我们真有点分不清这究竟是理性之‘思’还是感性之‘诗’。我们可以想象张楚廷教授于书斋奋笔疾书的情形，那一定是一种‘天门中断楚江开，碧水东流至此回’的豪迈境界。思想之闸打开了，就一路奔腾，外化为一串串激情奔涌、灵光四射的激扬文字。当这种喷涌的激情诉诸修辞技艺时，张楚廷教授对于排比式语句表现出情有独钟。显然，他要借助这种富有气势的句群描述和捕捉他翩翩起舞的思想精灵。”（黄耀红）

在佛学里，谒语是一个很高的东西，是一个很深的东西，高僧大德留下的片言只语，让人一晤（本书著者注：一晤也许是一悟）千年，比如说“本来无一物，何外染尘埃”。

一首五I诗，就是“张学”中的谒语，引人进入五I课程哲学的殿堂，然后又回到这首诗，留下的也许是真谛，就是直觉。

哲人、哲思，如片光火石，如闪电奔马。之所以有哲之思，有教育诗，是因为张教授有他的思维公式“自由+思想=创造”。他独自研究人，研究人的自由，获得更高的智慧，诗人的桂冠于是也自然摘取。

三

张先生是一位语言大师。他的哲学著作，是一种诗化哲学。他的文本构成，是一种美的结构。黎博士说“张氏言语及著作乃中国思想界的一朵奇葩！”他是浸在古典与现代、游弋于西方与东方、俯视天地融通未来的思想家。有时又如河边捡拾珠贝的孩子，天真纯朴，赤子天然。

他对文字学、概念学、逻辑学等独到的研究与见解，从而影响到他的演讲风格，写作风格。严谨又优美，高深又直白。也许因为他的语言美，吸引了更多的读者。

尤其对造字法，造词法，先生熟之于心，自然吐露。在《课程与教学哲学》中有这样一段联想翩飞的文字。张楚廷教授由一个“神”展开联想。先说神字能表达丰富的思想，如神州大地、神乎其神、神圣同盟，神出鬼没等，然后说人创造神字却太少用于自己。最后才说到教学：“我们的教学很少关注学生的神情、神思、神悟、神智、神态，更少关注他们的神奇、神妙、神姿、神采，尤其不能容纳他们的神气、神异、神怪以及他们的神乎其神。”

四

曾经在吐鲁番与先生有几天的交流。他常常有睿智的话语出来。更奇怪的是思想。在有人陪同的情况下，由于他语言与观点，带来的思维方式的冲撞，带来的愕然和惊讶难以想象。在没有常理出牌的情况下，有时接待的主人都时常尴尬。而这样的特立独行，在当今中国是多么的罕见。

说到直觉时，我也收集了几个词，谈体会给先生听。如“顿悟”“醍醐灌顶”“豁然开朗”“电光火石”“恍然大悟”等。他听后非常高兴。所以说，先生的智慧，应该也是中国古典智慧的集大成者。

直觉是最具有东方意义的，将其纳入课程哲学体系，是东方文明对课程理论的重要贡献。

五

记得张先生对歌曲非常感兴趣，能够谱曲。对体育坚持不懈，在北体（北京体育大学）讲座，让体育专业的老师和学生震惊。对于诗歌，我在交流中明显感觉到他的造诣。

《自题》，可以说字字珠玑，道尽天人，融通法理，胸臆直出，又耐人寻味。我在以他的《课程与教学哲学》著作当枕头的时候，当理论读到枯燥处，又回头来读这首诗，想起江汉平原走来的一个少年，一个在茫茫宇宙中举起火把的智者，美神眷顾，顿时灵魂又受到滋养，于是又能够翻到后面。

隐喻随处可见。“智慧是长头发，直觉是修理头发。”在吐鲁番五I课堂思想讲座上，高深的理论，如此形象地教给了在场的400名教师。

张先生在吐鲁番时，我也跟他谈起诗歌。席间也朗读过，包括我写的《教育诗》。印象深刻了，于是我每回打通他的电话时，开始听到先生的笑声，“诗人！”

由此想起来，应该为张先生在新疆的日子写个纪行才对。任务交给随行的博士刘阳科才好。《西行六篇》，我这里保存的是手写稿的复印件。到了吐鲁番，没有看景，没有听歌，只有写作和交流。“时间是用来使用智慧的大脑的”，我又仿佛看到他指着自己的头部与那浮动的缕缕发丝。

在援疆的日子，捧读张先生手稿是件自豪的事，也是对这位智者的回忆与对话。那细腻优美的文字，在76岁老者的手头流出，在旅途中写就。这种感动如何?

而我又发现，成为教育家、哲学家、运动家的人，“张学”的创始人，不仅仅成了三卷本诗歌的大诗人，那凝结在手稿中的文字印迹，不又告诉我，一位书家的出现。

我似乎看到，一册手稿本《张楚廷文集》的出现，是结合诗学、哲学、书学的全方位的展示。这不应该是一种想象而已，是真切的。

六

在我的《艾丁湖畔》诗集里，有一首诗《驼铃》，是临别前献给张先生的。

是草尖上的珠玉
是旷世的梵音
天山依旧静默
坎井静流
是流沙在起伏
是跋涉的印迹
塔河又一次润泽
胡杨挺立

一声声
清脆铃响

一声声

依依湘情

2014年元旦即将来临，乌鲁木齐雪后的阳光中，读张先生的诗，与黎博士对话，又幸福地沉浸在关于五I，关于教育畅想的幸福中，不知不觉到了中午，博士说，故乡的饭菜飘香了。

第九章　黎利云的五I实践

自从接触五I后，我就将它作为一种教育理念和生活方式，不断经受体验这个概念带来的种种好处，我的生命被这种体验所改变。不知不觉我与海德格尔产生了同感。海德格尔曾说："经受一种语言之体验，就意味着通过接受和服从语言的要求，让我们与此语言的要求相关联。人果能在语言中发现他的此在的合适居留——不管他是否意识到——那随着语言所经受的一种体验，就会触及我们的此在最内在的结构。我们说着语言的人，也就会一天天在时间的进程中被这种体验所改变。"① 我被五I所"俘获"，五I改变了我，我也改变了五I。

对于五I，我不只是思辨着，而且还实践着、体验着。"是非经过不知难""实践出真知""书到用时方很少"说的都是体验的重要性。我用五I去生活、去工作，去批判，去创作，这种体验帮助我消解了感性与理性的对立、主体与客体的对立，进而达到了万物的合一。体验是一种投入，一种能够获得发现和快乐的投入。本章拟从我与教育、旅行、家庭教育等方面探讨我是如何运用五I的。

---

① [德国]海德格尔. 人，诗意的安居：海德格尔语要[M]. 郜元宝译，桂林：广西师范大学出版社，2002：50.

第一节 走进小学课堂

作为家长，我当然关心孩子学校的教学情况；作为课程与教学的研究者，我也希望能找到理论的生长点、落地点。经过充分沟通，我于2013年6月9日来到了儿子所在的长沙市某实验小学，在主管教研的C主任的安排和带领下，先后听了四节课。如果用五I评价的话，这几节课的问题比较多，能与五I精神契合的课不多。下面是听课后的“回忆录”，因体验与意义是同时发生的，故在此原汁原味呈现，意在忠实于历史，意在找到沉稳的、真实的迈向未来的方法和途径。

一、五年级数学　L老师　主题：路边植树①

教学中，老师呈现的信息太多。但有些信息与主题相关性不大，如锯木头，爬楼梯。栽树是个系列问题，有各种栽法，但老师只讲了一种：两端栽树。老师不停地说话，可能会干扰学生思维。

栽树问题与生活相关性较大，能引发学生兴趣。请好几个学生上讲台站成排，形成“行道树”及其“间隔”，学生兴致勃勃。但对于五年级的已经有一定抽象思维能力的学生来说，这个环节有些“小儿科”，耽误时间。老师很少下到学生中来，个别学生不在状态，一节课没被提醒、被暗示、被明示，无疑没有照顾个体，也就难说因材施教了。

老师几乎是直接告知了学生两端栽树的公式，距离、间隔数、树的棵数由老师直接呈现，缺乏学生推理的体验。老师没对其备课进行质疑，没有准备多个方案。学生没有提问机会。学生在座位上画栽树图示时对中间应该画出的很多间隔使用了省略号，应算是一聪明举动，老师却只从偷懒这一角度做了点评，没有肯定学生思维的活跃性，实在是没有尊重学生的直觉和智慧。

① 黎利云 2013年6月9日于长沙市岳麓区某校听课记录.

基本上是满堂灌，老师几乎独霸课堂的做法、简单甚至粗暴评价学生“偷懒”的做法让人很难看到道德智慧、理性智慧的生存空间。

评课时，该校某中层干部大大褒奖了这堂课。但C主任、听课的D老师却在肯定的基础上说出了不足，要老师树立“生本”观念，注重课堂的生成和学生的参与，活跃学生思维，保护学生的思想火花，让学生自己寻找解题办法，这比囫囵吞枣接受现成答案好。本人觉得她们的评价体现了较高的专业水平。

他们要我这个教授（其实是副的）、博士（其实是博士生）说说看法。我基本上按上述文字表达的意思做了“汇报”。

二、一年级语文　D老师　主题（课文）：兰兰过桥①

这是茅以升写的一篇文章。老师在一节课内将主要精力放在桥梁种类及特点的分析上，图片满天飞，几乎变成了科技课、图片欣赏课。文章中，孙女对世界的新奇感、爷孙过桥的天伦之乐或被一语带过，或避而不谈，爷孙的亲情没有进入老师的视野。除了偶尔冒出几个不需太多思考的“对不对”“是不是”问题外，整节课几乎没有学生说话和或提问的机会，语文的读读、写写几乎荡然无存。教室一角安放了一个小小的电视机，所有生字、新词、语段都显示在屏幕上，老师几乎一直站在屏幕下翻动PPT，嘴里念叨着可能是早就预设好的话语。屏幕上的字芝麻大小，教室后排的孩子伸长脖子看屏幕，电视机跟前的孩子却仰起头看屏幕。所有的孩子几乎都鼓着近乎要爆裂的眼睛盯着屏幕。

多媒体横行课堂，师生身心俱累。这样的课，三维目标中每一维都成问题，知识的呈现方式、技能的培养、情感态度价值观的陶冶均因理念的偏差、过程与方法的失误而几乎全军覆灭。教师没有充分考虑孩子的年龄特点，没有考虑语文课程的特点，没有考虑多媒体的利弊，没有以适切的方式

① 语文教材研究所编著. 语文（一年级下册）北京：人民教育出版社，2012：143.

呈现信息，没有引领孩子感受亲情之乐。

这节课似乎不是语文课，让人感觉是科技课，但又不是真正的科技课。老师设置的问题一：生字难字。这有其必要性。问题二：兰兰过了几种桥，它们是什么桥。这也有其意义。

这节课上，生字的书写和注音占用了很多时间，却没有对过桥之快乐、爷孙关系之亲密做点拨、引领。兰兰过桥其实是爷孙的一种生命体验过程，却被忽视了，好遗憾！认读生字时让学生反复举手，学生积极响应，举起的小手竖成了一片森林，老师却东张西望举棋不定，最后随便点了一个“意中人”。从学生们垂头丧气的表情看，这种做法大大了影响孩子的情绪。浪费时间，浪费精力，费力不讨好。

结论放在科技的力量——爷爷真是一个会变魔术的桥梁专家上，太偏颇。爷孙的亲情没有进入学生视野，语文贵在多读的道理也被遗忘。老师板书桥梁的特点：轻巧、带着方便、平稳。此外，没有给学生补充和质疑的机会，老师完全把持了课堂的话语权。

老师身体几乎在一根线上移动，即黑板中央到电视屏幕。肢体语言不丰富。老师语气在一个调上，没有波澜，没有起伏，课堂沉闷，本来应该是生龙活虎的孩子，一个个都成了面无表情、沉默寡言的小老头。个别学生一直在桌面上玩玩具，没被老师注意到。整整一节课，学生脖子扭向墙角的电脑屏幕，屏幕上的字密密麻麻，很小的字让学生们难以看清。一块大黑板，老师只板书了不到20个字。多媒体绑架课堂，似乎方便了老师，可苦了孩子们。

分析“坐”“座”的异同时，老师给学生讲动词、名词、量词，而没有用语段或词汇去丰富它，是不是太深奥？掌握学情了吗？家庭作业是设计一座桥，是不是太偏门？难度是不是太大？

据说这篇课文会安排两个课时，我们只听了一节课，也许我所期待的爷孙情感赏析、孩子语感培养、词汇积累等工作可能会放在第二节课。

评课时，C主任要我先说。我描述和评议了上述现象后总结说："说实话，这堂课对课改的三维目标即知识与技能、情感态度价值观、过程与方法都没有很好的落实。如果用大家知道的张楚廷先生的五I理论（该校请张楚廷先生做过关于五I课程思想的讲座）评课的话，信息的内容和呈现方式有问题，学生兴趣的唤起有问题，对学生质疑权、直觉力的尊重有问题，归根到底，这节课没有实现提升学生智慧的效果。"

听了我的意见后说，主任说："说得太好了，我也有类似的感觉。"

我心里的一个问题：为什么要让一个学旅游管理的教语文？学旅游管理的未必不知道一些语文基础知识，但其学科基础及情感是值得怀疑的。美丽的语文被弄得如此索然寡味，作为听众的我、曾经读过四年大学中文系的我心如刀割。

教改，要改的何止是理念？具备基本的教学技能（说的技能、写的技能、组织的技能）是一个要解决的大问题；培养教学艺术（让孩子获得愉悦、获得美感）是另一个要解决的大问题。任重而道远！

就多媒体与教学的关系，本人比较欣赏唐凤梅、胡观湘两位老师在《教学中使用多媒体的基本立场》所表达的防止"塞入"，讲究"融入"的思想。[①]在发言时，我与老师们分享了这篇文章的主要观点。

三、一年级英语（录播教室）　H老师　主题：学习字母X

老师全堂用英语讲课，功底深，学生也掌握了老师经常在课堂转换时使用的"123，快快快"等用语，训练有素，很好。在教fox、box时，应用了盒子等道具，也不错。问题是，本是像语文一样的英语，却几乎听不到读书声，带读、范读、领读都没有啊！语感怎么形成？信息的呈现方式也是大问题。情感类信息似乎找不到，基本上也是满堂灌。检验学生学习效果的次数不多，更没有学生展示的机会。老师语速很快，"学困生"没被照顾到。因

① 唐凤梅，胡观湘. 教学中使用多媒体的基本立场[J]. 华章，2013（24）：255.

为在录播室听课，电视屏幕小，听课老师看的是“直播”，看不到学生所在教室的全局和其他位置的动态情况，所以评课比较困难。

充斥在每个角落的现代化设施遮蔽了人的情感。老师转换节奏太快，学生学习太累，走马观花，学生能记住的内容可能不多。

一年级就开设英语课，是否合适？这是另一个问题。

四、二年级体育　Y老师　主题：上身投掷轻物

球场上，老师用废纸做纸炮，用打纸炮游戏导入课堂，很好。信息大、节奏紧、学生很嗨（情绪high），但问题多多。体育，除健身外，还要强心（精神、灵魂）。可投掷过程中的规矩意识、关怀意识等几乎没成为课堂目标。动作要领讲解不透彻，学生站队不成整体，特别是后几排乱糟糟的，没有被纳入整改范围；分四组投掷时，“子弹”近距离抛掷，往一处抛，学生为捡“子弹”发生争执，时不时踩脚、碰头，局面较乱。评价时用及格、良好、优秀等字眼，过于生硬和抽象；因为学生站位不固定，“子弹”上没写姓名，学生归队后才被评价，现场较乱，所以缺乏针对性和及时性，有些乱点鸳鸯谱。尽管是纸团做的“子弹”，杀伤力不大，但投掷过程中的安全问题还是要充分考虑的，特别是“穿越火线”游戏中，老师没讲清楚“子弹”可用几次、穿过去后站在哪里，有的学生为反复使用“子弹”而舍身“枪林弹雨”中去捡弹，有的学生穿越后停在“出口”，越积越多，乱成一团。玩是生活之必须，玩是体育之重要内涵，但玩是有方法的，方法是有价值诉求的。这堂课几乎没有将体育上升到规则、上升到智慧、上升到快乐。

环节可以少一点，规矩可以严一点，评价可以更有针对性一点。该怎么玩，老师是否可以请学生参与规则设计？评价中，是否可以请学生当评委？很多可以发生的生命体验，却错过了机会。还是满堂灌、一言堂的做法。老师缺少充分的准备，课堂呈现什么？如何呈现？乱局如何调控？连头痛医头、脚痛医脚都没做到。

在办公室评课时，我说了上述感受，当然语气比较委婉，没有上面文字

中的锋芒毕露。我在评课现场朗读了张楚廷《课程与教学哲学》中的一段话：①

——这是甲、乙两队的一场足球比赛；

——这是甲、乙两队在一场比赛中的心灵碰撞；

——这是甲、乙两队在比赛的心灵碰撞中的亲密接触；

——这里甲、乙两队在瞬间碰撞与接触中留下的永恒。

运用的语言形式、结构不一样，体现的境界不一样，表征的智慧也不一样。我建议他们认真看看张楚廷关于五I课程思想、关于体育与人的论述，这对于提升自己的职业认同度和幸福感会有帮助。

五、教学观摩：一堂不太成功的公开课

2013年暑假（7月12~14日），笔者参加了一个全国性教师专业成长高级研修班，耳闻目睹某小学老师上的公开课。我们与小学三年级学生一起学习张志和的《渔歌子》。词的全文为：西塞山前白鹭飞，桃花流水鳜鱼肥。青箬笠，绿蓑衣，斜风细雨不须归。

学生分成了好几个小组，答对题目可以得到奖品——五角红星。多媒体开路，从“画面使你想起什么情景、什么诗句”导入课文。老师引导学生猜想天空有什么、山上有什么，白鹭、桃花、鱼儿、蓑衣、细雨等词语一个接一个，在生拉硬拽中从学生或老师口里说出来，并由老师将其板书在黑板上。完整呈现整首词花了将近20分钟。然后老师讲解词的特点，什么平仄、押韵。然后讨论：为什么渔翁“斜风细雨不须归”？学生的回答五花八门：鱼儿打得太少，无脸回去见老婆孩子；鱼太肥了，打得太多了，拖不动；“鳜鱼肥”是以前的事，是作者的想象和回忆，他打鱼时水被污染了，就像我们的湘江，没什么鱼打了，没打到几条鱼，很失望，不敢回去；船破了，鱼跑了，不好意思空手回家去；他想把这些鳜鱼养得肥肥的，到时候就把它

① 张楚廷. 课程与教学哲学[M]. 北京：人民教育出版社，2003：123.

们全吃了再回去……（研修班200多老师，掌声雷动）

主讲老师却镇定自若一锤定音：孩子们，你们想得有些偏啦，正确的答案应该是：你看啊，风景那么美，渔翁舍得回去吗？他沉浸在垂钓的欢乐和美丽的春境之中，乐而忘归呢！（台下一片议论之声。）

老师要学生拍手朗读，老师一再纠正：这个拍手节奏不对，那个拍手幅度不对。老师在配音伴奏下，抑扬顿挫或者说装腔作势吟诵了该词。并说："我刚才展示的就是古人吟诵的方式。"老师要学生吟诵该首词，学生的表现百花齐放。老师反复纠正说：你这个地方音拖长了，你那个字音读短了……老师力图对词中的每一个景物、每一个意象、每一处意境都做拓展，因而课堂显得无限发散。后阶段，老师结合学校所在地长沙市梅溪湖周边的人事景物等仿写了几首词，将句子打乱，分别"写"在荧幕的不同的位置，要学生连线成词。孩子们跃跃欲试，课堂甚是热闹。这个环节似乎将教学游戏化、将技术神圣化了，缺乏"智性智慧、理性智慧、道德智慧"等的价值引领。正如金生鈜教授所说："我们的教育正陷在科学化和技术化的过程中，这使得我们的教育成为一种去价值（devalue）或去道德（demoralizing）的教育，它已经抛弃了自身的伦理德性的追求向度，教育完全成为一种彻底通过处置知识而处置人的机械过程。"[①] 课堂内多媒体使用的不恰切性犹如一股强劲而顽固的逆流正在瓦解课程的"真善美"。

计划40分钟的课拖成了70多分钟，学生与听众都成了老师掌控下的"乖宝宝"。"小演员"在近两节课内没人提出喝水、上厕所等"非分"要求，也许是不敢，也许是真的不需要。一路下来，笔者如坐针毡。[②]

整堂课都有信息超量、内容不当、呈现方式不当等问题，很多环节忽视了学生的主体性，忽视了质疑和直觉的作用。这是一个没有五I意识的课例。所见现象中既有信息呈现、知识传授的数量与质量问题，也有学生能力

① 金生鈜. 规训与教化[M]. 北京：教育科学出版社，2004：31.

② 黎利云参加2013年7月在长沙举办的全国教师专业成长高级研修班录音与笔记.

培养问题，还有情感态度价值观的引导问题，而其载体却是“过程与方法”问题。

我们应该充分肯定上《渔歌子》的老师对多媒体等教学技术掌握的娴熟程度，肯定老师的热情和精心的预设，但更不可忽视老师对教学环节的强势推进、顽固的坚守预设、漠视学生质疑权、打压学生直觉等做法可能带来的负面影响。

该上课老师在这节课中采用了两种诵读方式，一种是类似于音乐课读唱词的方法——变换节拍的齐读；另一种是类似于传统吟诵的诵读方法。前一种，如何设计“节拍”，是由老师代劳的，学生只是照样子简单模仿，达至“整齐”；后一种，也是全由老师设计，何处读长音，何处读短拍，学生也是照样子模仿。我们都有这样的体会，同一首古诗词，不同的人来读，轻重、长短、疾徐乃至于情感色彩，不会绝对相同。因为不同的人，对古诗句的意思和情调的理解不会完全相同，或许还有因诵读者个性所造成的差异。所以，笔者认为，重视诵读无疑是极好的想法，但这种读，应该是在对诗句有了一定理解基础上的“读”，并在这种以感知表现话语声音形态的方式，实现对文本的更深刻、更细腻的感悟理解。假如全班学生都只模仿老师一人的“声调”，就将注意力转移到了“模仿”，而忘掉了“进入文本”，就成为缺少思考的模仿秀了。这不同于那种“以各自不同的理解”感知文本“读进去”，再以或许不尽相同的长度按轻重疾徐处理“读出来”的过程。效果也是截然相反的，后者是读出真体味的美妙过程。怀特海说：“朗读是一种艺术，读者可以读得大不相同。”①如果在诗词阅读朗诵中追求整齐划一，未必不是对个性的抹杀。让学生借助老师事先选取的词、词组、语言构件，依样画葫芦拼组成一首反映身边生活的《渔歌子》的想法，也许是好的，但这种几无选择、稍加组合

① [英国]怀特海. 思维的方式[M]. 北京：商务印书馆，2010：38.

即可完成、如同搭积木一样的联系形式，与用"宋词软件"仿造出宋词来没有太大的差异。在这种貌似读写结合、由读到写的过程中，孩子们对古代杰出词人苦心孤诣、独具心裁、敲字断须的高难度的艺术创作，可能会视同无需多费心思的"文字游戏"。这不利于培养学生对诗词歌赋等国粹的严肃态度。

来自湖北孝感的教研员管季超老师说："作为公开课，不可能没有预设，不可能不需要教学的技术。但这种教学的技艺性的运用，必须放置在以思想作引领，以陪伴学生学习的真实问题解决过程中得当地使用，技术才是有光彩的。"① 这段话道出了老师们未来必须解决的教学理念、教学方法、教学技能与教学艺术等的关系问题。

如果有五I的指导、如果遵循五I，老师就可能对课堂信息提供的数量和质量多一些谨慎思考，就会以崇敬的心看待古人创作的经典作品，就不会把一首好词肢解得体无完肤，就不会轻易做连句成词的简单游戏；就不会不顾学生年龄特点、知识基础、生活经验把小学三年级的孩子当成高中生甚至大学生，去广泛拓展，去大谈词的平仄与格律；不会把"不须归"的原因简单的归结为风景优美乐而忘归，不会把学生兴趣盎然对"不须归"之因的多种理解打入冷宫；不会把自己的吟诵法认定为就是古人的吟诵法（老师从什么途径看到了一千多年前的吟诵法？一千多年只有一种读法吗？一千个读者有一千个哈姆雷特，有唯一正确的吟诵法吗？）反而会鼓励学生爆发自己的"小宇宙"，让学生多思考、多质疑，在有收有放、有理有节的引领下帮助学生受到经典的熏陶，得到知识的同时，提升智慧，形成美德。

整体感觉：几堂课都不是从积极意义上体现五I的。几节文化课（体育课除外）都存在课件使用太泛问题，有些在书本上的题目可以充分利用教材，没必要搬到PPT上。电视悬挂在教室一个角落，屏幕小，呈现字数多，长期

① 管季超，从南湖到梅溪湖，与一群教育理想主义者的相遇，刘铁芳1+1教育网 [DB/OL]. http：//www. edu11. net/space. php?uid=78&do=blog&id=601216.

使用，影响视力、影响身体发育，对人与环境不友好，与学校及其所在区域——长沙大河西先导区、长株潭两型社会建设示范区的“两型”理念也不符。黑板利用率太低。小组学习观念淡薄，学生久坐板凳，久看电视屏幕，肉体和灵魂都受压抑。老师们对所教学科特点及其价值不太清楚，对学情也不熟悉；新课程标准中提出的“自主合作探究”学习方法很少应用，也许是不会应用；对知识与技能、过程与方法、情感态度与价值观三维目标如何实现比较茫然。讲授式运用到底和多媒体横行的课堂都不利于学生的全面发展——个性发展、自由发展、和谐发展。几堂课都很少有孩子的声音——个性化的声音。

作为老师，倾听或聆听为什么那么难？克里希那穆提曾说：

我们试图去听，却发现困难无比，
因为我们的意见、观点、成见、
冲动、偏好以及背景
总是冒出来，
干扰我们的倾听。[①]

看来，是因为我们“自以为是”的意见、观点、成见、冲动、偏好以及背景干扰了我们的倾听，使我们无法聚精会神和保持内心的安静。我们做老师或做家长的太在乎长幼尊卑，太在乎孩子们对我们的倾听——一味的要他们做“听话”的孩子！而没有在乎我们对他们的倾听——做“听话”的老师和家长。教育改革、课程改革，是一个复杂的系统工程，我劝天公重抖擞，不拘一格降人才！

张楚廷在严谨的思考后水到渠成得出一个结论——教育的第一使命是“让人像人，让人更高大”。[②] 谭伟平说：“什么时候牢记和坚守了这一使

① [美国]琳达·埃莉诺、格伦娜·杰德勒. 对话：变革之道[M]. 郭少文译，北京：教育科学出版社，2006：87.
② 张楚廷. 教育哲学[M]. 北京：教育科学出版社，2006：290.

命，什么时候的教育就会获得进步和发展；什么时候忘记和抛弃了这一使命，什么时候的教育就会倒退甚至遭到摧毁。历史已经证明了这一点，并将继续证明它。"[①]

五I中，涉及心理学的词汇就有三个：兴趣、质疑、直觉，而智慧在某种意义上也是关涉心理学的。所以五I就是"让人像人，让人更高大"[②]的教育理论。落实五I理念，就使"让人像人，让人更高大"这一教育使命的实现有了坚实的基础。我们真诚希望老师们都能有五I理念，对自己的使命能有更深刻的理解和更准确的践行。

第二节　让学生在社会活动中获得成长

学生应该从课堂内外、学校内外活动成长的信息。教师应该是社会的良心、学生的朋友。读万卷书不如行万里路，为了学生的成长，在民办高校湖南涉外经济学院工作期间，我用五I指导工作，用良心从事教学，尽量为学生创造外出的条件。笔者每个学期都想方设法带学生出去见习，先后去过可口可乐公司、湖南省未成年犯管教所、湖南光大牧业有限公司、三一重工、张楚廷学术活动成果展览等单位和活动现场。尽管可以用干多干少一个样、多一事不如少一事、何必折腾自己、学生不一定感恩、学校不一定欢迎等理由说服自己按兵不动，但有三点"理由"支撑我一定要上，一是实践这个环节可以带动课堂理论教学，使我的课更有说服力、从而保证学生真正学到东西；二是学生花那么多钱来读书，理应体验实践教学，没机会出去怪可惜的，作为老师有义务和责任弥补这一缺憾；三是我想通过来之不易的见习赢得教学相长以及师生和谐相处的效果，为良好的师生关系增添润滑剂。实际上，我为每次学生对参观的虔诚期盼和在过程中所体现出来的认真态度、在总结中所流露的感激之情所感动。

---

① 燕良轼，刘宇文主编. 张楚廷教育思想研究[C]. 长沙：湖南大学出版社，2009：52.

② 张楚廷. 教育哲学[M]. 北京：教育科学出版社，2006：290.

比如，在2009年的《公共关系学》《管理学原理》的教学中，我于10月5日带领3个班150余人乘坐3台大巴浩浩荡荡从长沙前往湖南湘潭九华工业园等地学习。很多同学都认真写了参观体会。黄丹同学《参观有感》是这样写的：

十月五日我们班（人力资源管理0801班）和公共事业管理0801班的学生在黎利云老师的组织下分别参观了湘潭九华工业区（包括吉利汽车厂、韩国三星光申分社湘潭爱铭数码、九华工业园管委会）、星沙西湖楼、湖南中粮可口可乐饮料有限公司。一改前几日的阴霾，可人的阳光再次将我们照耀，为我们此次出行带来了不少便利与阳光似的心情。

上午九点我们的校车驶进九华工业区的吉利汽车厂。首先我看到的是厂门口警卫认真严肃的敬礼，让我不禁肃然起敬。我想一个企业的文化也许就是从这里开始的吧。这亦是企业成功公关开始在世人面前的体现，因为这使得它在社会公众面前树立了一个美好的形象。

校车在厂内缓慢停下之后，厂方工作人员热情接待我们，并安排了讲解员给我们解说。同学们在老师与讲解员指引下井然有序地参观。进入到厂内首先看到的是墙上醒目的“敬业创新沟通拼搏”八个大字。左手边是该厂的一个大型板报，上面标明了工厂的问题文化、信息安全目标、厂部门结构图等。厂内的每根柱子上都有激励人的标语，比如：“同一个吉利，同一个梦想。”我还注意到一个细节，就是每个车间都有一个伞具存放区，可见其严格的作业环境。在我们的参观过程中，每个工人不顾我们参观带来的任何打扰，一丝不苟地认真作业，毫不懈怠。在行走过程中，同学叫住我说：你看地面好光滑啊。是啊，车间内地面打扫得好干净，我们想起了旱冰溜冰场。在吉利汽车厂内的参观时间虽然短暂，但却给我留下了深刻的印象。一辆辆汽车飞快成型、鱼贯走出流水线的过程让我惊讶不已。

随后我们来到了韩国三星光申分社湘潭爱铭数码电子有限公司。这里张贴着其独有的企业文化和人文景象。由于工作的特殊性，我们不能近距离参观，讲解员很是认真地给我们介绍公司主营项目、工作流程和如何区分不同工作人员的级别。这是一家1997年成立的公司，主要生产三星、LG、飞利浦等相关产品。我特地关注了一下该公司的远景规划：2009年，中坚事业稳定增长；2010年，永久事业新轮扩大；2012年，专门事业先进技术。

公共关系的核心是塑造企业形象，面对作为公众的我们，他们公司的讲解员都给我们留下了良好的印象。

在九华工业园管理委员，我们参加了座谈会。参会人员有九华管理委员会的代表，我校所有来到的参观人员。座谈会流程如下：管委会发言人介绍九华工业的成立和发展—我校代表发言—学生提问—管委员会回答学生的问题。座谈会实现了双向沟通，我们感受到了管委会人员渊博的知识、强大的宣传、领导、组织和社交能力。他们已经接待过多批国家领导人和普通学生或市民参观，所以业务很娴熟。

中午时分我们返回长沙，并前往西湖楼饭店。在西湖楼这个可以同时容纳3000人吃饭的宫廷式、园林式饭店，我在班的同学以及老师们一起看戏、吃饭，盛况空前，感觉很"嗨"。吃过中饭后，我们自由参观了这一家创造了吉尼斯纪录的饭店。在粗略地感知其饮食文化后，我们都被楼院的环境所吸引，拿起相机疯狂拍摄，这是一座古楼式建筑，也是文明古城长沙的"形象代言人"。

下午两点从西湖楼出发，我们下一个目的地是湖南中粮可口可乐饮料有限公司。我们参观了可口可乐制作的全过程，平时只会享受它的味道，这次算是亲身接触到了它的生命历程。该公司的的"八字方针"是"有序高效专业互动"。还有生产的三大原则：质量的象征；顾客和消费者满意；一个负责的世界公民。在公司参观走廊墙壁上我们可以了解到企业文化内涵、文化体系构成图解等。在接下来的互动环节中，公司为我们提供了免费的饮料。可口可乐公司是世界五百强企业，这么近距离地接触此类公司，对我的震撼是很大的。

满满一天的行程，大家都已经疲惫不堪，可是车内的寂静不是因为疲惫讲不出话来，而是内心澎湃的火焰在冷静思考后短暂的抑制。这股火焰在我们的求知路上无疑已经燃烧出一片痕迹。我会好好珍藏这次参观经历并作为以后开创事业的资本！

杨杜同学的《参加参观活动感想》部分内容如下：

虽然为期一天的参观活动已经结束，但今天每一个欢愉的画面仍在脑海里回味，挥之不去……

西湖楼就像一座皇宫，亭台楼阁，雕梁画栋，景色真是秀色可餐。置身其中，自己都觉得尊贵了许多。创办人返璞归真的构思让人折服。在长沙这座喧闹的大都市安放着这样一处古朴的地方，让不平静的心暂时找到了一个安宁地方，这的确是个好去处！

可口可乐公司体现了外国公司的特征——企业文化轻松愉快，生产车间全部自动化。愉快的企业文化让人不会感到太有压力。我们的工厂往往人满为患，他们的生产线上看不到几个工人，这就是中国与外国技术的差别！不过我想不用多久中国会赶上的！

一天的参观学习让我提升了信心，我会每天进步，向那些成功的人学习，学习他们的精神，学习他们的魄力！

黎老师总是鼓励我们用五I学习和生活，今天的参观让我进一步了解了五I的内涵、深深感觉到了它的魅力。原来“智慧”就在我们的观察和思考中，在对信息的获取和筛选中，在对观点的质疑和甄别中，在对直觉的尊重和培养中。我喜欢五I，我将不断理解它、应用它。有了它，我会成功的！

感谢老师不辞劳苦组织这次活动，感谢学校提供车辆等条件，感谢那几个非亲非故的单位对我们有情有义的接待！

这次活动行程100余公里，往返两座城市，驻足地点5个，转换环节多，组织工作量大。

参观、见习、实习是现代教学的重要组成部分。不管在哪儿工作，我都将精心组织校外活动当作我的职责。为了落实人才培养方案精神与教学计划，作为教育学系主任，我与相关老师、领导一道策划并组织了2016级教育学专业（科学教育方向）的教育见习，2018年11月15日带领学生参观了衡阳工业博物馆、衡阳市科学技术馆、衡阳市万达商业广场，加深了对衡阳市经济社会发展相关情况的了解。16日，到衡阳市星元小学开展观摩与互动活动。通过要求为星元小学写感谢信等形式培养学生的情商及书面表达能力。下面的感谢信是该班王思琴同学起草的，原文大约600字，笔者指导学生运用五I理念对文本做了修改，变成了这个样子，字数增加到1700多字，更重要的是将所思所想也做了挖掘与提升。

尊敬的衡阳市星元小学领导、老师、同学们：

你们好！我们是衡阳师范学院教育科学学院2016级教育学1班的同学，在此诚挚感谢贵校为我们提供见习平台，让我们获得了切身的见习体验，感受了贵校独具风格的校园氛围，为我们今后从事教师工作奠定了良好的教学、德育、管理等多方面的基础。

"提升教师品味，发展学生素养。"从一踏入校门，这一句贴在办公楼廊柱上的标语便赫然映入眼帘。我们感觉贵校相当充分地落实了该精神。身为教育学专业的学生，在步入教育职场前，我们需要借鉴很多的优秀教师教学方法、学校先进的管理经验。这些，你们都做到了、都提供了。

恰同学少年，风华正茂，书生意气，挥斥方遒。你们16日早晨推出的"千人诗会"震撼人心，弘扬了中国优秀的孝顺文化，贯彻了社会主义核心价值观，我们深刻体会到了贵校利用所有时空育人的科学设计与浓厚氛围，体会到了优秀传统文化的真善美。

我们在六楼多功能室观摩了由阎铭茜老师主讲的《在星空中》、由肖蓓老师主讲的《光是怎样传播的》两节科学课。老师准备了很多教具，用“光是直线还是曲线传播的”等议题方式导入课堂，上课时充分发挥学生的主体作用，老师的语言行云流水、点拨恰到好处。上课时间是很短暂的，而内容却是很丰富的，转换的环节是很多样的，老师们能娴熟地运用多媒体技术驾驭课堂，让我们大为钦佩。

百花齐放春满园。大课间的班级活动展示，从古筝到葫芦丝，从朗诵到街舞等舞蹈表演，看得我们眼花缭乱。领导们的精心策划、老师们的用心指导、学生们的兴趣盎然、家长们的全力支持是这次课外活动非常成功的重要原因。我们体会了贵校在促进学生和谐全面发展上所具有的匠心、贴心！

在观看了丰富多彩的大课间活动后，两位主讲老师回到多功能室向我们汇报了他们科学课的设计思路与上课感受。他们做自我评价时既体现了实事求是的精神，大胆地肯定了自我，也体现谦虚谨慎的作风。我院刘娜等部分同学以及郑志辉副院长、黎利云主任、孟宝兴老师、祝志敏老师等与主讲老师就科学课设计与实施中的多方面问题进行了深入交流。两位主讲老师虽然很年经，但都知识渊博、和蔼可亲，让我们也萌生了这样做老师、做这样的老师的想法。

下午，我们分组观摩了5节语文、数学课，还观摩了6节班队活动课。本周的主题是“拥有一颗感恩的心”，每个班主任都用独特的方式让学生在一定程度上知道了为什么要感恩、感谁的恩、怎么感恩等问题的答案。各种情景、画面、音频、视频的设计都很科学，可谓用心良苦。班级语文、数学教学的观摩、组织班队活动的观摩让我们受益匪浅，从中学习到了教学方法以及与学生相处的技巧，为日后的教学、做人提供了很好的借鉴素材，使我们能够在今后的教学与学习中进一步成长。

校长阎芳老师还到各个教室帮我们调配资源，让我们多参与了几个班的班队活动安排。活动结束后，唯美、能干的阎校长来到一楼风雨运动场与我们开展多方面交流。此时，我们感觉她是一位见多识广、经验丰富的大姐姐，而不是一位管理着近1000位对世界充满好奇的、生性活泼好动的小学生的威风凛凛的校长。

台上一分钟，台下十年功。据我们学院领导与老师说，本次活动得到了衡阳市石鼓区教育局宋中莲老师、衡阳市星元小学所有老师及家长的大力支持。很有意思的是，下了近十天大雨的衡阳市在我们观摩大课间时竟然停雨了。也许是我们的诚心感动了天地！此次活动真是占尽了天时地利人和！

没有星元学校及我们学院等单位的无私付出，这个活动是搞不成的，更是搞不好的。此时我们真正体会到了“在无我中有我、在有我中无我、人人为我、我为人人”等语言所具有的真理性意义。几天过去了，贵校行政楼外墙及多功能室里面悬挂“热烈欢迎衡阳师范学院见习生到我校见习”的横幅仍如鲜艳的花朵开放在我们心间，阎芳校长在致辞时所提到的“赠人玫瑰，手有余香”还余音绕梁。我们见习的一天中，所见所闻时时处处事事都彰显了贵校的高雅与热情。

不积跬步无以至千里，不积小流无以成江海，在求知的道路上，我们通过本次见习开阔了眼界，深化了对科学教育、对做一位科学教师的职业理解。路漫漫其修远兮，未来的我们将带着对星元小学师生的美好记忆，认真规划学习，披荆斩棘去创造属于我们的精彩，借此回馈社会各界对我们成长的帮助。

祝愿星元小学创造更大的辉煌！

祝愿星元的老师们身体健康，工作顺利，万事如意！

星元小学领导收到感谢信后，向笔者表达了他们的惊喜与激动，还充分肯定了我校对培养学生的理念与方法。

我希望学生在读万卷书、行万里路、阅人无数中成长。作为活动策划者，我克服了一切困难，帮助学生获得了课堂以外的知识、培养了感受、观察、思考、融入社会的能力。苦点累点，心甘情愿。

第三节　让学生也爱上五I

多年来，我在教学中自觉使用五I，形成了独特的教学风格，也产生了一定的教学效果。2018年上学期，我承担了几个班的《教育学基础》《德育原理》教学任务。为了总结经验，笔者于2018年7月向几个学生布置了一个任务，请他们写听课感受，提醒他们看能否与五I课程思想的应用进行有机联系。从收到的反馈看，基本实现了我的初衷。温故知新，文字能产生神奇的效果，它带领我穿越到历史当中，帮助我重温了多年来从事教学的历程与收获。在与张楚廷、与学生的交往中，我们用五I等理论为生活添彩、为灵魂寻找安顿之所。现摘要衡阳师范学院6个学生的部分感言如下（征得学生同意，用了真实姓名）。

一、杨晶（2016级汉语言文学1班）

大二下学期的学习生活不知不觉就已结束了，在这段时间里，老师们孜孜不倦地教导我们，让我们对专业知识有了更深的理解，也在品德与人格等方面逐渐充盈了自己。每个老师都有自己独特的教学风格，精彩纷呈的课堂是我吸收知识的最佳源泉，细细回想起来，让我感觉最特别的还是黎利云老师的教学方法。

黎老师所讲授的是《教育学基础》这门课程，为什么说感觉最特别呢？那是因为整个学期下来，我发现“讲”得最多的竟然是我们自己，而不是老师。在我十几年的学习生涯中，一般都是老师说、我们听，中间偶有讨论。黎老师却为我们提供了充足思考和讨论的时间，这样的反差让我感到新鲜。在课程学中，只觉得思维被黎老师调动起来了，愿意踊跃参与讨论了，而没有深入去思考老师的教学理念，待到整个学期结束后总结起来才醒醐灌顶：老师之所以如此设计，是因为他将张楚廷先生的“五I”课程观与自己的教学实践紧密联系在一起了。是的，在刚刚开课之时黎老师便向我们介绍了这一方法的基本内涵和核心理念：“五I”由信息（Information）、兴趣（Interest）、质疑（Inquiry）、直觉（Intuition）和智慧（Intelligence）这五部分构成，它强调课程应该给学生“五I”，课堂要以学生为主体，充分调动学生各方面的积极性，给予学生智慧，让教育精彩起来……

一开始接触这个概念时我并不是很理解，我懂得它所想要表达的含义，但要我“真枪实弹”地走向课堂、实际运用起来可能不知从何下手。想当初我还纳闷黎老师为什么不为我们深入阐释，现在想来不禁脸红，黎老师本身就是这个理论的忠实实践者呀，结合黎老师平时上课的特点，我渐渐明白了，原来答案就在黎老师的课堂中。

1．营造良好氛围

《教育学基础》课堂上的气氛是民主的、友好的，黎老师没有摆出高高在上的架子对我们进行说教，而是通过循序渐进的交流对我们加以引导。首先，他将班级成员进行分组，每个小组负责教材一章的内容。同学们需要在课前充分预习，提出自己的问题，随后其他同学根据问题进行探索和分析。这样一来，同学们的积极性总能被调动，大家各抒己见，碰撞出思想的火花。对于每一位发言者，黎老师都会进行评价和总结，偶有错误也绝不批评，而是耐心的指导。除此之外，幽默的语言、亲和的神态也是他调节课堂氛围的“法宝”。好的课堂不应该是死板的、沉闷的，黎老师很好的做到了这一点。

2．注重信息互动

在课上，黎老师将书本知识与其他有效信息结合起来，达到了方法多样、内容丰富的效果。播放教育部部长陈宝生的两会访谈视频，使我得知了近年来国家的相关教育政策；阅读师生间暖心的小故事，令我明白一个好老师的重要性；聆听黎老师的亲身经历，让我体会到人应该拥有良好的心态……在课下，黎老师经常会通过网络等途径将与教育相关的资讯与同学们进行分享，提高我们知识的广泛性。此外，课堂上激烈的讨论也是获取信息的重要来源，同学们在无形之中便完成了信息的传递与接收、占有与利用。

3. 做到充分质疑

老师总问我们："这是完全正确的吗？""能不能有更好的表达方式？""为什么不可以这样？"这种询问式的语气能带动我们进行更深层次的思考。对于教材的学习，也不是照本宣科，黎老师鼓励我们去修正教材上的错误，或者完善相关概念与理论。如在学习教育的基本形态时，我们就在学校教育、社会教育、家庭教育后还加上了一个自我教育，强调个人的主观能动性和个体价值。这有利于我们形成大胆思考、不迷信权威的思维习惯，凡事多想想，仔细推敲推敲，不可妄下定论。

4. 不断激发兴趣

德国著名教育家赫尔巴特说过："教育工作如果不能引起各方面的兴趣，讲授教材就易进入睡眠状态。"黎老师深知这一点，他充分发挥学生的主体作用，尽量让人人参与、人人思考。除了生动的讲授，还会用同学们感兴趣的题材作为引导，针对社会典型事件或者教育视频或电影《农民父母博士儿——哈佛毕业典礼上的湘音》《老师也疯狂》《村小的孩子》等进行提问，既结合了教材，又走进了生活。同学们的积极性一上来，课堂氛围也就活跃了，轻松的课堂有利于促进智慧的形成。可见五I中的要素不是独立的，而是相互融合互为条件的。

作为师范大学的一名学生，黎利云老师的五I课程理念让我体验到了有别于传统教育的新式教育法，他将五I思想与自身感悟相融合，展现了自己独一无二的教学风采。在课堂上，我不仅仅只是知识的接受者，更是问题的发现者和开拓者，这种交流式的教学让我乐在其中。通过一学期的耳濡目染，让我感觉到五I不仅仅是一种教学理念或教育范式，它还可以运用于我们的生活当中，将它转化为哲学式的思维也未尝不妥。

而作为一名即将走上讲台的准教师，我很庆幸能在大学生涯中学习到这一思想。它犹如一盏明灯照亮了我本在彷徨的心，也滤去了过往的陈见。感谢黎老师不仅教给我专业知识，还为我提供了教学的范本。认识五I及黎老师的教学之后越发感觉自己能力的不足，从一开始的懵懂，到现在的略有所知，要学习的还有太多太多，唯有勤学巧思，以人为镜，方能补拙。

二、曾绍钱（2016级汉语言文学2班）

“云山苍苍，江水泱泱，先生之风，山高水长。”能让人称之为“先生”的老师，不会只是教给学生书本知识的课程传授者，还是一位给予学生更多思想的教育者。他们的人格如崇山峻岭般高尚，对待学生就像川流不息的江水，温润绵长，又带有力量。对我来说，黎老师就是这样一位“先生”。

黎老师第一次给我们上课的时候就提到张楚廷教授的“五I课程论”，并于课后将有关资料分享给我们。对从没接触过教育学的我们来说，这些都是很新奇的。打开文件，满载思想的内容呈现出来，“五I课程论”的具体内容是：Information（信息）、Interest（兴趣）、Inquiry（质疑）、Intuition（直觉）、Intelligence（智慧）。不得不说，当时对这一课程论还不是很理解，甚至觉得有些说法不是特别正确。直到期末回过头来想想才明白，原来黎老师一直运用着“五I”课程思想在教育我们。

对我来说，黎老师最大的特点在于，教给我们思想，让我们自己思考怎样成为更好的社会中的一员。我们是他的学生，他很好地承担了传道授业解惑的职责，更为重要的是，他把我们当作独立的个体，真正做到师生平等。这一教育风格，与张楚廷教授的“五I课程论”思想是吻合的。

每次上课之前，黎老师都会先问一句：“准备好了吧？”然后走到讲台正中间，站得笔直，再喊一嗓子：“上课！”虽然大学以来就没用过这样的课前准备活动，但是当有老师真的这样做时，我们多少会受到他的感染，下意识提醒自己：上课了，认真严肃。老师每次都会让我们预习的，除了了解课本内容，还要我们提出不懂的问题，并且，时常会意味声长地询问我们："同学们发现教材上有没有哪些地方是错误的？"这样的问题，我们在大学课堂是从没遇到过的，虽说都提倡质疑，但把这一理念运用于实践的，我所遇到的老师中，黎老师是第一位。以前也出现过教材错误的情况，但都是在老师明确指出的情况下我们才敢改动，而黎老师是让我们自己找出错误。除此之外，对于教材上一些著名人物的理论主张，我们赞成或反对，都可以表明自己的观点看法，和同学一起分享。黎老师总是在一旁认真地倾听，有时会帮助发言的同学总结一下言辞，让我们更好地理解，他不会抹灭我们对教材不同内容的不同兴趣。黎老师的课堂氛围总是轻松活跃的，但也是有的放矢的，我们讨论的话题有时不是教材上的知识点，但经过黎老师的把控，总会围绕每一课时的主题，不会偏离这一中心。

众多课程中，一般只有"思修"（思想道德修养和法律基础）、"毛概"（毛泽东思想和中国特色社会主义理论体系概论）、"马原"（马克思主义基本原理概论）这样的公共课才会以小组任务的方式完成学习，但教育学这一专业课程，因为有了黎老师而变得特殊。老师让我们自行组成小组，选出组长，然后把对应的章节分派给每个小组，由小组成员讨论、选出六七个问题在课堂上提出，然后让其他小组自由选择问题作答。记得刚开始还有同学担心这样会不会太单调，但不久之后惊喜总是一个接一个地出现。每个小组的问题风格都不一样，有认真研究教材的，有注重解决实际问题的，有关心时事的，有探讨如何更好地运用理论联系实际的。总之，都有我个人想不到的方面。在解答时，我们并不会顾虑太多，因为在黎老师的课堂，没有错误的答案，也不要求发言有理有据，大家都可以各抒己见侃侃而谈。他总是鼓励我们要敢于表达自己，相信自己的感觉。我们选择自己感兴趣的问题，根据自己的直觉作答，就算有小组已经作答了也没关系，你有不同的想法一样可以说出来。我们在黎老师的课堂上争论有些问题甚至到了不可开交的地步，老师也还是站在一旁认真听，不打断，我们当然也懂得在课堂上适可而止，当争锋相对的观点陈述完之后，老师笑着鼓掌，用他一贯幽默的话语表扬我们，他帮着解释双方的合理之处，把认同与否交给我们自己。我非常佩服老师这一做法，因为作为老师，他的言论影响的是台下众多学生的思想，而学生毕竟还没有一个完全成熟的观念体系，如果老师一开始就表明自己对事物的看法，很容易影响到学生对这一事物的思考角度和立场，也就不会按照他们原本的思维方式去理解，学生的想法虽然不是很成熟，但并不一定是错误的，不合理的，有时候他们只是缺少机会表达自己。黎老师保护我们学生发言积极性的做法很值得肯定。

我一直是一个畏惧讲台的学生，但就是在黎老师的课堂上，我慢慢克服胆怯。因为我不需要有顾虑，不用担心自己讲得好不好、能不能引起同学共鸣，老师会不会不认同之类的问题。我开始尝试发言，一次比一次镇定，慢慢的，我发现，台下的同学会认真听我说话，跟我一起思考，我要做的，是把我的想法表达清楚。感谢黎老师尊重我们的直觉。

黎老师的存在感不只是在课堂上，还在平常每一个意想不到的瞬间。我们的班群在黎老师没有加入之前，一直是布置作业时才会有动静，这学期开始，我们时不时会收到黎老师分享的信息，一些新发布的教育政策，典范的教育人物，当然也有骇人听闻的负面新闻。他还总是在上课之前播放一些教学视频，我们也可以在课后自行观看老师推荐的其他视频，让我们了解到中小学的教育现状，学习那些优秀的教学方法。我曾经问老师，为什么他总能找到这么好的资源，说出这句话之后我自己又马上答了出来：“是因为关注吧？”老师笑着点头，我也明白了，这份关注背后肯定还有老师对教育事业的热爱和责任感。

教育教育，既要教会学生知识，即理性智慧；也要培育学生做人，即道德智慧。黎老师关心社会问题，并且乐于和我们讨论。也许有人会觉得，只是谈论谈论，对社会起不到任何实际的作用。但是如果对社会上存在的问题连一声感叹都没有，谈何关心呢？哪里还会想办法解决呢？看完黎老师推荐的蒋能杰老师拍的纪录片《村小的孩子》，我们班同学自愿捐助了400元给当地一位患病的奶奶。一个班的力量也许是微弱的，但任何推动事物发生质变的，都是由一点一滴的力量汇聚而成的。黎老师让我明白了，我不只是一个坐在教室里学习的学生，也是能为社会分担责任的一份子。周围的一切，都与我有关；事情的对错，心中自会度量。

黎老师曾经给我们说过道家思想和佛学，我们还调侃说：“老师这是要我们年级轻轻就看破红尘归隐山林吗？”越到后来，我越明白，老师是想让我们学到这当中的俗世智慧：辩证地看待问题、对待困难挫折波澜不惊、尊重所有个体的思想。

以前，我总是对别人说，我从初中起就想当老师，一直没变过，别人问起原因时，我就会说出许多当老师的好处：假期长、工作环境好、工资等待遇不错、可以一直和年轻的面孔相处，会很快乐。但是现在，教师对我而言，不只是获取报酬的一个岗位，而且还承担着大山般沉重的责任。那些还在危房里上课的学生，他们的眼睛里，需要看到更大的世界；那些被老师当作差生甚至被说成是败类的学生，他们的耳朵里，需要一句温言软语的宽容和理解；而那些被老师几句否定未来的话丧失自信的学生，他们需要一份信任与鼓励。老师要把一颗真心交给他的每一位学生，这就是教师伟大之处。做老师，虽然也只是一份平凡的职业，但却可以对许许多多的学生产生深远的影响，这也是其意义价值所在。

能在学习生涯中遇到好的老师是我的幸运。感谢黎老师，他对“五I课程思想”的运用，让我对教育学这门课程有了自己的理解，让我对“教育”二字充满敬仰。我要像黎老师一样，今后运用“五I”思想教育我的学生，去帮助他们学习。我要做一位好老师！

三、李珍（2016级汉语言文学3班）

我是衡阳师范学院文学院2016级汉语言文学专业的一名学生，大二第二学期我们学习了《教育学基础》，这一门课是由黎利云老师授课。

这门课的课堂形式与其他课程相比起来，可谓别具一格，拔新领异。在第一堂课上，黎老师就以倾听者的角度聆听同学们对教育学的理解，一开始便激起了同学们极大的兴趣，使我们都迫不及待地表达自己的见解，课堂气氛迅速升温，同学们纷纷讨论起来。

在之后的课堂里，黎老师确认了教育学课代表，并提出了小组积分制。每组负责一章进行预习，小组成员在一起探究之后将预习过程中遇到的问题经汇总之后交给老师，同时其他小组对于出题小组的问题在课堂上要进行回答，最后再由老师总结升华。这样每个人都是热情的参与者。

记得当时我们小组负责的是"第三章　教育目的"，探究过程中，同学们各抒己见，为了证明自己的观点，每个人都讲得头头是道，就像一场激烈的辩论会。孔子曰："学而不思则罔。"在其中我们也学会了思考与质疑。而且我们还在提出的问题中融入了其他组员的想法，更是将知识进行了升华。探究问题时，组内同学及时质疑，可以弥补暂时的失误，同时其他小组提出质疑，也能获得加分的机会。当老师将我们小组提出的问题放到PPT上时，我们感到是一件十分有成就感的事情。当同学们都积极回答我们提出的问题时，整个课堂的气氛就活跃了起来。

从预习到提出问题，再到课堂上解决问题，这几乎是每一个同学都要参与的过程，从搜集信息到产生兴趣，再以直觉为基础提出质疑，充分培养了学生的智慧，这正是黎老师实践五I教学思想的充分体现。

黎老师的上课模式既充分调动了学生的积极性，又让他们系统的掌握了课堂知识。这正是黎老师课堂吸引学生之处，更是课堂气氛为何如此活跃的缘由所在。在黎老师的课堂中，同学们敢于运用自己的直觉表达，敢于发表自己的见解，敢于提出自己的质疑。将自己的智慧发挥到了更高境界，更是提高了自身的实际操作能力，如搜集课程中相关信息的能力、归纳总结并提出问题的能力。

最重要的是课堂上还进行了教学比武，全班选出一个小组代表班级授课，再由其他小组评课。在评课环节，我鼓起勇气上了讲台参与评课，按照课本上关于一堂好课的标准，对代表小组进行了评分，虽然评分不是十分完善，但却是对我的一次锻炼。我们发现，授课小组的团结精神得到了加强，思考能力、行动能力得到了提高。我们似乎真真切切感受到了做一个教师完成一堂课的艰难付出与成功喜悦。

黎老师的课堂形式和其他的课堂不同，他打破了简单的师生授听模式，明显能够更进一步激发学生的兴趣和思考，是真正的五I课堂。五I的具体内容是：Information（信息）、Interest（兴趣）、Inquiry（质疑）、Intuition（直觉）、Intelligence（智慧）。通过黎老师的教学，我们认识了五I，理解了五I，也在实践过程中运用了五I。我们也深刻地感受到五I不仅在教学上可以运用，在我们的生活中也可以运用。叶圣陶先生说："教师之为教，不在全盘授予，而在相机诱导。"黎老师授予我们的五I思想，不是单一的理论知识，而是将理论和实践的完美统一。黎老师的课只有一个学期，已经结束了个把月。虽然恋恋不舍，但总有一别。现在回味起来，黎老师教给我们的知识和展现的教学风格将会让我们受益匪浅，带给我们的影响也会深刻久远。

祝愿黎老师的课堂教学和学术研究更上一层楼!

四、罗向群（2016级汉语言文学4班）

大二下学期在黎老师的带领与引导之下，我们一同走进了教育学这门课程。在教学过程中，黎老师坚持以五I课程思想为基本的教学思路，教学活动也是紧紧围绕着这一思路展开的。他认为，五I将课程内容和课程实施方法相结合，既是价值观，又是方法论，具有重要的指导意义。以下是我对黎老师具体运用五I思想的理解与感想。

五I包括：信息（Information），指课程提供比知识所包含内容更广的、包括生活经验及获得知识或经验的方法与过程在内的多方面内容；兴趣（Interest），指课程中促进学生学习的一种动力；质疑（Inquiry），指在学习思考中，鼓励学生对已有经验或知识持有一种保留、怀疑的态度；智慧（Intelligence），指包括智性智慧、理性智慧、道德智慧等在内的大智大慧；直觉（Intuition），指直接的觉察，在课程中应欢迎直觉、尊重直觉、仔细审视直觉。除此之外，黎老师在这基础之上又向我们归纳或拓展了一个I，取"人"之意，凸显了五I的人本性，构成了六I思想。在黎老师对五I的实际运用之中，我们可以分三个阶段来看。

首先是在课程开始之前，因为我们是以学习小组进行成果展示的形式展开学习的，所以我们会进行预习和相关资料的查找，这时黎老师也会为我们搜集一些与教学内容相关的信息、视频作为我们预习的参考，这样使得我们获取的信息更加准确丰富、获取信息的渠道也更加多元多样。他充分利用了信息在教学中充当的重要角色，使得我们在信息的搜集与整理中收获许多课外知识，以及在思维方式、组织策划等方面的能力得到极大的改变或提升。这些都是信息（Information）运用于教学所带来的推动作用。

其次是课堂上，黎老师十分注重创设思考与讨论的条件，引导我们在课上就自己的预习提出疑惑并组织大家一起进行互动讨论，形成全员参与自由发言的良好课堂氛围。这种参与度、投入度的加深，不仅鼓励了同学们积极思考，更大大激发了同学们的学习兴趣，收获了学习的快乐。俗话说，兴趣是最好的老师，这种从多个环节激发学生兴趣的方式使同学们的学习效率明显提升。

最后则是接近课堂尾声时，黎老师会在各小组成果展示后提出其疑问，并组织同学们对该小组的整个展示的策划、安排、成果以及展示者的方式与姿态等方面进行评价，以期该小组能够对自己的优点和不足有一个更清晰的认识，优点继续发扬，不足努力改正。而其他同学能从中有所收获，有则改之，无则加勉。另外，黎老师也鼓励我们发现教科书中表述不恰当或者错误的地方，提倡大胆质疑，善于质疑，在不断质疑与反思中提升智慧，谋求进步。

这一学期在五I指导的学习与实践过程中，我深切感受到了其科学性和有效性。黎老师爱护学生的直觉，保护学生的质疑精神，留时间和机会给学生讨论，让学生的思想活跃起来，充分体现了以生为本的教育理念。在我看来五I不仅能用于教学实施、课程资源组织，也能用于教育科学研究甚至家庭教育、日常生活等方面，具有深远的理论价值与广泛的实践意义。假如我们将五I作为工作或生活理论，那么我们将会多问自己：为什么、是什么、什么是、为何是……对生活有更深层次的理解，从而提高我们的生活品质以及生活智慧，使得生活更加美好。由此可见，五I无论是从教育还是从生活来看，都极具理论意义和指导价值。倘若能将五I推广开来，使更多的人了解它运用它，那么我们在各个方面都会有极大提升，这将是教育之幸，更是人之幸。

五、董琼（2016级生物科学3班）

第一次见到黎老师的时候，他个子不高，戴着眼镜，脸上挂着平易近人的笑容。我们的第一次课，先是让全班同学都自我介绍了一遍，老师又介绍了本学期的课程计划和上课方式。第一次课，就让我感觉到教育学将是一门愉快的课程。

在黎老师的介绍下，我第一次听说“五I课程思想”。所谓“五I”是指：信息（Information）、兴趣（Interest）、质疑（Inquiry）、智慧（Intelligence）、直觉（Intuition）。黎老师对“五I课程思想”的提出者张楚廷先生也是极为尊敬，多次将他的一些文章分享给我们，一首《人颂》令我们惊叹。作为著名的教育家、湖南师范大学的前任校长，我们自是充满敬意，尤其在看到五I思想的内容，便知张楚廷先生为之不断探索所付出的精力。看似简单的五个词，却是凝聚了教育目标或教育过程的精华词汇。一开始我们对于这个概念还没有那么深刻的体会，但在后来黎老师的课堂和实践教学中，慢慢地对“五I”思想有了新的感悟。

每一次课上，都会由小组提出的问题供老师和大家一起讨论。我们身处一个开放式的课堂，较以往其他的传统形式的课堂带给人完全不一样的体会。犹记当时有一堂课我们就“应试教育和素质教育究竟哪个更适合现在的学生"这一话题展开过激烈的讨论。老师也偶尔会提供一些视频给我们观看，比如《教育，可以改变吗》《老师也疯狂》等，看完后再进行感悟体会的讨论。大家各有想法，在课堂上勇敢的上台表达和辩论，大家的思想相互碰撞冲击、交融，往往能够擦出不一样的火花。黎老师也直言在我们的讨论中他也能学到一些东西，所谓"教学相长"大概就是如此了。在课上，黎老师总会分享一些他自己的教学经历，自己儿子的教育问题，鼓励我们大胆质疑，同学们慢慢摆脱了传统课堂的束缚大胆上台演说，其他同学听到有感之处也会大胆上台，这个方式极大的激发了我们的兴趣，也正是在这个过程中教育学知识和"五I思想"也就潜移默化地融化到我们的思想之中了。

夸美纽斯说："教师是太阳底下最光辉的职业。"从初中起我便一直想当老师，到了大学，我去过正规学校见习，也做过多次家教，大多是成绩偏差的学生。在教授给他们知识的过程中，我喜欢先同他们做朋友，了解他们的性格和为人，总是希望能将一些正能量的思想传递给他们，改变他们的一些错误幼稚的想法。对于知识教学，我觉得应该给低年级学生更多直观性的感受，从知识点出发探索有趣之处，才能让学生愿意学习，让学生敢于质疑而不是一味地相信老师是权威。我曾经也被自己的学生问倒过，虽然看似丢脸，却让我知道自己的不足之处，作为老师就应该一直秉持"终身学习"的理念。在教学之中融会贯通"五I思想"会有不一样的教学体会。我也曾在课堂上同黎老师和同学们分享过我教育过程中一些所见所感，比如中国当代教育的一些弊端，老师和同学也总会说出自己的一些经验、看法和建议。大家将自己的经历诉说出来，在这个过程中，我们能够交流一些好的教学方法，我相信这些对将来我们的教学会大有裨益。

我曾经看到过这样一句话"教育能改变一个人的轨迹，能把一个人从一个世界带到另一个世界"。感谢与黎老师的相遇，他带领我进入教育世界的一片新的天地，而"五I思想"便犹如一束耀眼的阳光，为将来成为老师的我们指明正确的方向。在此祝愿黎老师万事顺意，在教育教学工作中能创造出更多有利于教育事业发展的新成果，也希望我们师范生能够为未来中国教育事业的发展贡献力量，使“五I”课程思想能够大放光彩!

六、谭晶（2016级教育学1班）

初识黎老师是在大二学期的寒假，他突然进入了我们的班群，在我们还没有返校上课时，他在班群里给我们布置了观看《炉香赞佛》视频并写感想等寒假作业，当时我们内心是崩溃的。心想：这个老师还没有教我们就已经给我们布置作业了，要是真的上了他的课，那作业还不堆积如山？所以当时我们对他的第一印象就是爱布置作业的古板老师。后来开学上了他的第一堂《德育原理》课，使我对他的印象颠覆，他幽默，接地气，甚至还可以说有一点新潮，并且喜欢察言观色，是一位很有亲和力的老师。

我作为一名教育学专业的学生，说实话刚开始对张楚廷教授提出五I课程思想并没有很深入地了解，第一次接触还是在黎老师的德育原理课上。之前也有过课程与教学论的学习，知道从古至今的几种比较重要的课程观，例如：课程是知识，课程是经验，课程是活动等，也知道课程观从卢梭到杜威再到现代课程理论奠基人泰勒，一步步地在发展，一步步地在丰富，也更贴合时代需求。张楚廷教授提出五I课程思想是现当代课程观的一条新思路，“五I课程构想是一个‘五I’方案，其中包含：信息（Information）、兴趣（Interest）、质疑（Inquiry）、智慧（Intelligence）、直觉（Intuition）等五个方面。”张楚廷教授认为课程应当给学生五I，或者说五I构成课程。

我认为：信息可谓包罗万象，我们生活的环境，我们学习的知识，还有我们人与人之间的情感关系等，这些都可以用信息来概括。兴趣是最好的老师，是学生主动学习，积极思考，勇于探索的动力，如果学生从事某一件事是基于自身的兴趣，那他一定会达到事半功倍的效果。质疑是积极思考、勇于探索的表现，我一直都认为学生不能一味地接受书本已有的体制化知识，而是要主动思考建构知识并提出自己的疑虑，不能做一个只会接受知识的容器，要大胆提出自己的想法，就算是错误的，那又怎样？有则改之，无则加勉。智慧是一个人学习后举手投足、做人处事所表现的闪光点，我认为这也是一门课程最应该带给学生的，是课程目的的重要组成部分。至于直觉，人们都很容易产生一个观念——先入为主，这对于一件事的成败起了先导作用，虽说直觉不一定都是准确的，但是也不能因此而全盘否定直觉存在的意义，有时候，人的第一感觉就是最正确的。以上是我对张教授提出的五I课程思想浅薄的理解。接下来我将谈谈黎老师在他的德育原理课程中是如何巧妙融入张教授所提出的五I课程思想的。

1. 全面利用各种途径，增强学生的信息获取能力

黎老师上课期间，每堂课都会引用时事热点、教育新闻，使我们扩大信息量，与此同时，黎老师每次看书或是手机上一些他认为跟我们专业相关能帮助我们的文章，他都会毫无保留地发在班群里和同学们分享。可见黎老师是一个很负责任的老师，黎老师充分利用了大众传媒，不论是口头的还是印刷类还有电子传媒，都使我们的信息获取、选择能力得到了较大提升。

2. 策划贴近生活的实践活动，引起学生的兴趣

书本知识和课堂学习是必要的，但两种方式使用时间长了会给学生造成枯燥乏味之感。黎老师也考虑到了这一点，因此他在学期中组织了趣味性较强的实践活动，并且活动主题并不是书本上冗长的课题。他确立了“建设文明城市背景下衡阳师范学院德育环境调查与建议”这个主题，指导我们建立小组，按小组配套任务，分别去观察学校，这其中包括教室、寝室、食堂、图书馆、电梯、操场、道路、亭台楼阁、人工湖等，场地范围划分得很细致。这一活动的提出大大激发了同学们的兴趣，同时也可以让同学们更加细微地去观察自己所生活学习的地方，而且同学们所提出的学校的不足也肯定是大部分同学的感同身受。实践活动结束之后黎老师还把我们的实践活动结果打印装订成册上交给了学院领导，还打算上交学校领导，使各级领导可以看到学生眼中的学校的不足之处和我们的所思所想，以便尽早修复和弥补学校的基础设施，加强人文环境和自然环境建设。这个活动使我们真真正正以

主人翁姿态认认真真地投入到了学校的建设与管理中。

3. 让同学们大胆提出问题，敢于质疑，并且集中讨论解决问题

黎老师上课的模式与其他老师不同，他上课时先把班上的同学分为几个小组，然后把书本的章节安排给每个小组，每个小组要针对书本的章节搞好预习、提出问题或是不能理解的地方，小组长进行归纳然后发在班群里，其他的小组就需要先行学习并且要对其小组提出的问题进行思考。之后在这一章节进行课程学习时，黎老师会择要梳理一下脉络，然后展示小组的问题，其他的小组对已有的问题提出自己的见解。同学们可以知无不言，言无不尽，直到问题得到较好的解答，帮助班上的同学实现真正的领悟。如果有些问题同学们自己解决不了，这也没关系，黎老师会对此进行点拨。如果还是有疑问，黎老师会进行有针对性的细讲。这种教学形式改变了以往的那种老师全程讲授、学生又不能真正接受的教学模式，使同学们自己发现问题并尝试解决问题。

4. 引导同学们思考生活案例，注意将德育原理理论与社会实际相结合

黎老师上课的时候会引用很多教育案例，有时候也会把自身经历拿出来供同学讨论，我记忆最深的一个例子就是，黎老师的儿子上初中，儿子的班主任老师向黎老师汇报他儿子偷偷摸摸抽烟、而且有沉迷电子游戏的现象。黎老师说这件事让他很头疼，也希望同学们可以帮助他，提出一些解决的措施，老师也会列举几种他之前采取的措施，让同学来衡量优劣，让同学们学会用全面的眼光去看待复杂的问题。

5. 促进同学们智慧的发展，真正实现教育目的

教育的目的就是为了育人，培养对社会真正有用的人，任何一门课程的归宿都在于此，德育原理课程更是如此。黎老师对我们的教育也是希望我们能学以致用，黎老师之前给我们看过一部纪录片《村小的孩子》，让我们了解现在农村的教育现状。但是黎老师并不仅仅是想要我们了解，他在课后把《村小的孩子》这部纪录片蒋能杰导演的微信号发给了我们，希望我们能跟

他进一步交流，同时希望同学们思考如何帮助那些村小的孩子，为农村教育的发展贡献自己的力量。我们班组织了捐款，虽然数额不大，但通过这种活动，不仅仅培养了同学们的爱心，而且也锻炼了大家思考问题、参与社会建设的能力，促进了同学们智慧的增长。

黎老师的《德育原理》教学可以说很好地结合了张楚廷教授的五I课程思想。但是，仍然还需要不断地探索和反思教学过程的不足，例如，在知识传授过程中，还是有小部分同学浑水摸鱼，并没有认真地学习课程，老师可能没有发现这种情况；还有，如果大量利用视频和实践活动进行教学，会使同学们玩耍的热情盖过学习的热情，反而实现不了学习的目的。如何平衡这些辅助教学手段和完成教学任务之间的关系也是很重要的。我相信，假以时日这些问题都会得到一定程度的解决。

张楚廷教授的五I课程思想肯定会被运用到更多的课堂中去，黎老师是运用这一课程改革理论的先行者和开拓者。

祝愿黎老师著作等身、桃李满天下！

第四节　丰富多彩的五I旅途

我的博士论文是写五I的，也是以五I为指导的。信息从哪里来？对吗？够吗？好吗？我对五I真的有兴趣吗？我质疑了自己的动机、所占有的材料、所使用的方法吗？写作中，尊重了直觉吗？博士论文写作是一次艰辛的跋涉，涉及学习与生活的方方面面，对我的道德智慧、理性智慧提升会有帮助吗？我一路思考五I，一路应用五I。几年的读博生活，我充分认识五I，合理利用五I，借此丰富了生命内涵，提升了人生境界。

为了解各地学者对张楚廷教育理论的看法，我于2013年4月开展了一次学术之旅，从长沙到北京、从北京到吐鲁番、从吐鲁番到敦煌、从敦煌到兰州、从兰州到长沙，行程逾10000公里，都是用五I设计路线、交往相关人士、思考得失。这是一场兴趣（Interest）游，一路寻找信息筛选信息

（Information），一路质疑（Inquiry），一路直觉（Intuition），一路收获智慧（Intelligence）。

在吐鲁番期间，我听课、评课、与数位老师交流五I的内涵及应用、以个人名义捐书、参加吐鲁番地区实验中学教师交河故城野营活动、参观吐鲁番旅游景点，参加湖南援疆团的“三学三会三融入”（学会民族语言、民族歌曲、民族舞蹈；主动融入当地环境，融入当地生活，融入当地工作）活动。笔者第一次在维吾尔族老师的指导下学说“雅克西”“伙西”“牙合西莫色孜”；第一次向维吾尔族同胞学唱《掀起你的盖头来》等当地民歌；第一次跳摆手扭腰、韵味十足的新疆舞；第一次在白雪覆盖的天山脚下沐浴着月光吃手抓羊肉。笔者的调研活动得到了原吐鲁番教育局陈书国副局长、吐鲁番地区实验中学张万敏副校长、吾斯曼·赛提副校长等人以及湖南援疆指挥部的大力支持。行程满满，收获颇多。吐鲁番地区实验中学在校园官网报道了我的相关活动。

回到湖南后，我将日记整理扩充，写成了很长的教育考察游记——《行走疆湖问道天山——湖南学子吐鲁番探秘五I之旅》，发在我的博客上，后来被stonebook吐鲁番之旅等博客、湖南援疆简报电子版等转发。吐鲁番旅游局陈书国局长2014年5月7日告诉我：“你的五I教育与旅游博客写得很好，第13期《湖南援疆简报》电子版全文发了你的大作。”为了纪念生命中遇到的人事物、为纪念定格为永恒的那些日子，拟将电子简报全文作为附录1置于文后。

陈书国局长在朱张渡口贴出的文章《云的故事：吐鲁番五I课程思想的推广》写道：“而关于五I课程理论与实践，总结的工作交给了一位博士。这又是如何的机缘。湖南师范大学在读博士黎利云，做的是五I的博士论文。他从张楚廷先生那儿听到吐鲁番的推广行动后，用了17天时间，辗转上万里，来到吐鲁番，深入课堂和援疆教师，逐步了解我们近两年的路径。才华横溢的他，不仅行万里路，还写下了葡萄诗歌，记下长长的日记以纪行。《行走疆湖问道天山——湖南学子吐鲁番探秘五I之旅》，在湖南教育网、援疆简报发出后，引起了广泛关注。《吐鲁番》杂志专门登载。我在读后写下一首诗《云的故事》。"①

云的故事

一场雨
让我凝望尖塔上的白云
想到一个诗教的老师
他叫看云

也曾有一个挚友
枕书而眠的人
与东西方的美共通
为家乡服务的青春
如今还留在雁鸣声声

而在年嘉湖畔
在沅江边
在高举阁
楚云深在桃源
白话诗朦胧整个的朱张渡口和原野

边塞什么时候
黎明时分可以看到日出
看到一朵耀眼的白云
一个上天望我们的眼睛
你是上帝，你没有嘲笑
我也不再迷狂

① 陈书国. 云的故事：吐鲁番五I课程思想的推广. http: //mimiai. blog. hnedu. cn/thread-56099781-1-1. html.

陈局长的诗属于意象派？还是朦胧派？对于他的诗，我半懂不懂。对于他的情，我心领神会。感谢他的用心！感谢五I牵线搭桥，使我们能成为生命旅途中的好朋友。

在陈局长的张罗下，以五I理念指导写作的《吐鲁番·葡萄·人》（见附录1）被当地文学刊物《吐鲁番》录用了，发表在2013年第2期。这首诗写出了吐鲁番人与自然的密切关系、吐鲁番重要的城市特色。

在自娱自乐的同时，很高兴“游记”及诗歌等作品能产生了一定的社会反响。

在与五I随行的日子里，我越来越觉得五 I 是一种自我教育理念，是一种生命行走方式，是一种为人处世哲学。

第五节　用五I开展家庭教育

我曾对妻子、儿子说：“处理各种问题时，我们都要五I一下！它让我们办事更有效率和效果。”五I已经作为家庭用语融入了我们的血液，成为了我的家一种生活理念，帮助我化解了很多矛盾，解决了很多问题，给我及家庭带来了很多快乐。本节主要从孩子的两篇习作看五I的家庭教育价值。

一、用五I学骑单车

笔者用五I指导上小学四年级的孩子骑单车，一个多小时就学会了，孩子还写了作文《五I教我骑单车》。下面是该文章的节选：

> 爸爸妈妈给我买了一个折叠式单车。但我只练了一下就不练了，摔一跤就摔没了我的兴趣。五一假期的一天，爸爸说：“我们学骑单车去吧，这次告诉你一个秘诀，肯定可以尽快学会。”他拿来纸和笔，写了五个词语，在词语边还写上了英语。它们是：信息（Information）、兴趣（Interest）、质疑（Inquiry）、直觉（Intuition）、智慧（Intelligence）。爸爸说：“之所以叫做五I，是因为五个单词都是字母I开头。这是著名教育家张楚廷爷爷提出的教学方法呢！”我想起来

了，张爷爷是爸爸的老师，我见过他，他写了很多书，爸爸说他是什么教育家、哲学家。我纳闷：五 I 不就是几个单词，能教会我骑单车吗？

我们推着车来到了一个很开阔的地方开始练车。不到两个小时，我真学会了骑车。回想起来，五个单词我都用上了，五I还真神奇。

爸爸先给我讲解和示范怎样骑车，说这是给我一些信息（Information）。我摔了几次跤，有一次单车压在我身上，疼死我了，我趴在地上大声哭喊，责怪爸爸见死不救。他嬉皮笑脸，还一个劲对着我的“洋相”拍照。我勉强爬起来之后，他就笑着说：“摔跤没什么不得了，我骑车也摔过，摔多了就不再摔了。”他还激将我说：“你的很多同学都会骑，你不学会，脸往哪里搁啊？你不敢骑，就说明你胆小啊。学学那些百折不挠、宁死不屈的战斗英雄吧！你学会了骑车的话，上下学就可以潇洒骑一回了……”想到骑车好处很多，我的心痒痒的，爬起来再练习的兴趣（Interest）也就上来了。

爸爸要我多质疑（Inquiry）自己：为什么骑不好？问题出在哪里？是兴趣不大？是信心不足？还是努力不够？还是方法不好？我暗暗告诉自己：一定要打败胆小的软弱的自己。爸爸说：“要相信自己的直觉（Intuition），直觉很重要。我讲的是纸上谈兵，也不一定是对的。”我不再理会爸爸告诉我的那套办法，也不管什么直觉不直觉，不就是多练习吗？我发现启动的时候不对，踏板太低或太高都不行，要抬高一些后再用力踩下去才能启动。我豁出去了，摔也不怕，累得满头大汗也不休息。我不断尝试，在哪里跌倒了就在哪里爬起来。爸爸一个劲地表扬我，说我是个勇敢的好儿子。爸爸的甜言蜜语也增长了我的兴趣。功夫不负有心人，我终于成功了。我骑车围着小区转，房子都被我甩在后面，路边盛开的花朵似乎在张开笑脸迎接我，似乎在夸我厉害。

这个时候，我觉得发明五I的张爷爷很了不起。发现爸爸也很了不起，他有智慧，能用五I教我骑车。我觉得自己也有智慧了，这件事告诉我：“世上无难事，只要肯登攀。”五I真是个好办法，我以后要用它来干任何事情，让自己变得更加聪明，更有智慧。

孩子的文章是在我的指导下、督促下写的，个别地方还帮他做了修改。字里行间可见孩子的慧心、父子的亲情与五I的魅力。儿子在以后的学习与足球训练中，在我的耳濡目染或督促下，也自觉或不自觉地使用五I。2018年6月，他以足球特长考入湖南省示范性高中——衡阳市第八中学，并顺利入选衡阳市代表队，备战湖南省第十三届省运会。下面是他于2018年8月1日写的足球训练体会。

二、用五I分析足球训练

对五I 理念我并不陌生，我爸爸在我读小学二年级的时候就告诉了我这个东西。后来他老是提醒我要用五I读书、做人、生活。好几年过去了，如今回想起来，五I真的在我生活中发挥了重要作用。在此，我主要说说它与我的足球训练的不可分割的关系。

五I是我爸爸的老师张楚廷爷爷提出来的，它包含信息（Information）、兴趣（Interest）、质疑（Inquiry）、直觉（Intuition）、智慧（Intelligence）等五个方面。我觉得这是一个很有意思、也很有用途的理论。

我训练足球是从小学四年级开始的，最初报的是学校的兴趣小组，觉得练足球比练架子鼓好玩，我就二选一，确定玩足球。目前，足球由开始的兴趣变成了我生命中不可或缺的一部分，已经深深地融入到了我的生命中，也成了我生活的重要内容。尽管练足球要经历很多风风雨雨，甚至遭受身体上的伤害，但我还是坚持下来了。成为一名好队员、好球员，是我的梦想。说到底，还是兴趣支撑了我。

我现在的足球水平是比较高的。几年来，我们队拿过省里的三四名，一直是衡阳市的第一名。我是核心成员，中场主力，还做过一段时间的队长。今年升高中时，我用足球特长加文化考试顺利升入了衡阳市八中，这是一所省示范性高中。当时20多人去考足球特长，真正进入八中的只有6人。我为此还小小的得意了一番，这算是练足球修成的正果之一。爸爸妈妈还奖励了我呢！

现在我所在的衡阳队正在备战湖南省第十三届运动会。前不久，也就是2018年7月26日，我们去深圳训练，与深圳实验学校打了一场友谊赛，据说他们是广东乃至全国的强队，我们不畏强手奋力拼搏，只以一球小输给他们，这一球其实丢得蹊跷和冤枉。在临近尾声，对方获得了一个角球。可以说，之前我们的防守很到位了。因前点防守球员精力不集中，导致皮球漏了进去。这是大家始料不及的。他的身后正好是名对方进攻队员，皮球应声入网。在这个进球之前，我们完全掌握了场上的优势，甚至创造了几个单刀机会，可惜并未进球。我觉得我已经努力了，将五I思想也充分运用了。只是，足球不是一个人的战斗，所以，要是大家都有五I思想就好了。当然，光有五I思想还是不行的，身高、体重、体能、技术也是取胜的重要条件呢。

我的足球训练取得了一些成绩，这与我自身的努力分不开，也离不开教练的精心指导和父母的全力支持。如果要说我的足球训练与五I的关系，我觉得兴趣是最关键的一个方面。

我踢足球本来就源于兴趣，如果没有兴趣，就不会有后面所发生的的一切。人们常说：兴趣是最好的老师。我觉得这话非常有道理。正因为我从小对足球有兴趣，才引领我一步步参加了足球队，才有机会接受专业的、系统的训练，获得一个又一个更好地发展自我、展示自我的平台。

五I中的信息也是一个很重要的内容。在训练中、在比赛中，教练会向我们传达思路、安排战术，这个时候我们就必须认真聆听，并按照他的思想去行动。如何专心听取并切实运用教练的指令，能体现一个球员的素养，并决定这个球员是否会被教练所信任、所器重。我大多数时候能按教练的想法行事，因此得的表扬也多。偶尔也有没听清楚、或没听到教练的指令，因而我自作主张，往往造成丢球，被教练批评和训斥也就在所难免了。当然，球场上的信息，不只是教练的想法，还有与训练或比赛有关的所有人事物，我们都必须在意，要尽量在充分掌握信息的基础上创造有利条件。

在足球训练当中，直觉与智慧对我来说，也是息息相关的。智慧在我看来是临场时对场上形势的准确判断以及做出最正确的处理，这也是阅读比赛的能力。一个好的球员阅读比赛的能力是相当强的。球场上要讲规矩，要体现球技，还要讲团结合作，对于强于或弱于自己的对手都要尊重，这都是智慧啊。当你变得很智慧的时候，相信直觉也不会差。直觉直觉，直觉的觉察或觉悟，在关键的时候处理球时，直觉是可以发挥较大作用的。瞬间做出决定很重要，很多时候不能多想，所以直觉就派上用场了。教练不可能考虑到球场上所有的情况，怎么处理呢？这就要靠我们自己胆大心细加直觉判断了。我之所以能成为骨干队员，直觉也帮了我的大忙。我教练说："黎佳诚同学是有个性的，敢于当机立断临危不惧处理我们没有设想到的情况，这是非常重要的素质。这就是所谓发挥主观能动性。"

质疑，也是球场上的重要观念，我经常质疑刚才做出的选择与处理是否正确、有无更好的选择。有时，我看欧美足球大赛，想从他们那里获得一些启发。有时，我看我们自己的训练或赛事录像，希望找出不足。这种既充分肯定自己又对自己不太满意的心态让我不断的扬长避短、取长补短，让我在对自己、对队友、对教练的质疑中变得越来越成熟，越来越优秀。

质疑，不仅在足球训练中需要，在日常生活中也很需要。每次做什么事，都需要事前事后做出深入细致的思考，否则就可能产生不良后果。我有些事情做得让父母和老师不满意甚至愤怒，比如最近两年偶尔跟随同学偷偷抽烟、偶尔偷偷玩网游，坏习惯似乎一步步逼近了我。这与我对新鲜事物的好奇心有关、与我对害处思考不够有关、与我想利用这个方法释放压力有关。在老师与父母的劝诫下，在自我质疑与反省后，我已悬崖勒马，一天天变成了阳刚少年。

五I在我的成长路上已经发挥了重要作用。但我觉得还利用得不够，今后，我将时时刻刻用五I指导我的言行，保持对足球、对学习、对生活的强烈兴趣，全面占有信息，充分质疑对错，尊重来之不易的直觉，做个有智慧的足球人、做一个爱好足球运动的智慧人。

孩子在文章中对直觉、智慧等概念的理解可能是有问题的，这就是一个14岁少年的真实水平。在紧张的备战阶段，"逼他"写这样的文章，哪怕他只做了简单的组词造句成篇工作，也是难能可贵的。8月底，比赛结束，他们所在的衡阳市代表队取得了较好名次。

孩子的顺利成长，家庭的幸福快乐，都有五I的功劳。笔者希望在日常生活中培养自己的五I意识、智慧意识，从而树立良好的为人处世观念，过有备无患、取舍得当的生活。

获得文本意义的过程受许多因素的制约，譬如说，我对张楚廷著作的理解受到我所处历史时代、社会和文化背景、教育背景、语言能力、对教育学和哲学等学科内容的熟悉度、阅读目的或实践兴趣、张楚廷所处时代背景及文本的结构等的影响。我所呈现的文本则为它写作时间的长短、创作时的心态、我的语言和天赋以及我的意图等所制约。

文本的意义绝不只存在于文本自身，也绝不完全存在于作者的思想里；当然也不会完美地进入读者的思想。在解释的过程中，没有一个因素——读者、文本、意义等会自主存在，以一种完全隔离的方式呈现。理解一个文本就意味着建造一系列很复杂的桥梁，沟通读者和文本、文本和作者、现代和过去、一个与另一个社会或社会环境。到此，虽然已经写出了近30万字，但我感觉还没有把理解文本的桥梁建设好。

本书通过全方位的考察、着眼于事物的普遍联系，提出了五I在文化特质上的民族性与国际性、内容设计上的多样性与侧重性、价值取向上的人本性与和谐性、作用机制上的互补性与化合性、实践效果上的真理性与审美性等理论特征。从深沉的民族情怀、深厚的哲学情结、深切的教育情感、高雅的生命情致等角度阐释了五I的生成机制。联系张楚廷提出的宏观、中观、微观层面的各种教育理论，将五I做了教学公理阐释。立足本土放眼世界，将五I与三R、三S、四环套、四R等做了国际比较。提出了五I有其独特性，但各种理论都有存在的价值，它们可以取长补短和平共处。立足于文化自觉，阐述了五I是一个具有中国气派的教育理论。当然，不妨碍别人说四R等是有美国气派的课程理论。从使用概念与符号表征人生、五I作为模型和隐喻、五I有利于成全自由教育、五I有助于打造生态课堂、五I帮助实现教学美好等角度探讨了五I的教育价值。用张楚廷、陈书国、黎利云等人的实践证明五I是一个可以用于学校教育、日常工作、家庭生活的有用理论。自认为，对五I的研究视角是多维的、起承转合是有机的、研究的程度是比较深刻的、研究结论是比较可靠的。

理解就一定会是正解吗？理解肯定包含误解。这种误解是由于文本的时间距离和在流传过程中对原有世界的脱离而形成的异化或陌生化，另外还有理解者本身的学识、背景等，也很可能妨碍正解的达成。我的解释学或者对五I的解释，既会有信仰的因素，也会有理性的因素。如果我的解释还带有文学的浪漫主义色彩，那就是理性主义与虔信主义以及与浪漫主义相结合的产物。我虔心五I，虔信五I，理性分析五I，但难保不误解五I。

黑格尔说："每一种真正的哲学都是理想主义。"他还说："每一位哲学家都是理想主义者。"[①]黑格尔《小逻辑》的译者在脚注中说：理想主义原文为Idealismus，一般译作"唯心论"。如果认可哲学是个好东西，就是认可理想主义或唯心论是个好东西。通过本书的写作，我逐渐认可了理想主义和唯心论的真正价值——过一把思维瘾，放飞思想，成就梦想。

写作期间，作为审美主体的我与审美对象五I，始终保持着一种"亲在性关系"，每天挂念它，念叨它，我作为主体的内心活动就处于自由的体验与想象状态。五I进入我的世界后，心灵就留下一种景象。我看着它，它看着我，在这种对视中，日久生情。如果是一块石头，它也被捂热了。作为主体的我与审美对象的它，在这种越看越有味的审美体验中就变成了主体间性的关系。作为主体的人的身心活动已经进入合一的状态，似乎五I就是我，我就是五I，身体的体验引发心灵的体验，心灵的体验同时又激活了身体的体验，即体验自身成了主体自由自觉的运动方式。

① [德]黑格尔. 小逻辑 [M]. 贺麟译. 北京：商务印书馆，2011：211.

我们可以将解释者与真理问题直接关联起来，即解释的目的在于追寻真理。“人生也有涯，而知也无涯”，以有涯待无涯，我们不能懈怠，应该不断地去追寻更多更深的真理。我们所知真理太少，这既是由于真理的神秘性造成的，也是由于人的认知与理解的局限性造成的。所以我愿意像苏格拉底一样，承认自己很无知（实际上也是无知）。这不是谦虚，而是对自己清醒的认识。我认识了多少教育规律？构建了多少教育规律？对五I认识了多少、应用了多少？只能说弱水三千还只取了一瓢饮。

对教学规律的探索不会完结，对五I的理解或解释也不会完结。由于先在性的区别，主体与主体间的交流从来是不平等的，所以我的解释能被多少人接受，能在何种程度上被接受都是谜团。从主体性解释意义上说，真实的探究是一个永远的认知过程，每个人皆有按照自己的意志探究真理的权利，不必寻求普遍统一性。主体性偏见和个体性差异只能在真理性交流语境中部分性予以克服。期待人人举手赞同一个学术观点既不现实、也不必要。由于解释者的天赋差异，必然形成自身的无穷开放性境遇，也必然形成真理探究的无穷开放性。在这种开放性的自由对话与交流中，真理的探究本身不仅表现在结论上，而是展示在过程中。实际上，是你、我、他构成的潜在共同体一起在对五I进行探究、对张楚廷课程与教学思想的探究、对张楚廷教育思想的探究。由于主体与主体之间的交流是解释者与接受者之间为了达成为事物本身的认识必须依托的思想方式，所以我期待大家对我的解释能积极参与，或给予肯定、或提出批评、或不吝赐教。

哲学家贝蒂（Betti）否定有绝对的和最终理解意义上的完整性。他承认解释学的任务永远不能完成。“事实上，解释的任务在任何情况下都依赖于理解的实际状况，从来都不能被认为是最终的和完整的，因为没有任何解释让人类把它当作确定的解释，不管它开始看起来多么地有说服力。”既然如此，我何必为本不可能的“完整”而痴心妄想、搜肠刮肚呢？明知不可为而为之的结果就是心力憔悴、头破血流，甚至殒命于沉甸甸的文字垒成的大山的压迫。

进入解释学的循环圈之后，我对五I的阐释曾一度变得晕头转向，而不是越来越清晰，因为要进入张楚廷上百本著作和上千篇论文的汪洋大海中去，还要与他面对面交谈。多少次在有方向中失去了方向，在失去方向时又找到了方向。很多的日子我都在得得失失、起起伏伏、取取舍舍、进进出出中度过。搁笔的一刻，长吁一口粗气。但又会怎样呢？如释重负时又会怅然若失。我是谁？我做了什么？一切似乎发生过，一切似乎都没发生。色即是空，空即是色，色不异空，空不异色。此时的我悬置于天地间，作为人鬼神，与人鬼神相会，畅谈用文字堆积梦想的奇异感觉。既没有凤凰涅槃的脱胎换骨感，也没有九死一生的痛苦感。麻木、平淡成了生命的姿态。

我对五I的解释未必比原创者本人的解释更好，却是一个不同的理解。解释不会总是标志进步，但起码标志这是一种不同于原创的思想形式。够了，我尝试了，我存在了。

叙述至此，我们似乎都认识了五I，似乎都共同拥有了能给人些许幸福感的五I。但是每个人都会有自己独特的五I。这叫做百花齐放、百家争鸣，这叫做同品一文、各如其人，这叫做万紫千红才是春。

施莱尔马赫说：理解绝不会结束或达到完整。他认为：“人的理解包含一个持续的不断修正的过程；它总是有限的、暂时的和循环的；总是一种不完全的解释，因为人的存在是一个暂时存在的结构。”如此说来，对五I、对张楚廷、对教育、对人生的理解是长亭接短亭，不知何处是归程？理解也无涯，读博也有涯，行文至此，虽意犹未尽，但不得不暂时结束了。

本研究的创新可能在于：用阐释学、演绎法等分析人物思想，将人物的专门理论置于人物整个人生与事业中去考量；引进公理、范式、原理等概念对五I进行属性定位；深入细致开展国际比较，阐述了五I的中国气派、剖析了各种理论的优点与不足，为各家各派取长补短奠定了理论基础。在实践篇章中，用吐鲁番地区推广使用五I等案例来说明了这一理论所蕴含的适用价值。

五I在具体的应用上是可以发挥重大作用的。笔者将五I用于日常生活、教学、科研，获得了不错的效果。有很多单位如长沙市岳麓区实验小学、益阳市赫山区实验学校、株洲市景弘中学、长沙市砂子团教育集团等单位和周琦勋老师等个人看中了五I所具有的教改意义，因而请张楚廷去讲学。这使该理论造福了更多的人。五I的规模化应用以吐鲁番地区最为突出。到新疆传播五I课程理论的有陈书国局长、张楚廷教授等，沿着古老的丝绸之路为教育行业内的积极交流打通的一条“纵贯疆湖（新疆、湖南）的坎儿井”。

五I的有用性源于：创立者思想的深刻性，研究者阐释的充分性，实践者践行的主动性。由于五I具有开放性，由于阐释者能力的局限性，因而对于这一理论的理解与阐释具有“未完成性”。本著作有一半甚至更多的内容是夹叙夹议的，个人史的组成部分，我希望在大历史的隙缝里找到一点或保留一点个人史，故对五I的使用穿越到了过往的人事物当中。对以五I课程思想为代表的学术研究与实践已经上路，路漫漫其修远兮，未来的日子里，吾将上下而求索。

一丝慰藉

因为教育事业，因为教师职业，因为五I理念，很多人走到了一块。这就叫缘分！有道是：十月怀胎，一朝分娩。要将缘分中的故事变为书籍，可真不是小事，孕期何止十月？

大概是1994年，在湖南师范大学读中文系时，文学老师阎真说他这辈子要写几本扎实的书，活着或死后都能当枕头。我们毕业后不久，他的第一本小说《曾在天涯》就出版了。后来每隔几年，他就出版大部头小说一部。我先后读了他的《曾在天涯》《沧浪之水》《因为女人》《活着之上》等几本小说。他的文字饱含生命激情、写出了人生的无尽囧境与拼命抗争后可能看到的微弱光明。我也曾幻想，什么时候也能写一本书当枕头，能让读者通过阅读文字为自己感叹、为他人赞叹。

读博士之后，为了写论文的需要，读张楚廷先生的论著就多了。他已经发表或出版了很多作品，但丝毫没有满足于已经取得的成绩。80多岁的人了，还是每天都写，每年都发表论文、出版著作。如果说我是读他的书成长的，似乎一点也不为过。他对于读书、写书、教书有很多体会与论述，这也深深的影响了我的读书观、教书观、写书观。

他曾说："我用写书的方式，书写了我的人生之路。书是书写出来的，我以写书来书写人生。……因为我思想得多，所以我有了更多的思想；因为我写得多，所以我有了更多属于自己的东西，自己的风格，自己的观念，自己的历程，由此，也写下了自己的人生，写下了通天达地的里程。"[①]"我所写的，都讲过；我讲过的，都写过。所以，讲与写之间相互联系着，影响着。"[②]"生命是人人可以去把握，去赋予，去构造的。当你如此感到自己与写作难舍难分时，写作本身就成了生命；只要写作一停止，那一刻，生命也可能开始衰微，甚至停止。"[③]张楚廷先生每天写好几千字，筑起了一道近3000万字的语言长城。他还说，读了别人的很多书之后，是应该写书给别人读的。否则，对不起读的那么多书。其实，这是一个输入与输出的问题，是一个索取与奉献的问题，是一个传承与创新的问题。

我也算读了很多书，也写了60多篇论文并且公开发表了，但写书却是头一遭。同门的或旁门的大多数博士同学都出书了。得到他们的赠书时也激动过、兴奋过，希望自己也快点把书出了。可激动之后又陷于消沉，总为慢点出、准备充足之后再出找理由。

作为大学教师，搞好教学与科研，是在履行天职。衡阳师范学院有良好的学术氛围，学校与学院对科研有奖励政策，不管于公还是于私，大家都争着报课题、写论文、出著作，这也是服务社会的体现。在这种氛围的熏陶下，我也有了出书的压力与动力。

感谢或远或近的所有领导、同事、亲人为我提供或创造学习、工作与生活的条件！

感谢张楚廷教授、石中英教授将我领进教育哲学教学与研究的大门！

感谢衡阳师范学院领导建立人本而优越的学术环境！

感谢心理学博士唐芳贵院长、郑志辉副院长鼓励我写书并给我推荐出版社！

① 张楚廷. 思想的流淌[M]. 重庆：西南师范大学出版社，2015：220-221.
② 张楚廷. 思想的流淌[M]. 重庆：西南师范大学出版社，2015：54.
③ 张楚廷. 思想的流淌[M]. 重庆：西南师范大学出版社，2015：94.

感谢心理学博士刘衔华副院长给我解答学校及学院政策！

感谢学生们愿意跟随我学习并实践五I等教育理论且写出自己的感受，甚至帮我修改书稿！

感谢妻子在家务劳动及财务支持、孩子培养等方面的承担与付出！

感谢儿子能严格要求自己实现身心健康成长让我的五I家庭实践能开花结果！

感谢在湖南工学院读书的外甥杨鹏为我制图并愿意尝试用五I指导生活！

感谢报纸电视网络等媒体为我提供大量素材使本书更具历史感、开放性和可读性！

不是我一个人写就了这本书，它是集体智慧的结晶。

这个世界是可以用文字描述的吗？人与人是可以沟通的吗？日本作家村上春树说：“人生而孤独而无法相互理解，所谓交流只不过相互寻求安慰。”鲁迅也说：“人类的悲欢并不相通。”几十年的生活经历告诉我，人与人似乎还是可以沟通的，又似乎是真正而很难彻底沟通的。我写出了近30万字，只是想为这个世界实现尽可能多的沟通、尽可能准确的沟通尽一份力而已。

张楚廷先生说过，五I是开放的，也是应该得到发展的。张俊列等学者就将其思想做了改造和创新，他将课程隐喻为一个以“人”为核心的“知识球”，其核心要素是“七 I”：我（ I ）、交往（ Interaction ）、兴趣（ Interest ）、想象（ Imagination ）、理解（ Interpretation ）、灵感（ Inspiration ）、智慧（ Intelligence ）。其中，“知识球的核心是人，是个体的‘我’，课程的结构与目的要以人性的结构与发展为基础 ……智慧是一种人生境界，达成智慧，课程也就由知识形态转变为人本形态，即知识球的中心——‘我’（ I ）。”① 这个理论非常有个性和创意。该文明确标注两处参

① 张俊列. “七 I”课程观：美学取向的探究[J]. 陕西师范大学学报（ 哲学社会科学版），2016（1）：165.

考了张楚廷的著作。这种创新是对张楚廷五I思想的继承与超越，对教育事业的发展是大有裨益的。

在教学过程中，笔者充分体会到了五I的魅力，也觉得如果只用五I教学，是难以优质高效完成好人才培养任务的，所以与时俱进发展了一些用于补充五I的思想，如六P理论，即Progress（成就、进步、发展）、Projects（项目）、Passion（激情）、Patient（耐心）、Partners（伙伴）、Play（玩耍）。串成句子的意思是：为了获得比较理想的学习效果，在课程实施中要用项目驱动，需要师生激情参与，需要用耐心和毅力维持学习状态，需要结伴学习，在学习中适当玩耍或游戏，也是有利于提升兴趣与效率的。

在博士毕业快4年后，再来修改此文用于出版，五I及张楚廷教育思想的积极推广者、好朋友陈书国先生已经作别这个世界两年多了。不胜悲伤，刻骨怀念！没有他的帮助，我博士论文写不好，博士也就毕不了业。谨以此拙著缅怀他的情怀和业绩，纪念与他交往的短暂而温馨的日子。在他去世一年多后的2017年4月24日，我接到了《当代教育论坛》杂志社社长李云中先生的电话，说他写了篇纪念陈书国的文章，想发我看看，希望我也抽空写点。李社长是我老朋友，湖湘大才子，文笔生动优美，他用微信发来的纪念文章读得我怦然心动、潸然泪下。看完文章后我回信："情满天山情满云中！感人！方便时，我也写点，与他的交往历历在目呢！"时至2018年，我也没写半个字。最真的情、最深的痛也许是没办法言表的。

但愿这本承载着对教育、对人生浅陋思考的著作能给读者带去一点启发、给自己一丝慰藉，能给这个用语言构筑的人类社会荡起一片涟漪、送去一缕清风。

致　谢

在文山学海攀登与泅渡过程中，自己只是披荆斩棘、乘风破浪的主力之一，有很多人为我逢山修路、遇水架桥，有人喊小心，有人喊加油。受挫折了，还有人抚慰我的心灵。所以，读博士、做论文，不是一个人的战斗。“会当凌绝顶，一览众山小”的体会是属于同舟共济者们的。感谢为我导航的人！感谢鼓励我前行的人！感谢与我一起餐风饮露、沐雨栉风的人！

导师周庆元教授是我的恩师。20多年前，我读湖南师范大学中文系时，他就是我的语文教学论老师。大学最后一个学期，他成了我的班主任。导师除了学习上关怀我外，还在经济上支持我这个穷小子。本科毕业一段时间后我还他钱，他都不知道有借钱之事。当时的他并不宽裕，老老小小好几口人都靠他不高的工资生活。他的“健忘”也许是为了不给我压力吧。

当恩师兼职湖南涉外经济学院时，我们又成了同事，我时不时可以聆教于他。当我考博几次三番遇到困难时，他就成了我的“垃圾桶”兼“心灵按摩师”。他安慰我、鼓励我说：认真准备，贵在坚持！南征北战一再失利后，我选择投考他的博士。我儿子的说法是正确的：“要不是周爷爷收留你，你哪有博士读啊！”感谢恩师的不责怪、不嫌弃。22年来，我一直沐浴着先生的阳光雨露。先生常对他的博士们说：“博士不是老师教出来的，而是自己悟出来的。不是名师出高徒，而是高徒出名师。”先生这样说，是谦虚，也是睿智，他希望学生更自由、更自主、有个性、有作为。

我以为博士只是难考，但不会难读。开始阶段我精力不太集中，游离于读书与谋生计之间。当毕业时间一天天临近而论文进展不大时，先生委婉发话了：“一双手能抓几条鱼？我以前不说你精力不集中，是怕伤你自尊啊！”一语惊醒梦中人！终于，我“洗心革面”回到了全职学生的岗位，全力以赴于读书、思考、写作。至此，基本上实现了预期计划。感谢导师的既导且督！

学高为师，身正为范。先生的一本本专著、一篇篇论文、一首首诗歌（格律诗居多），蕴含了深厚的学养和才情。在恩师身上，我除了感受先生的博学外，让我受益最大的的是他的厚德。对长者、对长期患病的妻子、对儿孙、对学生、对周边的人，他总是设身处地、竭尽所能。我该如何接人待物？先生就是我的榜样！

论文的修改费尽了恩师的心血，我最初交给他的文本有50多万字，先生“拜读”了好几天，被我的大作弄得心力憔悴。就如何修改，我们面对面交流了很多次，先生于2014年5月29日手书的“利云博士论文草稿修改意见”犹如明灯照亮我的心。其中第三至五条是：论者要摆正位置，不用第一人称叙写，站在第三人称角度写作；低调、客观，特别注意措词，少用散文叙事，多用学理阐述；认真规范调整全部脚注与参考文献，把全部格式纠正过来，参考文献中增加“期刊论文”一类。

这些意见，条条具体实在，使我修改的方向变得非常明确。

先生要我做好“过五关，斩十几将”的心理准备，希望我能一路顺风，“确保预答辩、盲审、答辩顺利通过”。恩师爱护学生之情，徒儿无以言表。此后，先生又用朱笔给我修改了几遍论文，先生在我论文上留下的“手迹”铺就了我前进的道路。

论文答辩前两天（2014年12月1日），我发了答辩用的PPT给导师，请他给我把关。他在QQ上留言说：“好的，我在看。看完再交流吧。安心上课，静心做事，专心开车，开心面对答辩，最后胜利属于你，属于我，属于我们大家！”话虽不多，但让我在寒冷的冬日感到心里暖暖的。这就是语言的力量！

知识改变命运！缘分改变命运！感谢缘分让我结识了周庆元教授、张楚廷教授等生命中“重要的他者”。

张楚廷先生欢迎我研究他的教育思想，并提供了很多帮助。2013年4月，我去吐鲁番考察了五I的应用情况，回来后交给了张先生一份考察报告。几天后他给我写了一首名为《黎利云》的诗歌（如本书序诗所示）。

感谢老先生用这种独特的方式肯定我、鼓励我、鞭策我。张先生的学术方法、学术态度、学术成果将让我景仰、让我受益终生。我很幸运，在研究过程中，能经常与他交流，真正受其言传身教。写作之旅也是与张先生情感升华之旅，是我们学术砥砺之旅。他帮我斟酌选题，告诉我要读哪些书，我借不到、买不到的书往往就在他那儿解决。论文初稿出来后，张先生是第一个读者。他肯定了我的劳作，也给了我好些具体的修改意见。非常感谢先生对后学的提携与帮助！

导师组成员一个个都是思维敏锐、爱护学生的好人、牛人，是他们的火热心肠，火眼金睛将我导航在正确的人生轨道、写作轨道上。美女博导辛继湘教授总是笑意盈盈，好像生活中没有不可克服的困难。她期待我能写出好文章，但担心我的思维太发散。我时常用辛老师的期待与担心来警示自己：不要下笔千言离题万里。从开题到答辩，辛导三次帮我审查论文，为我提出详细的修改意见。张传燧教授能与学生亦师亦友，一张生动的脸永远写满童真。他的教育史课别开生面，让我们知道了中国传统文化的博大精深，进一步知道了孔子、朱熹、王船山们的可爱之处。难忘他在武夷山开学术会议等场合对我论文选题及写作等方面的指教，难忘他送给我几本他写作的教育史方面的著作，难忘他在预答辩等时段对我论文的“鞭笞”与扶持。刘要悟教授快人快语，对学生的关怀具体实在，开题会上、预答辩上、答辩会上，刘老师给我口述的、书写的修改意见条条实在、切中要害，字字句句都是深情。他肯定我敢想敢说，也提醒我写论文要拿捏好肯定或批判的度。石鸥教授学贯中西，他在中国乃至世界建立起了教材研究的高地。难忘他的开拓意识和敬业精神，难忘他对学生的关爱。在益阳开学术会议时，我向他请教论文写作，“写博士论文就是写人生，博士论文写作要为后续研究打下基础、留下空间”的话语还萦绕在我的耳际。刘旭教授眼光犀利，看问题准确，总能一语中的、一鸣惊人。他对我研究课程哲学有些担心，但也鼓励我大胆尝

2014年12月在湖南师范大学参加博士论文答辩（从左到右：刘旭教授、辛继湘教授、张传燧教授、郭宇同学、胡弼成教授、李如密教授、刘要悟教授、黎利云、周庆元教授）

试。刘铁芳教授是一个诗情画意的人，紧缩的眉宇间常常流露出对中国教育、中国未来的担心，他对兴发教育、民主生活与古典教育、什么是好的教育等问题的积极探索总能唤起我对教育的希望和热忱。感谢他请来很多名家、专家为我们讲学，使我们能受到各种观念的激荡与滋养。

大学老同学王庭坚为了我考博的事前后操心一年多，老同学杜继军对我读本科、硕士、博士都给与了物质与精神方面的大力支持，教科院研究生办公室的周莹老师、宋明老师等为我们做了很多台前幕后的工作，李卯、韩维东、郭宇、刘景超、苏涵群、刘正军等同级博士同学为我提供资料、诊断论文，因制度约束而让我难以知晓其姓名却默默支持着我们的论文盲审老师，前来主持答辩的南京师范大学李如密教授、前来参加答辩为我指点迷津的湖南大学胡弼成教授等专家，都是我成长中的贵人。好一个众月捧星，一并谢谢啦！

老祖宗教导我们："立身行道，扬名于后世，以显父母，孝之终也。"（源于《孝经》）让父母显赫荣耀并不是我的目的，但起码希望自己成为他们物质和精神上的坚强依靠。我父母一直以我能读书、会读书为骄傲，一辈子为我付出了很多。内疚的是，到现在，他们还住在40多年前他们自己建的土房子里，风雨飘摇的房屋使我胆战心惊，期待能早点去改善他们的生存条件——这使得我的读博追求很自然的具有了几分功利色彩。尽管人生不如意十之八九，但我还是要衷心感谢把我带到这个世界的父母——老实巴交的农民黎孝文与杨玉梅夫妇，是他们节衣缩食养育了我、支持了我，忍受了不少委屈。岳父母、姨姐姐、姨姐夫、妻子等是我的稳固后盾，要钱给钱，要时间给时间，让我能不受经济拮据之苦，不受琐碎家务缠绕之苦。妻子刘涛是个多愁善感的人，她义无反顾地爱着我这个"乡里宝"。在我读硕士、博士期间，她承担了很多家务，并为找"米"下锅而殚精竭虑。如果说我获得了某种意义上的成功，那军功章有我的一半，也有她的一半。儿子黎佳诚虽是学生，但他很在乎我读博士的意义和进度，有时陪我一起去听报告、参加会议，一起感受读博的苦与乐。他自己的学习基本上不用我操心，还能做到德智体美劳全面发展。佳诚是个懂事的、有智慧的好孩子。我们比赛着读书、做人。可以说，我在与儿子一起读博士、一起成长。

作为关门弟子，我得到了周门子弟颇多的关爱，于源溟大师兄于寒冬腊月期间利用开会间隙在长沙枫林宾馆的大风中向我面授机宜。李功连师兄在论文发表、资料搜集等方面提供了很多帮助。胡绪阳、黄耀红、杨云萍、李霞、周敏、苑青松、王健康、蒋菲、唐智芳、曾晓洁、胡虹丽等师兄师姐致力于学术，快出成果、多出成果、出好成果的追求，家庭事业双丰收的业绩也一次次感动着我、鼓舞着我。周门子弟的团结互助、对导师的尊敬、对师母的关心也给了我很多做人的启示。衷心感谢他们！

应该感谢的人何止这些？单位领导为我读博提供了很多便利，同事马露奇、赖书明等为我分担了很多工作。大学老同学——沅陵县虎溪实验学校董事长舒支会先生对我经济上、调研上总是有求必应。北京大学教育学院院长文东茅教授、湖南工业大学副校长刘宇文教授、湖南科技大学李学副教授等为我指点迷津。援疆的吐鲁番地区教育局陈书国副局长（2012年下半年改任吐鲁番地区旅游局长）、胡观湘老师、欧德铭老师、周琦勋老师、袁万源老师、谢德文老师以及岳麓区实验小学的陈阳主任、株洲市景弘中学的苏志宏校长等给了五I应用调研上、资料收集上很多的帮助。点点滴滴，没齿难忘！还应感谢湖南理工学院的鲁涛博士同学、湖北孝感的管季超老师，他们为我写作出谋划策。还要感谢长沙市铁路第一中学的何群华、长沙市麓山滨江实验学校的钟轩宇、广州市嘉行学校的何芳等师生参与了本书的文字编审工作。当然，还必须感谢为我们做嫁衣裳的《中国教育学刊》崔若峰老师、《大学教育科学》胡弼成老师、《课程·教材·教法》编辑部的刘启迪老师以及《云梦学刊》等刊物的编辑老师们！

考博四次，读博三年半。多少次怀疑自己的动机。是谁多事种芭蕉？早也潇潇，晚也潇潇。——是君心绪太无聊，种了芭蕉，又怨芭蕉。芭蕉可不是自己种的吗？不管风雨交加还是风和日丽，芭蕉是一样的芭蕉，变了的只是我的心态。读博的过程、写作的过程是被欲望、被文字折腾的过程。有时，“山重水复疑无路”的感觉远远强烈于“条条大路通罗马”，但对“柳暗花明又一村”的追求驱赶自己拍拍尘土擦干血泪重新上路，“车到山前必有路”“不要让爱你的人失望”“这是你自己种下的苦果，吞下它吧”等信念支撑我走过了7年（1997年第一次考博）。众人拾柴火焰高。感谢大家共同照亮了我的前程！

亚里士多德说：每个人都愿意承认，追求幸福是生活合适的目标，但是每个人也愿意承认有不同的幸福概念。他还说：智者的幸福就在于沉思。我想做智者，也沉思了，但幸福的感觉总是那样短暂。读博的茫茫天涯路上，相伴更多更久的是取经路上的九死一生，当然，也有偶然得到仙人指点时的欣喜若狂。

咬住青山不放松，终于坚持下来了，终于“结果”了——不管是苦是甜！通过论文写作，笔者走进了苏格拉底、柏拉图、亚里士多德、黑格尔、马克斯·范梅南、泰勒、多尔、杜威、张楚廷等思想家的生命世界，为过一种思辨人生做了一些预备。学无涯，学也无欺，既然有幸与真善美相遇了，就决定与她携手前行。

读完博士了，人生取得了阶段性成果。一息尚存，奋斗不止。我将带着大家的关爱，带着读博修炼的决心、耐心、细心、信心、恒心走向新的生命里程。

衷心感谢母校的一而再、再而三的培养！是湖南师范大学把我培养成为了文学学士（1991年入校）、管理学硕士（2001年入校）、教育学博士（2011年）。归根到底，是母校把我熏陶成了一个我想成为的“自我”，让我对麓山枯枯荣荣的草木、对湘江来来去去的江水，对世间熙熙攘攘的生命多了理解与敬畏。

再次衷心感谢那些陪我一起出入思想之境的人们！

2013年2月黎利云一家与周庆元教授一家合影

精品书快讯

《道德战争——现代中国在价值观上的挑战》

作　　者：张东才
出版时间：2014 年 6 月
定　　价：38.00 元

这是一本从宏观上探索和思考价值观的书。作者曾被邓小平接见过（见 1979 年 5 月的《华侨日报》）。他写的《美籍华裔教授张（东）才对我国人事体制的建议》（1988 年 8 月 19 日）被《经济日报》作为内参报送中央领导并得到当时中央领导胡启立、温家宝和宋健等人的高度赞扬。这本书于凤凰卫视“开卷 8 分钟”栏目（2014 年 9 月 30 日）被隆重推介。

《国祚密码——16 张图演绎中国历史周期律》

作　　者：姬轩亦
出版时间：2014 年 12 月
定　　价：38.00 元

本书以详实的数据和严密的逻辑推理再现了公元前 841~1949 年的华夏民族兴亡史；从国际关系学和社会学的角度深入分析了我们民族历史上那些至关重要的命运转折点背后的强大动力；用现代语言诠释中国 4000 多年的政治伦理和政治实践；透彻地解剖了华夏民族的编年史“如何打破华夏民族分久必合、合久必分的历史宿命”……告诉你支配这种规律的竟然是一个周期率。

《民主不是万能的》

作　　者：王千马
出版时间：2011 年 12 月
定　　价：35.00 元

这是一本优秀的对话集，作者通过与 10 位意见领袖的对话激励我们找到属于自己的心声。本书上了宜兴教育局“关于印发《全市社会教育机构读书活动实施方案》的通知”中的红头文件，文件特别推荐本书并指定“各类教育（培训）机构教师必读其中（3 本）的任何一本；《小康》杂志特邀中央党校教授、经济学者等联合开出了“推荐官员阅读 50 本书”书单，本书位居其列。

《创造力——推开潜能世界的大门》

作　　者：[加拿大] Judan
出版时间：2012 年 6 月
定　　价：48.00 元

这是一位犹太人结合中西方读书和工作经验的理论研究和实战经验的总结，是关于学习系统建设和学习理念及其方法的实战手册。从平凡也能到卓越，这不仅仅是一本关于创造力的书，而是一本蕴藏无穷智慧的佳作。

精品书快讯

《华尔街局中局》

作　　者：宾　融
出版时间：2011 年 6 月
定　　价：35.00 元

全书以 37 个图表从专家角度把华尔街投机客手中精美包装的垃圾一一深入剖析，再现华尔街各大传奇公司上演的倒闭潮和跌宕剧，让人深思资本市场中的道德缺陷和金融体系的弊端；5 类针对信评机构的监管法则锁定海内外资本市场如何防范资本金风险，其对“变局、残局、对局”的深入剖析，贯穿了博弈论的思想，作者从资产证券化和金融产品创新的角度，挖掘出危机背后一系列深层次的、错综复杂的、美国的政治体制与经济政策方面的内生性根源和风险点。

《医院绩效变革》

主　　编：秦永方
出版时间：2016 年 5 月
定　　价：88.00 元

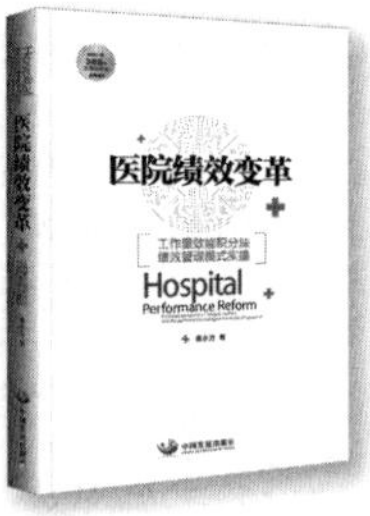

作者在医院和医院管理技术研究院第一线研究了 30 年，自 2009 年新医改以来，他深入各级各类医院调查访谈医院管理者及医务人员近 2 千人，从实践中汲取管理营养，认真研究医改新政，探索与社会和谐互动的医院绩效管理模式，本书稿更加侧重实操的研究成果。

《留学十问：圈内妈妈与教育参赞的对话》

作　　者：肖　堰
出版时间：2017 年 8 月
定　　价：48.00 元

本书采访者走访过世界 30 多个国家和地区的 200 多个各级各类教育行政管理部门和大、中、小学、幼儿园、培训企业。深度与中国 20 多个省、市的 40 多个各级各类教育机构开展过长期工作，这是一本与中国顶级专家进行过多年在留学教育领域的合作指南书搞。两位教育参赞长期在大学和高教管理部门工作，参与见证了世纪之交中国高等教育的改革发展，访问考察过国外近百所著名高校。负责组织实施中国高校领导海外培训项目。陈维嘉（分别担任中国传媒大学党委书记；教育部直属高校工作司司长；任驻芝加哥总领事馆教育参赞）；薛焕白（分别担任教育部人事司处长；中国人民大学副校长；中国驻温哥华总领馆教育领事［副司级］）。

《驾行中东 17 国（插图本）》

作　　者：刘　武
出版时间：2011 年 6 月
定　　价：35.00 元

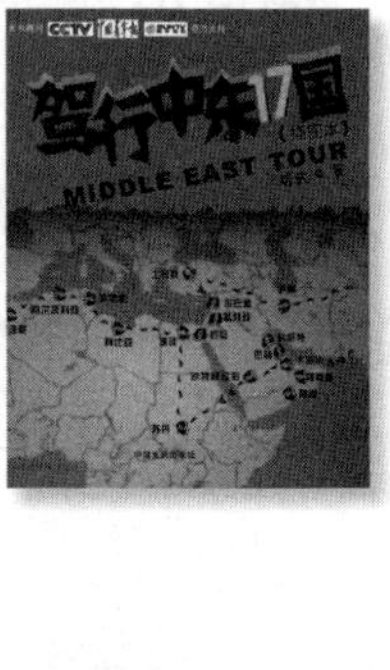

本书记载了央视资深记者刘武驾车走过 17 个国家的的探险录，从中东地理涉及到人文和风俗人情等，配有大量图片及速写（为南开大学东方艺术系主任赵均教授画）……本书得到了伊朗和叙利亚等中东大使馆的大力赞许，张建伟和卢跃刚作序。

精品书快讯

《纸牌大厦：卢瑟经济学之21世纪金融危机》

作　　者：安　生
出版时间：2015 年 4 月
定　　价：48.00 元

本书出版最大的贡献之一，不仅在于揭示问题的实质，更在于印证了一点：在当今条件下，即便是卢瑟，逆袭成功也是有可能的，可以让卢瑟们在复杂的市场经济中学会顺势而为。本书以精邃之洞见抽丝剥茧，将大国宏观经济博弈的张张底牌，清晰地展现于我们眼前。

《卢瑟经济学》

作　　者：安　生
出版时间：2014 年 4 月
定　　价：35.00 元

此书以马克思思想为基础，并参考了西方主流经济学等人的观点，提出资本主义运行方式存在固有的内在不稳定性。本书还探寻了权利与繁荣的秘密联系，并帮你构建与当前社会结构相适应的个人策略体系。

《授之以渔我收网——销售组织齐心协力之道》

作　　者：谷荣欣
出版时间：2014 年 6 月
定　　价：35.00 元

这是一本关于销售、管理和组织齐心协力之道的书，重在系统全面的协助组织提升销售生产力，建立组织内部信息对称。更难得的是作者运用心理学、营销管理学和人力资源学并结合自身一线在四川和重庆硬是打败了在国内其他地区无败绩的国外知名软件大品牌，首创国内品牌完胜国际品牌且在两地市场占有量豪取 70% 份额的傲人业绩，书中大量的案例来源于此。

《儒商管理学》

作　　者：周北辰
出版时间：2014 年 6 月
定　　价：35.00 元

本书展示了中国儒商文明与中国式管理的七大要素和现代企业文化与管理制度的八大要素。作者将儒家经典和管理案例奇妙结合在一起，以期帮助中国企业家建立有中国特色的企业文化与管理制度，建立儒家传统的管理之道，提升中国企业领导人的人文与哲学素养。本书还阐述了两个重大问题：儒商精神与儒商管理模式。儒商精神的培育与儒商管理模式的建立，标志着中华文明由传统“农耕文明”型态向现代“商业文明”型态正式转型的开启。

精品书快讯

《缶庐拾遗及其他——献给吴昌硕诞辰 170 周年（插图本）》

作　　者：吴民先
出版时间：2015 年 1 月
定　　价：48.00 元

吴昌硕是近代杰出书画家兼篆刻家，这本集子是其后人搜集吴各种轶闻和资料编撰而成，给热爱书法艺术的人以启示。

《湖南长乐古镇文化（插图本）》

作　　者：周明剑　余耀宗　刘泽龙
出版时间：2013 年 6 月
定　　价：32.00 元

长乐，乐其天乐其道乐其人也。这本书为长乐古镇的建制沿革、族源、宗教、建筑、语言、艺文、民俗、传说等做了近乎百科全书式的展示。既有“田野调查”式的大规模采风实录（如歌谣部分等），又有颇具知识含量的高精度治学解疑（如方言部分等）。此书真实生动地呈现了湘北农村历史人文画面，令人不忍释卷。

《7 天学会古琴（插图本）》

作　　者：杨　青
出版时间：2015 年 7 月
定　　价：48.00 元

杨青老师录制古琴专辑《琴·歌》获 2011 年度十大发烧唱片奖；曾受邀担任 2009 年度及 2012 年度 CCTV 民族器乐大赛古琴组决赛评委；这本古琴艺术教学作品（配光盘）一书已被今年的非遗大会会务组内定为会务指定阅读书。长年的教学经验使杨青先生总结出一套独特、高效的古琴教学方法，这本书是一本古琴艺术短平快的作品，可让大众很快吸收古典文化艺术的熏陶。

《拳意图释》

作　　者：刘普雷
出版时间：2019 年 6 月
定　　价：118.00 元

本书主要是讲技击是武的核心，生存是人的第一能力，习武自强自信自尊自制自在自然，在这些必备保障之上，阅读《拳意图释》对于善练并尊重武学规律的各阶层人等，都属开卷有益，习必有得，仁智千秋，温故知新。

《久违的芬芳》

作　　者：李晞海
出版时间：2016 年 7 月
定　　价：35.00 元

我们通常喜欢悲剧的小说，觉得这样造成的遗憾难免会有一丝涟漪值得久久回味，但本书不认可只有悲剧结束的故事才算得上经典完美。本书讲述的是 18 世纪欧洲西部一个偏僻的部落庄园几十年间发生的三代人之间的爱情故事。

《白纸黑字》

主　　编：悦殊
出版时间：2016 年 10 月
定　　价：38.00 元

这是一个历史系女生的纯私人写作，没有任何现实目的，只是出于对白纸黑字的热爱，一笔一划，一字一句，寸寸本心。更庆幸我们生命里有着许多至今仍将白纸黑字视为图腾的同道者。

《地河》

作　　者：韩　上
出版时间：2017 年 6 月
定　　价：38.00 元

本书是一篇以农村生活为背景的小说。作者以水源腐败为出发点把污染水源毒害村民的主角放在了一个敏感内向，且从小受到欺负的孩子身上来观察和反思。他从小受到村里人的嘲弄，内心积怨很深，逐渐产生仇恨，以至于在长大后对全村人进行隐蔽又恶毒的报复，致使全村灭亡的故事。小说情节表现自然，每一步细节设计都顺情合理无漏洞，对农村生活的方方面面作出了深刻的论述，不失为当下农村生活题材提供了很多值得继续探讨的命题。

《茶油的背后》

作　　者：黄铁鹰
出版时间：2018 年 6 月
定　　价：39.00 元

袁隆平推荐的山茶油，稻盛和夫点赞的企业家，被褚时健看好的项目，比橄榄油还要好的食用油。农民的管理、自然灾害、劳动力不足、激烈竞争的食用油市场……这不仅是创业，不仅是做茶油，更与农村、农业和农民有关，甚至关乎我们的命运。作者的目标是编写 100 个像海底捞、褚橙、茶油这样水平的案例，用来记录中国这个千载难逢的商业变革时代的一部分事实。

精品书快讯

《寂静的青春》

作　　者：吴　端

出版时间：2015 年 2 月

定　　价：38.00 元

这是一本试着以历史唯物主义的理论与方法，来研究青年在近、现代人类社会快速发展与变革过程中，起到的独特作用和重要意义，以及它所表现出来的带规律性的本质特征。这对建立起科学的经得起历史检验的青年观和建设青年学科理论的核心理论很有帮助。

《青春奥秘》

作　　者：谢昌逵

出版时间：2017 年 5 月

定　　价：48.00 元

作者已过九旬，可谓是我国最年长的作者。他晚年集中精力，花了 8 年多时间，阅读了大量有关文献与资料，写出了这本很有学术价值的新书。这是中国学者关于青年理论最系统全面且富有创见的一本力作，为创建科学的经得起历史检验的青年学作出了宝贵的贡献，也为青年研究走向学科化建构了新的舞台。

《奇幻中国史：生死的格式与众神的审判》

作　　者：王武侃

出版时间：2017 年 12 月

定　　价：119.00 元

这是一部以中国历史为主要素材所写成的文学作品，中国历史上许多传统故事在这里得到文学演绎。本书是采用文学叙事体的写作方式演绎历史故事，作者把东西方神话故事结合到一起，展现出了一个空灵奇幻的世界。本书将引领我们重新认识我们的过去，遐想我们的未来。分古代卷和近代卷。古代卷：勾画出了一个有作为的帝王商纣王；阐述了为什么是秦统一了中国；本书还用文学的笔法，将不同的历史人物打入地狱或升入天堂。近代卷：两个文明在新陈代谢中对抗，传统农业文明没落，工业文明展露生机；地球上低级动物，高级动物，无机动物三体世界初步形成。

《解码西游》

作　　者：黄如一 著

出版时间：2018 年 11 月

定　　价：49.00 元

玉帝抛世民为饵，佛道以取经逐鹿。《西游记》的重重密码，解开其实是大明首相李春芳的官场笔记。且从李春芳（而非吴承恩）的视角，看看《西游记》下隐藏着怎样惊心动魄的晚明官场甚至社会变革的大棋局，同时，本书也是指导现代人职场历练的八十一个锦囊。

《微媒主义》

作　　者：徐应旺
出版时间：2019 年 1 月
定　　价：48.00 元

在今天这样的时代，如何藉由新媒体传播信息、文化，推广知识、产品乃至企业品牌，已经成为一个不可规避的问题。书稿作者是坐拥百万粉丝的知名财经博主，他以自身的微媒体运营经验为切入点，从新的格局、形态、模式到新的逻辑、思维、内容、方法，为读者展示了一个全新的传播视角，为新媒体尤其是微媒体运营提供了具有战略意义和工具性的有益参考。

《吾爱教学》

作　　者：黎利云
出版时间：2019 年 6 月
定　　价：88.00 元

“五 I”理论的产生源于张楚廷教授对人的独特理解、对生命的深切感悟、对教育的深刻认识。作者在将“五 I”与美国的泰勒原理、与多尔的 3S(Science、Story、Spirit）以及 4R（Richness、Recursion、Relation、Rigor）等理论的比较中发现：“五 I”是一个具有人本特质和中国气派的课程理论。

《为食漫笔（插图本）》

作　　者：张志君
出版时间：2019 年 6 月
定　　价：49.00 元

本书以艺术的观察、专业的思考、随性的笔触，展现了中国饮食文化的无穷魅力，从中我们也可以窥探出中国餐饮及湘菜发展的动人历程。同时，文集中关于烹饪艺术中艺人、艺术和美食的洞见，更展现了一位双艺艺术家对于艺术的独特理解和人格魅力。

《大山·远方：张志君的山水世界和他的画家师友们》

作　　者：蹇　丰
出版时间：2016 年 11 月
定　　价：58.00 元

这是一位拥有过人洞察力的艺术家的作品集。张志君是一位在国画上取得一定成就的非职业画家，被许多艺术评论家称为当前艺术环境下的一种“现象”。作者试图从张志君的绘画和生活经历的讲述来解开这一谜题，为人们了解非职业画家的创作生态提供一个生动的参考。发现惟有一位真正热爱生活的渊博之士，才可游刃有余地画出这壮丽山水。

精品书快讯

《旧邦维新——新民·新人研究 30 年文集》

作　　者：陈亮　张建　钟轩宇
出版时间：2018 年 11 月
定　　价：118.00 元

文论选（1986–2016）主要集结了中国大陆近 30 年来对国民性改造的探讨和培养新民新人的理论探索以及部分大陆与境外、域外的教育实践文本。全书共分四个部分由 52 篇文章组成。通过总论的回顾与启示，展开对梁启超《新民说》的专题讨论，由新民新人思想的演进过程，展现各个历史时期的问题与思考、诠释与实践。文论选是关于国民素质问题研究成果的一次总结，具有思想史的意义。文论选的编撰乃启发式的基础工作，对进一步的学术研究是一次推动。文论选的出版将为青少年教育工作者、思政工作者、伦理学研究者、思想史研究者提供一份学习和参考资料。

《改善社会建设　重建社会秩序》

作　　者：贡　森　包雅钧等
出版时间：2017 年 10 月
定　　价：30.00 元

本书是 2017 国务院发展研究中心丛书之一种。书稿从多个层面和角度深入论述和分析我国构建改善社会建设和重建社会秩序的政策措施。主要分三个专题，四个报告。对社会建设领域各方面的改革提出了具体建议。文末附加提供了美国政府的工资革命（1780~1940）以吸取他国创新之处。

《新工业革命的中国战略》

作　　者：赵昌文 等著
出版时间：2018 年 11 月
定　　价：40.00 元

本书是 2018 国务院发展研究中心丛书之一种。中国要实现到 2035 年基本实现现代化和本世纪中叶建成富强民主文明和谐美丽的社会主义现代化强国的战略目标，也必须深度参与甚至引领一场新工业革命。

《面向未来的创新型人才发展：制度与政策》

作　　者：国务院发展研究中心创新发展研究部著
出版时间：2018 年 11 月
定　　价：50.00 元

本书是 2018 国务院发展研究中心丛书之一种。本书从多个层面和角度，结合国外经验，深入论述和分析我国构建具有竞争力创新型人才体系的政策措施。主要分六个专题，三个案例，文末附加说明了书中主题的研究背景、研究特点与创新之处。

《观察》系列

主　　编：杨其川　王　强
出版时间：2012 年 11 月
定　　价：30.00 元

《观察》每一辑有选择性地就中国经济社会变革与发展中遇到的某一个焦点或者难点问题作出探讨。《观察 1》以“发展与均衡”为主题，《观察 2》以“重塑实体经济”为主题，即将出版的《观察 3》以“生态城镇化”为主题。集子收入的作品和作者都是经济界知名人士，分别采用了张维迎、滕斌圣、谭云明、孟书强、石正方、徐枫、韦森、余永定、茅于轼、魏杰、张茉楠、张锋强、易宪容、黄茂兴、许小年、巴曙松等人的文章合集。

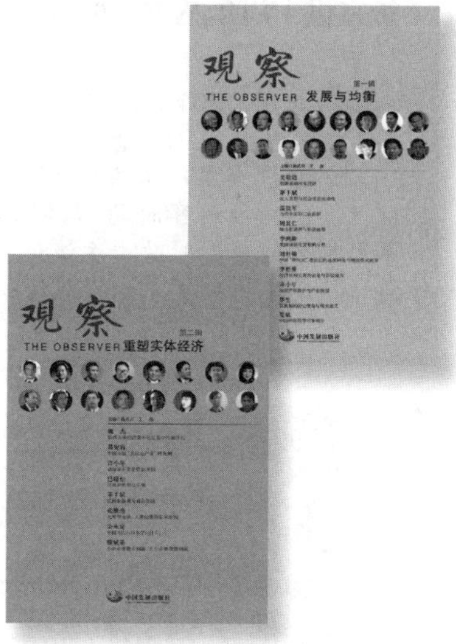

推理小说系列

作　　者：马　天　王稼骏
出版时间：2012 年 11 月
定　　价：25.00 元

《1/7 生还游戏》整个故事是由一笔巨额遗产引起，这种古典推理小说的模式大大增加了阅读乐趣，能吸引大量的本格推理迷阅读；《诡异房客》不仅描写了富含日系风格的离奇凶案侦破故事，也对社会上的一些阴暗现象（如对精神病人的歧视等）进行审视，富含哲理。作者有业界被称为“中国的东野圭吾”。